权威读本

全国人大常委会法制工作委员会国家法室 编著

中华人民共和国
国家安全法
解读

主编
郑淑娜
副主编
孙镇平

中国法制出版社
CHINA LEGAL PUBLISHING HOUSE

目 录

前　言

维护我国国家安全，是中国特色社会主义建设事业顺利进行、实现国家长治久安和中华民族伟大复兴的重要保障。新中国成立后，为应对严峻复杂形势，我国制定了一系列维护国家安全的法律法规，对维护国家安全发挥了重要作用。党的十八大以来，为适应我国国家安全面临的新形势新任务，以习近平同志为核心的党中央提出总体国家安全观，强调全面维护各领域国家安全，对加强国家安全工作和国家安全立法作出了重要部署。按照中央部署和贯彻落实总体国家安全观的要求，适应我国国家安全面临的新形势、新任务，2015 年 7 月 1 日十二届全国人大常委会第十五次会议审议通过了《中华人民共和国国家安全法》，同日，国家主席习近平签署第 29 号主席令公布，自公布之日起施行。

国家安全法是一部立足全局、统领国家安全各领域工作的综合性、全局性、基础性的法律。国家安全法以法律的形式确立了中央国家安全领导体制和总体国家安全观的指导地位，明确了维护国家安全的各项任务，建立了维护国家安全的各项制度，对当前和今后一个时期维护国家安全的主要任务和保障作出了综合性、全局性安排，为构建和完善国家安全法律制度体系，提供了完整的框架，预留了重要接口，为走出一条中国特色国家安全道路提供了坚实有力的法律和制度支撑。

制定国家安全法，是全面推进依法治国进程中的一件大事，为深入学习、广泛宣传、切实实施好新制定的国家安全法，我们组织参与这部法律制定工作的有关同志编写了这本《〈中华人民共和国国家安全法〉解读》，对国家安全法的法条进行逐条解读，力求对国家安全法的每条规定进行全面、准确、深入的阐释，对立法背景、重点问题和每一项制度设立的立法考虑和立法原意作详尽解读，为读者准确把握国家安全法的主要精神和内容提供帮助。本书由王振民、王曙光、莫纪宏、张小澜、秦任、何慧、谭克非、张于欢、关伟、孙国顺、钟一苇、张晶、陈亦超、刘艳阳、侯晓光、梁菲、黄宇菲等同志撰稿。孙镇平同志统阅全书，最后由郑淑娜同志审定。

由于水平有限，书中难免有不足之处，恳请读者批评指正。

本书编写组

第一章 总 则

第一条　为了维护国家安全，保卫人民民主专政的政权和中国特色社会主义制度，保护人民的根本利益，保障改革开放和社会主义现代化建设的顺利进行，实现中华民族伟大复兴，根据宪法，制定本法。

条文主旨

本条是关于立法宗旨的规定。

立法背景

维护我国国家安全，是中国特色社会主义建设事业顺利进行、实现国家长治久安和中华民族伟大复兴的重要保障。党和国家历来高度重视维护国家安全工作，始终把维护国家安全作为党和国家的一项基础性工作。新中国成立后，为应对严峻复杂形势，我国制定了一系列维护国家安全的法律法规，对维护国家安全发挥了重要作用。其中就包括了 1993 年七届全国人大常委会第三十次会议审议通过的国家安全法。这部法律对国家安全工作的基本原则，危害国家安全的行为，国家安全机关在国家安全工作中的职权，机关、团体和其他组织以及公民维护国家安全的义务和权利以及法律责任作了规定，是国家安全工作领域法制化建设的重要成果，为国家安全机关依法开展维护国家安全工作提供了重要法律依据和保障。党的十八大以来，为适应我国国家安全面临的新形势新任务，以习近平同志为核心的党中央提出总体国家安全观，强调全面维护各领域国家安全，对加强国家安全工作作出了重要部署。按照中央部署和贯彻落实总体国家安全观的要求，适应我国国家安全面临的新形势、新任务，制定一部具有综合性、全局性、基础性的国家安全法，是十分必要的。

一、制定国家安全法的必要性

第一，当前，我国国家安全的形势日益严峻，面临着对外维护国家主权、安全、发展利益，对内维护政治安全和社会稳定的双重压力，各种可以预见和难以预见的风险因素明显增多，非传统领域安全日益凸显。国家安全内涵和外延比历史上任何时候都要丰富，时空领域比历史上任何时候都要宽广，内外因素比历史上任何时候都要复杂。我国已有的国家安全立法同我国所处的战略安全环境、各项事业发展的新要求相比，还远远不相适应。制定一部应对国家安全各种威胁和风险，统领国家安全各领域工作的法律，有紧迫的现实需要。

第二，党中央立足我国国情提出的总体国家安全观，是做好新时期国家安全工作的根本遵循。为此，有必要以法律的形式确立总体国家安全观的指导地位，科学界定国家安全的内涵和外延，明确维护国家安全的各项任务，建立健全国家安全制度和国家安全保障措施，为构建国家安全体系，走出一条中国特色国家安全道路奠定坚实的法律基础。

第三，为落实党的十八届三中全会要求，党中央成立了中央国家安全委员会，建立了集中统一、高效权威的国家安全领导体制。针对维护国家安全工作存在的国家安全资源和力量分散、统筹协调不够，国家安全战略规划缺乏、顶层设计不够，情报信息捕捉滞后、综合研判不够，应对机制运转迟缓、快速反应不够等问题，有必要以法律的形式确立国家安全工作的相关制度，明确各部门、各地方维护国家安全的职责，规范国家机关、公民和组织维护国家安全的责任、权利和义务，形成维护国家安全的整体合力。

第四，党的十八届四中全会要求，贯彻落实总体国家安全观，加快国家安全法治建设，抓紧出台反恐怖等一批急需法律，推进公共安全法治化，构建国家安全法律制度体系。1993 年公布施行的国家安全法，主要是规定国家安全机关履行的职责特别是反间谍工作方面的职责，已难以适应全面维护各领域国家安全的需要。为此，2014 年 11 月 1 日，十二届全国人大常委会第十一次会议审议通过了《中华人民共和国反间谍法》，相应废止了原有的国家安全法。在此基础上，制定一部立足全局、统领国家安全各领域立法工作的综合性法律，同时为制定其他有关维护国家安全的法律提供基础支撑，有利于形成与维护国家安全需要相适应，立足我国国情、体现时代特点，系统完备、科学规范、运行有效的中国特色国家安全法律制度体系，为维护我国国家安全提供坚实的法律制度保障。

二、立法的指导思想和工作思路

（一）立法的指导思想

制定国家安全法的指导思想是，坚持以邓小平理论、“三个代表”重要思想、科学发展观为指导，深入贯彻习近平总书记系列重要讲话精神，深入贯彻总体国家安全观，以人民安全为宗旨，以政治安全为根本，以经济安全为基础，以军事、文化、社会安全为保障，以促进国际安全为依托，构建中国特色国家安全制度体系，推进国家治理体系和治理能力现代化，为实现国家长期可持续安全提供坚实的法治保障。

（二）立法的工作思路

制定本法的思路：一是全面贯彻中央精神，把握正确政治方向。国家安全法的政治性、政策性很强，要按照中央的要求，从维护国家核心利益出发，在本法中全面贯彻落实总体国家安全观和中央一系列关于国家安全的方针政策。二是以问题为导向，着力解决国家安全领域的突出问题。根据国家安全新形势新特点，明确维护国家安全的基本原则和任务，重点解决国家安全各领域带有普遍性的问题和亟待立法填补空白的问题，同时为今后制定相关法律法规预留空间，预留接口。三是坚持从我国国情出发，体现中国特色。要做到统筹国内国际两个大局，借鉴别国有益经验，但绝不照抄照搬，要立足我国基本国情，从我国国家安全面临的新形势、新任务出发，体现中国特色，走中国特色国家安全道路。

国家安全法是一部具有综合性、全局性、基础性的重要法律，是国家安全法律制度体系中起统领作用的基本法律。这部法律的“综合性”突出体现在既明确了宣示性、原则性的维护国家安全的任务和职责，也明确了可操作性很强的国家安全制度和保障，既重申了宪法关于全国人大及其常委会、国家主席、国务院、中央军委等国家机关维护国家安全的职责和公民维护国家安全的义务，也规定了维护国家安全具体制度机制方面的要求、保障措施等。“全局性”突出体现这部法律立足当下，着眼长远，以法律的形式明确了国家安全领导体制，突出党对国家安全工作的集中统一领导，对全党全国全社会共同维护国家安全明确了法律要求，同时统筹国内国际两个大局，对当前和今后一个时期维护国家安全的主要任务和保障作出了安排。“基础性”突出体现在这部法律为构建和完善国家安全法律制度体系，提供了完整的框架，预留了重要接口，将对我们不断完善国家安全法律制度体系，提供坚实有力的法律和制度支撑。

条文解读

维护国家安全，根本的任务和目的是保卫人民民主专政的政权和中国特色社会主义制度，保护人民的根本利益，保障改革开放和社会主义现代化建设的顺利进行，实现中华民族伟大复兴。我国宪法规定，中华人民共和国是工人阶级领导的、以工农联盟为基础的人民民主专政的社会主义国家。社会主义制度是中华人民共和国的根本制度。禁止任何组织或者个人破坏社会主义制度。国家的一切权力属于人民，一切国家机关、武装力量和国家工作人员必须努力为人民服务。国家的根本任务是，沿着中国特色社会主义道路，集中力量进行社会主义现代化建设。

维护国家安全，首要的是维护国家政权和社会制度。毛泽东同志在《中国社会各阶级的分析》一文中指出："谁是我们的敌人？谁是我们的朋友？这个问题是革命的首要问题。""总结我们的经验，集中到一点，就是工人阶级（经过共产党）领导的以工农联盟为基础的人民民主专政。"彭真同志也曾指出，人民民主专政的政权，表明我国的这种阶级状况和政权的广泛基础，明白地表示出我们国家政权的民主性质。这个性质就是人民当家作主。人民民主专政包括了以下内容：一是工人阶级通过自己的政党即中国共产党对国家政权实行领导；二是以工农联盟为基础的国家政权，明确社会各阶级在国家政权中的地位；三是实行民主和专政的结合，对人民实行民主，对敌人实行专政。保卫人民民主专政的政权，就是保证中国共产党的领导，就是保证人民当家作主，对人民实行民主，对敌人实行专政。

我国是社会主义国家，社会主义制度是我国的根本制度。中国特色社会主义制度，是党和人民九十多年奋斗、创造、积累的根本成就之一。在当代中国，坚持中国特色社会主义制度，就是真正坚持社会主义制度。中国特色社会主义制度，就是人民代表大会制度的根本政治制度，中国共产党领导的多党合作和政治协商制度、民族区域自治制度以及基层群众自治制度等基本政治制度，中国特色社会主义法律体系，公有制为主体、多种所有制经济共同发展的基本经济制度，以及建立在这些制度基础上的经济体制、政治体制、文化体制、社会体制等各项具体制度，这些制度是坚持和发展中国特色社会主义的根本保障。

在我国，国家的一切权力属于人民，人民是国家的主人。中国特色社会主义是亿万人民自己的事业。中国共产党的根本宗旨是全心全意为人民服务，党始终坚持“立党为公，执政为民”，始终把实现好、维护好、发展好最广大人民的根本利益作为党和国家一切工作的出发点和落脚点。

党的十八届四中全会决定中指出：“党的领导是中国特色社会主义最本质的特征”。人民民主专政的国家政权和中国特色社会主义制度，都是在中国共产党的领导下建立起来的，在本质上都集中体现了党的领导。保卫人民民主专政国家政权和中国特色社会主义制度，保护人民的根本利益，保障改革开放和社会主义现代化建设顺利进行，实质上就是坚持党的领导、巩固党的执政地位，夯实党的执政基础，为实现中华民族伟大复兴提供坚强的政权保障、制度保障、条件保障和广泛的群众基础。

相关规定

《中华人民共和国宪法》有关条文。

第二条 国家安全是指国家政权、主权、统一和领土完整、人民福祉、经济社会可持续发展和国家其他重大利益相对处于没有危险和不受内外威胁的状态，以及保障持续安全状态的能力。

条文主旨

本条是关于国家安全含义的规定。

立法背景

对“安全”一词，中国、日本认为它主要是指客观状态；英国、法国认为它既指一种主观感觉，又指一种客观状态。

中国古代汉语中，没有“安全”一词。但用到“安”字时，多数场合下表达了人们通常理解的“安全”这一概念。《周易·系辞下》有一句：“安而不忘危，存而不忘亡，治而不忘乱，是以身安而国家可保也。”这里讲到的“安”与“危”相对应。古人讲到的“无危则安，无缺则全”，即安全意味着没有危险且尽善尽美，这是传统的安全观念。

中国现代汉语中，对“安全”的解释基本相同。如《辞海》，对“安”的第一个释义是“安全”，并在与国家安全相关的含义上举了《国策·齐策六》的一句话作为例证：“今国已定，而社稷已安矣。”再如《现代汉语词典》（第六版），对“安”字的第4个释义是“平安；安全（跟‘危险’相对）”，并举“转危为安”作为例证。对“安全”的解释是：“没有危险；平安”。

日语中的“安全”主要是指客观状态。如《新明解国语辞典》解释“安全”是指“人身没有危险，物没有损伤、损害之虞的状态”。

英语中的“安全”通常用 secure、security 和 safe、safety，含义都有安全的、保险的、牢靠的意思。在用到国家安全方面，一般使用 secure、security，含义是免于恐惧担心和危险等的状态或感觉。法语中的“安全”通常用 securite 和 surete。前者表示一种“感觉”，后者表示一种“状态”。可见英语、法语中的“安全”既指一种主观感觉，又指一种客观状态，即客观上不存在威胁，主观上不存在恐惧。

一般理解的国家安全，既指一个国家免于被攻击乃至被消灭的恐惧、担心，没有严重内外危险和威胁的状态，也指国人普遍存在的安全的感觉，国家客观上不存在威胁，国人主观上不存在恐惧的状态。

20 世纪以来，特别是第二次世界大战后，“国家安全”一词逐渐被广泛使用。

最早使用“国家安全”一词的成文立法是美国 1947 年通过的《国家安全法》。“国家安全”概念最初主要涉及国家的军事、政治和外交斗争，传统安全观注重国家面临的军事威胁及威胁国际安全的军事因素，把军事安全视为国家安全的核心。后来，国家安全逐渐扩展到非传统安全领域，包括反恐怖袭击、经济安全、信息安全、生态安全、防止核扩散，甚至打击走私贩毒、跨国犯罪，等等。

例如，1997 年美国参谋长联席会议出版的《军语及有关术语》将“国家安全”定义为：“国家安全既包括美国国家防务，又包括美国对外关系的一个集合名词。具体指由下述情况导致的状态：在军事或防务上占有对任何外国或国家集团的优势；对外关系上的有利地位；能成功地抵抗来自内部的或外部的、公开的或隐蔽的敌对行动或破坏行动的防务态势。”1998 年《美国国家安全战略报告》指出，“美国的全球战略和国家安全日益以美国的商业利益为中心，经济外交是我们这个时代重大问题的关键”。2001 年“9·11”事件后，反恐及国土安全成为美国国家安全的第一要务，2002 年《美国国家安全战略报告》称恐怖主义是美国的首要威胁；恐怖主义与大规模杀伤性武器的结合是严重威胁；美国把对这些威胁进行先发制人的打击作为国家安全战略的基石。2010 年《美国国家安全战略报告》强调经济、教育、科技、能源、核扩散、互联网与太空活动对国家安全的影响，特别是近年来美国特别强调网络安全，可见美国国家安全的定义不断扩大，涵盖的领域越来越广泛。

俄罗斯对“国家安全”有自己的定义。1992 年《俄联邦安全法》把“国家安全”定义为：“安全是个人、社会和国家生死攸关的利益受到保护的状态。”1996 年俄联邦总统《关于国家安全报告》对“国家安全”的定义是：“国家安全可以理解为国家利益免受内外部威胁的受保护状态；这一状态能够确保个人、社会和国家向前发展。”2009 年《俄罗斯联邦 2020 年前国家安全战略》报告称“国家安全”是个人、社会和国家既没有内部危险，也没有外部威胁，公民的宪法权利、自由及应有生活质量和水平，以及俄联邦主权、领土完整、持续发展、国防和国家安全因而得到保障的一种状态。

其他国家也都根据自己的国情对自己的国家安全进行了法律上、政治上的定义。

条文解读

一、维护国家安全的核心是维护国家核心利益和其他重大利益的安全

各国对“国家安全”的内涵和外延的认识并不统一，应该说存在很大的差异。但不管差异有多大，维护国家安全的核心是维护国家核心利益和其他重大利益的安全，有的国家把它称为“生死攸关的利益”“极端重要的利益”，包括国家的生存、独立和发展等。我国自然也要根据我国面临的特殊的国家安全状况，对“国家安全”作出符合我国实际的定义，我国立法维护的是中国国家核心利益和其他重大利益。我们坚持走和平发展道路，但决不放弃我们的正当权益，决不牺牲国家核心利益。2011 年 9 月 6 日中国政府发布的《中国的和平发展》白皮书对国家的核心利益作了明确阐述，国家安全法对此予以重申，即明确我国的“国家安全”首先是指核心利益的安全，包括国家政权、主权、统一和领土完整、人民福祉、经济社会可持续发展，其次包括国家其他重大利益的安全。

2014 年 4 月，习近平总书记在中央国家安全委员会第一次全体会议上的讲话中提出了总体国家安全观这一全新的战略思想，这是新时期中国共产党维护国家安全的根本方针政策。根据总体国家安全观的要求，国家安全法规定了十几个领域维护国家安全的具体任务，既包括政治、军事、国土传统安全，也包括经济、文化、社会、科技、信息、生态、资源、核安全这些非传统安全，还包括外层空间、国际海底区域和极地这些新型领域的安全，以及中国海外利益的安全。可以说国家安全法对国家安全领域的规定是全面的、立体的。

二、国家安全既包括安全状态也包括维护国家安全的能力

安全威胁的因素永远不可能根除，国家安全是一种相对安全。我们强调“相对处于没有危险和不受内外威胁的状态”，就是要通过不断加强自身安全能力建设，不断克服和防范不安全因素对国家造成实质性危害。

我们既强调国家安全的状态，也强调不断提升维护国家安全的能力，加强维护国家安全的能力建设。国家安全法第五章专门规定了“国家安全保障”，就加强国家安全能力建设提出了具体要求。

我们在强调维护我国国家安全的同时，还强调维护共同安全和世界和平，不对其他国家和国际社会构成安全威胁。

相关规定

《中华人民共和国国家安全法》第二章、第五章有关条文。

第三条 国家安全工作应当坚持总体国家安全观，以人民安全为宗旨，以政治安全为根本，以经济安全为基础，以军事、文化、社会安全为保障，以促进国际安全为依托，维护各领域国家安全，构建国家安全体系，走中国特色国家安全道路。

条文主旨

本条是关于国家安全工作指导思想的规定。

立法背景

每个国家都有自己的国家安全观。国家制度不同、经济社会

发展阶段不同、所处的安全环境不同，国家安全观也不相同。即使是同一个国家，也会随着国家所处的安全形势的发展变化适时调整自己的国家安全观。

维护国家安全是党和国家事业发展的重要保障，也是党和国家事业的重要组成部分。党的十八大以来，以习近平同志为核心的党中央高瞻远瞩，科学把握国家安全形势变化新特点新趋势，继承和发展了新中国成立以来党和国家有关维护国家安全的一系列重要理论，深入总结维护国家安全取得的经验，审时度势提出总体国家安全观这一重大战略思想，从而把我党我国对国家安全的认识提升至新的高度和境界。

条文解读

一、关于总体国家安全观

总体国家安全观强调，要以人民安全为宗旨，以政治安全为根本，以经济安全为基础，以军事、文化、社会安全为保障，以促进国际安全为依托，走出一条中国特色国家安全道路。贯彻落实总体国家安全观，必须既重视外部安全，又重视内部安全，对内求发展、求变革、求稳定、建设平安中国，对外求和平、求合作、求共赢、建设和谐世界；既重视国土安全，又重视国民安全，坚持以民为本、以人为本，坚持国家安全一切为了人民、一切依靠人民，真正夯实国家安全的群众基础；既重视传统安全，又重视非传统安全，构建集政治安全、国土安全、军事安全、经济安全、文化安全、社会安全、科技安全、信息安全、生态安全、资源安全、核安全等于一体的国家安全体系；既重视发展问题，又重视安全问题，发展是安全的基础，安全是发展的条件，富国才能强兵，强兵才能卫国；既重视自身安全，又重视共同安全，打造命运共同体，推动各方朝着互利互惠、共同安全的目标相向而行。

总体国家安全观是国家安全领域总结以往历史经验、适应当前形势任务的重要战略思想，是维护国家安全必须遵循的重要指导。这次以法律形式确立了总体国家安全观在国家安全工作中的指导思想地位，标志着总体国家安全观实现了从战略思想到法律制度的转化，这是适应形势任务发展需要的重大举措，也是做好国家安全工作、切实维护国家安全的迫切要求。

总体国家安全观是对国家安全理论的重大创新，是对中国特色社会主义理论体系的丰富和发展，是全党智慧的结晶，是中国共产党团结带领全国人民进行具有许多新的历史特点的伟大斗争的强大思想武器。总体国家安全观全面系统阐述了中国特色国家安全观，明确了当代中国国家安全的内涵、外延、宗旨、目标、手段、路径等，阐明了各重点国家安全领域以及各领域之间的关系。同时强调把发展和安全作为国家战略的两个轮子，科学辩证地阐述二者之间的关系，发展是安全的基础，安全是发展的条件，两者必须兼顾起来。总体国家安全观强调坚持底线思维，强调增强忧患意识，勇于应对所面临的诸多挑战与风险，居安思危，始终绷紧国家安全这根弦，把保证国家安全作为头等大事。总体国家安全观突破了传统国家安全观的局限，摒弃零和思维，强调共同安全，打造国际安全和地区安全的命运共同体。根据总体国家安全观这一战略思想，必须以科学的顶层设计构建维护国家安全体系，健全国家安全领导体制，完善国家安全工作机制，推进国家安全法治建设，整合国家安全资源，推进国家安全能力建设。

二、贯彻总体国家安全观在本法中的体现

坚持总体国家安全观也是本法的立法指导思想，本法所有章节、条款都遵循了总体国家安全观的要求，充分体现其重大思想内涵。

第一，坚持中国共产党对国家安全的领导，是总体国家安全观的本质特征。本法第四条规定，坚持中国共产党对国家安全工作的领导。中国共产党的领导核心地位是历史形成的、人民选择的、宪法赋予的，绝不容动摇。中国特色社会主义保证了我国改革开放以来各项事业取得的重要成果，也将继续保证“两个一百年”奋斗目标和中国梦的实现。历史和现实告诉我们，只有坚持中国共产党的领导，坚持中国特色社会主义制度，坚持走中国人民自己选择、适合国情的国家安全道路，才能走得通、走得好、走得远。

第二，人民安全是总体国家安全观所坚持的根本宗旨。在本法第一条立法宗旨中强调“保护人民的根本利益”；在第七条基本原则中强调“尊重和保障人权，依法保护公民的权利和自由”；在第十六条维护国家安全的任务中规定：“国家维护和发展最广大人民的根本利益，保卫人民安全，创造良好生存发展条件和安定工作生活环境，保障公民的生命财产安全和其他合法权益”；第三十三条对海外中国公民、组织和机构的安全和正当权益保护作了专门规定。保障人民安全是中国特色国家安全道路的出发点和落脚点，人民安全是最大的国家利益，必须坚决维护。习近平总书记多次强调，要把人民放在心中最高的位置，始终与人民心心相印、与人民同甘共苦、与人民团结奋斗。这充分体现了人民是真正英雄的历史观，充分体现了以人为本、以民为本的价值观，充分体现了立党为公、执政为民的执政观。人民安全比

西方国家提出的以个人为中心的公民安全范围更广、内涵更丰富、意义更重大。以人民安全为宗旨，说到底就是要维护中华民族的生存权和发展权，让全体中国人民分享发展成果，基本权利得到保护，人的尊严受到尊重，安全得到保障。

第三，总体国家安全观是全面系统的安全观。既立足国内，又放眼国际；既立足现实，又着眼可能，特别是鲜明提出统筹维护政治安全、国土安全、军事安全、经济安全、文化安全、社会安全、科技安全、信息安全、生态安全、资源安全、核安全等领域国家安全。同时，总体国家安全观充分考虑国家利益的拓展和国家安全形势的变化，提出国家安全领域也会不断拓展和变化，国家安全重点领域不限于列明的安全领域，本法第二章“维护国家安全的任务”，对维护各领域国家安全的任务作了原则规定。

第四，总体国家安全观的提出，将为实现“两个一百年”奋斗目标和中华民族伟大复兴提供坚强保障。根据这一战略思想，本法第一条立法宗旨就鲜明提出“实现中华民族伟大复兴”，第二条规定国家安全的内涵，体现了国家安全对于实现“两个一百年”奋斗目标和中华民族伟大复兴的重要基础意义。我国作为发展中大国，仍将长期处于社会主义初级阶段，发展不平衡、不协调、不可持续的问题依然突出，要对基本国情有清晰认识和正确判断，既不能过高估计自己的实力，盲目自大，也不能妄自菲薄，缺乏战略自信。要通过发展，增强主动塑造内外安全环境的能力；坚持科学发展，立足从根本上保障国家主权和安全。

总之，将总体国家安全观作为指导思想写入法律，为今后维护各领域国家安全奠定了重要制度基础。

相关规定

《中华人民共和国国家安全法》第一条、第二条、第三条、第四条、第七条、第十六条、第三十三条等。

第四条　坚持中国共产党对国家安全工作的领导，建立集中统一、高效权威的国家安全领导体制。

条文主旨

本条是关于国家安全领导体制的规定。本条与第五条关于中央国家安全领导机构职责一道，是国家安全工作的重要制度基础，也是本法规定的重点内容。

立法背景

1921 年，在马克思列宁主义同中国工人运动相结合的进程中，中国共产党应运而生。中国共产党的诞生，是近现代中国历史发展的必然产物，是中国人民在救亡图存斗争中顽强求索的必然产物。在 90 多年的发展历程中，中国共产党团结带领人民完成和推进了三件大事：一是党紧紧依靠人民完成了新民主主义革命，实现了民族独立、人民解放。新中国的成立，使人民成为国家、社会和自己命运的主人，实现了中国从几千年封建专制制度向人民民主制度的伟大跨越。二是党紧紧依靠人民完成了社会主义革命，确立了社会主义基本制度，创造性地实现由新民主主义到社会主义的转变。三是党紧紧依靠人民进行了改革开放新的伟大革命，开创、坚持、发展了中国特色社会主义。这三件大事，从根本上改变了中国人民和中华民族的前途命运，不可逆转地结束了近代以后中国内忧外患、积贫积弱的悲惨命运，不可逆转地开启了中华民族不断发展壮大、走向伟大复兴的历史进程，使具有5000多年文明历史的中国面貌焕然一新，中华民族伟大复兴展现出前所未有的光明前景。

回顾90多年中国的发展进步，可以得出一个基本结论：办好中国的事情，关键在党，中国共产党是中国特色社会主义事业的领导核心。历史和现实证明，密切联系群众，是中国共产党的性质和宗旨的体现，是中国共产党区别于其他政党的显著标志，也是中国共产党发展壮大的重要原因。党坚强有力，党同人民群众保持血肉联系，国家就繁荣稳定，人民就幸福安康。当前，中国共产党担负着团结带领人民全面建成小康社会、实现中华民族伟大复兴的重任。必须毫不动摇坚持党的领导，发挥党总揽全局、协调各方的作用。

条文解读

一、坚持中国共产党对国家安全工作的领导

维护国家安全，是中国特色社会主义建设事业顺利推进的重要保障，也是实现国家长治久安和中华民族伟大复兴的重要基础。在革命、建设、改革的各个历史阶段，中国共产党始终将党的前途命运与国家民族的前途命运紧密联系在一起。中国共产党与中华民族的前途命运，构成了当代中国最为关键的“命运共同体”。党要巩固执政地位，要团结带领人民坚持和发展中国特色社会主义，保证国家安全是头等大事。

当前，国际形势风云变幻，我国经济社会发生深刻变化，改革进入攻坚期和深水区，社会矛盾多发叠加，各种可以预见和难以预见的安全风险挑战前所未有，除军事、国土等传统安全领域

问题以外，大量非传统安全压力凸显。党的十八大以后，为适应我国国家安全面临的新形势新任务，以习近平同志为核心的党中央提出总体国家安全观重大战略思想，强调全面维护各领域国家安全，坚决维护国家核心利益和重大利益，以人民安全为宗旨，在发展和改革开放中促安全，走中国特色国家安全道路。国家安全是安邦定国的重要基石，必须毫不动摇坚持中国共产党对国家安全工作的绝对领导，这是维护国家安全的必然要求，也是发挥党总揽全局、统筹协调作用的重要体现。

二、国家安全领导体制

增强忧患意识，做到居安思危，是我们治党治国必须始终坚持的一个重大原则。党的十八届三中全会决定成立国家安全委员会，是推进国家治理体系和治理能力现代化、实现国家长治久安的迫切要求，是全面建成小康社会、实现中华民族伟大复兴中国梦的重要保障，目的就是更好适应我国国家安全面临的新形势新任务，建立集中统一、高效权威的国家安全领导体制，加强对国家安全工作的领导。

从世界范围看，大多数国家都在冷战之后强化了国家安全领导体制，主要原因是：国家安全领域从传统安全领域向非传统安全领域不断拓展，特别是近些年恐怖主义、网络犯罪、重大疾病疫情传播等对一些主权国家形成重大威胁；与此相关联，在应对国家安全威胁多样化方面，需要加强统筹协调，促进国家安全决策的专业和高效。对于大多数国家而言，国家安全决策都涉及军事、外交、国防、情报、安全、内政、经济发展等众多部门，在工作配合中，常常产生部门利益化、情报信息沟通不畅、协调不力甚至相互掣肘等问题，必须建立权威高效、协调有力的制度机制，减少决策和执行的成本。目前，美国、俄罗斯、英国、法国、日本等国家都建立了符合本国国情的国家安全领导体制，特别是在中央层面建立的国家安全领导机构，在维护国家安全方面发挥着领导决策的重要作用。

国家安全事务具有高度敏感、复杂的性质，既需要运筹帷幄也需要令行禁止，必须通过集中统一、高效权威的领导体制实现对国家安全事务的领导。我国建立国家安全领导体制也遵循了这一规律。2014 年 1 月 24 日，中共中央政治局召开会议，决定中央国家安全委员会由习近平同志任主席，下设常务委员和委员若干名。中央国家安全委员会遵循集中统一、科学谋划、统分结合、协调行动、精干高效的原则，聚焦重点，抓纲带目，紧紧围绕国家安全工作的统一部署狠抓落实。

相关规定

《中华人民共和国国家安全法》第四条、第五条。

第五条　中央国家安全领导机构负责国家安全工作的决策和议事协调，研究制定、指导实施国家安全战略和有关重大方针政策，统筹协调国家安全重大事项和重要工作，推动国家安全法治建设。

条文主旨

本条是关于中央国家安全领导机构职责的规定。

立法背景

2013 年党的十八届三中全会通过的《中共中央关于全面深化改革若干重大问题的决定》提出，设立国家安全委员会，完善国家安全体制和国家安全战略，确保国家安全。关于设立中央国家安全委员会，习近平总书记在对党的十八届三中全会决定的说明中指出，国家安全和社会稳定是改革发展的前提。只有国家安全和社会稳定，改革发展才能不断推进。设立国家安全委员会，加强对国家安全工作的集中统一领导，已是当务之急。

当今世界，设立国家安全委员会或者类似机构的国家或者地区越来越多。据不完全统计，有40多个国家设立了这样的机构，如美国国家安全委员会、俄罗斯联邦安全会议、日本国家安全保障会议、法国国防委员会、德国联邦安全委员会、印度安全委员会等。这种现象有一个共同的背景是，冷战结束后，国家安全从传统的军事领域向非传统安全领域拓展，一国安全面临的挑战不仅来自传统的军事威胁，而且越来越多地来自经济、金融、能源、恐怖主义、国际犯罪等非传统安全领域。近年来，网络、太空、海洋、生态环境等新型安全领域的威胁也在上升，面对新威胁和挑战，各国不得不把应对安全威胁挑战的机构进行改革，即把原有的仅仅限于军事领域的国防委员会改组为应对传统和非传统威胁的国家安全委员会。

各国国家安全委员会的基本职能不尽相同，大概有三种性质，即协调机构、咨询机构和决策机构。这三种性质没有严格的界限划分，有的国家的机构甚至三种职能兼而有之。虽然称谓不同，成立的具体背景原因各异，而且职能作用也不尽一致，但大多数都是国家安全制度设计中的顶层制度安排，对维护国家安全始终发挥着不可替代的作用。各国国家安全委员会一般由国家最高领导人担任首脑。大多数国家通过国家安全立法来规定国家安全委员会的法律地位、职权和活动原则等，并建立一系列相关法律制度。如美国的《国家安全法》、俄罗斯的《俄罗斯联邦安全法》、新加坡的《国家内部安全法令》等，还有其他相关部门法，如《国防法》《国土安全法》《反恐法》《情报法》《紧急状态法》等。一些议会内阁制国家往往通过行政命令或政府政策文件（白皮书、国家安全战略）等建立国家安全委员会。一些国家还通过专门的国家安全委员会立法或行政条例来规范国家安全委员会的内部运作。

根据2014年1月24日中共中央政治局会议决定和党的十八届三中、四中全会精神，中央国家安全委员会作为中共中央关于国家安全工作的决策和议事协调机构，向中央政治局、中央政治局常务委员会负责，统筹协调涉及国家安全的重大事项和重要工作，主要职责是制定和实施国家安全战略，推进国家安全法治建设，制定国家安全工作方针政策，研究解决国家安全工作中的重大问题。

条文解读

中央国家安全领导机构的主要职责有以下三个方面：

第一，研究制定、指导实施国家安全战略和有关重大方针政策。国家安全战略是关于国家安全目标、方针、途径和手段等宏观和长远的筹划，是综合运用国家军事、外交、政治、经济和文化等多种手段应对威胁和挑战的顶层设计，旨在保障国家生存和发展的根本利益。党的十六届四中全会报告首次提出“国家安全战略”概念。长期以来，我国没有形成系统成文的国家安全战略。随着国内外安全形势的复杂变化，迫切需要从宏观和整体角度规划和指导维护国家安全各项事业，制定和实施国家安全战略紧迫地提上了议事日程。

根据本法第六条的规定，中央国家安全领导机构要负责制定并不断完善国家安全战略，全面评估国际、国内安全形势，明确国家安全战略的指导方针、中长期目标、重点领域的国家安全政策、工作任务和措施。根据本法第四十六条的规定，中央国家安全领导机构要建立国家安全工作督促检查和责任追究机制，确保国家安全战略和重大部署贯彻落实。根据本法第四十七条的规定，各部门、各地区应当采取有效措施，贯彻实施国家安全战略。这些都明确了中央国家安全领导机构在制定实施国家安全战略中的具体职责和要求，明确了各地方各部门在中央国家安全领导机构领导下贯彻实施国家安全战略的职责和任务。

第二，统筹协调国家安全重大事项和重要工作。我国国家安全体制机制总体是好的，但也存在不适应、不完备问题，如国家安全资源和力量分散、国家安全战略规划缺乏等。内外安全形势都对从国家层面统筹协调安全工作提出了更高要求。设立中央国家安全委员会，可以充分发挥党总揽全局、统筹协调的作用。本法第四章“国家安全制度”就体现了中央国家安全领导机构在统筹协调国家安全重大事项和重要工作中的具体职能，如建立国家安全重点领域工作协调机制、国家安全工作督促检查和责任追究机制、跨部门会商工作机制和中央与地方之间、部门之间、军地之间以及地区之间关于国家安全的协同联动机制；第四章还设专节对国家安全重要工作作了规定，即情报信息工作，风险预防、评估和预警工作，审查监管工作，危机管控工作等。这些都对中央国家安全领导机构履职尽责作出了具体规定，也为维护国家安全奠定了制度基础。

第三，推动国家安全法治建设。当前，我国国家安全形势十分严峻，同我国所处的战略安全环境、各项事业发展的新要求相比，国家安全法治建设还不相适应。根据本法第七十条的规定，中央国家安全领导机构要健全国家安全法律制度体系，推动国家安全法治建设。当前，法治建设在党和国家事业全局中处于越来越重要的位置，党和国家各项工作都要坚持法治原则，推动国家安全法治建设成为中央国家安全领导机构的一项重要职责。党的十八届四中全会指出，要“贯彻落实总体国家安全观，加快国家安全法治建设，抓紧出台反恐怖等一批急需法律，推进公共安全法治化，构建国家安全法律制度体系”。根据中央的这一部署，国家安全法治建设的任务艰巨繁重，在国家安全领域，各相关部门和单位共同努力，力争到2020年基本形成一套立足我国国情、体现时代特点、适应我国所处战略安全环境，内容协调、程序严密、配套完备、运行有效的中国特色国家安全法律制度体系，为维护我国国家安全提供坚实的法律制度保证。

相关规定

《中华人民共和国国家安全法》第五条、第六条、第四十六条、第四十七条、第四章国家安全制度有关规定。

第六条　国家制定并不断完善国家安全战略，全面评估国际、国内安全形势，明确国家安全战略的指导方针、中长期目标、重点领域的国家安全政策、工作任务和措施。

条文主旨

本条是关于制定和完善国家安全战略的规定。

立法背景

国家安全战略，是关于国家安全的综合性的指导方略，是运用综合国力维护国家安全利益的总体构想，既包括传统的军事战略，也包括政治、经济、科技、文化、信息、资源、生态等各方面涉及国家安全问题的筹划。

一、关于国家安全战略

“国家安全战略”一词作为法律用语，最早出现在1986年美国国会通过的《戈德华特—尼科尔斯国防部改组法》中。1997年美国参谋长联席会议出版的《军语及相关术语》正式对“国家安全战略”进行了界定，即“为达到巩固国家安全目标而发展，运用和协调国力的各部分（包括外交、经济、军事和信息等）的艺术和科学，也称国家战略或大战略”。

2009年《俄罗斯联邦2020年前国家安全战略》对“国家安全战略”的定义是：“本战略是俄罗斯联邦国家安全保障体系发展规划的基础性文件，是对确保国家安全的行为方式和措施的阐述，是国家权力机关、组织和社会团体为保障俄罗斯联邦国家利益及个人、社会和国家安全而进行建设性协作的基础。”

从各国实际情况看，不同国家对“国家安全战略”的定义不同，但都制定了维护本国国家安全的战略或者政策。国家安全战略的表现形式可能是成文的，也可能是不成文的；可能是系统的，也可能是不系统的；可能表现为一份完整而统一的文献，也可能存在于不同的文献中；可能是公开的，也可能是不公开的。

从目前各国公开的国家安全战略分析，其主要内容通常包括：一是影响国家安全战略的因素。主要有国家安全利益、国家实力、战略环境、战略文化和安全观。二是国家安全战略的构成因素。主要有战略目标、战略方针和原则、战略能力、战略途径。三是国家安全战略的政策、涉及政策的程序、机制和体制等问题。四是国家安全战略的实施。主要包括战略目标的分解、战略阶段的划分、战略途径的选择和战略实力的动员以及战略能力的运用等。五是国家安全战略的调整。包括国家安全战略的充实、完善以及转换的原因和条件等。

各国制定并实施国家安全战略的目标有共性，通常规定：保障国家的领土、主权完整，维护国家政治稳定，确保国家经济科技发展利益不受侵害，做好战争准备和非传统安全领域的斗争准备，增强抵御各种安全威胁的能力。

二、世界主要国家的国家安全战略

（一）美国

美国“二战”后一直从维护自身在全球领导力的角度考虑和筹划国家安全问题。冷战期间，美国奉行的国家安全战略是“遏制战略”。1950 年 4 月，美国国家安全委员会制定 NSC-68 号文件，阐明了遏制战略的基本内容。遏制战略是美国与苏联全面对抗的综合性和全球性战略，威慑是军事战略的核心。冷战结束后，G. H. 布什总统于 1990 年提出“超越遏制战略”，强调要把剧变后的苏联和东欧国家纳入西方建立的国际体系。克林顿总统于 1996 年向国会提交《国家参与和扩展安全战略报告》，提出“参与和扩展”战略，强调美国的安全防卫、增强美国经济实力和促进国外民主是美国国家安全的基本目标。2000 年克林顿在第二任期提出《新世纪国家安全战略》，延续了第一任期的国家安全战略。G. W. 布什总统分别于 2002 年和 2006 年，两次向国会提交《美国国家安全战略报告》。2002 年报告强调首要任务是打赢反恐战争，以及防止大规模杀伤性武器的扩散，重申“先发制人”的用兵方针，强调美军转型以军事力量确保美国21世纪战略目标的实现。2006年的报告将美国面临的战略环境定性为“处于战争状态”，提出促进“民主自由”和确保美领导地位是两大战略支柱。2010年奥巴马政府出台《国家安全战略报告》，明确了“重振美国、领导全球”的新国家安全战略，提出要着手应对全球多样化挑战，特别是为核扩散的挑战做好准备。提出要以重振美国和领导全球为目标，以强化国内力量建设为重点，以加强与世界各种力量中心的全面接触为主要标志，以外交、经济、军事、政治、法律和文化等多种手段的综合运用为支撑，维护美国利益。2015年2月6日，奥巴马政府公布了其任期内第二份国家安全战略报告，全面阐述美国的主要安全关切，突出强调对暴力极端主义和恐怖主义、大规模杀伤性武器、气候变化及其灾害、网络攻击、日益增强的流行性疾病等非传统领域安全风险的关注和应对思路。

（二）俄罗斯

1997年俄罗斯公布第一部《国家安全构想》，主要内容包括对国际形势的判断、俄罗斯安全状况、对国内利益和对外利益的分析、国家安全面临的主要威胁、国家安全的目标和战略。2000年俄罗斯公布第二部《国家安全构想》，在坚持1997年确定的国家利益的同时，对国家安全格局和威胁判断作出重大修正。强调军事威胁是俄罗斯面临的主要威胁；强调继续奉行现实威慑战略，建立足够防御的军事力量。2009年公布《俄罗斯联邦2020年前国家安全战略》，被俄称为国家“综合性基础文件”。新战略阐述了俄罗斯在国防、内政、外交及经济等领域面临的主要安全威胁及应对手段，界定了俄罗斯国家安全利益，突出了综合安全观，提出俄罗斯国家安全体系的目标和发展任务。

（三）日本

"二战"之后至 2013 年 12 月，日本官方从未出台过以"国家安全战略"命名的战略文件，其安全战略基本反映在不同时期首相咨询机构提交的有关国家安全政策建议的报告中。2013 年 12 月，日本内阁会议首次通过《国家安全保障战略》，明确制定战略的宗旨是在国家安全保障环境日益严峻的情况下，为使社会繁荣和平得以持续发展，从长远的角度考虑日本的国家利益以及日本在国际社会的地位。该战略还明确了日本奉行的国家安全保障的基本理念、国家利益及国家安全保障的目标；日本周边的安全保障环境及国家安全保障的课题；日本在国家安全保障上应采取的战略举措等。

近年来，各国依据安全形势的变化和战略力量对比，都在调整各自的国家安全战略，主要的特点和趋势：一是在战略目标上，将维护本国的利益和国际地位作为战略的出发点和归宿。二是在威胁判断上，在重视传统威胁的同时，重视非传统威胁，如经济安全、生态安全、资源安全、网络安全以及国际恐怖主义等。三是在战略措施上，在强调军事手段的同时，更加重视政治、经济、社会、文化手段的运用，越来越注重国家之间的合作，重视利用国际组织、国际机制等多边主义手段和措施来维护国家的安全。

条文解读

中国在抵御外来威胁、维护国家安全的实践中，形成了具有时代特征和中国特色的国家安全战略思想。新中国成立以后的一段时间，我们党和国家把维护国家主权和领土完整作为国家安全的根本，强调国家安全的根本任务是保卫新生的民主政权、国家独立和领土完整，保卫革命成果和人民的合法权益。维护国家安全的手段主要是国防和军事。改革开放以后，在和平与发展成为时代主题的新形势下，我们党和国家把国家利益和国家安全作为国家安全战略的最高原则，提出摒弃冷战思维，倡导互信、互利、平等、协作的新安全理念。

2012 年党的十八大报告提出："完善国家安全战略和工作机制，高度警惕和坚决防范敌对势力的分裂、渗透、颠覆活动，确保国家安全。"2013 年党的十八届三中全会决定提出："设立国家安全委员会，完善国家安全体制和国家安全战略，确保国家安全。"2014 年 4 月，党中央准确把握国家安全形势变化新特点新趋势，继承和发展了以往国家安全战略思想，提出了总体国家安全观这一重大战略思想。贯彻总体国家安全观，必须坚持以人民安全为宗旨，以政治安全为根本，以经济安全为基础，以军事、文化、社会安全为保障，以促进国际安全为依托，走出一条中国特色国家安全道路。既重视外部安全，又重视内部安全；既重视国土安全，又重视国民安全；既重视传统安全，又重视非传统安全；既重视发展问题，又重视安全问题；既重视自身安全，又重视共同安全。

2015 年 1 月 23 日，中央政治局召开会议，审议通过《国家安全战略纲要》。会议认为，当前，国际形势风云变幻，我国经济社会发生深刻变化，改革进入攻坚期和深水区，社会矛盾多发叠加，各种可以预见和难以预见的安全风险挑战前所未有，必须始终增强忧患意识，做到居安思危。制定和实施《国家安全战略纲要》，是有效维护国家安全的迫切需要，是完善中国特色社会主义制度、推进国家治理体系和治理能力现代化的必然要求。在新形势下维护国家安全，必须坚持以总体国家安全观为指导，坚决维护国家核心和重大利益，以人民安全为宗旨，在发展和改革开放中促安全，走中国特色国家安全道路。要做好各领域国家安全工作，大力推进国家安全各种保障能力建设，把法治贯穿维护国家安全的全过程。会议提出，坚持正确义利观，实现全面、共同、合作、可持续安全，在积极维护我国利益的同时，促进世界各国共同繁荣。运筹好大国关系，塑造周边安全环境，加强同发展中国家的团结合作，积极参与地区和全球治理，为世界和平与发展作出应有贡献。会议强调，国家安全是安邦定国的重要基石。必须毫不动摇坚持中国共产党对国家安全工作的绝对领导，坚持集中统一、高效权威的国家安全工作领导体制。要加强国家安全意识教育，努力打造一支高素质的国家安全专业队伍。

国家安全战略纲要制定后，贯彻实施是重要任务，需要地方、部门和单位根据战略纲要精神和要求，推动本地区本部门本领域维护国家安全工作。本法第四十六条规定，国家建立国家安全工作督促检查和责任追究机制，确保国家安全战略和重大部署贯彻落实。第四十七条规定，各部门、各地区应当采取有效措施，贯彻实施国家安全战略。这两条内容对国家安全战略的贯彻落实和责任追究作出了明确规定、提供了法律保障。

相关规定

《中华人民共和国国家安全法》第六条、第四十六条、第四十七条。

第七条　**维护国家安全，应当遵守宪法和法律，坚持社会主义法治原则，尊重和保障人权，依法保护公民的权利和自由。**

条文主旨

本条是关于法治原则、尊重和保障人权原则的规定。

立法背景

法律原则是指在一定法律体系中作为法律规则的指导思想、基础或本源的总和的、稳定的法律原理和准则。从立法角度看，法律原则具有三个方面的重要作用：一是直接决定了法律制度的基本性质、内容和价值取向；二是有效确保法律制度内部的和谐统一；三是对法律的贯彻实施具有导向作用。可以说，法律原则是一部法律基本精神的集中体现，也是起草一部法律的重要理论基础。

我国现行法律大多在总则中规定了原则，但具体用语有所不同，有的表述为“基本原则”；有的表述为“原则”；更多的则是不使用“原则”的字样，而直接表述法律应当遵循的基本精神或者具有一般意义的要求。如全国人民代表大会常务委员会议事规则第二条规定：“全国人民代表大会常务委员会审议议案、决定问题，应当充分发扬民主，实行民主集中制的原则。”立法法第三条规定：“立法应当坚持中国共产党的领导，坚持以马克思列宁主义、毛泽东思想、邓小平理论、‘三个代表’重要思想、科学发展观、习近平新时代中国特色社会主义思想为指导，推进中国特色社会主义法治体系建设，保障在法治轨道上全面建设社会主义现代化国家。”

条文解读

一、关于法治原则

法治原则通常包括宪法至上、尊重和保障人权、权力必须依法行使等内容。维护国家安全应当坚持法治原则。具体来讲，除了要遵循一般意义上的法治原则，尤其要突出强调依法维护国家安全，坚持人民主体地位，坚持法律面前人人平等，坚持从中国实际出发。

依法维护国家安全，强调的是思想方法问题。维护国家安全的各项工作，都要高度重视运用法治思维和法治方式，发挥法治的引领和推动作用，确保在法治轨道上运行。根据党的十八届四中全会精神，要推进科学立法、民主立法，逐步构建起以国家安全法为基本法律的国家安全法律制度体系；要加强国家安全领域的严格执法和公正司法，防范、制止和依法惩治一切危害国家安全的行为；要推进全民守法，坚持全民国家安全法治教育，增强全民国家安全法治观念，各级领导干部尤其要做学习和遵守国家安全法律制度的模范。

坚持人民主体地位，强调的是力量源泉问题。人民是我们国家和社会的主人，是依法维护国家安全的主体，必须坚持维护国家安全为了人民、依靠人民，要把体现人民利益、反映人民愿望、维护人民权益、增进人民福祉落实到依法维护国家安全的各个方面、各个环节，使国家安全法律及其实施充分体现人民意志。本法第二条对国家安全的定义中，就将“人民福祉”列为国家核心利益，必须坚决予以维护。

坚持法律面前人人平等，强调的是价值追求问题，体现在立法、执法、司法、守法等各个方面。我国宪法第五条第四款、第五款规定：“一切国家机关和武装力量、各政党和各社会团体、各企业事业组织都必须遵守宪法和法律。一切违反宪法和法律的行为，必须予以追究。任何组织或者个人都不得有超越宪法和法律的特权。”任何组织和个人都必须维护宪法法律权威，都必须依照宪法法律的规定行使维护国家安全的权力或权利、履行维护国家安全的职责或义务，都不得有超越宪法法律的特权。维护国家安全有其特殊性，但依然要在宪法法律范围内行事，遵循权依法使的要求。根据本法第十三条规定，国家机关工作人员在国家安全工作和涉及国家安全活动中，如果有滥用职权、玩忽职守、徇私舞弊等行为的，要依法追究法律责任。本法第六十六条，对公民、组织权利保护作出了“应当选择有利于最大程度保护公民、组织权益的措施”的规定。

坚持从中国实际出发，强调的是现实选择问题。选择何种方式维护国家安全、实现什么样的国家安全目标，是由一个国家的基本国情决定的。要汲取中华法律文化精华，借鉴国外法治有益经验，但绝不照搬外国法治理念和模式。这一思想，对于维护国家安全来说尤其现实和重要。作为一个主权国家，维护什么样的国家安全、怎样维护国家安全，应当根据本国国情、由本国人民决定。

二、关于尊重和保障人权原则

我国宪法第三十三条第三款规定：“国家尊重和保障人权。”尊重和保障人权是社会主义法治的基本原则。人权是人之作为人都应该享有的权利，是现代社会的道德和法律对人的主体地位、尊严、自由和利益的最低限度的确认。人权来源于人的理性、尊严和价值。基本人权则是当代国际社会所公认的一切人所应当共同具备的权利，根据《联合国宪章》《世界人权宣言》等国际法文件，基本人权包括生存权、平等权、社会保障权、环境权、自决权、发展权、知情权、接受公正审判权、安全权、基本自由、接受教育权以及和平权。国际公认，基本人权在人权中享有优先保障地位。

人权是社会文明进步的标尺和动力，体现了现代法律的精神，是现代法律的合理性基础，因而世界各国家法律中都有关于保障人权的规定。本法规定“尊重和保障人权，依法保护公民的权利和自由”，一方面体现了现代法治精神，有利于在维护国家安全工作中实现和保障人权，有效提升国家安全法治化水平；另一方面也有利于回应国际舆论质疑，有助于树立我国民主、开放的大国形象。

相关规定

《中华人民共和国宪法》第五条、第三十三条；《中华人民共和国国家安全法》第二条、第十三条、第六十六条。

第八条　维护国家安全，应当与经济社会发展相协调。

国家安全工作应当统筹内部安全和外部安全、国土安全和国民安全、传统安全和非传统安全、自身安全和共同安全。

条文主旨

本条是关于统筹兼顾原则的规定，这是贯彻落实总体国家安全观必须遵循的重要原则。

立法背景

把握全局、统筹兼顾，协调好各方面利益关系，调动一切积极因素，促进国家发展，是我们党长期执政过程中的一条重要历史经验。党的十一届三中全会以来，特别是形成抓住机遇、深化改革、扩大开放、促进发展、保持稳定的基本方针以来，我们党在把握全局、统筹兼顾问题上的理论和实践都有了新的重大发展。随着改革开放的深入，我国综合国力不断增强，在国际舞台上的地位也越来越重要，我们面对的风险挑战更大、利益关系更复杂，对统筹兼顾的要求也更高。

2014 年 4 月 15 日，习近平总书记在中央国家安全委员会第一次会议上提出总体国家安全观的重要思想，并且指出，贯彻落实总体国家安全观，必须既重视外部安全，又重视内部安全，对内求发展、求变革、求稳定、建设平安中国，对外求和平、求合作、求共赢、建设和谐世界；既重视国土安全，又重视国民安全，坚持以民为本、以人为本，坚持国家安全一切为了人民、一切依靠人民，真正夯实国家安全的群众基础；既重视传统安全，又重视非传统安全，构建集政治安全、国土安全、军事安全、经济安全、文化安全、社会安全、科技安全、信息安全、生态安全、资源安全、核安全等于一体的国家安全体系；既重视发展问题，又重视安全问题，发展是安全的基础，安全是发展的条件，富国才能强兵，强兵才能卫国；既重视自身安全，又重视共同安全，打造命运共同体，推动各方朝着互利互惠、共同安全的目标相向而行。

条文解读

习近平总书记的重要论述，明确了应对国家安全新形势新任务必须统筹处理好五对关系。总体国家安全观是当前和今后一个时期国家安全工作必须坚持的根本工作纲领和行动指南。处理好上述五对关系，既是贯彻落实总体国家安全观的根本要求，本身也体现了总体国家安全观的丰富内涵。本法与原国家安全法最大的区别就在于全面贯彻了总体国家安全观这一重大战略思想。从本条规定看，既提出了本法的一项重要原则，也是对总体国家安全观的具体阐述。本条第一款体现的是发展与安全的关系，第二款体现的是统筹处理不同安全之间的关系。

一、关于发展和安全

第一款“维护国家安全，应当与经济社会发展相协调”，体现的是“既重视发展问题，又重视安全问题，发展是安全的基础，安全是发展的条件，富国才能强兵，强兵才能卫国”的思想。

坚持维护国家主权、安全和发展利益，是国家繁荣发展、民族兴旺发达的重要保障和基础。新中国成立以来特别是改革开放30多年来，党和国家始终将建设巩固国防和强大军队作为中国特色社会主义事业的重要组成部分，始终坚定维护国家统一、领土完整、人民安全，始终着力营造和平发展的内外环境，为社会主义现代化建设赢得了宝贵时间，确保了我国各项事业取得长足发展，确保了人民生活水平不断提高、国家实力不断增强。如果国家安全受到威胁，甚至政权不稳，边境不宁，人民处于动乱和流离失所的境地，经济社会各项事业仰人鼻息、漏洞频现，那还有什么资格谈论发展，谈论中华民族伟大复兴？因此，要将坚定维护国家安全作为头等大事，始终保持清醒头脑，做到居安思危，防患于未然。我们坚定维护国家核心利益，绝不会有半点妥协，绝不容许拿来做交易。本法第二条对国家安全的定义规定“国家政权、主权、统一和领土完整、人民福祉、经济社会可持续发展”作为国家核心利益，这是国家存在和发展的根本，是民族生存和发展的根本，也是在任何发展阶段、发展水平都必须坚守的国家安全底线。

另一方面，维护国家安全要从国情出发，坚持发展是解决我国所有问题的关键这一重大战略判断。中国作为发展中大国，仍将长期处于社会主义初级阶段，发展不平衡、不协调、不可持续的问题依然突出，有些还相当尖锐；经济发展与资源环境的矛盾突出，贫富分化、收入分配不合理问题受到高度关注；同时我国尚未完成祖国统一大业，为了建设和维持强大的国防、进行有效的军事斗争还需要强大的经济后盾做支持。这些都要求我们清醒认识基本国情并判断国家所处的历史方位，踏踏实实进行社会主义建设，下力气增强国家综合国力、核心竞争力、抵御风险的能力，为维护国家安全提供坚实保障。

二、关于内部安全和外部安全

改革开放以来，党和国家始终高度重视正确处理改革发展稳定关系，始终把维护国家安全和社会安定作为一项基础性工作，为改革开放和社会主义现代化建设营造了良好环境。同时，新形势下我国国家安全和社会安定面临的威胁和挑战增多，特别是各种威胁和挑战联动效应明显。

外部安全主要强调世界和地区因素对我国安全环境的影响。当前，国际力量对比、全球治理体系结构、亚太地缘战略格局和国际经济、科技、军事竞争格局正在发生历史性变化。维护和平的力量上升，制约战争的因素增多，在可预见的未来，世界大战打不起来，总体和平态势可望保持。但是，霸权主义、强权政治和新干涉主义将有新的发展，各种国际力量围绕权力和权益再分配的斗争趋于激烈，恐怖主义活动日益活跃，民族宗教矛盾、边界领土争端等热点复杂多变，小战不断、冲突不止、危机频发仍是一些地区的常态。我国作为一个发展中大国，仍然面临多元复杂的安全威胁，遇到的外部阻力和挑战逐步增多，外部安全环境中的不稳定不确定因素对国家安全和发展的影响增大。

内部安全主要强调我国社会内部因素对国家安全的影响。从维护我国内部社会和谐稳定看，重点在预防和化解社会矛盾，增强发展的全面性、协调性、可持续性，加强保障和改善民生工作，从源头上预防和减少社会矛盾的产生。以促进社会公平正义、增进人民福祉为出发点和落脚点，推动发展成果更多更公平惠及全体人民。完善和落实维护群众合法权益的体制机制，完善和落实社会稳定风险评估机制，预防和减少利益冲突。全面推进依法治国，更好维护人民群众合法权益。此外，特别重大自然灾害、事故灾难、公共卫生事件、社会安全事件也可能造成严重社会危害，成为威胁国家安全的重要内部因素，需要加强监测预警和及时采取应急处置措施，将损失和影响控制在最小范围。

统筹内部安全和外部安全，二者不能顾此失彼，尤其要防止内外因素相互联动，形成叠加效应，冲击国家安全底线，冲击社会主义制度和党的执政根基。办好中国的事情，关键在党。只要我们党坚强有力，就能够团结带领全国人民应对一切内外威胁，维护国家长治久安。从加强执政党的自身建设看，关键是要密切联系群众，提高领导水平。同时，我们党把党风廉政建设和反腐败斗争提到关系党和国家生死存亡的高度来认识，这是深刻总结了古今中外的历史教训的。历史经验值得注意，历史教训更应引以为戒。面对复杂多变的国际形势和艰巨繁重的改革发展稳定任务，实现“两个一百年”奋斗目标，实现中华民族伟大复兴的中国梦，必须坚持党要管党、从严治党，不断提高党的领导水平和执政水平、提高拒腐防变和抵御风险能力，确保党始终成为中国特色社会主义事业的坚强领导核心。

三、关于国土安全和国民安全

国土安全更多地强调国家领土主权完整统一，国民安全则更多地强调一国之民的安全、利益得到有效保护。统筹维护国土安全和国民安全，既要考虑静态的固有领土主权安全，又要考虑领土之上人们动态的各项生存发展需求。

作为一个发展中大国，中国维护国家统一、维护领土完整、维护发展利益的任务艰巨繁重。一是随着世界经济和战略重心加速向亚太地区转移，美国持续推进亚太“再平衡”战略，强化其地区军事存在和军事同盟体系。日本积极谋求摆脱战后体制，大幅调整军事安全政策，国家发展走向引起地区国家高度关注。个别海上邻国在涉及中国领土主权和海洋权益问题上采取挑衅性举动，在非法“占据”的中方岛礁上加强军事存在。一些域外国家也极力插手南海事务，个别国家对中国保持高频度海空抵近侦察，海上方向维权斗争将长期存在。一些陆地领土争端也依然存在。朝鲜半岛和东北亚地区局势存在诸多不稳定和不确定因素。地区恐怖主义、分裂主义、极端主义活动猖獗，对中国周边安全稳定带来不利影响。二是台湾问题事关我国国家统一和长远发展，近年来两岸关系保持和平发展良好势头，但影响台海局势稳定的根源并未消除，“台独”分裂势力及其分裂活动仍然是两岸关系和平发展的最大威胁。“东突”“藏独”分裂势力危害严重，特别是“东突”暴力恐怖活动威胁升级，反华势力图谋制造“颜色革命”。三是随着国家利益不断拓展，国际和地区局势动荡、恐怖主义、海盗活动、重大自然灾害和疾病疫情等都可能对国家安全构成威胁，海外能源资源、战略通道安全以及海外机构、人员和资产安全等海外利益安全问题凸显。

贯彻落实总体国家安全观要做到既重视国土安全又重视国民

安全，这是相辅相成，紧密相关的一对关系。总体国家安全观强调以人民安全为宗旨，人民的安全和利益是国家安全的核心，是国家安全活动的根本目的，这是我国社会主义国家政权的民主本质。皮之不存，毛将焉附。人是国家存在和发展的第一要素，没有人便没有国家。人民安全是国家安全第一位的重要内容，是国家安全不可分割的最核心的组成部分。为了确保人民安居乐业，首要的就是保卫国土安全，保卫国家核心利益。同时要牢记人民是真正的主人，维护国家安全要紧紧依靠人民。2015 年北京市公安局在朝阳群众的多次举报协助下，破获了多起涉黄涉毒重大刑事犯罪案件，一时间在网络上形成了有关“朝阳群众”的热点新闻，这就是拓展人民群众参与公共安全治理的有效途径，形成了动员全社会力量维护公共安全的良好氛围。国民安全很重要的一点还体现在维护海外中国公民和法人合法权益。近些年，随着中国公民和企业“走出去”步伐不断加快，我国国家利益遍布全球，也面临着比以往更多的安全风险。2015 年 3 月，沙特等国对也门胡塞武装发起空袭，当一些有侨民的国家还在考虑如何撤侨时，中国军舰已经陆续从也门撤离 500 多名中国公民，体现了中国的危机管理、应急指挥、应急保障、国际协调等能力不断增强，维护国家海外利益能力不断增强。与这项原则相关联的，本法第二章“维护国家安全的任务”有两处明确规定，一处是第三十三条专门对维护国家海外利益作出了规定，一处是第十八条在军事安全任务中规定“实施联合国维和、国际救援、海上护航和维护国家海外利益的军事行动”，为切实维护国土安全和国民安全提供坚实法律支撑。

四、关于传统安全和非传统安全

传统的安全观把主权、领土、政治安全作为国家安全的重中之重，维护国家安全主要依靠军事力量和手段。随着人类社会不断发展和世界形势的不断变化，恐怖主义、自然灾害、网络信息等非传统领域的安全问题日益突出，也成为威胁国家安全的重要因素。传统安全和非传统安全因素有时相互交织、相互影响，统筹好这对关系，需要不断拓展和加深对国家安全的理解认识，不断掌握和应用维护各领域国家安全的新思路新方法。2014 年 5 月 21 日，国家主席习近平在亚洲相互协作与信任措施会议第四次峰会上提出“共同、综合、合作、可持续的亚洲安全观”。其中，“综合”就是指要统筹维护传统领域和非传统领域安全。

从亚洲情况看，地区安全问题极为复杂，既有热点敏感问题又有民族宗教矛盾，恐怖主义、跨国犯罪、环境安全、网络安全、能源资源安全、重大自然灾害等带来的挑战明显上升，传统安全威胁和非传统安全威胁相互交织，安全问题的内涵和外延都在进一步拓展。从世界范围看，气候变化、武器扩散、跨国犯罪、贩毒走私等非传统安全问题日益成为影响各国甚至全人类安全的重大因素。2015 年的美国国家安全战略就将暴力极端主义和恐怖主义、大规模杀伤性武器、气候变化及其灾害、网络攻击、日益增强的流行性疾病等非传统领域安全风险列为美国的主要安全关切。《俄罗斯联邦 2020 年前国家安全战略》也体现了俄罗斯的综合安全观，将安全的内容涵盖内政、经济、社会、军事、信息和生态等领域，在安全保障手段上，强调军事手段和非军事手段的综合运用，既强调军事实力在保障国家安全中的基础和支柱作用，同时突出经济和内政在保障国家安全中的作用。

总体国家安全观提出构建集政治安全、国土安全、军事安全、经济安全、文化安全、社会安全、科技安全、信息安全、生态安全、资源安全、核安全等于一体的国家安全体系。随着形势任务的不断发展变化，国家安全的重点领域包括但不限于以上领域，还会不断拓展和延伸。本法第二章“维护国家安全的任务”中，网络信息安全、恐怖主义、重特大突发事件、生态安全、核安全以及新型领域安全和维护海外利益安全等都可以认为属于非传统安全领域。

五、关于自身安全和共同安全

自身安全更多强调从一国本身角度出发考虑的安全状态，共同安全则是从全局出发，充分考虑国与国在维护各自安全中的相互关系，努力形成1+1>2的安全状态。统筹自身安全和共同安全，要求将本国的安全需求放到世界安全形势中考虑，寻求与其他国家交流合作，维护共同安全。统筹自身安全和共同安全的思想，继承和发扬了中国传统文化精髓，有力冲击了西方大国一贯秉承的弱肉强食、国强必霸的丛林法则，是我国对于世界安全理念的重大贡献。

党的十八大以来，党中央关于处理国际关系和我国外交战略的中心思想是：顺应时代前进潮流和维护国家根本利益需要，高举和平、发展、合作、共赢的旗帜，更好地统筹国内国际两个大局，始终坚持走和平发展道路，坚持开放的发展、合作的发展、共赢的发展，通过争取和平国际环境发展自己，维护国家主权、安全、发展利益，实现中华民族伟大复兴的中国梦。同时积极奉行综合安全、共同安全、合作安全理念，以自身发展维护和促进世界和平，促进共同发展。

当今世界，和平、发展、合作、共赢是新的时代特点，没有和平，发展就无从谈起，全球化形成了一荣俱荣、一损俱损的利益关联。鉴于此，各国应该共同推动建立以合作共赢为核心的新型国际关系，共同享受尊严，共同享受发展成果，共同享受安全保障，面对错综复杂的国际安全威胁，单打独斗不行，迷信武力更不行，合作安全、集体安全、共同安全才是解决问题的正确选择。国家主席习近平在印度尼西亚国会发表题为《携手建设中国—东盟命运共同体》的重要演讲时指出："我们应该摒弃冷战思维，积极倡导综合安全、共同安全、合作安全的新理念。"摒弃冷战思维，就是以平等合作、和平谈判的方式解决争端，就共同关心的安全问题进行广泛深入的合作。安全应该是普遍的，不能一个国家安全而其他国家不安全，一部分国家安全而另一部分国家不安全，更不能牺牲别国安全谋求自身所谓绝对安全。国际社会应该倡导集体安全、共同安全、合作安全的理念，使我们的地球村成为共谋发展的大舞台，而不是相互角力的竞技场，更不能为一己之私把一个地区乃至整个世界搞乱。中国走和平发展道路是根据时代发展潮流和我国根本利益作出的战略抉择，中国发展决不以牺牲别国利益为代价，中国决不做损人利己、以邻为壑的事情。

中国的发展离不开和平的外部环境，实现中华民族伟大复兴的中国梦的奋斗目标，必须有和平的国际环境。没有和平，中国和世界都不可能有顺利发展；没有发展，中国和世界也不可能有持久和平。世界繁荣稳定是中国的机遇，中国发展稳定也是世界的机遇。

相关规定

《中华人民共和国国家安全法》第二条、第十条、第二章有关条文。

第九条 维护国家安全，应当坚持预防为主、标本兼治，专门工作与群众路线相结合，充分发挥专门机关和其他有关机关维护国家安全的职能作用，广泛动员公民和组织，防范、制止和依法惩治危害国家安全的行为。

条文主旨

本条是关于标本兼治原则和专群结合原则的规定。

立法背景

中国共产党领导中国人民从革命战争年代到社会主义建设时期的长期对敌斗争实践中，形成并坚持了一系列行之有效的基本原则和经验、做法，这些原则、经验和做法对我们克敌制胜发挥了重要的指导和保障作用，是实践经验的总结。维护国家安全工作要适应新形势、新任务，要使工作更加规范高效地开展，一方面需要在工作中不断地总结新的经验做法，另一方面，也需要及时将这些原则、制度通过立法上升为法律制度，以提升有效维护国家安全工作的能力，也更有利于动员各方面力量广泛参与和支持维护国家安全工作。

条文解读

一、关于“预防为主、标本兼治”原则

“预防为主”，就是要立足长远、立足基础，尊重国家安全工作的客观规律，注重及时发现影响国家安全的苗头、隐患，及时采取措施，并不断强化维护国家安全的能力。“标本兼治”源自中医学术用语，指的是既要解决问题的表象病症，又要根除病源、病因。习近平总书记指出：“当前我国国家安全内涵和外延

比历史上任何时候都要丰富，时空领域比历史上任何时候都要宽广，内外因素比历史上任何时候都要复杂”，影响国家安全的因素非常复杂，威胁国家安全的隐患不会完全消除，维护国家安全是动态的、不断发展的过程，因此，国家安全工作要坚持预防为主、标本兼治。“凡事预则立，不预则废。”“居安思危，思则有备，有备无患。”各有关部门要按照国家安全高于一切的要求，把预防为主，标本兼治的原则落实到维护国家安全的实际工作中。就是要把危害国家安全的风险预警、危害评估、应急预案、紧急处置作为维护国家安全工作的首要任务，而不是把工作的重点放在如何应对已经发生的危害国家安全的事件，或者如何惩治已经发生的危害国家安全的行为上。一旦现实危害已经形成或出现，将对国家安全造成不可估量的损失。因此，要谋事在先，防范在前，尊重科学，探索规律，采取有效的预防控制措施，千方百计预防可能危害国家安全事件的发生，做到防患于未然，将国家安全风险和危机消灭在萌芽状态。同时又要从危害国家安全的个别行为现象中挖掘幕后的、深层次的背景、动机等，研究其破坏活动的规律，从而做到标本兼治，斩草除根，把对国家安全的危害降到最低程度。

“预防为主”“标本兼治”适用于各国家安全领域。比如政治安全，《中国共产党章程》中规定：“坚持党的领导、人民当家作主、依法治国有机统一，走中国特色社会主义政治发展道路、中国特色社会主义法治道路，扩大社会主义民主，建设中国特色社会主义法治体系，建设社会主义法治国家，巩固人民民主专政，建设社会主义政治文明。”“党坚持标本兼治、综合治理、惩防并举、注重预防的方针，建立健全惩治和预防腐败体系，坚持不懈地反对腐败，加强党风建设和廉政建设。”比如社会安全，

2006年《中共中央关于构建社会主义和谐社会若干重大问题的决定》中提出："加强社会治安综合治理，增强人民群众安全感。坚持打防结合、预防为主、专群结合、依靠群众的方针。"2004年《中共中央关于加强党的执政能力建设的决定》中提出："坚持打防结合、预防为主、专群结合、依靠群众，加强和完善社会治安综合治理工作机制。"2001年《中共中央、国务院关于进一步加强社会治安综合治理的意见》中提出：实践证明，加强社会治安综合治理是建立和保持良好的社会治安秩序、维护社会政治稳定的基本方针，是解决社会治安问题的根本途径。"'打防结合，预防为主'是做好社会治安综合治理工作的指导方针。"比如国土安全，水法第四条规定："开发、利用、节约、保护水资源和防治水害，应当全面规划、统筹兼顾、标本兼治、综合利用、讲求效益，发挥水资源的多种功能，协调好生活、生产经营和生态环境用水。"

二、关于专群结合原则

专群结合原则包含以下两层含义：

第一，专门工作与群众路线相结合。维护国家安全的专门工作，主要是指专门机关依照职权开展的有关专业工作，包括依法搜集涉及国家安全的情报信息，依法行使行政执法和刑事执法职权，对危害国家安全的活动开展有关侦查、调查工作等。坚持"一切为了群众，一切依靠群众""从群众中来，到群众中去"的群众路线，一直是我们党的优良传统。专门工作与群众路线相结合，是国家安全工作的政治优势和重要原则，是我们克敌制胜的重要法宝和鲜明特色。没有人民群众的积极参与和大力支持，国家安全工作就成为"无源之水、无本之木"，就没有基础，也就失去了胜利的保障。维护国家安全要坚持以民为本、以人为本，坚持国家安全一切为了人民、一切依靠人民，才能真正夯实国家安全的群众基础。在长期的工作实践中，我们坚持这一优良传统取得了许多维护国家安全工作的重要成功经验。比如，实践证明，危害国家安全的活动大都是秘密进行的，但这些活动都是在社会生活中进行的，很多情况下，人民群众的发现、及时报告和协助配合，是专门机关开展调查工作所必需的，对及时发现、防范和处置危害国家安全的活动非常重要。专门机关在具体案件的调查、侦查等活动中，也需要与案件有关或者了解案情的公民客观、充分地提供证据，甚至可以吸收他们协助调查、了解情况、开展工作，需要广大群众的支持配合和保密，甚至有时候还需要人民群众配合完成相关秘密工作等。在调查情况、收集证据时，专门机关也离不开人民群众的支持和协助。因此，在充分发挥专门机关主导作用和职能优势的前提下，广泛动员、组织、依靠全社会力量，发挥广大人民群众的积极性，形成以专门机关为骨干，以政权优势为依托，以广大人民群众广泛参与为基础的工作格局，才能真正做好国家安全工作，打好维护国家安全和社会政治稳定的人民战争。尤其是在当今改革开放的环境下，国家安全工作面临的形势更为复杂，涉及面也更广，更要充分发动群众、依靠人民群众，建立起群众性的防线，形成维护国家安全的“铜墙铁壁”，切实有效地做好维护国家安全工作。本法多处体现了专门工作与群众路线相结合的原则。比如，关于专门工作，第四十二条明确了国家安全机关、公安机关、有关军事机关开展维护国家安全专门工作的职权；第七十四条规定，国家采取必要措施，招录、培养和管理国家安全工作专门人才和特殊人才，依法保护有关机关专门从事国家安全工作人员的身份和合法权益，加大人身保护和安置保障力度；第七十五条规定，国家安全机关、公安机关、有关军事机关开展国家安全专门工作，可以依法采取必要手段和方式等。关于群众路线，第十一条规定，公民、各人民团体、企业事业组织和其他社会组织都有维护国家安全的责任和义务，维护国家主权、统一和领土完整是包括港澳同胞和台湾同胞在内的全中国人民的共同义务；第十二条规定，国家对在维护国家安全工作中作出突出贡献的个人和组织给予表彰和奖励；第十四条确定每年 4 月 15 日是全民国家安全教育日；第六章专章规定了公民、组织的义务和权利，明确公民和组织应当遵守宪法、法律关于国家安全的规定，及时报告危害国家安全活动的线索，如实提供涉及危害国家安全活动的证据，为国家安全工作提供便利条件或者其他协助，向专门机关提供必要的支持和协助，保守所知悉的国家秘密，不得向危害国家安全的个人或者组织提供任何资助或者协助，机关、人民团体、企业事业组织和其他社会组织要对本单位人员进行维护国家安全的教育，企业事业组织应当配合有关部门采取国家安全工作要求的相关安全措施等。除本法外，还有一些法律和规范性文件也明确了专门工作与群众路线相结合的原则。比如，反间谍法规定，反间谍工作坚持中央统一领导，坚持公开工作与秘密工作相结合、专门工作与群众路线相结合、积极防御、依法惩治的原则；1991 年《中共中央关于进一步加强农业和农村工作的决定》提出，坚持专门工作与群众路线相结合，大力加强农村社会治安综合治理；2001 年《最高人民检察院关于检察机关积极参加“严打”整治斗争和整顿规范市场经济秩序工作的意见》提出，要坚持走群众路线，充分发动和依靠群众，把专门工作与群众路线有机结合起来；1992 年公安部印发《关于开展追捕逃犯工作的意见》的通知提出，各级公安机关要在党委和政府的领导下，坚持专门工作与群众路线相结合的方针，广泛发动和依靠群众，争取社会各界的支持，全面发动，周密部署，制定方案，具体组织实施。各职能部门要密切配合，协同作战，充分发挥铁路、交通、民航公安机关在追捕逃犯斗争中的优势，集中时间，集中警力，精心组织，精心指挥，扎扎实实，力争取得较大成效。

第二，专门机关与有关部门相结合。坚持专门机关与有关部门相结合，就是要充分发挥专门机关和其他有关机关维护国家安全的职能作用，形成维护国家安全的整体合力，战无不胜，百战不殆。2004 年《中共中央关于加强党的执政能力建设的决定》提出："有效发挥司法机关惩治犯罪、化解矛盾和维护稳定的职能作用。坚持打防结合、预防为主，专群结合、依靠群众……"1991 年《中共中央、国务院关于加强社会治安综合治理的决定》提出："充分发挥政法部门特别是公安机关在社会治安综合治理中的职能作用。"本法第十一条规定，一切国家机关和武装力量都有维护国家安全的责任。第三章专章规定了维护国家安全的职责，并在第三十九条、第四十条分别规定了中央国家机关各部门和地方维护国家安全的职责，明确规定：中央国家机关各部门按照职责分工，贯彻执行国家安全方针政策和法律法规，管理指导本系统、本领域国家安全工作；地方各级人民代表大会和县级以上地方各级人民代表大会常委会在本行政区域内保证国家安全法律法规的遵守和执行；地方各级人民政府依照法律法规规定管理本行政区域内的国家安全工作；香港特别行政区、澳门特别行政区应当履行维护国家安全的责任。第四十一条规定了人民法院、人民检察院依法惩治危害国家安全的犯罪。第七十五条规定，国家安全机关、公安机关、有关军事机关开展国家安全专门工作，有关部门和地方应当在职责范围内提供支持和配合。第七十八条规定，机关应当对本单位人员进行维护国家安全的教育，动员、组织本单位的人员防范、制止危害国家安全的行为。第八十条规定，公民和组织支持、协助国家安全工作，需要予以保护的，公安机关、国家安全机关应当会同有关部门依法采取保护措施。这些规定都具体体现了专门机关与有关部门相结合的原则。国家安全机关、公安机关、有关军事机关等维护国家安全的专门机关要依法履行维护国家安全的职责，履行使命，开展维护国家安全的专门工作，不仅要把本领域危害国家安全的风险预警、危害评估、应急预案、紧急处置工作做好，还要依法防范、制止和惩治各种危害国家安全的活动。有关部门和地方也要切实履行本法规定的维护国家安全的职责和支持配合专门机关开展专门工作的责任，做好维护国家安全工作。各机关在做好本职工作的同时，又要相互配合，形成合力，做到维护国家安全全国一盘棋。

相关规定

《中华人民共和国国家安全法》第十一条、第十二条、第十四条、第三十九条、第四十条、第四十一条、第四十二条、第七十四条、第七十五条、第六章有关条文；《中华人民共和国反间谍法》第二条；《中华人民共和国水法》第四条。

第十条　维护国家安全，应当坚持互信、互利、平等、协作，积极同外国政府和国际组织开展安全交流合作，履行国际安全义务，促进共同安全，维护世界和平。

条文主旨

本条是关于坚持共同安全原则的规定。

立法背景

坚持促进共同安全，是按照总体国家安全观的要求，本法确定的维护国家安全工作的原则之一。2013 年 3 月 23 日，国家主席习近平在莫斯科国际关系学院演讲时深刻指出：“这个世界，各国互相联系、相互依存的程度空前加深，人类生活在同一个地球村里，生活在历史和现实交汇的同一个时空里，越来越成为你中有我、我中有你的命运共同体。”“我们主张，各国和各国人民应该共同享受安全保障。各国要同心协力，妥善应对各种问题和挑战。越是面临全球性挑战，越要合作应对，共同变压力为动力、化危机为生机。面对错综复杂的国际安全威胁，单打独斗不行，迷信武力更不行，合作安全、集体安全、共同安全才是解决问题的共同选择。”立足国内，放眼国际，高举和平发展、合作共赢的旗帜，坚持互信、互利、平等、协作，在积极维护拓展我国利益的同时，积极同外国政府和国际组织开展安全交流合作，履行国际安全义务，促进共同安全，维护世界和平。

条文解读

一、坚持互信、互利、平等、协作原则

2011 年国务院新闻办发表的《中国的和平发展》白皮书指出，中国倡导互信、互利、平等、协作的新安全观，寻求实现共同安全、合作安全。中国追求共同安全，在经济全球化条件下，各国命运休戚与共，国际社会应增强共同安全意识，既要维护本国安全，也要尊重别国安全关切。要摒弃冷战思维和同盟对抗，通过多边合作维护共同安全，协力防止冲突和战争。充分发挥联合国在维护世界和平与安全方面的作用，建立公平有效的共同安

全机制。

走和平发展道路，是我国根据时代发展潮流和我国根本利益作出的战略抉择。坚持独立自主的和平外交政策，坚定不移地走和平发展道路，实施互利共赢的开放战略，维护国家主权、安全、发展利益，积极争取和平稳定的国际环境、睦邻友好的周边环境、平等互利的合作环境、互信协作的安全环境、客观友善的舆论环境。我们要加强战略思维，增强战略定力，更好统筹国内国际两个大局，坚持开放的发展、合作的发展、共赢的发展，通过争取和平国际环境发展自己，又以自身发展维护和促进世界和平，不断提高我国综合国力，不断让广大人民群众享受到和平发展带来的利益，不断夯实走和平发展道路的物质基础和社会基础。我们要坚持走和平发展道路，但决不放弃我们的正当权益，决不牺牲国家核心利益。中国走和平发展道路，其他国家也都要走和平发展道路，只有各国都走和平发展道路，各国才能共同发展，国与国才能和平相处。中国发展绝不以牺牲别国利益为代价，坚定不移做和平发展的实践者、共同发展的推动者、多边贸易体制的维护者、全球经济治理的参与者。

二、积极开展安全交流合作，履行国际安全义务

我国积极促进国际安全交流合作。战争和对抗只会导致以暴制暴的恶性循环，对话和谈判是解决争端的有效和可靠途径。要以合作谋和平、以合作保安全、以合作化干戈、以合作促和谐，反对动辄使用武力或者以武力相威胁。

党的十八届四中全会提出："积极参与国际规则制定，推动依法处理涉外经济、社会事务，增强我国在国际法律事务中的话语权和影响力，运用法律手段维护我国主权、安全、发展利益。强化涉外法律服务，维护我国公民、法人在海外及外国公民、法人在我国的正当权益，依法维护海外侨胞权益。深化司法领域国际合作，完善我国司法协助体制，扩大国际司法协助覆盖面。加强反腐败国际合作，加大海外追赃追逃、遣返引渡力度。积极参与执法安全国际合作，共同打击暴力恐怖势力、民族分裂势力、宗教极端势力和贩毒走私、跨国有组织犯罪。”除了上述领域开展的国际交流合作，我国还在军事安全、网络和信息安全等领域积极开展国际交流合作，履行国际安全义务。国防法第六十七条规定：“中华人民共和国坚持互相尊重主权和领土完整、互不侵犯、互不干涉内政、平等互利、和平共处五项原则，维护以联合国为核心的国际体系和以国际法为基础的国际秩序，坚持共同、综合、合作、可持续的安全观，推动构建人类命运共同体，独立自主地处理对外军事关系，开展军事交流与合作。”第六十九条规定：“中华人民共和国支持国际社会实施的有利于维护世界和地区和平、安全、稳定的与军事有关的活动，支持国际社会为公正合理地解决国际争端以及国际军备控制、裁军和防扩散所做的努力，参与安全领域多边对话谈判，推动制定普遍接受、公正合理的国际规则。”第七十条规定：“中华人民共和国在对外军事关系中遵守同外国、国际组织缔结或者参加的有关条约和协定。”我国还积极开展双边、多边的互联网国际交流合作。

我国秉持积极有为的国际责任观，认真履行应尽的国际义务。作为国际社会负责任的国家，中国遵循《联合国宪章》的宗旨和公认的国际关系准则，积极参与国际体系变革和国际准则的制定，参与全球性问题治理，维护世界和平稳定。中国是唯一公开承诺不首先使用核武器、不对无核武器国家和无核武器区使用或威胁使用核武器的核国家。中国是派出维和人员最多的联合国安理会常任理事国。中国积极参与反恐、防扩散领域国际合作，向遭受严重自然灾害的国家提供人道主义援助，为打击海盗行为向亚丁湾、索马里海域派遣海军护航编队。中国是最早制定并实施《应对气候变化国家方案》的发展中国家。中国参与了100多个政府间国际组织，签署300多个国际公约，成为国际体系的参与者、建设者和贡献者。

相关规定

《中华人民共和国国家安全法》第十八条；《中华人民共和国国防法》第六十七条、第六十九条、第七十条。

第十一条　中华人民共和国公民、一切国家机关和武装力量、各政党和各人民团体、企业事业组织和其他社会组织，都有维护国家安全的责任和义务。

中国的主权和领土完整不容侵犯和分割。维护国家主权、统一和领土完整是包括港澳同胞和台湾同胞在内的全中国人民的共同义务。

条文主旨

本条是关于维护国家安全的全民义务的规定。

立法背景

国家安全是国家生存和发展的最基本最重要的前提。维护国家安全是国家的头等大事。宪法第五十四条规定："中华人民共和国公民有维护祖国的安全、荣誉和利益的义务，不得有危害祖国的安全、荣誉和利益的行为。"对公民维护国家安全、荣誉和利益的义务作了规定。国家的安全是维护国家的政权稳定和公民依法行使各项自由和权利的根本保障。维护国家的安全、荣誉和利益是每一个公民的义务。公民不得以任何理由、任何形式，侵犯、损害和危及国家的安全、荣誉和利益。

条文解读

一、关于维护国家安全的全民义务

维护国家安全人人有责。中华人民共和国公民、一切国家机关和武装力量、各政党和各人民团体、企业事业组织和其他社会组织，都有维护国家安全的责任和义务。本法第九条还规定，维护国家安全，应当坚持预防为主、标本兼治，专门工作与群众路线相结合，充分发挥专门机关和其他有关机关维护国家安全的职能作用，广泛动员公民和组织，防范、制止和依法惩治危害国家安全的行为。

本法第七十七条明确了公民和组织应当履行下列维护国家安全的义务：遵守宪法、法律法规关于国家安全的有关规定；及时报告危害国家安全活动的线索；如实提供所知悉的涉及危害国家安全活动的证据；为国家安全工作提供便利条件或者其他协助；向国家安全机关、公安机关和有关军事机关提供必要的支持和协助；保守所知悉的国家秘密；法律、行政法规规定的其他义务。并规定任何个人和组织不得有危害国家安全的行为，不得向危害国家安全的个人或者组织提供任何资助或者协助。第七十八条规定了机关、人民团体、企业事业组织和其他社会组织应当对本单位的人员进行维护国家安全的教育，动员、组织本单位的人员防范、制止危害国家安全的行为的义务；第七十九条规定了企业事业组织根据国家安全工作的要求，应当配合有关部门采取相关安全措施的义务。除了本法，其他有关法律也对中华人民共和国公民、一切国家机关和武装力量、各政党和各人民团体、企业事业组织和其他社会组织维护国家安全的义务作了规定。如反间谍法第四条规定，中华人民共和国公民有维护国家的安全、荣誉和利益的义务，不得有危害国家的安全、荣誉和利益的行为。一切国家机关和武装力量、各政党和各社会团体及各企业事业组织，都有防范、制止间谍行为，维护国家安全的义务。传染病防治法第十二条规定，在中华人民共和国领域内的一切单位和个人，必须接受疾病预防控制机构、医疗机构有关传染病的调查、检验、采集样本、隔离治疗等预防、控制措施，如实提供有关情况。疾病预防控制机构、医疗机构不得泄露涉及个人隐私的有关信息、资料。

同时，本法第十三条对违反本法以及其他法律应当承担的法律责任作出原则规定，即“国家机关工作人员在国家安全工作和涉及国家安全活动中，滥用职权、玩忽职守、徇私舞弊的，依法追究法律责任。”“任何个人和组织违反本法和有关法律，不履行维护国家安全义务或者从事危害国家安全活动的，依法追究法律责任。”

二、关于维护国家主权、统一和领土完整是全中国人民的共同义务

宪法第五十二条规定：“中华人民共和国公民有维护国家统一和全国各民族团结的义务。”宪法第五十五条第一款规定：“保卫祖国、抵抗侵略是中华人民共和国每一个公民的神圣职责。”国家的主权、统一和领土完整，关系到全体人民各项权利和自由能否实现，关系到改革开放和社会主义现代化建设能否顺利进行，关系到中华民族的生死存亡，因此，保卫祖国、抵抗侵略，是每一个公民义不容辞的光荣职责。保卫祖国是指保卫国家领土完整、主权独立、政权统一以及捍卫国家的尊严。抵抗侵略是指抵御抗拒外国及其他外来势力对我国领土的非法入侵。维护国家主权、统一和领土完整是包括港澳同胞和台湾同胞在内的全中国人民的共同义务。本法第四十条第三款规定："香港特别行政区、澳门特别行政区应当履行维护国家安全的责任。"这些规定重申了维护国家安全是港澳同胞和台湾同胞在内的全中国人民的共同责任，以及香港特区、澳门特区维护国家安全的宪制责任和义务，符合宪法和香港特别行政区基本法、澳门特别行政区基本法。

根据香港、澳门两个特别行政区基本法第十八条规定，全国人大及其常委会制定的有关国防、外交和其他按基本法规定不属于香港、澳门特别行政区自治范围的法律，可以列入基本法附件三，在香港、澳门特别行政区实施。全国性法律除列于基本法附件三者外，不在港澳特别行政区实施。香港、澳门两个特别行政区作为直辖于中华人民共和国中央人民政府的地方行政区域，负有维护国家安全的责任。港澳同胞作为中华人民共和国的公民，也负有维护国家主权、统一和领土完整的义务。

香港特别行政区基本法、澳门特别行政区基本法分别在第二十三条规定，两个特别行政区应自行立法禁止任何叛国、分裂国家、煽动叛乱、颠覆中央人民政府及窃取国家机密的行为，禁止外国的政治性组织或团体在港澳特别行政区进行政治活动，禁止港澳特别行政区的政治性组织或团体与外国的政治性组织或团体建立联系。根据基本法上述规定，澳门特别行政区立法会于2009年制定了维护国家安全法。香港特别行政区尚未就基本法第二十三条进行立法。虽然香港没有完成第二十三条立法，但仍有较为系统的维护国家安全的法律，主要集中在刑事罪行条例、官方机密条例和社团条例等香港法例及普通法判例中。根据全国人大常委会关于处理香港原有法律的决定，上述法律继续采用为香港特区法律，具有法律效力。

台湾是中国神圣领土的一部分。反分裂国家法第二条第一款规定："世界上只有一个中国，大陆和台湾同属一个中国，中国的主权和领土完整不容分割。维护国家主权和领土完整是包括台湾同胞在内的全中国人民的共同义务。"坚持一个中国原则，是实现祖国和平统一的政治基础。以一个中国为原则，体现的是大陆和台湾同属一个中国的事实，追求的是和平统一目标。一个中国原则，这是党中央对台工作的原则立场。台湾问题是20世纪四十年代后期中国内战遗留的问题。由于种种复杂的因素，两岸迄今尚未统一，但台湾是中国一部分的地位、大陆和台湾同属一个中国的事实并未改变。完成统一祖国的大业是包括台湾同胞在内的全中国人民的神圣职责。

相关规定

《中华人民共和国宪法》第五十二条、第五十四条、第五十五条第一款；《中华人民共和国国家安全法》第十三条、第四十条第三款、第七十七条、第七十八条、第七十九条；《反分裂国家法》第二条；《中华人民共和国香港特别行政区基本法》第十八条、第二十三条；《中华人民共和国澳门特别行政区基本法》第十八条、第二十三条；《中华人民共和国反间谍法》第四条；《中华人民共和国传染病防治法》第十二条。

第十二条　国家对在维护国家安全工作中作出突出贡献的个人和组织给予表彰和奖励。

条文主旨

本条是关于国家表彰和奖励的规定。

立法背景

法律规范有多重功能和作用，除了指引、评价、预测、教育、强制之外，还有激励。这种激励性、诱导性不仅体现在个人、组织对其合法权益的评估和预期之中，还可以通过设定一些具有激励内容的法律规范，通过表彰、奖励等手段引导个人和组织按照法律规范的导向行为，指引人们主动地遵循法律而获益。激励手段的合理设置和正确运用，对于充分调动和激发人们的积极性，注重和增强法律实施的效果，实现国家和社会治理的目标，具有重要意义。首先，通过表彰和奖励，可以使作出突出贡献的个人和组织获得物质上、荣誉上乃至职务上的利益，从而进一步激发和调动其积极性、主动性、创造性，更好地在维护国家安全工作中发挥作用。其次，表彰和奖励具有示范作用。在全社会范围内树立榜样和模范，更加明确法律引导方向，培养积极向上的社会法治氛围，切实增强法律规范实施的社会效果。再次，可以减少法律制裁设定过多带来的负面作用。激励性措施和惩戒措施相辅相成，共同成为影响人们行为的有效手段。法律制裁是追究法律责任最经常使用的方式，凸显法律“硬”的强制性，但是激励措施在不依靠国家强制力强制实施的情况下，通过物质、荣誉等方面“软”引导，使个人、组织等在心理上更容易、更乐于接受，主动地配合法律实施，积极成为法律实施的主体，收到良好的社会效果。

当前，我国正处在全面建成小康社会、全面深化改革、全面依法治国、全面从严治党的重要时期，面临复杂多变的安全和发展环境，各种可以预见和难以预见的风险因素明显增多，非传统领域安全日益凸显，维护国家安全和社会稳定任务繁重艰巨。维护好国家安全，对于保卫人民民主专政的政权和中国特色社会主义制度，保卫人民的根本利益，保障改革开放和社会主义现代化建设的顺利进行，具有十分重要的作用和意义。本法专门规定对在维护国家安全工作中作出突出贡献的个人和组织给予表彰和奖励，有利于增强个人和组织的国家荣誉感、使命感，增强和提升爱国主义意识，更好地调动个人和组织乃至全社会参与维护国家安全工作的积极性，鼓励更多的个人、组织积极参与到这项工作中来。

条文解读

从本条规定来看，主要包括以下几个要点：

第一，表彰和奖励的主体是国家。国家安全是国家生存和发展最基本、最重要的前提，维护国家安全工作直接关系到我国改革发展稳定大局。因此，国家鼓励和动员个人、组织积极参与维护国家安全工作，并对其中作出突出贡献的给予表彰和奖励。这不是民间自发的激励活动，是由国家来实施的法定行为，该荣誉具有更高的权威性。

第二，表彰和奖励的对象是“在维护国家安全工作中作出突出贡献的个人和组织”。维护国家安全，是一国公民、组织的光荣使命，也是义不容辞的法定义务。本法对公民和组织应当履行的维护国家安全的义务作出了规定。维护国家安全工作，指的不仅仅是国家安全机关所从事的特定工作，每个个人、组织都会不同程度上涉及与国家安全相关的事务，因此，维护国家安全要坚持专门工作与群众路线相结合，充分发挥专门机关和其他有关机关维护国家安全的职能作用，广泛动员公民和组织，防范、制止和依法惩治危害国家安全的行为。从个人、组织的角度来说，应当积极主动地参与维护国家安全的工作，作出自己的贡献。所谓“突出贡献”，是指作出了明显高于常人的、超越一般的成就，其行为可以作为正面榜样激励他人，能够产生较大的社会影响。国家根据其贡献的大小给予不同的荣誉或者物质方面的表彰、奖励，以示鼓励。

第三，要坚持精神鼓励和物质奖励相结合的原则。从语词含义来看，表彰就是对功绩、先进事迹等进行表扬；奖励就是给予荣誉或物质来鼓励。表彰和奖励主要是两个方面：一个是精神方面的鼓励，另一个是物质方面的奖励。所谓精神鼓励就是对受奖的个人和组织给予荣誉方面的表彰，包括嘉奖、记功、授予荣誉称号等，其目的是满足人的精神需要，从而促进个人和组织的工作积极性，增强工作的光荣感和责任感。所谓物质奖励就是对受奖的个人和组织给予物质形式的奖励，包括发给奖金、奖品等，其目的是满足人们的一定的物质需要。坚持精神鼓励与物质鼓励相结合，这一基本原则是由人们的基本需要所决定的。对在维护国家安全工作中作出突出贡献的个人和组织实施奖励，要兼顾人的物质需要和精神需要两个方面，把二者有机地结合起来，更好地激励全社会参与法律实施的积极性。

第四，依法实施表彰和奖励。在维护国家安全工作中作出突出贡献的个人和组织，既包括国家公务员、公务员集体，也包括公民个人、企事业单位以及其他组织。本法为国家实施表彰奖励提供了法律依据，同时，考虑到本条只是作出原则性规定，其他法律如已对表彰奖励的程序、形式等作出规定的，按照其他法律规定执行。在维护国家安全工作中需要对公务员、公务员集体进行表彰奖励的，可依据公务员法的有关程序规定来实施。公务员法规定，对工作表现突出，有显著成绩和贡献，或者有其他突出事迹的公务员或者公务员集体，给予奖励。奖励坚持精神奖励与物质奖励相结合、以精神奖励为主的原则。奖励分为：嘉奖、记三等功、记二等功、记一等功、授予荣誉称号。对受奖励的公务员或者公务员集体予以表彰，并给予一次性奖金或者其他待遇。给予公务员或者公务员集体奖励，按照规定的权限和程序决定或者审批。

相关规定

《中华人民共和国公务员法》第四十八条、第五十条。

第十三条　国家机关工作人员在国家安全工作和涉及国家安全活动中，滥用职权、玩忽职守、徇私舞弊的，依法追究法律责任。

任何个人和组织违反本法和有关法律，不履行维护国家安全义务或者从事危害国家安全活动的，依法追究法律责任。

条文主旨

本条是关于国家机关工作人员、个人和组织有关法律责任的规定。

立法背景

本条对国家机关工作人员、个人和组织危害国家安全的行为应当承担的法律责任作出了原则规定。国家安全法草案在审议过程中，有的常委会组成人员提出，草案对法律责任的规定比较笼统，可操作性不强，建议单列“法律责任”一章；有的建议，应对国家机关工作人员不履行维护国家安全的责任和违法行为的法律责任作出规定。考虑到本法作为一部综合性、全局性、基础性的法律，涉及领域广泛，在本法中对违反国家安全的行为追究法律责任可以作出原则性规定，但具体的法律责任还需要通过其他法律来明确。比如，我国刑法、反间谍法等法律，都对相关违法犯罪行为追究法律责任作出了具体规定。据此，参照国防法在总则中对法律责任作原则规定的做法，本条对有关法律责任作出了原则规定。

条文解读

本条从不同的责任主体角度对法律责任作出了规定，主要有以下两个方面内容：第一款主要针对国家机关工作人员，第二款适用于所有个人和组织。

一、关于国家机关工作人员的法律责任

本法第四十三条规定，国家机关及其工作人员在履行职责时，应当贯彻维护国家安全的原则。国家机关及其工作人员在国家安全工作和涉及国家安全活动中，应当严格依法履行职责，不得超越职权、滥用职权，不得侵犯个人和组织的合法权益。这一规定是从正面角度对国家机关工作人员提出的要求，本条第一款则是从追究法律责任的角度来作出规定，主要针对与国家机关工作人员所从事的公职行为有关的三种不当行为。

第一，所规定的法律责任主体是“国家机关工作人员”。这里所称的“国家机关工作人员”，不仅仅特指在国家安全机关工作的人员，而是所有可能与国家安全工作相关或者涉及国家安全活动的国家机关工作人员。作为国家机关工作人员，负有依法勤勉履职，恪尽职守，保持职务廉洁性的法律义务。能否做到依法行政、严格执法，直接关系到国家机关的形象，关系到维护国家安全工作的效率和成效，关系到国家和人民的利益。因此，对于在国家安全工作和涉及国家安全活动中有违法违纪行为的国家机关工作人员，要依法追究法律责任。

第二，所针对的是国家机关工作人员的三种不当行为：滥用职权、玩忽职守和徇私舞弊。

1. 滥用职权。滥用职权是指国家机关工作人员超出法定职权，决定或者处理其无权决定、处理的事项，或者在行使职权时，以权谋私、假公济私，不正确地履行职责，或者违背法定程序、目的随意或过度地行使职权，致使公共财产、国家和人民利益遭受损失的行为。如，在查处危害国家安全事件中利用职权便利调查个人纠纷、打击报复他人；在采取限制公民权利和自由的特别措施时，超出法律规定的限度；或者不经法定批准程序，违法使用技术侦查措施；等等。

2. 玩忽职守。玩忽职守是指国家机关工作人员不负责任，怠于履行法定职责，致使公共财产、国家和人民利益遭受损失的行为。简单说就是，对于自己应当履行的，而且有条件履行的职责，不尽到自己应尽的职责，马马虎虎，草率从事，敷衍塞责，甚至违令抗命。如，发现应当查处或者处理的危害国家安全的行为，或者接到举报后不作为，不依法予以处理；在本职工作中不尽职尽责，麻痹大意，导致危害国家安全的事件发生或者蔓延；等等。

3. 徇私舞弊。徇私舞弊是指国家机关工作人员在履行职责过程中，出于私情、私利的考虑，违背事实和法律，采用欺骗等手段，该为不为，或者不该为而为之，或者枉法作出处理决定，致使公共财产、国家和人民利益遭受损失的行为。如，以维护国家安全工作为名谋自己私利之实；在查处有关危害国家安全案件中，收受他人钱财或基于人情请托不积极采取行动，致使不法分子逃脱打击；等等。

第三，需要依法追究的法律责任，根据行为危害性程度、情节轻重等，可区分为行政责任和刑事责任。

1. 行政责任。主要是针对情节比较轻微，危害性不大，根据刑法的有关规定尚不构成犯罪的违法、违纪行为，可视情节的轻重，给予相应的行政处分。行政处分是指国家机关根据法律、行政法规的规定，按照行政隶属关系，对所属的国家机关工作人员尚不构成犯罪的违法、违纪行为给予的一种惩戒。行政机关公务员处分的种类有六种：警告、记过、记大过、降级、撤职和开除。追究行政责任，给予行政处分应当依照公务员法、行政监察法以及行政机关公务员处分条例等规定的权限、程序等进行。

2. 刑事责任。如果国家机关工作人员滥用职权、玩忽职守、徇私舞弊的行为相当严重，造成重大损失，依照刑法有关规定已经构成犯罪的，应当追究刑事责任，此时不能以行政处分代替刑事处罚。我国刑法规定，国家机关工作人员滥用职权或者玩忽职守，致使公共财产、国家和人民利益遭受重大损失的，处三年以下有期徒刑或者拘役；情节特别严重的，处三年以上七年以下有期徒刑。国家机关工作人员徇私舞弊，犯前款罪的，处五年以下有期徒刑或者拘役；情节特别严重的，处五年以上十年以下有期徒刑。刑法另有规定的，依照规定。

二、关于个人和组织的法律责任

本法第十一条对维护国家安全的责任和义务作了原则性规定：中华人民共和国公民、一切国家机关和武装力量、各政党和各人民团体、企业事业组织和其他社会组织，都有维护国家安全的责任和义务。第六章对公民、组织的义务和权利作出规定，规定公民和组织应当履行维护国家安全的义务有七项：遵守宪法、法律法规关于国家安全的有关规定；及时报告危害国家安全活动的线索；如实提供所知悉的涉及危害国家安全活动的证据；为国家安全工作提供便利条件或者其他协助；向国家安全机关、公安机关和有关军事机关提供必要的支持和协助；保守所知悉的国家秘密；法律、行政法规规定的其他义务。本法还规定，任何个人和组织不得有危害国家安全的行为，不得向危害国家安全的个人或者组织提供任何资助或者协助。这些都是义务性规范，违反这些规定，就要依法追究相应的法律责任。

需要追究个人、组织法律责任的行为主要包括两种：一是违反本法和有关法律，不履行维护国家安全义务的行为。不依法履行维护国家安全义务，是一种消极不作为的行为，即“当为而不为”。这一规定的目的是督促个人、组织依法积极主动履行义务，在维护国家安全工作中发挥作用。二是违反本法和有关法律，从事危害国家安全活动的行为，即“不当为而为之”。从事危害国家安全活动的行为，是一种积极作为的违法行为，社会危害更大，必须坚决予以打击，追究相关个人、组织的法律责任。

相关规定

《中华人民共和国国家安全法》第四十三条、第六章有关条文;《中华人民共和国公务员法》第九章有关条文;《中华人民共和国行政监察法》有关条文;《行政机关公务员处分条例》有关条文;《中华人民共和国刑法》第三百九十七条。

第十四条　每年4月15日为全民国家安全教育日。

条文主旨

本条是关于设立“全民国家安全教育日”的规定。

立法背景

改革开放30多年来，随着我国综合国力不断提升，全社会物质和精神生活都得到很大程度的改善，但是全民国家安全意识却并未因此而同步提高，甚至可以说有所淡薄和退步。一些群众和部分党政领导干部忘记了“生于忧患、死于安乐”的古训，忘记了“国家安全、人人有责”的要求。因此，有必要在这部法律中规定全民国家安全教育日，通过定期宣传教育活动，提升全社会国家安全意识，时刻绷紧国家安全这根弦。

根据立法惯例，由全国人大常委会直接设立全国性的节日、纪念日、活动日，有三种方式：一是以法律规定的方式设立。如1990年通过的残疾人保障法设立了全国助残日，并规定具体日期为每年5月的第三个星期日。2012年修订的老年人权益保障法设立了老年节，并规定具体日期为每年农历九月初九。二是先以法律规定的方式设立，然后根据法律规定就具体日期再作出决定。如全民国防教育日，先是在2001年4月通过的国防教育法中作出规定，后又在同年8月由全国人大常委会作出关于设立全民国防教育日的决定，明确了国防教育日的具体日期。三是以决议的方式设立。如1979年2月23日，五届全国人大常委会第六次会议作出决议，规定每年3月12日为我国的植树节。2014年2月27日，十二届全国人大常委会第七次会议通过了两个决定，将9月3日确定为中国人民抗日战争胜利纪念日，将12月13日确定为南京大屠杀死难者国家公祭日。2014年11月，十二届全国人大常委会第十一次会议通过决定，将12月4日确定为国家宪法日。这次以法律形式确立全民国家安全教育日，并且明确了具体日期，使得这个活动日更具权威性和严肃性，也符合国家安全对于国家和民族的重要意义。

条文解读

设立全民国家安全教育日，是国家安全法作出的一项重大规定。以法律形式对在全社会开展国家安全宣传教育专门确立一个日子，十分必要。这项规定充分体现了党和国家对加强新形势下国家安全教育的高度重视，也符合广大人民群众的意志和心愿。

关于“全民国家安全教育日”的日期选择，大家的认识也十分统一。2014年4月15日，中央国家安全委员会第一次全体会议召开，在这次会议上，中共中央总书记、国家主席、中央军委主席、中央国安委主席习近平提出了“总体国家安全观”重大战略思想，为新形势下维护国家安全工作确立了重要遵循。这是我国国家安全工作中的一件大事，也是党和国家事业发展中的一件大事。4月15日，是一个具有重要里程碑意义的日子，因此将其确立为全民国家安全教育日，今后每年这个时间都要开展形式多样的宣传教育活动，在全社会营造时刻不忘国家安全的良好氛围。

相关规定

《中华人民共和国残疾人保障法》第十四条；《中华人民共和国国防教育法》第十二条，《全国人民代表大会常务委员会关于设立全民国防教育日的决定》；《全国人民代表大会常务委员会关于植树节的决议》；《全国人大常委会关于确定中国人民抗日战争胜利纪念日的决定》；《全国人民代表大会常务委员会关于设立南京大屠杀死难者国家公祭日的决定》；《全国人民代表大会常务委员会关于设立国家宪法日的决定》。

第二章　维护国家安全的任务

第十五条　国家坚持中国共产党的领导，维护中国特色社会主义制度，发展社会主义民主政治，健全社会主义法治，强化权力运行制约和监督机制，保障人民当家作主的各项权利。

国家防范、制止和依法惩治任何叛国、分裂国家、煽动叛乱、颠覆或者煽动颠覆人民民主专政政权的行为；防范、制止和依法惩治窃取、泄露国家秘密等危害国家安全的行为；防范、制止和依法惩治境外势力的渗透、破坏、颠覆、分裂活动。

条文主旨

本条是关于维护政治安全任务的规定。

立法背景

政治安全是国家安全的根本，事关国家治乱兴衰。维护国家安全，要把确保政治安全放在首位。本条分两款规定了我国维护政治安全的主要任务，旨在坚持党的领导和维护社会主义制度、政治制度模式，保持执政党的纯洁性和先进性，增强国家基本制度的生机和活力，为维护国家安全提供坚实有力的政治保障。

条文解读

一、坚持中国共产党的领导

中国共产党作为执政党，是中国特色社会主义事业的领导核心。坚持党的领导是我国宪法确立的基本原则，是宪法第一条所确定的我国国体即人民民主专政的具体体现。办好中国的事情，关键在党。我国正处于从大国向强国跃升的关键阶段，中华民族正处于迈向伟大复兴的关键阶段，只有坚持党的领导，才能有力维护国家主权、安全和发展利益。在维护国家安全的任务中，坚持中国共产党的领导，要发挥党总揽全局、协调各方的领导核心作用，改进和完善党的领导方式和执政方式，不断提高党科学执政、民主执政、依法执政水平，始终保持党同人民群众的血肉联系，确保党始终成为中国特色社会主义的坚强领导核心。

二、维护中国特色社会主义制度

宪法规定，社会主义制度是中华人民共和国的根本制度，禁止任何组织或者个人破坏社会主义制度。中国特色社会主义制度是中国共产党团结带领全国各族人民经过艰苦斗争建立和发展起来的国家根本制度，既坚持了社会主义的根本性质，又根据我国实际和时代特征赋予其中国特色，具有鲜明特点和独特优势。维护中国特色社会主义制度，作为维护政治安全的重要任务之一，内容包括：在经济领域，实行以公有制为主体、多种所有制经济共同发展的基本经济制度，构建社会主义市场经济体制，发挥社会主义制度的优越性和市场配置的有效性，促进共同富裕；在政治领域，以保障人民当家作主为根本，实行人民代表大会制度、中国共产党领导的多党合作和政治协商制度、民族区域自治制度以及基层群众自治制度；在文化领域，坚持马克思主义指导地位，用社会主义核心价值体系引领社会思潮；在社会领域，推进以保障和改善民生为重点的社会建设，维护社会公平正义、促进社会和谐稳定。

三、发展社会主义民主政治

发展社会主义民主政治，要以保障人民当家作主为根本，坚持和完善人民代表大会制度这一根本政治制度；坚持和完善中国共产党领导的多党合作和政治协商制度；坚持和完善民族区域自治制度以及基层群众自治制度；健全民主制度，丰富民主形式，从各层次各领域扩大公民有序政治参与，保持国家政治生活既充满活力又安定有序。

四、健全社会主义法治

健全社会主义法治，要全面推进依法治国，坚持依法治国、依法执政、依法行政共同推进，法治国家、法治政府、法治社会一体建设，建设中国特色社会主义法治体系，建设社会主义法治国家；注重发挥法治在国家治理中的重要作用，全面推进科学立法、严格执法、公正司法、全民守法，保证有法必依、执法必严、违法必究；依法保障全体公民享有广泛的权利，保障公民的人身权、财产权、基本政治权利等不受侵犯。

五、强化权力运行制约和监督机制

强化权力运行制约和监督机制，要把权力关进制度笼子，按照结构合理、配置科学、程序严密、制约有效的原则，逐步建立健全决策权、执行权、监督权既相互制约又相互协调的权力结构和运行机制；强化权力运行公开，推行地方各级政府及其工作部门权力清单制度，完善党务、政务和各领域办事公开制度；加强对权力运行的监督，健全和完善党内监督、民主监督、法律监督和舆论监督体系，加强行政监察、审计监督、巡视监督，建设廉洁政治。

六、保障人民当家作主的各项权利

保障人民当家作主的各项权利，要从各层次各领域扩大公民有序政治参与，发展更加广泛、更加充分、更加健全的人民民主，进一步支持和保证人民通过人民代表大会行使国家权力，健全社会主义协商民主制度，完善基层民主制度，保障人民依法通过各种途径和形式，管理国家事务，管理经济和文化事业，管理社会事务。

七、依法防范、制止和惩治危害政治安全的行为

当前，我国政治安全面临的威胁突出表现为：一是渗透、颠覆、破坏和分裂活动不断升级。境外反华势力利用军事、外交、人员来往、经贸、互联网、非政府组织等渠道，加紧对我实施渗透、颠覆、破坏和分裂。境内外一些反华势力相互勾连策划实施颠覆、破坏活动，插手国内社会矛盾、敏感问题和群体性事件，煽动群众与党和政府对立。二是窃密与反窃密斗争激烈。一些地方和机关单位对保密工作不够重视、保密意识淡薄，泄密风险隐患发现能力不强。网络窃密成为境外情报机构对我国开展间谍活动的常规手段。三是“台独”分裂势力及其分裂活动仍然威胁两岸关系和平发展；“东突”“藏独”分裂势力活动猖獗，特别是“东突”暴力恐怖活动威胁升级蔓延，对我国政治安全和社会稳定构成严重威胁。

针对上述威胁，本条第二款规定了依法防范、制止和惩治危害政治安全行为的三项任务，即防范、制止和依法惩治任何叛国、分裂国家、煽动叛乱、颠覆或者煽动颠覆人民民主专政政权的行为；防范、制止和依法惩治窃取、泄露国家秘密等危害国家安全的行为；防范、制止和依法惩治境外势力的渗透、破坏、颠覆、分裂活动。这些规定体现了鲜明的问题导向，同宪法、反分裂国家法、反间谍法、反恐怖主义法、保守国家秘密法、刑法、香港和澳门特别行政区基本法等衔接和呼应。贯彻执行这些法律，依法防范、制止和惩治各类颠覆、渗透、破坏、分裂活动，将有利于消除和化解我国政治安全面临的现实和潜在威胁，营造良好的内外部发展环境，为我国有效实现党的领导、发挥中国特色社会主义制度优越性保驾护航。

相关规定

《中华人民共和国宪法》有关条文；《反分裂国家法》有关条文；《中华人民共和国香港特别行政区基本法》第二十三条，《中华人民共和国澳门特别行政区基本法》第二十三条；《中华人民共和国刑法》第一百零二条、第一百零三条、第一百零五条等。

第十六条　国家维护和发展最广大人民的根本利益，保卫人民安全，创造良好生存发展条件和安定工作生活环境，保障公民的生命财产安全和其他合法权益。

条文主旨

本条是关于维护人民安全任务的规定。

立法背景

“民惟邦本，本固邦宁”。人民安全是国家安全体系中不可分割的、最核心的构成要素，是国家安全的基石和依托。维护国家安全的根本目的，就是确保人民安全，让人民安居乐业、幸福生活。这是唯物史观和党的性质宗旨在国家安全领域的集中体现。本法专门规定了维护人民安全的任务，体现出国家安全以人为本、以民为本的立法理念。

条文解读

一、维护和发展最广大人民的根本利益

维护和发展最广大人民的根本利益，集中体现了我国维护人民安全的价值理念。中国共产党和中国政府始终以全心全意为人民服务作为根本宗旨，坚持以人民为中心的发展思想，把维护好、发展好、实现好最广大人民的根本利益作为一切工作的出发点和落脚点。我国还处于社会主义初级阶段，只有坚持以经济建设为中心，解放和发展社会生产力，推动实现社会主义现代化和全体人民共同富裕，才能为人民安全提供雄厚的物质基础，因此要把“蛋糕”做大。同时，我国要坚持共享发展，努力把“蛋糕”分好，促进社会公平正义，从解决群众最关心最直接最现实的利益问题入手，推动实现学有所教、劳有所得、病有所医、老有所养、住有所居，把发展成果更多更公平地惠及人民群众，使全体人民在共建共享发展中有更多获得感，为维护人民安全营造公平公正的社会环境。

二、保卫人民安全

保卫人民安全，是维护人民安全的核心任务。事实证明，人民越有安全感，国家安全就越牢固。党和政府高度重视人民安全，采取积极主动的防范和应对措施。如近年来利比亚、越南、也门等一些国家局势动荡，党中央、国务院及时启动海外应急救援机制，成立应急指挥部，组织协调我驻外人员安全撤离，有效保障了我人员和财产安全。宪法和突发事件应对法等法律中也有

保卫人民安全内容的规定。新形势下威胁人民安全的传统风险和非传统风险叠加，事故发生的频率、概率及其危害都较以往明显增加。比如，煤矿瓦斯爆炸、输油气管道爆炸、危化品爆炸、沉船、火灾、渣土堆场滑坡等重特大安全生产事故，地震、洪涝、泥石流等重特大自然灾害，造成重大人员伤亡和财产损失；暴力恐怖袭击事件给各族群众生命财产安全造成严重损失；走出国门的中国人越来越多，一些国家社会骚乱、战争频发，严重危害当地中国公民的人身安全和财产安全；等等。

根据“保卫人民安全”规定要求，各级人民政府及其有关部门要把人民群众生命安全放在首位，把“发展决不能以牺牲人的生命为代价”作为不可逾越的红线，坚定不移保障安全发展，严格落实安全生产责任和管理制度；加强安全保障能力建设，加快健全隐患排查治理体系、风险预防控制体系和社会共治体系，遏制重特大事故频发势头，确保人民群众生命财产安全；加强全民安全意识教育，提高群众防范和规避自然灾害、突发事件等危险的能力，构筑起人民安居乐业、社会安定有序的全方位、立体化安全屏障。

三、创造良好生存发展条件和安定工作生活环境

改革开放以来，我国城镇居民收入水平、居住条件、社会保障等明显改善，贫困人口大幅减少，实现了从基本消除贫困到解决温饱，再到实现总体小康、向全面小康目标迈进的历史性跨越。维护人民安全，要在解决基本物质生活资料问题的基础上，顺应人民群众不断提高的对生存发展条件的要求，抓紧解决大面积雾霾、水污染、土壤污染以及农产品、食品、药品质量安全等危害人民群众身体健康、影响人民群众正常工作生活的突出问题，确保生态安全、粮食安全、食品安全和药品安全，保障人民生存发展所需的良好条件。

我国通过大力加强自身能力建设，坚决防范和抵御外敌入侵，加大对国内敌对势力和暴力犯罪行为的打击力度，总体上保持了社会稳定。同时，恐怖主义、分裂主义、极端主义活动和大规模群体性事件等还影响和冲击社会稳定，严重危害人民安全。维护人民安全，要加强武装力量建设，坚决防范和制止一切危害国家主权、安全、领土完整的挑衅行为；加强社会治安综合治理能力建设，坚持打防结合、预防为主、专群结合、依靠群众，确保人民安居乐业、社会安定有序、国家长治久安，创造人民安定工作生活的环境。

四、保障公民的生命财产安全和其他合法权益

生存权和财产权是最基本的人权，人民生命财产安全是人民安全的基本内容。我国把解决人民的生存权和发展权问题放在优先位置，全面提高人民生活水平。宪法明确规定公民的人身自由、人格尊严、住宅不受侵犯，公民的合法私有财产不受侵犯；物权法规定私人所有权、业主的建筑物区分所有权、土地承包经营权、宅基地使用权受法律保护等，为依法保护人民生命财产安全和其他合法利益提供了充分保障。保障公民的生命财产安全和其他合法利益，还要加强和创新社会治理，健全利益表达、利益协调、利益保护机制，确保公民权益受到公平对待、利益得到有效维护；完善立体化社会治安防控体系，依法严厉打击严重刑事犯罪，提升人民群众的安全感和满意度。

相关规定

《中华人民共和国宪法》有关条文；《中华人民共和国物权法》有关条文。

第十七条　国家加强边防、海防和空防建设，采取一切必要的防卫和管控措施，保卫领陆、内水、领海和领空安全，维护国家领土主权和海洋权益。

条文主旨

本条是关于维护国土安全任务的规定。

立法背景

国土安全是传统国家安全的核心内容，是国家生存与发展的重要保障。习近平总书记在中央国家安全委员会第一次会议上明确提出，贯彻落实总体国家安全观，必须既重视国土安全，又重视国民安全。没有强大的国防维护国土安全，国家的主权、统一、领土完整和安全就不能得到切实的保障。从1840年鸦片战争开始的一百多年时间里，我国遭受了帝国主义国家的侵略，被迫签订了一系列不平等条约，割让了大片领土，国家主权丧失殆尽，国家安全也无从谈起。

条文解读

一、维护国土安全的目标

根据本条规定，维护国土安全的目标主要是指"保卫领陆、内水、领海和领空安全，维护国家领土主权和海洋权益。"国防法明确规定："中华人民共和国的领陆、领水、领空神圣不可侵犯。"领陆、内水、领海、领空都属于我国的领土，我国对其具有领土主权。领土是一个国家在国际上得到承认的根本特征，领土主权不容侵犯是国际法的基本原则之一，也是我国宪法法律的规定。主权对内具有最高性，对外具有排他性。其中，领陆是指我国的陆地领土。1992年领海及毗连区法规定："中华人民共和国的陆地领土包括中华人民共和国大陆及其沿海岛屿、台湾及其包括钓鱼岛在内的附属各岛、澎湖列岛、东沙群岛、西沙群岛、中沙群岛、南沙群岛以及其他一切属于中华人民共和国的岛屿。"内水不同于领海，在国际法上通常被视为附属于国家的陆地领土。领海及毗连区法规定："中华人民共和国领海基线向陆地一侧的水域为中华人民共和国的内水。"因此，内水既包括内陆的河流、湖泊，也包括领海基线内朝向陆地一侧的海域，国家对内水享有同领陆一样的完全主权。领海及毗连区法规定："中华人民共和国领海的宽度从领海基线量起为十二海里。"我国的领海就是从领海基线量起，宽度为十二海里的海域。领海的外部界限为一条其每一点与领海基线的最近点距离等于十二海里的线。我国的领海基线采用直线基线法划定，由各相邻基点之间的直线连线组成。根据领海及毗连区法规定，1996年我国发布了关于中华人民共和国领海基线的声明，公布了大陆领海的部分基线和西沙群岛的领海基线，并同时表明将再行宣布其余领海基线。2012年我国又发布了关于钓鱼岛及其附属岛屿的领海基线。根据民用航空法的规定，我国的领空是指中华人民共和国的领陆和领水之上的空域。

除了传统的领土主权以外，随着海洋经济的发展，各国越来越重视海洋的管理、养护和开发利用，越来越重视维护本国的海洋权益。海洋权益是国家利益的重要组成部分，本法规定的海洋权益，既包括国家的主权、主权权利，也包括其他涉海的管辖权和管制权，涉及联合国海洋法公约及其他国际法赋予主权国家的其他权利，涉及一个国家海上的活动、资产、人员和相关利益的安全。目前，世界上的沿海国家都相继制定了本国法律法规，对维护本国海洋权益作出规定。具体而言，海洋权益是指我国的领海及毗连区法、专属经济区和大陆架法等法律规定的，我国行使的对领海的主权、毗连区的管制权，对专属经济区和大陆架行使的主权权利和管辖权，以及我国其他法律如海岛保护法、海上交通安全法、海洋环境保护法等规定的海洋权益等一系列权利。还包括《联合国海洋法公约》及其他国际法赋予的权利以及依此权利享有的海洋权益等。我国维护国家领土主权和海洋权益的一贯的主张和立场是坚定不移的。

根据我国领海及毗连区法、专属经济区和大陆架法、海岛保护法、海上交通安全法、海洋环境保护法等法律规定，我国的海洋权益主要包括：第一，一切属于我国的岛屿和群岛的主权不受侵犯。第二，我国对于领海、领海上空、领海的海床及底土都享有主权权利。外国非军用船舶，享有依法无害通过我国领海的权利，但是外国军用船舶进入我国领海，须经我国政府批准。任何国际组织、外国的组织或者个人在我国领海内进行科学研究、海洋作业等活动，须经我国政府或者有关主管部门批准，遵守我国法律、法规。第三，我国在毗连区内的权力主要包括管制权和紧追权，即在有关安全、海关、财政、卫生或者入境出境管理方面行使管制权；以及我国有关主管机关有充分理由认为外国船舶违反我国法律、法规时，对该外国船舶行使紧追权。第四，我国在专属经济区和大陆架，涉及对渔业和矿产等自然资源的勘查、开发、养护和管理，以及海洋科学研究和海洋环境保护等方面，行使主权权利和管辖权。第五，我国享有的历史性权利。

二、维护国土安全的防务活动

本条规定的“国家加强边防、海防和空防建设”，是国家在和平时期维护国土安全所进行的主要防务活动。边防、海防和空防是指国家为了保卫领土主权在陆地边境、领海和领空所采取的防卫和管理措施。根据国防法第十四条第七项规定，国务院与中央军事委员会共同领导边防、海防、空防的管理工作。因为边防、海防、空防的管理是一项综合性工作，涉及军事、外交、公安和国家安全等有关部门，需要军队和人民政府协调配合，共同做好各方面的工作。为了实现对边防、海防、空防管理工作的统一领导，目前在中央层面设立了相应的领导机构，由国务院和中央军事委员会有关部门共同组成，负责协调全国边防、海防、空防的管理工作。在具体分工方面，根据国防法第三十一条规定，边防、海防和空防工作大致分为两个部分：一部分是防卫工作，即防止对我国领陆、领海、领空的武装侵犯；另一部分是管理工作，主要是边防、海防和空防的建设及日常性管理，如陆地国界、边境地区管理，人员和各种交通运输工具出入境管理，以及对海上航道和空中航空器的管制等。国防法第三十一条第一款规定："中央军事委员会统一领导边防、海防、空防和其他重大安全领域的防卫工作。"因为防卫工作涉及使用国家的武装力量防备和抵抗对我国领土主权的侵犯，根据宪法和国防法关于中央军事委员会职权的规定，我国武装力量由中央军事委员会统一领导和指挥。国防法第三十一条第二款规定："中央国家机关、地方各级人民政府和有关军事机关，按照规定的职权范围，分工负责边防、海防、空防和其他重大安全领域的管理和防卫工作，共同维护国家的安全和利益。"例如，我国的边境管理工作，目前是在国务院和中央军事委员会的领导下，由国防部、公安部和外交部分工负责。地方的边境管理工作，在中央国家机关领导下，由各边境省、自治区人民政府有关部门和省军区分工负责，中国人民解放军边防部队、公安边防武装警察部队具体组织实施。

根据国防法第三十二条规定，国家还要根据边防、海防、空防和其他重大安全领域防卫的需要，加强防卫力量建设，建设作战、指挥、通信、测控、导航、防护、交通、保障等国防设施。各级人民政府和军事机关应当依照法律、法规的规定，保障国防设施的建设，保护国防设施的安全。这些国防设施大部分属于军事设施，按照军事设施保护法规定，主要包括：（1）指挥机关，地上和地下的指挥工程、作战工程；（2）军用机场、港口、码头；（3）营区、训练场、试验场；（4）军用洞库、仓库；（5）军用信息基础设施，军用侦察、导航、观测台站，军用测量、导航、助航标志；（6）军用公路、铁路专用线，军用输电线路，军用输油、输水、输气管道；（7）边防、海防管控设施；（8）国务院和中央军事委员会规定的其他军事设施。此外，还有人民防空工程、国防交通工程设施等，也都属于根据边防、海防和空防需要而建设的国防设施。保障国防设施的建设，保护国防设施的安全，是军地双方的共同职责。各级人民政府和军事机关应当严格依法办事，履行好法定职责。

三、维护国土安全采取的防卫和管控措施

根据本条规定，为了实现“保卫领陆、内水、领海和领空安全，维护国家领土主权和海洋权益”的目的，在加强边防、海防和空防建设的基础上，国家可以采取一切必要的防卫和管控措施，这里的“措施”涵盖了政治、经济、外交、军事、科技、教育等各方面的措施。例如，出境入境管理法规定的边防检查措施，第六条第三款规定：“出入境边防检查机关负责对口岸限定区域实施管理。根据维护国家安全和出境入境管理秩序的需要，出入境边防检查机关可以对出境入境人员携带的物品实施边防检查。必要时，出入境边防检查机关可以对出境入境交通运输工具载运的货物实施边防检查，但是应当通知海关。”领海及毗连区法规定了在毗连区内行使紧追权的措施。根据该法第十四条规定，有关主管机关有充分理由认为外国船舶违反中华人民共和国法律、法规时，可以对该外国船舶行使紧追权。追逐须在外国船舶或者其小艇之一或者以被追逐的船舶为母船进行活动的其他船艇在中华人民共和国的内水、领海或者毗连区内时开始。追逐只要没有中断，可以在中华人民共和国领海或者毗连区外继续进行。在被追逐的船舶进入其本国领海或者第三国领海时，追逐终止。专属经济区和大陆架法规定：“中华人民共和国在行使勘查、开发、养护和管理专属经济区的生物资源的主权权利时，为确保中华人民共和国的法律、法规得到遵守，可以采取登临、检查、逮捕、扣留和进行司法程序等必要的措施。”民用航空法规定，对于违反相关法律规定，擅自飞入、飞出中华人民共和国领空的外国民用航空器，中华人民共和国有关机关有权采取必要措施，令其在指定的机场降落。另外，2013 年 11 月，中华人民共和国政府根据国防法、民用航空法和飞行基本规则，宣布划设东海防空识别区，这也属于上述防卫和管控措施。

本条规定的“一切必要的”措施，既包括和平的措施，也包括非和平的措施。例如，国防法第四十七条规定：“中华人民共和国的主权、统一、领土完整、安全和发展利益遭受威胁时，国家依照宪法和法律规定，进行全国总动员或者局部动员。”既包括对外措施，也包括对内措施。宪法规定我国武装力量的任务是巩固国防，抵抗侵略，保卫祖国，保卫人民的和平劳动，参加国家建设事业，努力为人民服务。国防法也规定国防的任务是“防备和抵抗侵略，制止武装颠覆和分裂”。为了维护国土安全所采取的措施，既包括对外防备和抵抗侵略，也应当包括制止国内企图分裂国家的武装叛乱或者武装暴乱。例如，反分裂国家法明确规定，“台独”分裂势力以任何名义、任何方式造成台湾从中国分裂出去的事实，或者发生将会导致台湾从中国分裂出去的重大事变，或者和平统一的可能性完全丧失，国家得采取非和平方式及其他必要措施，捍卫国家主权和领土完整。采取非和平方式及其他必要措施，由国务院、中央军事委员会决定和组织实施，并及时向全国人民代表大会常务委员会报告。

相关规定

《中华人民共和国国防法》第十四条第七项、第三十条、第三十一条、第三十二条、第四十七条；《中华人民共和国领海及毗连区法》第二条、第三条、第十四条；《中华人民共和国民用航空法》第二条、第一百七十四条第二款；《中华人民共和国专属经济区和大陆架法》第二条、第三条、第四条、第十二条；《中华人民共和国出境入境管理法》第六条第三款；《中华人民共和国军事设施保护法》第二条；《反分裂国家法》第八条。

第十八条　国家加强武装力量革命化、现代化、正规化建设，建设与保卫国家安全和发展利益需要相适应的武装力量；实施积极防御军事战略方针，防备和抵御侵略，制止武装颠覆和分裂；开展国际军事安全合作，实施联合国维和、国际救援、海上护航和维护国家海外利益的军事行动，维护国家主权、安全、领土完整、发展利益和世界和平。

条文主旨

本条是关于维护军事安全任务的规定。

立法背景

军队是国家安全的坚强柱石，军事安全是国家安全的重要保障。强军才能卫国，强国必须强军。宪法第二十九条第二款、国防法第二十条都规定：“国家加强武装力量的革命化、现代化、正规化的建设，增强国防力量。”国防法第二十五条规定：“中华人民共和国武装力量的规模应当与保卫国家主权、安全、发展利益的需要相适应。”本法第十八条中关于武装力量建设目标的规定，即“国家加强武装力量革命化、现代化、正规化建设，建设与保卫国家安全和发展利益需要相适应的武装力量”，与宪法、国防法的上述规定是高度一致的。

条文解读

一、加强武装力量革命化、现代化、正规化建设

中华人民共和国的武装力量属于人民。为了有效履行宪法和国防法赋予的巩固国防、抵抗侵略、保卫祖国、保卫人民的和平劳动、参加国家建设事业、全心全意为人民服务的使命任务，必须加强武装力量的革命化、现代化、正规化建设。

第一，毫不动摇坚持党对武装力量的领导，特别是党对军队的绝对领导，坚持不懈用中国特色社会主义理论体系武装全军，持续培育当代革命军人核心价值观，大力发展先进军事文化，坚决反对“军队非党化、非政治化”和“军队国家化”，永葆人民军队性质、本色、作风。

第二，坚定不移把信息化作为军队现代化建设发展方向，推动信息化建设加速发展。加强高新技术武器装备建设，加快全面建设现代后勤，培养大批高素质新型军事人才，深入开展信息化条件下军事训练，增强基于信息系统的体系作战能力。

第三，深入推进依法治军从严治军，更好发挥法治的引领和规范作用，建立一整套符合现代军事发展规律、体现我军特色的科学的组织模式、制度安排和运作方式，强化法治信仰和法治思维，按照法治要求转变治军方式，形成党委依法决策、机关依法指导、部队依法行动、官兵依法履职的良好局面，推动军队正规化建设向更高水平发展。

二、建设与保卫国家安全和发展利益需要相适应的武装力量

建设与保卫国家安全和发展利益需要相适应的武装力量，也是有效维护国家安全的客观必然要求。当前，我国作为一个发展中大国，面临着多元复杂的国家安全威胁，生存安全问题和发展安全问题、传统安全威胁和非传统安全威胁相互交织，维护国家主权、安全、领土完整和发展利益的任务日益繁重。与此同时，军事技术和战争形态的革命性变化，对国际政治军事格局产生重大影响，使得我国军事安全面临严峻挑战。为有效应对国家安全领域的风险挑战、捍卫国家安全和发展利益，必须紧紧围绕中国共产党在新形势下的强军目标，以国家核心安全需求为导向，加强武装力量的革命化、现代化、正规化建设，构建中国特色现代军事力量体系，不断提高军队应对多种安全威胁、完成多样化军事任务的能力。

党的十八大以来，党中央、中央军委和习近平主席围绕实现强军目标，统筹军队革命化、现代化、正规化建设，统筹经济建设和国防建设，制定新形势下军事战略方针，就深化国防和军队改革、全面实施改革强军战略作出重大决策部署。这是应对当今世界前所未有之大变局，有效维护国家安全的必然要求；是坚持和发展中国特色社会主义，协调推进“四个全面”战略布局的必然要求；是贯彻落实强军目标和军事战略方针，履行好军队使命任务的必然要求。深化国防和军队改革，必须深入贯彻党的十八大和十八届三中、四中、五中全会精神，以马克思列宁主义、毛泽东思想、邓小平理论、“三个代表”重要思想、科学发展观为指导，深入贯彻习近平主席系列重要讲话精神特别是国防和军队建设重要论述，按照“四个全面”战略布局要求，以党在新形势下的强军目标为引领，贯彻新形势下军事战略方针，全面实施改革强军战略，着力解决制约国防和军队发展的体制性障碍、结构性矛盾、政策性问题，推进军队组织形态现代化，进一步解放和发展战斗力，进一步解放和增强军队活力，建设同我国国际地位相称、同国家安全和发展利益相适应的巩固国防和强大军队，为实现“两个一百年”奋斗目标、实现中华民族伟大复兴的中国梦提供坚强力量保证。

三、武装力量在维护国家安全中的主要职责

第一，实施积极防御军事战略方针，防备和抵御侵略，制止武装颠覆和分裂。这一规定，与国防法第二十条关于我国武装力量的任务是“巩固国防，抵抗侵略，保卫祖国，保卫人民的和平劳动，参加国家建设事业，全心全意为人民服务”的规定，以及第四条中国家“实行积极防御战略”的规定是一致的，同时具有重要的现实指导意义。在长期的革命实践中，人民军队形成了一整套积极防御战略思想，坚持战略上防御与战役战斗上进攻相统一，坚持防御、自卫、后发制人的原则，坚持“人不犯我，我不犯人；人若犯我，我必犯人”。新中国成立后，中央军委确立积极防御军事战略方针，并根据国家安全形势发展变化对其内容进行了多次调整。我国作为一个坚定不移走和平发展道路的社会主义国家，必须毫不动摇地坚持积极防御战略思想，同时还要适应新的历史时期形势任务要求，贯彻新形势下积极防御军事战略方针，调整军事斗争准备基点，创新基本作战思想，优化军事战略布局，不断丰富和发展这一思想的内涵，坚决捍卫国家安全。

第二，实施联合国维和、国际救援、海上护航和维护国家海外利益的军事行动。这既是对我军近些年来参加国际多边双边机制内一系列海外军事行动实践经验的总结，也为我军积极实施“走出去”战略，更好地担负起维护世界和平、维护国家海外利益的使命任务，提供了重要的法律依据。近些年来，我国实施的海外军事行动包括参加联合国维和、国际灾难救援和人道主义援助、维护国际海上通道安全、中外联演联训以及维护海外利益等军事行动。这些行动有效维护了国家安全和发展利益，维护了世界和平和地区稳定，赢得了国际社会的高度评价。我国恪守《联合国宪章》的宗旨和原则，遵守公认的国际法准则，根据国家安全法等法律的规定，继续实施联合国维和、国际救援、海上护航和维护国家海外利益的军事行动，坚定维护国家主权、安全、领土完整、发展利益和世界和平。

相关规定

《中华人民共和国宪法》第二十九条第二款；《中华人民共和国国防法》第六条、第二十条、第二十五条。

第十九条 **国家维护国家基本经济制度和社会主义市场经济秩序，健全预防和化解经济安全风险的制度机制，保障关系国民经济命脉的重要行业和关键领域、重点产业、重大基础设施和重大建设项目以及其他重大经济利益安全。**

条文主旨

本条是关于维护经济安全任务的规定。

立法背景

经济基础决定上层建筑，根据总体国家安全观的要求，保障经济安全是维护国家安全的基础。特别是在当前经济全球化的条件下，经济主权已经成为国家主权的重要组成部分。经济安全不仅关系国家的经济发展和风险防范，而且涉及国家的政治独立和主权完整。经济安全与政治独立是确保国家主权完整两个不可分割的要素，从近年来的许多实践看，没有经济安全，国家的政治独立就难以保障。从国家内部看，国家的经济如果受到大规模失业、金融市场紊乱、通货膨胀、贫困、粮食和资源能源供给不足等问题的冲击，发生经济不稳定的情况，国家的政治安全、社会安全等诸多方面的安全也会受到严重影响。党的十六大报告中提出："在扩大对外开放中，要十分注意维护国家经济安全"，这是第一次把"维护国家经济安全"写进党的代表大会的文件中。确保经济安全就是要维护和保持：（1）经济生存和发展所需战略资源的有效供给能力和状态；（2）国民经济体系既独立又开放的良好稳定运行和科学持续发展，并抵御外来和内部的冲击和蚕食的能力和状态；（3）整体经济福利为本国人民共享而不受恶意侵害和不可抗力损害的能力和状态；（4）国家经济主权和重要经济政策决定权不受外来威胁和控制的能力和状态；（5）国际经济竞争保持独特优势而不受恶意伤害的能力和状态。

条文解读

一、国家基本经济制度和社会主义市场经济秩序

一般认为，广义上的经济安全包括了金融安全、资源能源安全、粮食安全等很多方面。本法第二十条至第二十二条分别对金融安全、资源能源安全和粮食安全的任务作了单独规定，第二十五条对于网络信息安全的任务作了专门规定。本条规定的经济安全主要是指维护我国的基本经济制度和经济秩序的安全。

经济制度是指人类社会一定历史发展阶段占统治地位的生产关系的总和，其内容包括生产资料归谁所有，生产过程中形成的人与人之间的关系，以及劳动产品的分配方式三个方面。其中，生产资料归谁所有，即生产资料的所有制形式起决定作用，决定了其他两个方面，也决定了经济制度的性质。我国宪法第六条规定："中华人民共和国的社会主义经济制度的基础是生产资料的社会主义公有制，即全民所有制和劳动群众集体所有制。社会主义公有制消灭人剥削人的制度，实行各尽所能、按劳分配的原则。""国家在社会主义初级阶段，坚持公有制为主体、多种所有制经济共同发展的基本经济制度，坚持按劳分配为主体、多种分配方式并存的分配制度。"党的十八届三中全会提出，公有制为主体、多种所有制经济共同发展的基本经济制度，是中国特色社会主义制度的重要支柱，也是社会主义市场经济体制的根基。我国是社会主义国家，公有制经济是我国基本经济制度的主体和基础。公有制经济主要包括全民所有制经济和集体所有制经济两

种形式。此外，改革开放以来，各种性质的资产不断流动和重组，尤其是股份制企业的出现，带来了各种形式的混合所有制经济，其中的国有成分和集体成分也属于公有制经济。公有制经济在我国所有制结构中处于主体地位，这是由我国社会主义的国家性质决定的。公有制的主体地位主要体现在两个方面：第一，公有资产在社会总资产中占优势地位。第二，公有制经济控制国民经济命脉，对国民经济发展起主导作用。生产力决定生产关系，我国社会主义初级阶段的生产力发展状况，决定了除公有制以外的多种所有制经济应当共同发展。个体经济、私营经济等非公有制经济，也是社会主义市场经济的重要组成部分。党的十八大报告明确提出，毫不动摇鼓励、支持、引导非公有制经济发展，保证各种所有制经济依法平等使用生产要素、公平参与市场竞争、同等受到法律保护。

我国宪法第十五条规定："国家实行社会主义市场经济。""国家加强经济立法，完善宏观调控。""国家依法禁止任何组织或者个人扰乱社会经济秩序。"市场经济是和计划经济相对的概念。计划经济，是指国家通过制定各项计划，配置各种资源的一种经济模式。而市场经济，则是指通过市场来配置资源，企业的各种经营活动由企业根据市场变化自主决定，政府不予干涉的一种经济模式。在市场经济中，政府的主要任务在于进行宏观调控，通过货币、金融等政策手段对市场进行引导，并为企业提供服务。宪法明确规定，我国实行社会主义市场经济。这就是说，第一，要使市场在社会主义国家宏观调控下对资源配置起基础性作用，使经济活动遵循价值规律的要求，适应供求关系的变化；通过价格杠杆和竞争机制的功能，把资源配置到效益最好的环节中去，给企业以压力和动力，使其优胜劣汰；运用市场对各种经济信号反应比较灵敏的特点，促进生产和需求的及时协调。第二，要加强和改善国家对经济的宏观调控，克服市场自身的弱点。国家通过运用经济政策、计划指导和必要的行政管理，引导市场健康发展，健全统一、开放、竞争、有序的现代市场体系。第三，社会主义市场经济要和社会主义基本制度结合在一起。在所有制结构上，以公有制为主体，多种经济成分共同发展，不同经济成分还可以自愿实行多种形式的联合经营；在分配制度上，实行按劳分配为主体、多种分配方式并存，使劳动、资本、技术、管理等生产要素按贡献参与分配，坚持效率优先、兼顾公平，鼓励一部分人通过诚实劳动、合法经营先富起来，同时加强政府对收入分配的调节功能，防止收入悬殊，逐步实现共同富裕。自改革开放以来，根据宪法关于“加强经济立法”的要求，国家制定了涉及维护市场经济秩序各个领域的许多法律，例如物权法、反垄断法、反不正当竞争法、企业国有资产法等。同时，刑法分则第三章专门设置了一章“破坏社会主义市场经济秩序罪”，共八节，从第一百四十条到二百三十一条，规定了生产、销售伪劣商品罪，走私罪，妨害对公司、企业的管理秩序罪，破坏金融管理秩序罪，金融诈骗罪，危害税收征管罪，侵犯知识产权罪，扰乱市场秩序罪等八类罪行，共计一百多个罪名。对于严重破坏社会主义市场经济秩序的行为，要依据刑法相关规定，追究法律责任。

二、预防和化解经济安全风险的制度机制

我国现行有关法律法规对涉及经济安全的多个领域作出了规范，例如涉及粮食安全的农业法、畜牧法、中央储备粮管理条例；涉及资源能源安全的矿产资源法、电力法、煤炭法、可再生能源法、节约能源法、对外合作开采陆上石油条例、对外合作开采海洋石油资源条例等；涉及金融安全的中国人民银行法、银行业监督管理法、商业银行法、反洗钱法、保险法、证券法、外资银行管理条例、外汇管理条例、外资保险公司管理条例、期货交易管理暂行条例等；还有涉及外资和外贸管理的对外贸易法、反倾销条例、反补贴条例、保障措施条例、国务院办公厅关于建立外国投资者并购境内企业安全审查制度的通知等。

上述法律法规针对预防和化解经济安全风险规定了相关制度机制：（1）预防和化解金融风险。中国人民银行法第三十一条明确了央行监管金融市场，第三十四条规定："当银行业金融机构出现支付困难，可能引发金融风险时，为了维护金融稳定，中国人民银行经国务院批准，有权对银行业金融机构进行检查监督"。银行业监督管理法第二十七条规定："国务院银行业监督管理机构应当建立银行业金融机构监督管理评级体系和风险预警机制，根据银行业金融机构的评级情况和风险状况，确定对其现场检查的频率、范围和需要采取的其他措施。"（2）预防和化解粮食安全风险。农业法第五章专门对粮食安全作出了规定，第三十一条规定："国家采取措施保护和提高粮食综合生产能力，稳步提高粮食生产水平，保障粮食安全。国家建立耕地保护制度，对基本农田依法实行特殊保护。"（3）预防和化解对外贸易风险。对外贸易法第七条规定："任何国家或者地区在贸易方面对中华人民共和国采取歧视性的禁止、限制或者其他类似措施的，中华人民共和国可以根据实际情况对该国或者地区采取相应的措施。"第十五条规定："国家基于下列原因，可以限制或者禁止有关货物、技术的进口或者出口：（一）为维护国家安全、社会公共利益或者公共道德，需要限制或者禁止进口或者出口的；（二）为保护人的健康或者安全，保护动物、植物的生命或者健康，保护环境，需要限制或者禁止进口或者出口的；（三）为实施与黄金或者白银进出口有关的措施，需要限制或者禁止进口或者出口的；（四）国内供应短缺或者为有效保护可能用竭的自然资源，需要限制或者禁止出口的；（五）输往国家或者地区的市场容量有限，需要限制出口的；（六）出口经营秩序出现严重混乱，需要限制出口的；（七）为建立或者加快建立国内特定产业，需要限制进口的；（八）对任何形式的农业、牧业、渔业产品有必要限制进口的；（九）为保障国家国际金融地位和国际收支平衡，需要限制进口的；（十）依照法律、行政法规的规定，其他需要限制或者禁止进口或者出口的；（十一）根据我国缔结或者参加的国际条约、协定的规定，其他需要限制或者禁止进口或者出口的。”

目前相关法律法规规定的制度机制对于预防和化解经济安全风险起到了重要作用，但是也存在着一些领域的规定层级效力较低、不少重要领域关于经济安全的规定处于空白状况、一些制度可操作性不强等问题。因此，本条明确规定了要“健全预防和化解经济安全风险的制度机制”，对下一步的工作提出了明确的要求。

三、保障国家重大经济利益安全

经济安全是国家安全的基础，而保障关系国民经济命脉的重要行业和关键领域、重点产业、重大基础设施和重大建设项目以及其他重大经济利益安全是保障国家经济安全的基础之基础。许多西方国家为维护经济安全专门制定了相关法律，其中对于重要基础设施和关键领域的安全也作出了规定。例如美国《外国投资与国家安全法》中对于外商投资进行国家安全审查的考虑因素中，就明确规定了对美国关键基础设施、关键技术的影响以及对美国能源、关键资源和原材料的长期供给的影响等。

根据2006年国务院办公厅转发国资委《关于推进国有资本调整和国有企业重组的指导意见》规定，关系国家安全和国民经济命脉的重要行业和关键领域主要包括：涉及国家安全的行业，重大基础设施和重要矿产资源，提供重要公共产品和服务的行业，以及支柱产业和高新技术产业中的重要骨干企业。例如军工、石油石化、电网、电信、民用航空、航运、煤炭等。保障这些领域的安全，关键就是发挥国有经济的控制力。宪法第七条规定："国有经济，即社会主义全民所有制经济，是国民经济中的主导力量。国家保障国有经济的巩固和发展。"国有经济在国民经济中的主导作用，主要体现在对国民经济发展的正确导向和对经济运行整体态势的控制和影响上。国有经济要在关系国民经济命脉的重要行业和关键领域占支配地位，支撑、引导和带动社会经济的发展，在实现国家宏观调控目标中发挥关键作用。企业国有资产法第七条明确规定："国家采取措施，推动国有资本向关系国民经济命脉和国家安全的重要行业和关键领域集中，优化国有经济布局和结构，推进国有企业的改革和发展，提高国有经济的整体素质，增强国有经济的控制力、影响力。"党的十八届三中全会提出："国有资本投资运营要服务于国家战略目标，更多投向关系国家安全、国民经济命脉的重要行业和关键领域，重点提供公共服务、发展重要前瞻性战略性产业、保护生态环境、支持科技进步、保障国家安全。"2015年9月，国务院发布《国务院关于国有企业发展混合所有制经济的意见》，明确提出："提高国有资本配置和运行效率，优化国有经济布局，增强国有经济活力、控制力、影响力和抗风险能力。"

2004年《商务部关于做好维护国内产业安全工作的指导意见》中明确提出："产业安全是我国经济安全的重要组成部分，

是国家安全的重要基础。”“做好维护产业安全工作的主要任务是：为我国产业创造良好的生存环境，使其免受进口产品不公平竞争和进口激增造成的损害；为产业创造正常的发展条件，使各产业能够依靠自身的努力，在公平的市场环境中获得发展的空间，赢得利益，从而保证国民经济和社会全面、稳定、协调和可持续发展。”2012年《国务院办公厅转发发展改革委等部门关于加快培育国际合作和竞争新优势指导意见的通知》进一步要求：“维护重点产业安全。加强产业损害预警机制建设，建立健全产业安全评估体系，完善和丰富贸易调查和贸易救济手段。组织开展重点国别产业损害预警磋商和对话。健全经营者集中反垄断审查制度，提高贸易摩擦应对和贸易救济能力，保护我国国家利益和产业发展权益。”

此外，维护交通、通信、能源、供水、排水、防洪、垃圾处理等重大基础设施和重大建设项目以及其他重大经济利益安全是保障国家经济安全的基础。

相关规定

《中华人民共和国宪法》第六条、第七条、第十五条；《中华人民共和国刑法》第三章有关条文；《中华人民共和国中国人民银行法》第三十一条、第三十四条；《中华人民共和国银行业监督管理法》第二十七条；《中华人民共和国农业法》第五章有关条文；《中华人民共和国对外贸易法》第七条、第十五条；《中华人民共和国企业国有资产法》第七条。

第二十条　国家健全金融宏观审慎管理和金融风险防范、处置机制，加强金融基础设施和基础能力建设，防范和化解系统性、区域性金融风险，防范和抵御外部金融风险的冲击。

条文主旨

本条是关于维护金融安全任务的规定。

立法背景

金融是现代经济的核心，金融安全是经济安全的一个重要组成部分，具有举足轻重的地位。金融市场的稳定运行和健康发展，直接关涉金融秩序和社会政治的稳定，积极防范和化解金融风险是金融工作的生命线。我国对防范金融风险，维护金融安全十分重视，早在 1997 年亚洲金融危机之后，《中共中央、国务院关于深化金融改革，整顿金融秩序，防范金融风险的通知》就指出，金融业是高风险行业。金融风险突发性强、波及面广、危害极大，一旦爆发重大问题，就会危及经济、社会甚至政治稳定，严重影响改革开放和现代化建设的进程。防范和化解金融风险，保证金融安全、高效、稳健运行，是我国经济工作面临的一项重要和紧迫的任务。要建立与社会主义市场经济发展相适应的金融机构体系、金融市场体系和金融调控监管体系，化解金融风险，增强防范和抗御金融风险能力，为进一步全面推进改革开放和现代化建设创造良好的条件。改革开放以来，我国重视金融法制建设，建立了以中国人民银行法、商业银行法、银行业监督管理法、证券法、保险法等规范金融监督管理行为、规范金融经营主体和经营行为为主要内容的金融法律制度。根据上述法律规定，中国人民银行、中国银行业监督管理委员会、中国证券监督管理委员会、中国保险监督管理委员会在各自职权内履行金融监管职责。

当前，我国经济社会发展呈稳中有进的态势，金融业保持稳健运行，金融体系风险总体可控，但国内外经济金融形势错综复杂，金融运行面临不少风险和挑战，主要有：企业债务率过高、偿付风险加大；部分行业和地区信用违约风险明显上升；流动性管理难度增大；部分“影子银行”业务存在潜在风险；保险公司满期给付和退保风险上升；跨境资本流动异常波动风险上升；金融业网络和信息安全存在隐患；金融网络和信息基础设施薄弱，灾备体系有待完善，空间布局不合理；核心软硬件依赖国外厂商，网络和信息安全风险自主可控能力不足；金融服务日益依赖互联网等开放系统，增加遭受攻击或者信息失窃的潜在风险；管理和应急处置能力亟待提升，信息安全保障机制不健全，技术、人力资源保障明显滞后；等等。

党的十八大以来，党中央和国务院多次就防范和化解金融风险，维护金融安全作出部署，提出要求。2012 年党的十八大报告提出，深化金融体制改革，健全促进宏观经济稳定、支持实体经济发展的现代金融体系。完善金融监管，维护金融稳定。2013 年党的十八届三中全会决定提出：完善金融市场体系；健全多层次资本市场体系；建立健全宏观审慎管理框架下的外债和资本流动管理体系；落实金融监管改革措施和稳健标准，完善监管协调机制，界定中央和地方金融监管职责和风险处置责任；建立存款保险制度，完善金融机构市场化退出机制；加强金融基础设施建设，保障金融市场安全高效运行和整体稳定。2014 年党的十八届四中全会决定提出，制定和完善金融法律法规。国务院及其有关部门，认真贯彻落实党的十八大以来党中央的部署，多措并举，防范和化解金融风险，维护金融安全。根据上述法律法规和政策文件，结合防范和化解金融风险的实践，本条规定了维护金融安全的任务，明确了防范和化解金融风险的措施和实现金融安全的目标。

条文解读

一、国家健全金融宏观审慎管理制度机制

近年来国际金融危机表明，以防范单个金融机构风险、维护单个金融机构和市场稳定为目标的微观审慎监管，在防范系统性风险方面存在严重不足。防范金融风险要有宏观视野，单个金融机构的健康，并不等于金融体系的健康，因而需要建立宏观审慎管理框架。为弥补微观审慎监管的缺陷，切实防范系统性风险，加强宏观审慎管理已成为国际金融危机后主要国际组织和经济体金融监管改革一致的政策主张。2009 年 6 月 29 日，国际清算银行发布年报，呼吁各国及国际社会采取宏观审慎的原则，并建立全球宏观审慎金融监管体系。2009 年 4 月 2 日，二十国集团峰会宣布成立“金融稳定委员会”作为全球金融稳定的宏观审慎监管国际组织，在全球层面加强宏观审慎监管的合作与协调。二十国集团于 2010 年年末批准了巴塞尔协议Ⅲ的基本框架，包含了加强宏观审慎管理、增强逆风向调节的诸多进展。

所谓宏观审慎管理，就是为了弥补传统货币政策工具和微观监管在防范系统性风险方面的不足，将金融业作为一个有机整体，以防范和管理跨行业、跨市场和跨经济周期中整个金融体系的风险。宏观审慎管理的主要内容是：既跟踪金融体系在当前经济形势下的运行状况，更关注金融体系在未来经济走势中可能出

现的问题，既要保证金融对经济发展的持续促进作用，又要熨平经济周期对金融体系稳定性的影响，达到维护金融稳定、支持经济平衡发展的目标。为实现宏观审慎管理目标，在充分发挥价格型和数量型等传统政策工具作用的同时，需要通过丰富和补充新的工具，将资本金、杠杆率和流动性等传统微观工具的使用纳入宏观审慎管理中，发挥微观监管指标的宏观作用。

二、国家健全金融风险防范、处置机制

健全的金融风险防范、处置机制，对于及时预测、防范和化解金融风险，有效应对金融业突发事件具有重要意义。金融风险防范、处置机制越健全，应对金融风险的效率就越高。

为维护金融安全，我国法律法规规章等对建立健全金融风险防范、处置机制作了规定。银行业监督管理法规定，国务院银行业监督管理机构应当建立银行业金融机构监督管理评级体系和风险预警机制，根据银行业金融机构的评级情况和风险状况，确定对其现场检查的频率、范围和需要采取的其他措施。国务院银行业监督管理机构应当会同中国人民银行、国务院财政部门等有关部门建立银行业突发事件处置制度，制定银行业突发事件处置预案，明确处置机构和人员及其职责、处置措施和处置程序，及时、有效地处置银行业突发事件。商业银行法、证券法、保险法分别规定了商业银行、保险公司、证券公司应当建立健全本行业的风险管理和内部控制制度。目前，国务院办公厅和有关部门出台了《国家金融突发事件应急预案》《中国人民银行突发事件应急预案管理办法》《银行业金融机构安全评估办法》《金融机构计算机信息系统安全保护工作暂行规定》和《关于加强保险业突发事件应急管理工作的通知》等。为了进一步健全金融风险防范、处置机制，2012 年《国务院关于印发服务业发展“十二五”

规划的通知》提出：加强金融市场体系建设，完善现代金融企业制度，强化内部治理和风险管理，维护金融业安全稳健运行；建立健全系统性金融风险防范预警体系、评估体系和处置机制，加强对系统重要性金融机构的监管。2012 年《国务院办公厅转发发展改革委等部门关于加快培育国际合作和竞争新优势指导意见的通知》提出：完善风险防范机制，切实保障经济安全；确保金融体系安全；加强宏观审慎管理，研究跨国金融机构及跨境资本流动对我国经济金融产生的影响，制定相关风险评估、风险预警及风险应对方案，提高对跨境资本流动的监测和风险应对能力。2014 年国务院《关于进一步促进资本市场健康发展的若干意见》提出，强化风险防范，始终把风险监测、预警和处置贯穿市场创新发展全过程，牢牢守住不发生系统性、区域性金融风险的底线。

三、加强金融基础设施和基础能力建设

金融基础设施是指金融运行的硬件设施和制度安排，主要包括支付体系、法律环境、公司治理、会计准则、信用环境、反洗钱以及由金融监管、中央银行最后贷款人职能、投资者保护制度组成的金融安全网等。金融市场基础设施是金融市场运行的核心支撑，也是跨机构、跨市场、跨地域、跨国界开展金融活动的主要渠道，金融市场基础设施对于畅通货币政策传导机制、加速社会资金周转、优化社会资源配置、维护金融稳定并促进经济增长具有重要意义。

金融基础设施和基础能力建设对维护金融安全至关重要。金融基础设施越发达、金融基础能力越强，国家的金融体系承受外部冲击的能力就越强。中国人民银行法规定，中国人民银行应当组织或者协助组织银行业金融机构相互之间的清算系统，协调银

行业金融机构相互之间的清算事项，提供清算服务。维护支付、清算系统的正常运行。中国人民银行会同国务院银行业监督管理机构制定支付结算规则。商业银行法、证券法、保险法分别规定，设立商业银行、证券公司、保险公司应当具备健全的组织机构和管理制度，有符合要求的营业场所和与业务有关的其他设施。《征信业管理条例》专章规定了“金融信用信息基础数据库”，明确国家设立金融信用信息基础数据库，为防范金融风险、促进金融业发展提供相关信息服务。此外，为防范支付风险，中国人民银行制定了《非金融机构支付服务业务系统检测认证管理规定》《非金融机构支付服务管理办法》《支付结算业务代理办法》等规章。

2013 年党的十八届三中全会决定提出，加强金融基础设施建设，保障金融市场安全高效运行和整体稳定。根据国务院的有关报告，当前加强金融基础设施和基础能力建设主要包括：建立健全我国金融市场基础设施宏观审慎管理框架，继续完善支付系统、证券期货交易结算系统等金融基础设施，建设安全高效的人民币跨境支付系统；推进金融业灾备中心合理布局，强化金融机构内控管理，提高防范网络攻击、应对重大灾难与技术故障的能力，逐步推进金融信息系统和密码应用等核心技术的国产化，建立健全与国际衔接、自主升级、独立可控的金融信息安全标准体系。

四、防范和化解系统性、区域性金融风险，防范和抵御外部金融风险的冲击

金融安全的核心内容是抵御国内外因素对金融体系带来的不利影响，包括对内和对外两个部分。对内主要是维护金融稳定，保障金融体系的稳健、有序运行。对外主要是金融主权独立，防范境外金融风险对国内金融体系的冲击和境外敌对势力对我国金融体系的破坏。因此，国家采取本条规定的上述三项维护金融安全的措施，就是为了规范金融活动行为，保障金融市场秩序，增强预防和化解金融风险能力，牢牢守住不发生系统性、区域性金融风险的底线，防范和抵御外部金融风险的冲击，切实维护国家金融安全。

为了防范和化解系统性金融风险，我国遵守二十国集团峰会和金融稳定理事会承诺，正在制定实施中国版“巴塞尔协议Ⅲ”，确立微观审慎和宏观审慎相结合的金融监管新模式，综合启动动态资本、动态拨备、流动性和杠杆率四大新监管工具，搭建中国金融业新的监管框架。为加强和改进金融监管，增强金融风险防范能力，2013 年 8 月，国务院批准中国人民银行牵头建立金融监管协调部际联席会议制度，对防范化解金融领域重大风险隐患等重大政策事项进行研究、达成共识，健全金融监管协调机制，增强金融监管合力。为了防范和化解重点领域和地区金融风险，组织专门力量加强地方政府性债务核查，指导金融机构做好各级地方融资平台债务管理。督促金融机构加强对产能过剩行业、房地产和钢材等重点风险领域和不良贷款快速上升地区的信用风险排查，做好风险防控预案，同时防止“一刀切”式的抽贷、停贷、压贷造成企业资金链断裂，避免形成新的不良贷款。严厉打击非法集资、非法证券期货等非法金融活动，清理整顿各类违法违规交易场所等。

随着我国金融体系对外开放与融入程度的提高，国际金融市场波动对我国金融安全的影响大为增强，对此必须引起高度重视。我国外资银行管理条例等行政法规和规章规定了对外资银行以及金融机构的监督管理。证券法规定，境内企业直接或者间接到境外发行证券或者将其证券在境外上市交易，必须经国务院证券监督管理机构依照国务院的规定批准。为加强外汇管理、促进国际收支平衡提供法律保障，还制定了外汇管理条例、国家货币出入境管理办法。要密切关注国际经济特别是金融市场的变化态势，密切关注国内金融市场和资本市场的变化态势，充分估计国际金融危机对我国经济可能产生的不利影响，增强忧患意识，积极应对挑战。要加强我国金融机构风险的预防预警监测，做好金融突发事件应对预案，冷静观察，提前做好有效的应对准备。最重要的是要把我国自己的事情办好，加强和完善我国金融体系建设，提高自身抵御金融风险和危机的能力。

相关规定

《中华人民共和国中国人民银行法》《中华人民共和国商业银行法》《中华人民共和国银行业监督管理法》《中华人民共和国证券法》《中华人民共和国保险法》《中华人民共和国商业银行法》；《国家金融突发事件应急预案》《中国人民银行突发事件应急预案管理办法》《银行业金融机构安全评估办法》《金融机构营业场所、金库安全防护暂行规定》《金融机构计算机信息系统安全保护工作暂行规定》《关于加强保险业突发事件应急管理工作的通知》；《征信业管理条例》《非金融机构支付服务业务系统检测认证管理规定》《非金融机构支付服务管理办法》《支付结算业务代理办法》；《中华人民共和国外资银行管理条例》《中华人民共和国外汇管理条例》《中华人民共和国国家货币出入境管理办法》。

第二十一条 **国家合理利用和保护资源能源，有效管控战略资源能源的开发，加强战略资源能源储备，完善资源能源运输战略通道建设和安全保护措施，加强国际资源能源合作，全面提升应急保障能力，保障经济社会发展所需的资源能源持续、可靠和有效供给。**

条文主旨

本条是关于维护资源能源安全任务的规定。

立法背景

资源能源安全是一个国家或地区可以持续、稳定、及时、足量和经济地获取所需自然资源和能源的状态。资源安全分为战略性资源安全和非战略性资源安全；又可分为水资源安全、土地资源安全、矿产资源安全、生物资源安全、海洋资源安全、环境资源安全等。广义上的资源安全也包括能源安全，但是考虑到目前能源在国家发展建设中的重要地位，本法将资源与能源并列为资源能源安全。

资源能源安全在国家安全中占有基础地位，是人民群众和整个国家生存与发展的不可或缺的物质基础。资源能源安全距离人们日常生活很近，国际和国内燃油价格的变化、耕地面积持续减少和质量不断下降，都可以归结为资源能源安全方面出现了问题。资源能源安全还是非传统安全的重要方面，并与环境安全、生态安全、粮食安全及经济安全有着密切联系。特别是从能源看，目前我国能源安全面临着国际、国内两方面的威胁。从国际看，全球气候变化、国际金融危机、欧洲主权债务危机、地缘政治等因素对国际能源形势产生重要影响，世界能源市场更加复杂多变，不稳定性和不确定性进一步增加。从国内看，能源发展的长期矛盾和短期问题相互交织，国内因素与国际因素互相影响，资源和环境约束进一步加剧，节能减排形势严峻，能源资源对外依存度快速攀升，能源控总量、调结构、保安全面临全新的挑战。

本条关于资源能源安全的规定，强调要统筹国内国外资源能源，加强境外油气供应保障和油气等储备应急能力建设，保持较高国内资源能源自给能力，保障经济社会发展的自然资源及资源性产品处于持续、可靠、有效供给的状态。本条要求总体上要合理利用和保护资源能源，保障经济社会发展所需的资源能源持续、可靠和有效供给，并从开发、储备、运输、应急保障和国际合作五个方面提出了具体要求。

条文解读

一、有效管控战略资源能源开发

维护资源能源安全应当开源与节流并举。我国宪法规定，矿藏、水流、森林、山岭、草原、荒地、滩涂等自然资源，都属于国家所有，即全民所有，国家保障自然资源的合理利用，禁止任何组织或者个人用任何手段侵占或者破坏自然资源。资源能源安全从源头看，就是在开发上要以我为主，加大国内资源能源勘探开发，减少对外依存度。国务院颁布的能源发展“十二五”规划明确提出能源发展的基本原则之一就是“坚持立足国内”，立足国内资源优势和发展基础，着力增强能源供给保障能力，完善能源储备应急体系，合理控制对外依存度，提高能源安全保障水平。

为了有效管控战略资源能源的开发，我国一些法律法规对资源能源开发的规划、计划提出了明确要求。例如，煤炭法明确规定国家对煤炭开发实行统一规划、合理布局、综合利用的方针。根据煤炭法规定，国务院煤炭管理部门根据全国矿产资源勘查规划编制全国煤炭资源勘查规划，根据全国矿产资源规划规定的煤炭资源，组织编制和实施煤炭生产开发规划。省、自治区、直辖市人民政府煤炭管理部门根据全国矿产资源规划规定的煤炭资源，组织编制和实施本地区煤炭生产开发规划，并报国务院煤炭管理部门备案。煤炭生产开发规划应当根据国民经济和社会发展的需要制定，并纳入国民经济和社会发展计划。森林法规定对森林实行限额采伐。根据森林法规定，国家根据用材林的消耗量低于生长量的原则，严格控制森林年采伐量。国家所有的森林和林木以国有林业企业事业单位、农场、厂矿为单位，集体所有的森林和林木、个人所有的林木以县为单位，制定年采伐限额，由省、自治区、直辖市林业主管部门汇总，经同级人民政府审核后，报国务院批准。国家制定统一的年度木材生产计划。年度木材生产计划不得超过批准的年采伐限额。

此外，国家开发资源能源还要坚持多元发展的原则。着力提高清洁低碳化石能源和非化石能源比重，大力推进煤炭高效清洁利用，科学实施传统能源替代，加快优化能源生产和消费结构。可再生能源法明确规定，国家将可再生能源的开发利用列为能源发展的优先领域，通过制定可再生能源开发利用总量目标和采取相应措施，推动可再生能源市场的建立和发展。同时，该法还对可再生能源的资源调查与发展规划、产业指导与技术支持、推广与应用、价格管理与费用补偿、经济激励与监督措施等方面作了规定。

二、加强战略资源能源储备

实行战略资源储备和能源储备，是确保资源能源安全，保障突发情况下资源能源有效应急供给的重要措施。我国国民经济和社会发展第十个五年计划中就明确提出，要完善国家战略资源储备制度。能源发展“十二五”规划中提出要完善能源储备应急体系。我国的战略资源能源储备实行实物储备和资源地、能源地储备相结合的方式。例如能源发展“十二五”规划提出：优化储备布局和结构，建成国家石油储备基地二期工程，启动三期工程，加快华北、西北、西南及东南沿海地区天然气地下储气库和液化天然气储备库建设；加快在沿海、沿江港口及华东、华中、西南等地区建设国家煤炭应急储备，鼓励重点厂矿企业提高仓储能力等。这些要求主要侧重于实物储备。而对于有一些战略性的资源、能源，也可以实行资源地、能源地储备。例如，国务院关于促进稀土行业持续健康发展的若干意见提出，按照国家储备与企业（商业）储备、实物储备和资源（地）储备相结合的方式，建立稀土战略储备。统筹规划南方离子型稀土和北方轻稀土资源的开采，划定一批国家规划矿区作为战略资源储备地。对列入国家储备的资源地，由当地政府负责监管和保护，未经国家批准不得开采。

三、完善资源能源运输战略通道建设和安全保护措施

资源能源运输的战略通道既包括海外资源能源进口的战略通道，也包括国内不同地区之间资源能源运输调配的通道。从运输的形式看，现代五大交通运输方式包括铁路运输、公路运输、水路运输、航空运输和管道运输，涵盖了油气管线、输电骨干网络、大型码头、专线铁路等。

根据能源发展“十二五”规划要求，“十二五”期间，我国预计新增原油管道8400公里，新增成品油管道2.1万公里，成品油年输送能力新增1.9亿吨；新增天然气管道4.4万公里；沿海液化天然气年接收能力新增5000万吨以上。加快西北（中哈）、东北（中俄）和西南（中缅）三大陆路原油进口通道建设，加强配套干线管道建设；适应海运原油进口需要，加强沿海大型原油接卸码头及陆上配套管道建设。加强西北、东北成品油外输管道建设，完善华北、华东、华南、华中和西南等主要消费地区的区域管网。加快建设西北（中国—中亚）、东北（中俄）、西南（中缅）和海上四大进口通道，形成以西气东输、川气东送、陕京输气管道为大动脉，连接主要生产区、消费区和储气库的骨干管网。坚持输煤输电并举，逐步提高输电比重。结合大型能源基地建设，采用特高压等大容量、高效率、远距离先进输电技术，稳步推进西南能源基地向华东、华中地区和广东省输电通道，鄂尔多斯盆地、山西、锡林郭勒盟能源基地向华北、华中、华东地区输电通道。加快既有铁路干线扩能改造和新建铁路煤运通道建设，提高煤炭跨区运输能力。

为了保护石油、天然气管道，保障石油、天然气输送安全，维护国家能源安全和公共安全，全国人大常委会于2010年制定了石油天然气管道保护法。为了有效地保护管道及其运行安全，规定了四类保护措施：一是为了保障管道建成后的安全运行，及时、有效地防范和处理管道事故，规定了管道企业对运行的管道进行巡护、维修、检测的制度。二是规定禁止各类直接危害管道的行为。三是根据各类行为对管道的危害程度，以及发生管道事故可能对沿线地区公共安全造成的影响，分别规定了管道中心线两侧不同地域范围内，禁止从事的危害管道的行为。根据管道安全保护的技术要求，分别规定了不同的保护距离。四是为了在保护管道的同时，尽可能减少对沿线地区正常经济社会活动的影响，对保护距离内可能危害管道的行为没有完全禁止，而是规定有关批准程序。此外，电力法关于电力设施的保护也包括对电力线路设施及其有关辅助设施的保护。

四、加强国际资源能源合作

中国的发展离不开世界，世界的繁荣需要中国。随着全球化的不断深入，我国在资源能源发展方面与世界联系日益紧密。我国的资源能源发展，不仅保障了本国经济社会发展，也为维护世界资源能源安全和保持全球市场稳定作出了贡献。世界一体化进程也决定了我国能源资源的使用离不开国际合作，立足自身供给，开展国际合作，是保证国家资源能源安全的两个方面。2008年6月22日，习近平同志在国际能源会议上讲话中提出，能源问题是全球性问题。促进世界能源供求平衡、维护世界能源安全，是世界各国共同面临的紧迫任务。为保障全球能源安全，国际社会应该树立和落实互利合作、多元发展、协同保障的新能源安全观，建立清洁、经济、安全可靠的世界能源供应体系。

在双边合作方面，我国与美国、欧盟、日本、俄罗斯、哈萨克斯坦、土库曼斯坦、乌兹别克斯坦、巴西、阿根廷、委内瑞拉等国家和地区建立了能源对话与合作机制，在油气、煤炭、电力、可再生能源、科技装备和能源政策等领域加强对话、交流与合作。在多边合作方面，我国是亚太经济合作组织能源工作组、二十国集团、上海合作组织、世界能源理事会、国际能源论坛等组织和机制的正式成员或重要参与方，是能源宪章的观察员国，与国际能源署、石油输出国组织等机构保持着密切联系。

目前加强国际资源能源合作主要有四种形式："走出去"、"引进来"、国际贸易和完善国际合作支持体系。一是着眼于增强全球油气供应能力，发挥我国市场和技术优势，深入开展与能源资源国务实合作。继续加强海外油气资源合作开发。积极推进炼化及储运业务合作。支持优势能源企业参与境外煤炭资源开发，开展境外电力合作。依托境外能源项目合作，带动能源装备及工程服务“走出去”。二是根据《外商投资产业指导目录》《中西部地区外商投资优势产业目录》等政策文件，我国鼓励外商以合作的方式，进行石油天然气勘探开发，开展页岩气、煤层气等非常规油气资源勘探开发。鼓励投资建设新能源电站、以发电为主的水电站和采用洁净燃烧技术的电站，以及中方控股的核电站。鼓励跨国能源公司在华设立研发中心。三是优化资源能源贸易结构，推进资源能源贸易主体、贸易方式、贸易渠道等多元化。四是完善国际合作支持体系。积极参与全球能源治理，充分利用国际能源多边和双边合作机制，加强能源安全、节能减排、气候变化、清洁能源开发等方面的交流对话，推动建立公平、合理的全球能源新秩序，协同保障能源安全。

五、全面提升应急保障能力

根据本条规定要求，有关部门应当进一步健全资源能源应急组织系统，明确政府及各类社会主体的应急责任和义务。按照统一领导、分级负责、分类实施、协同保障的原则，完善应急保障预案，依法采取资源能源生产运输紧急调度、储备动用和价格干预等措施。加强系统演练，提高全社会资源能源安全应急意识和能力。

相关规定

《中华人民共和国宪法》第九条；《中华人民共和国煤炭法》《中华人民共和国可再生能源法》《中华人民共和国森林法》《中华人民共和国水法》《中华人民共和国石油天然气管道保护法》有关条文。

第二十二条 **国家健全粮食安全保障体系，保护和提高粮食综合生产能力，完善粮食储备制度、流通体系和市场调控机制，健全粮食安全预警制度，保障粮食供给和质量安全。**

条文主旨

本条是关于维护粮食安全任务的规定。

立法背景

“洪范八政，食为政首。”粮食安全是实现我国经济发展、国家安全和社会稳定的重要基础。党和国家历来高度重视粮食安全，始终把饭碗牢牢端在自己手上作为治国理政长期坚持的基本方针。在新中国成立初期即开始大力发展农业生产，实行战略粮油储备。近年来，在工业化和城镇化进程加快、耕地面积逐年减少、居民消费水平日益提高的情况下，实现了粮食产量的稳定增长，保证了居民食物消费和经济社会发展对粮食的基本需求。当前我国粮食安全形势总体是好的，粮食综合生产能力稳步提高，食物供给日益丰富，供需基本平衡。但我国人口众多，对粮食的需求量大，粮食安全的基础比较脆弱。从今后发展趋势看，随着工业化、城镇化的发展以及人口增加和人民生活水平提高，粮食消费需求将呈刚性增长，而耕地减少、水资源短缺、气候变化等对粮食生产的约束日益突出。我国粮食的供需将长期处于紧平衡状态，保障粮食安全面临严峻挑战。进入21世纪后，党和国家更是从战略全局高度重视粮食安全，2015年中共中央、国务院印发《关于加大改革创新力度加快农业现代化建设的若干意见》，连续12年在“中央一号文件”中聚焦“三农”问题，其中最重要的是粮食安全，也就是既要保证粮食有效供给，又要保证粮食质量安全。通过长期制度建设，我国的农业法、土地管理法等法律、粮食流通管理条例等行政法规以及一系列中央文件对保障粮食安全的制度、机制和措施作出了规定；同时，适应国家粮食安全新形势和加快农业现代化建设需要不断调整完善。

条文解读

一、健全国家粮食安全保障体系

国家粮食安全保障体系是保障粮食安全的系统工程，它包括了保障粮食安全的目标、任务和制度、机制与措施。2007年"中央一号文件"《中共中央、国务院关于积极发展现代农业扎实推进社会主义新农村建设的若干意见》提出，继续坚持立足国内保障粮食基本自给的方针，逐步构建供给稳定、调控有力、运转高效的粮食安全保障体系。2008年国务院关于印发《国家粮食安全中长期纲要（2008—2020）》的通知提出，保障粮食安全，坚持立足于基本靠国内保障粮食供给，加大政策和投入支持力度，严格保护耕地，依靠科学技术进步，着力提高粮食综合生产能力、完善粮食流通体系、加强粮食宏观调控，构建适应社会主义市场经济发展要求和符合我国国情的粮食安全保障体系。

2014年1月19日，中共中央、国务院《关于全面深化农村改革加快推进农业现代化的若干意见》中，明确提出"完善国家粮食安全保障体系"包括五个方面：（1）构建新形势下的国家粮食安全战略。一是实施以我为主、立足国内、确保产能、适度进口、科技支撑的国家粮食安全战略。二是严守耕地保护红线，划定永久基本农田，不断提升农业综合生产能力。三是积极地利用国际农产品市场和农业资源，有效调剂和补充国内粮食供给。四是在重视粮食数量的同时，更加注重品质和质量安全。五是建立健全粮食安全省长责任制，明确中央和地方的粮食安全责任与分工。六是增强全社会节粮意识，在生产流通消费全程推广节粮减损设施和技术。（2）完善粮食等重要农产品价格形成机制，逐步建立农产品目标价格制度。（3）健全农产品市场调控制度，保障重要农产品市场基本稳定，完善中央储备粮管理体制。（4）合理利用国际农产品市场。（5）强化农产品质量和食品安全监管。

2014年国务院印发《国务院关于建立健全粮食安全省长责任制的若干意见》指出，为加快构建国家粮食安全保障体系，进一步明确地方政府维护国家粮食安全的责任，要求各省（区、市）人民政府必须切实承担起保障本地区粮食安全的主体责任，全面加强粮食生产、储备和流通能力建设，包括：（1）巩固和提高粮食生产能力；（2）管好地方粮食储备，确保储备粮数量充足、结构合理、质量良好、调用高效；（3）加强粮食流通能力建设；（4）完善区域粮食市场调控机制，维护粮食市场稳定；（5）健全粮食质量安全保障体系，落实监管责任；等等。

二、保护和提高粮食综合生产能力

保证粮食的可供应数量是国家粮食安全的物质基础，核心是保护和提高粮食综合生产能力。为此，农业法“粮食安全”专章（第五章）第一条即农业法第三十一条第一款规定：“国家采取措施保护和提高粮食综合生产能力，稳步提高粮食生产水平，保障粮食安全。”2015年“中央一号文件”也把“不断增强粮食生产能力”作为第一个问题突出加以强调。保护和提高粮食综合生产能力要靠国家采取一系列措施加以支撑。主要包括以下几个方面：

一是落实最严格的耕地保护制度。粮食安全的根基在耕地。农业法规定："国家建立耕地保护制度，对基本农田依法实行特殊保护。"土地管理法规定："国家保护耕地，严格控制耕地转为非耕地。""国家实行基本农田保护制度"。坚决守住耕地红线。落实最严格的耕地保护制度。确保全国耕地保有量不低于18亿亩，基本农田保有量不低于15.6亿亩。

二是其他制度举措。包括农业法规定的国家在政策、资金、技术等方面对粮食主产区给予重点扶持，建设稳定的商品粮生产基地，改善粮食收贮及加工设施，提高粮食主产区的粮食生产、加工水平和经济效益；对部分粮食品种实行保护价制度等。还包括政策文件提出的如：（1）加强耕地质量建设，采取综合措施提高耕地基础地力，提升产出能力；（2）严格控制非农建设占用耕地，实行耕地补偿制度；（3）加强农田水利建设，加快建设高标准农田；（4）提高粮食生产科技水平；（5）切实抓好防灾减灾，有效减轻灾害损失；（6）建立新型粮食生产经营体系；（7）增强粮食可持续生产能力；（8）落实和完善粮食扶持政策，抓好粮食收购，努力提高种粮比较收益，切实保护种粮积极性；等等。

三、建立健全和落实粮食储备制度

"手中有粮，心里不慌。"粮食储备制度是粮食安全保障体系的重要组成部分，在稳定市场、备荒、恤农等方面发挥了重要作用。农业法规定，国务院应当制定粮食安全保障目标与粮食储备数量指标，并根据需要组织有关主管部门进行耕地、粮食库存情况的核查。国家对粮食实行中央和地方分级储备调节制度，建设仓储运输体系。承担国家粮食储备任务的企业应当按照国家规定保证储备粮的数量和质量。

20世纪90年代我国建立了国家专项粮食储备制度。国务院明确提出，建立和健全粮食储备制度，逐步建立起一套粮食储备体系。要求加快完善中央和地方两级粮食储备体系，建立健全储备粮管理制度；中央储备粮实行垂直管理体制；各地区建立省级粮食储备；建立健全储备粮管理的各项制度。《粮食流通管理条例》明确规定，国家实行中央和地方分级粮食储备制度。粮食储备用于调节粮食供求、稳定粮食市场，以及应对重大自然灾害或者其他突发事件等情况。目前，我国实行的粮食储备制度，包括中央战略专项储备与调节周转储备相结合、中央储备与地方储备相结合、国家（政府）储备和社会储备相结合制度。

实行粮食储备是法律法规确立的一项重要制度。农业法、粮食流通管理条例、中央储备粮管理条例和有关政策文件等规定：(1) 国家对粮食实行中央和地方分级储备调节制度，建设仓储运输体系；承担国家粮食储备任务的企业应当按照国家规定保证储备粮的数量和质量；(2) 国家建立粮食风险基金，用于支持粮食储备、稳定粮食市场和保护农民利益；(3) 建立中央储备粮吞吐、轮换机制；(4) 销区地方储备粮轮换与产区粮食收购紧密衔接的工作机制；(5) 储备粮监管制度；(6) 国有粮食仓储物流设施保护制度等制度机制。

严格落实和不断完善粮食储备制度是国家粮食宏观调控的重要手段。在近些年中央文件中，多次对此提出要求。一是完善中央储备粮管理体制，鼓励符合条件的多元市场主体参与大宗农产品政策性收储。科学确定重要农产品储备功能和规模，强化地方尤其是主销区的储备责任，优化区域布局和品种结构。二是明确粮食安全省长责任制的一项重要职责就是“管好地方粮食储备”，要求切实落实地方粮食储备。严格按照国家有关部门确定的储备规模和完成时限，抓紧充实地方粮食储备。进一步优化储备布局和品种结构，落实储备费用和利息补贴资金，完善轮换管理和库存监管机制。定期将地方粮食储备品种、数量和布局等信息报送国家有关部门。创新地方粮食储备机制。探索建立政府储备和社会储备相结合的分梯级粮食储备新机制。建立地方和中央粮食储备协调机制，充分发挥调控市场、稳定粮价的协同效应。三是根据加快农业现代化建设需要，提出加快千亿斤粮食新建仓容建设进度，尽快形成中央和地方职责分工明确的粮食收储机制，提高粮食收储保障能力；继续实施农户科学储粮工程。

四、完善粮食流通体系和市场调控机制

“谷贱伤农、谷贵伤民。”加强粮食流通体系和市场调控机制建设，对于保护和提高农民粮食生产积极性，稳定粮食市场价格和供应至关重要。

从2004年，我国全面放开粮食收购市场和价格，积极稳妥推进粮食流通体制改革。2008年国务院关于下发《国家粮食安全中长期纲要（2008—2020）》的通知后，在继续深化粮食流通体制改革，健全粮食市场体系，加强粮食物流体系建设等方面取得新进展。目前粮食购销市场化和市场主体多元化的格局基本实现，以市场供求为基础的粮食价格形成机制逐步建立，统一、开放、竞争、有序的粮食市场体系基本形成。

在市场经济条件下，要确保粮食供应和价格基本稳定，加强和改善宏观调控至关重要。农业法、粮食流通管理条例和有关政策文件，对宏观调控的目标、手段，粮食储备制度，粮食风险基金制度，粮食市场供求形势的监测和预警分析以及信息发布制度等，作了规定。主要包括：国家采取储备粮吞吐、委托收购、粮食进出口等多种经济手段和价格干预等必要的行政手段，加强对粮食市场的调控，保持全国粮食供求总量基本平衡和价格基本稳定。国务院和地方人民政府建立健全粮食风险基金制度。粮食风险基金主要用于对种粮农民直接补贴、支持粮食储备、稳定粮食市场等。当粮食供求关系发生重大变化时，为保障市场供应、保护种粮农民利益，必要时可由国务院决定对短缺的重点粮食品种在粮食主产区实行最低收购价格。当粮食价格显著上涨或者有可能显著上涨时，国务院和省、自治区、直辖市人民政府可以按照价格法的规定，采取价格干预措施。国家鼓励粮食主产区和主销区以多种形式建立稳定的产销关系，鼓励建立产销一体化的粮食经营企业，发展订单农业，在执行最低收购价格时国家给予必要的经济优惠，并在粮食运输方面给予优先安排。在重大自然灾害、重大疫情或者其他突发事件引起粮食市场供求异常波动时，国家实施粮食应急机制。

五、建立健全和落实粮食安全预警制度

粮食是关系国计民生的特殊商品，建立应对突发事件等引起粮食市场供求异常波动的应急机制，十分必要。

早在2004年《粮食流通管理条例》中就规定了国家建立突发事件的粮食应急体系，明确规定，国务院发展改革部门及国家粮食行政管理部门会同国务院有关部门制定全国的粮食应急预案，报请国务院批准。省、自治区、直辖市人民政府根据本地区的实际情况，制定本行政区域的粮食应急预案。启动全国的粮食应急预案，由国务院发展改革部门及国家粮食行政管理部门提出建议，报国务院批准后实施。启动省、自治区、直辖市的粮食应急预案，由省、自治区、直辖市发展改革部门及粮食行政管理部门提出建议，报本级人民政府决定，并向国务院报告。粮食应急预案启动后，所有粮食经营者必须按国家要求承担应急任务，服从国家的统一安排和调度，保证应急工作的需要。2007 年“中央一号文件”提出，加强对粮食生产、消费、库存及进出口的监测和调控，建立和完善粮食安全预警系统，维护国内粮食市场稳定。农业法修订时，将粮食安全预警法制化，第三十四条规定，国家建立粮食安全预警制度，采取措施保障粮食供给；国务院应当制定粮食安全保障目标与粮食储备数量指标，并根据需要组织有关主管部门进行耕地、粮食库存情况的核查。

目前，国家制定了应对粮食安全的应急预案，对粮食应急作了制度性规定。

六、保障粮食质量安全

提高粮食等农产品质量，保障农产品质量安全，是提高我国人民生活质量和增强农产品国际竞争力的需要，也是维护国家粮食安全和社会稳定的需要。

农业法对粮食等农产品质量安全作了规定，包括：(1) 国家采取措施提高农产品的品质和质量，建立健全农产品质量标准体系和质量检验检测监督体系，制定保障消费安全和保护生态环境的农产品强制性标准，禁止生产经营不符合强制性标准的农产品；(2) 国家支持建立健全优质农产品认证和标志制度；(3) 建立健全农产品加工制品质量标准，加强对农产品加工过程的质量安全管理和监督，保障食品安全；(4) 健全动植物防疫、检疫体系，加强监测、预警和防治，建立重大疫情和病虫害的快速扑灭机制，建设无规定动物疫病区，实施植物保护工程；(5) 采取措施保护农业生态环境，防止农业生产过程对农产品的污染；(6) 建立健全农业生产资料安全使用制度。农产品质量安全法对农产品质量安全标准、产地、生产、包装和标识以及农产品质量监督检查等作了规定，明确了国家建立健全农产品质量安全标准体系。

保障粮食质量安全，关乎人民群众的身体健康，关系社会稳定大局，党和国家十分重视，提出了一系列举措要求，包括：(1) 健全粮食质量安全保障体系。完善粮食质量安全标准体系，实行从田间到餐桌的全过程监管制度；加强监测预警，严防发生区域性、系统性粮食质量安全风险；加强对农药残留、重金属、真菌毒素超标粮食的管控，建立超标粮食处置长效机制，禁止不符合食品安全标准的粮食进入口粮市场；健全粮食产地准出制度和质量标识制度。(2) 落实粮食质量安全监管责任。严格实行粮食质量安全监管责任制和责任追究制度；加强基层粮食质量安全监管；深入开展粮食质量安全治理整顿，完善不合格粮食处理和有关责任者处罚机制。(3) 加强源头治理。采取划定粮食生产禁止区等措施，从源头上防治粮食污染；健全化肥、农药等农业投入品监督管理制度；建立耕地土壤环境监测网络，有效解决耕地面源污染问题。

相关规定

《中华人民共和国农业法》第五章有关条文；《中华人民共和国土地管理法》关于耕地保护的有关条文；《粮食流通管理条例》《中央储备粮管理条例》；《国务院关于建立健全粮食安全省长责任制的若干意见》。

第二十三条　国家坚持社会主义先进文化前进方向，继承和弘扬中华民族优秀传统文化，培育和践行社会主义核心价值观，防范和抵制不良文化的影响，掌握意识形态领域主导权，增强文化整体实力和竞争力。

条文主旨

本条是关于维护文化安全任务的规定。

立法背景

清代著名学者龚自珍曾讲过："欲要亡其国，必先灭其史。欲灭其族，必先灭其文化。"文化是民族的血脉，是人民的精神家园。文化安全是国家安全的重要组成部分。学界认为，维护文化安全，主要包括国家的文化主权和文化尊严不受侵犯，文化传统和文化选择得到尊重，与经济基础和社会政治制度相适应的意识形态占居主导地位。

改革开放特别是党的十六大以来，我们党始终把文化建设放在党和国家全局工作重要战略地位，采取了一系列举措，推动了社会主义文化大发展大繁荣。同时，我们党也清醒地认识到，随着文化在综合国力竞争中的地位日益凸显，必须高度重视国家的文化安全。党的十六大报告提出要"确保国家的文化安全"。党的十六届四中全会《中共中央关于加强党的执政能力建设的决定》、党的十六届六中全会《中共中央关于构建社会主义和谐社会若干重大问题的决定》都把确保文化安全与确保政治安全、经济安全、信息安全并列为国家要确保的四大安全。党的十七届六中全会作出《中共中央关于深化文化体制改革推动社会主义文化大发展大繁荣若干重大问题的决定》，明确指出"维护国家文化安全任务更加艰巨"，并在这个决定中，对文化大发展大繁荣作了一系列部署。党的十八届三中全会作出《中共中央关于全面深化改革若干重大问题的决定》，再次强调要"切实维护国家文化安全"。2014 年 4 月 15 日，习近平总书记在中央国家安全委员会第一次会议上讲话时指出“必须坚持总体国家安全观，以人民安全为宗旨，以政治安全为根本，以经济安全为基础，以军事、文化、社会安全为保障，以促进国际安全为依托，走出一条中国特色国家安全道路”。把文化安全与政治安全、经济安全、军事安全等并列作为列明的11个安全领域。

现行有关文化的法律法规规章都与维护国家文化安全有关。主要有文物保护法、著作权法、非物质文化遗产法以及一系列教育法等法；广播电视管理条例、出版管理条例、音像制品管理条例、互联网信息服务管理办法、互联网文化管理暂行规定等行政法规部门规章等。

根据上述规范性文件，我国维护文化安全，禁止在文化产品、文化传播中有下列情形：一是反对宪法确定的基本原则的；二是危害国家统一、主权和领土完整的；三是泄露国家秘密、危害国家安全或者损害国家荣誉和利益的；四是煽动民族仇恨、民族歧视，破坏民族团结，或者侵害民族风俗、习惯的；五是宣扬邪教、迷信的；六是扰乱社会秩序，破坏社会稳定的；七是宣扬淫秽、赌博、暴力或者教唆犯罪的；八是侮辱或者诽谤他人，侵害他人合法权益的；九是危害社会公德或者民族优秀文化传统的；十是有法律、行政法规和国家规定禁止的其他内容的。

条文解读

一、坚持社会主义先进文化前进方向

社会主义先进文化前进方向，讲的是文化发展繁荣为了谁、怎样做。党的十七届六中全会决定指出：以科学发展为主题，以建设社会主义核心价值体系为根本任务，以满足人民精神文化需求为出发点和落脚点，以改革创新为动力，发展面向现代化、面

向世界、面向未来的，民族的科学的大众的社会主义文化；坚持为人民服务、为社会主义服务，坚持百花齐放、百家争鸣，坚持继承和创新相统一，弘扬主旋律、提倡多样化，以科学的理论武装人，以正确的舆论引导人，以高尚的精神塑造人，以优秀的作品鼓舞人，在全社会形成积极向上的精神追求和健康文明的生活方式。

坚持中国特色社会主义文化发展道路与坚持社会主义先进文化前进方向是统一体。党的十七届六中全会决定是在讲到“坚持中国特色社会主义文化发展道路，努力建设社会主义文化强国”中讲到“坚持社会主义先进文化前进方向”。党的十八届三中全会则将两者并列相提，明确提出“建设社会主义文化强国，增强国家文化软实力，必须坚持社会主义先进文化前进方向，坚持中国特色社会主义文化发展道路”。

二、继承和弘扬中华民族优秀传统文化

继承和弘扬中华优秀传统文化，大力发展社会主义先进文化，不断增强中华文化国际影响力。

中华文化，是对我国五千年文明发展历程中形成的文化的整体概括，它既包括中华优秀传统文化，又包括中国先进文化即社会主义先进文化。党的十七届六中全会决定指出，“在我国五千多年文明发展历程中，各族人民紧密团结、自强不息，共同创造出源远流长、博大精深的中华文化”，“中国共产党从成立之日起，就既是中华优秀传统文化的忠实传承者和弘扬者，又是中国先进文化的积极倡导者和发展者”。

优秀传统文化凝聚着中华民族自强不息的精神追求和历久弥新的精神财富，是发展社会主义先进文化的深厚基础，是建设中华民族共有精神家园的重要支撑。要全面认识祖国传统文化，取其精华、去其糟粕，古为今用、推陈出新，坚持保护利用、普及弘扬并重，加强对优秀传统文化思想价值的挖掘和阐发，维护民族文化基本元素，使优秀传统文化成为新时代鼓舞人民前进的精神力量。加强文化典籍整理和出版工作，推进文化典籍资源数字化。加强国家重大文化和自然遗产地、重点文物保护单位、历史文化名城名镇名村保护建设，抓好非物质文化遗产保护传承。深入挖掘民族传统节日文化内涵，广泛开展优秀传统文化教育普及活动。发挥国民教育在文化传承创新中的基础性作用，增加优秀传统文化课程内容，加强优秀传统文化教学研究基地建设。大力推广和规范使用国家通用语言文字，科学保护各民族语言文字。繁荣发展少数民族文化事业，开展少数民族特色文化保护工作，加强少数民族语言文字党报党刊、广播影视节目、出版物等译制播出出版。加强同香港、澳门特别行政区的文化交流合作，加强同台湾地区的各种形式文化交流，共同弘扬中华优秀传统文化。

三、培育和践行社会主义核心价值观

社会主义核心价值观是社会主义核心价值体系的内核，体现社会主义核心价值体系的根本性质和基本特征，反映社会主义核心价值体系的丰富内涵和实践要求，是社会主义核心价值体系的高度凝练和集中表达。正式在中央文件中明确其基本内容是党的十八大报告。党的十八大报告提出："倡导富强、民主、文明、和谐，倡导自由、平等、公正、法治，倡导爱国、敬业、诚信、友善，积极培育和践行社会主义核心价值观。"2013 年 12 月 11 日，《中共中央办公厅印发〈关于培育和践行社会主义核心价值观的意见〉的通知》指出，富强、民主、文明、和谐是国家层面的价值目标，自由、平等、公正、法治是社会层面的价值取向，爱国、敬业、诚信、友善是公民个人层面的价值准则。面对世界范围内思想文化交流交融交锋形势下价值观较量的新态势，面对改革开放和发展社会主义市场经济条件下思想意识多元多样多变的新特点，积极培育和践行社会主义核心价值观，对于巩固马克思主义在意识形态领域的指导地位、巩固全党全国人民团结奋斗的共同思想基础，对于促进人的全面发展，引领社会全面进步，对于集聚实现“两个一百年”奋斗目标、实现中华民族伟大复兴中国梦的正能量，具有重要意义。

培育和践行社会主义核心价值观，要注重宣传教育、示范引领、实践养成相统一，注重政策保障、制度规范、法律约束相衔接，使社会主义核心价值观融入人们生产生活和精神世界。(1) 把培育和践行社会主义核心价值观融入国民教育全过程，把社会主义核心价值观纳入国民教育总体规划，拓展青少年培育和践行社会主义核心价值观的有效途径，注重发挥社会实践的养成作用，建设高素质的教师队伍；（2）把培育和践行社会主义核心价值观落实到经济发展实践和社会治理中，确立经济发展目标和发展规划，出台经济社会政策和重大改革措施，开展各项生产经营活动，要遵循社会主义核心价值观，把社会主义核心价值观贯彻到依法治国、依法执政、依法行政实践中，把践行社会主义核心价值观作为社会治理的重要内容；（3）加强社会主义核心价值观宣传教育，用社会主义核心价值观引领社会思潮，新闻媒体要发挥传播社会主流价值的主渠道作用，建设社会主义核心价值观的网上传播阵地，发挥精神文化产品育人化人的重要功能；（4）开展涵养社会主义核心价值观的实践活动，广泛开展道德实践活动，深化学雷锋志愿服务活动，深化群众性精神文明创建活动，发挥优秀传统文化怡情养志、涵育文明的重要作用，发挥重要节庆日传播社会主流价值的独特优势，运用公益广告传播社会主流价值、引领文明风尚；（5）加强对培育和践行社会主义核心价值观的组织领导，各级党委和政府要充分认识培育和践行社会主义核心价值观的重要性，把这项任务摆上重要位置，切实负起政治责任和领导责任，党员、干部要做培育和践行社会主义核心价值观的模范，坚持全党动手，全社会参与，将任务落实到基层。

四、防范和抵制不良文化的影响

近年来，我国加大了文化建设力度，中华优秀传统文化得到继承和弘扬，社会主义先进文化得到繁荣和发展，国家文化安全总体态势良好。但也要看到，一些不良文化也在侵蚀我国社会主义先进文化和民族优秀文化，如宣扬暴力、恐怖、分裂、色情甚至侵蚀政权、危害制度的不良文化，如果国家不采取措施加以防范和制止、任由其泛滥，就会对我国文化安全构成严重威胁。即使在西方国家，对这些不良文化也不会听之任之。

中国防范和抵御不良文化渗透并非文化锁国，更不是限制言论自由。中华文化具有包容和开放的特点，也将与其他文化展开平等、多元的对话，让中华民族绵延数千年的文明为人类文明的丰富多彩贡献力量。中国政府将一如既往地欢迎和支持外国机构和个人来华开展文化交流合作，并愿为增进中国同世界各国人文交流提供便利和协助。

五、掌握意识形态领域主导权

我们党始终坚持和巩固马克思主义在意识形态领域的指导地位。长期以来，我国同敌对势力在意识形态领域的斗争从未停止过。党的十六届四中全会在加强党的执政能力建设中，鲜明地提出“坚持马克思主义在意识形态领域的指导地位，不断提高建设社会主义先进文化的能力”。这次全会上除了对加强马克思主义理论研究和建设作出系列重大部署外，还鲜明地提出要“抵制各种否定马克思主义的错误观点”。党的十六届六中全会又再次强调“必须坚持马克思主义在意识形态领域的指导地位，牢牢把握社会主义先进文化的前进方向”，“坚持用马克思主义中国化的最新成果武装全党、教育人民”，并将马克思主义指导思想纳入社会主义核心价值体系，作为四项内容的首要内容。党的十六届六中全会决定系统地阐述了“坚持马克思主义指导地位”的一些重点任务，如要毫不动摇地坚持马克思主义基本原理，紧密结合中国实际、时代特征、人民愿望，用发展着的马克思主义指导新的实践；坚持不懈用中国特色社会主义理论体系武装全党、教育人民等。党的十八届三中全会决定，对推进文化体制机制创新也提出要求，明确“建设社会主义文化强国，增强国家文化软实力，必须坚持社会主义先进文化前进方向，坚持中国特色社会主义文化发展道路，培育和践行社会主义核心价值观，巩固马克思主义在意识形态领域的指导地位，巩固全党全国各族人民团结奋斗的共同思想基础”。

加强意识形态领域和文化领域管理。(1) 牢牢把握舆论导向，正确引导社会舆论。(2) 加强和改进思想政治工作。消除封建主义残余影响，抵御资本主义腐朽思想文化的侵蚀。(3) 加强网络社会管理，推进网络依法规范有序运行。(4) 开展“打黄扫非”，抵制低俗现象。(5) 加快建立法律规范、行政监管、行业自律、技术保障相结合的管理体制。

六、增强文化整体实力和竞争力

文化在综合国力竞争中的地位和作用更加凸显，维护国家文化安全任务更加艰巨，增强国家文化整体实力、竞争力和国际影响力要求更加紧迫，要不断解放和发展文化生产力，提高文化开放水平，推动中华文化走向世界，积极吸收各国优秀文明成果，切实维护国家文化安全。

要实施文化走出去战略，不断增强中华文化国际影响力，推动中华文化走向世界，积极吸收各国优秀文明成果，切实维护国家文化安全。开展多渠道多形式多层次对外文化交流，广泛参与世界文明对话，促进文化相互借鉴，增强中华文化在世界上的感召力和影响力。创新对外宣传方式方法，增强国际话语权，妥善回应外部关切，增进国际社会对我国基本国情、价值观念、发展道路、内外政策的了解和认识，展现我国文明、民主、开放、进步的形象。实施文化走出去工程，完善支持文化产品和服务走出去政策措施，支持重点主流媒体在海外设立分支机构，培育一批具有国际竞争力的外向型文化企业和中介机构，完善译制、推介、咨询等方面扶持机制，开拓国际文化市场。加强海外中国文化中心和孔子学院建设，鼓励代表国家水平的各类学术团体、艺术机构在相应国际组织中发挥建设性作用，组织对外翻译优秀学术成果和文化精品。构建人文交流机制，把政府交流和民间交流结合起来，发挥非公有制文化企业、文化非营利机构在对外文化交流中的作用，支持海外侨胞积极开展中外人文交流。建立面向外国青年的文化交流机制，设立中华文化国际传播贡献奖和国际性文化奖项。

相关规定

《中华人民共和国文物保护法》《中华人民共和国著作权法》《中华人民共和国非物质文化遗产法》；《中华人民共和国教育法》《中华人民共和国义务教育法》《中华人民共和国高等教育

法》等有关条文；《广播电视管理条例》《出版管理条例》《音像制品管理条例》《互联网信息服务管理办法》《互联网文化管理暂行规定》有关条文等。

第二十四条　国家加强自主创新能力建设，加快发展自主可控的战略高新技术和重要领域核心关键技术，加强知识产权的运用、保护和科技保密能力建设，保障重大技术和工程的安全。

条文主旨

本条是关于维护科技安全任务的规定。

立法背景

科学技术是第一生产力，科技兴则民族兴，科技强则国家强。在科学技术迅速发展的今天，科技安全是维护国家安全的重要方面之一。科技和科技安全广泛渗透于国家安全的各种领域、各个要素和各个因素之中，对当代国家安全其他领域和内容都起决定性作用。国家安全体系及其任何部分都可能存在科技安全问题，科技与科技安全的丧失，对国家安全是毁灭性打击。一般认为，科技安全可以包括国家利益免受国外科技优势威胁和敌对势力、破坏势力以技术手段相威胁，国家利益免受科技发展自身的负面影响；也包括国家以科技手段维护国家安全的能力，以及国家在所面临的国际国内环境中保障科学技术健康发展以及依靠科学技术提高综合国力的能力。本条关于维护科技安全的任务，重点就是强调要着眼未来、超前部署，抓住重大科技变革机遇，抢占新科技革命战略制高点，实现战略高技术和核心关键技术自主可控，防止重大科技成果流失或者泄密，保障国家的科技水平和成果不受外来势力的侵害和威胁。

条文解读

一、加强自主创新能力建设

党和国家一直高度重视科技创新能力建设。2006 年 1 月 9 日，全国科技大会宣布中国未来 15 年科技发展的目标是：2020 年建成创新型国家，使科技发展成为经济社会发展的有力支撑。党的十八大明确提出“科技创新是提高社会生产力和综合国力的战略支撑，必须摆在国家发展全局的核心位置”。强调要坚持走中国特色自主创新道路、实施创新驱动发展战略。党的十八届三中全会进一步提出了深化科技体制改革的一系列具体措施。习近平总书记在中国科学院第十七次院士大会、中国工程院第十二次院士大会上的讲话中明确提出，从总体上看，我国科技创新基础还不牢，自主创新特别是原创力还不强。实施创新驱动发展战略，最根本的是要增强自主创新能力。面向未来，增强自主创新能力，最重要的就是要坚定不移走中国特色自主创新道路，坚持自主创新、重点跨越、支撑发展、引领未来的方针，加快创新型国家建设步伐。

2007 年 12 月，十届全国人大常委会第三十一次会议修订了《中华人民共和国科学技术进步法》，在第二条明确规定：“国家坚持科学发展观，实施科教兴国战略，实行自主创新、重点跨越、支撑发展、引领未来的科学技术工作指导方针，构建国家创新体系，建设创新型国家。”该法明确了企业技术创新主体地位，规定国家建立以企业为主体，以市场为导向，企业同科学技术研究开发机构、高等学校相结合的技术创新体系，引导和扶持企业技术创新活动，发挥企业在技术创新中的主体作用。国家鼓励企业增加研究开发和技术创新的投入，自主确立研究开发课题，开展技术创新活动。国家鼓励企业对引进技术进行消化、吸收和再创新。国家依法保护企业研究开发所取得的知识产权。企业应当不断提高运用、保护和管理知识产权的能力，增强自主创新能力和市场竞争能力。此外，该法明确规定了财政资助、税收优惠、政府采购、发展科技中介服务机构等多种措施，激励和保障自主创新。

2005 年 12 月 26 日，国务院发布了《国家中长期科学和技术发展规划纲要（2006—2020 年）》，2006 年 1 月 26 日，中共中央、国务院印发《关于实施科技规划纲要增强自主创新能力的决定》。2013 年国务院印发了“十二五”国家自主创新能力建设规划，对今后五年国家自主创新能力建设作出了全面部署，对于加强科技创新基础条件建设、增强重点产业持续创新能力、提高重点社会领域创新能力、强化区域创新发展能力、推进创新主体能力建设、加强创新人才队伍建设、完善创新能力建设环境等方面提出了明确要求。根据这一规划，到“十二五”末，我国自主创新能力建设方面将实现：创新基础条件建设布局更加合理；重点领域创新能力明显提升；创新主体实力明显增强；区域创新能力布局不断优化；创新环境更加完善。

二、战略高新技术和核心关键技术自主可控

本条在“加强自主创新能力建设”之后，明确规定“加快发展自主可控的战略高新技术和重要领域核心关键技术”，体现了“自主创新”和“自主可控”之间的内在联系性。“自主创新”和“自主可控”是一体两面、相辅相成的，特别是对于战略高新技术和重要领域核心关键技术而言，只有自主创新，才有可能做到自主可控，也只有具有自主可控的能力，才能真正反映自主创新的实力。世界各国在涉及本国重大基础设施和核心关键技术时，无不强调自主可控。“自主可控”一般包括知识产权自主可控、能力自主可控、发展自主可控等内涵。“自主可控”的核心在于“自主”，特别是在一些重要领域的核心关键技术方面，不自主就很难做到可控。中国是个大国，在战略高新技术和重要领域核心关键技术方面，如果做不到自主可控，就难以保障自身的科技安全、经济安全，难以进入高端领域的国际竞争、进行国际合作，难以更好地保障、促进国家和民族的生存、发展。但是实践中，我国核心关键技术缺乏自主知识产权、受制于人，依然是目前我国科技安全领域存在的问题之一。2014 年 6 月 9 日，习近平总书记在中国科学院第十七次院士大会、中国工程院第十二次院士大会上提出，目前我国“关键领域核心技术受制于人的格局没有从根本上改变。只有把核心技术掌握在自己手中，才能真正掌握竞争和发展的主动权，才能从根本上保障国家经济安全、国防安全和其他安全”。为了解决这一问题，“要准确把握重点领域科技发展的战略机遇，选准关系全局和长远发展的战略必争领域和优先方向，通过高效合理配置，深入推进协同创新和开放创新，构建高效强大的共性关键技术供给体系，努力实现关键技术重大突破，把关键技术掌握在自己手里”。

三、加强科技保密能力建设

加强科技保密能力建设是维护科技安全的重要环节。狭义的科技安全主要就是指保护科技秘密的安全，科技保密是维护科技安全的核心任务。我国保守国家秘密法、科学技术进步法、促进科技成果转化法和科学技术保密规定等法律法规都对科技保密提出了明确要求。

保守国家秘密法第九条明确规定，科学技术中的秘密事项如果涉及国家安全和利益，泄露后可能损害国家在政治、经济、国防、外交等领域的安全和利益的，应当确定为国家秘密。保守国家秘密法实施条例进一步规定，某一事项泄露后会造成削弱国家的经济、科技实力的后果的，应当列入国家秘密及其密级的具体范围。科学技术进步法第二十八条第一款也规定，国家实行科学技术保密制度，保护涉及国家安全和利益的科学技术秘密。促进科技成果转化法第三十条第二款规定，科技中介机构对其在服务过程中知悉的国家秘密和当事人的商业秘密负有保密义务。根据保密法和保密法实施条例规定，被定为国家秘密的科技事项，应当按照法律法规要求，遵守相关保密制度要求。

1995年由国家科学技术委员会和国家保密局联合制定的《科学技术保密规定》对于科技保密工作作了进一步具体规定。2015年11月16日科技部与国家保密局重新修订了《科学技术保密规定》。新修订的《科学技术保密规定》明确科学技术保密工作坚持积极防范、突出重点、依法管理的方针，既保障国家科学技术秘密安全，又促进科学技术发展。同时规定，国家科学技术行政管理部门管理全国的科学技术保密工作；省、自治区、直辖市科学技术行政管理部门管理本行政区域的科学技术保密工作；中央国家机关在其职责范围内，管理或者指导本行业、本系统的科学技术保密工作。国家保密行政管理部门依法对全国的科学技术保密工作进行指导、监督和检查。县级以上地方各级保密行政管理部门依法对本行政区域的科学技术保密工作进行指导、监督和检查。根据《科学技术保密规定》要求，关系国家的安全和利益，一旦泄露会造成下列后果之一的科学技术，应当列入国家科学技术秘密范围：（1）削弱国家防御和治安能力；（2）降低国家科学技术国际竞争力；（3）制约国民经济和社会长远发展；

（4）损害国家声誉、权益和对外关系。此外，国内外已经公开的、难以采取有效措施控制知悉范围的、无国际竞争力且不涉及国家防御和治安能力的或者已经流传或者受自然条件制约的传统工艺的科学技术事项，不得确定为国家科学技术秘密。《科学技术保密规定》详细规定了国家科学技术秘密的确定、变更和解除的主体和程序。中央国家机关、省级机关及其授权的机关、单位可以确定绝密级、机密级和秘密级国家科学技术秘密；设区的市、自治州一级的机关及其授权的机关、单位可以确定机密级、秘密级国家科学技术秘密。国家科学技术秘密的变更，由原定密机关、单位决定，也可由其上级机关、单位决定。《科学技术保密规定》明确规定了国家科学技术行政管理部门，省、自治区、直辖市科学技术行政管理部门和中央国家机关有关部门以及机关、单位的保密工作职责。同时，还详细规定了涉密人员的保密要求，对外科学技术交流与合作中涉及国家科学技术秘密的要求，存储、处理国家科学技术秘密信息的要求，机关、单位开展涉密科学技术活动的保密要求，涉密科学技术项目的保密管理要求，涉密科学技术成果的保密管理要求，国家科学技术秘密申请知识产权保护应当遵守的规定等。

促进科技成果转化法对保守除了国家秘密以外的其他技术秘密也作出了要求，规定科技成果完成单位与其他单位合作进行科技成果转化的，合作各方应当就保守技术秘密达成协议；当事人不得违反协议或者违反权利人有关保守技术秘密的要求，披露、允许他人使用该技术。技术交易场所或者中介机构对其在从事代理或者居间服务中知悉的有关当事人的技术秘密，负有保密义务。企业、事业单位应当建立健全技术秘密保护制度，保护本单位的技术秘密。职工应当遵守本单位的技术秘密保护制度。企业、事业单位可以与参加科技成果转化的有关人员签订在职期间或者离职、离休、退休后一定期限内保守本单位技术秘密的协议；有关人员不得违反协议约定，泄露本单位的技术秘密和从事与原单位相同的科技成果转化活动。职工不得将职务科技成果擅自转让或者变相转让等。

相关规定

《中华人民共和国科学技术进步法》第二条、第二十八条；《中华人民共和国保守国家秘密法》第九条；《中华人民共和国促进科技成果转化法》有关条文；《科学技术保密规定》。

第二十五条　国家建设网络与信息安全保障体系，提升网络与信息安全保护能力，加强网络和信息技术的创新研究和开发应用，实现网络和信息核心技术、关键基础设施和重要领域信息系统及数据的安全可控；加强网络管理，防范、制止和依法惩治网络攻击、网络入侵、网络窃密、散布违法有害信息等网络违法犯罪行为，维护国家网络空间主权、安全和发展利益。

条文主旨

本条是关于维护网络信息安全任务的规定。

立法背景

当今世界，信息技术革命日新月异，对国际政治、经济、文化、社会、军事等领域发展产生了深刻影响。互联网已经融入社会生活方方面面，深刻改变了人们的生产和生活方式。一般认为，网络安全大致可以分为三个层面：第一层是网络基础设施的安全，第二层是网络上运行、存储的数据信息的安全，第三层是利用信息技术进行连接和控制的系统的安全。从更广泛的意义上说，网络安全还包括了意识形态安全、系统安全、数据安全、技术安全、应用安全、资本安全、渠道安全等众多方面。2013 年，习近平总书记在党的十八届三中全会上作关于《中共中央关于全面深化改革若干重大问题的决定》的说明时指出："网络和信息安全牵涉到国家安全和社会稳定，是我们面临的新的综合性挑战。""确保网络信息传播秩序和国家安全、社会稳定，已经成为摆在我们面前的现实突出问题。"2014 年 2 月 27 日，习近平总书记在中央网络安全和信息化领导小组第一次会议上进一步指出，"没有网络安全就没有国家安全"，强调"网络安全和信息化是事关国家安全和国家发展、事关广大人民群众工作生活的重大战略问题"。党的十八届三中全会决定提出："坚持积极利用、科学发展、依法管理、确保安全的方针，加大依法管理网络力度，加快完善互联网管理领导体制，确保国家网络安全。"党的十八届四中全会决定提出，"完善网络信息服务、网络安全保护、网络社会管理等方面的法律法规"。

本条关于维护网络信息安全的任务，主要强调要从加强技术自主研发、确保自主可控和对网络空间实施有效管理两个方面着手，构建自主可控、安全可信的核心网络，实现维护国家网络空间主权、安全和发展利益的目标。

条文解读

一、我国维护网络信息安全的立法情况

2000 年以来，我国参照国际通行做法，结合自身国情，颁

布了一系列与互联网管理相关的法律法规，包括全国人大常委会关于加强网络信息保护的决定、全国人大常委会关于维护互联网安全的决定、电信条例、《互联网信息服务管理办法》、《互联网新闻信息服务管理规定》、两高《关于办理利用信息网络实施诽谤等刑事案件适用法律若干问题的解释》等。这些法律法规对网络服务提供者和网络用户的权利和义务、政府有关部门的监督职责等作出了明确规定。

尽管在过去十多年中我国的互联网法制建设取得了显著成绩，但与发达国家和一些发展中的国家相比，我国在信息化方面的立法仍显滞后，尚不能完全适应互联网发展的需要。美国国会及政府各部门通过的与网络相关的法律法规数量高居世界之首，主要涉及未成年人保护、国家安全、保护知识产权、计算机与网络安全等四大领域。在“9·11”事件之后，美国加强了信息安全的立法，先后推出了《联邦通讯法》《联邦监听法》《对外情报监视法》《执法通信辅助法》《爱国者法》《国土安全法》《互联网情报分享与保护法》《信息安全与互联网自由法》等，既明确网络安全的要求，又为信息监管给出法律保障。与之相比，我国网络立法的效力层次较低，部门规定多，着力管制多，关注发展少，对个人权利保护考虑不足，甚至上位法规定的权利被下位法剥夺的情况在中国互联网的管理中也时有出现。因此，中国迫切需要一部网络安全领域的基本大法，为我国的互联网法制化管理奠定坚实的法律基础。目前，有关方面正在抓紧制定网络安全法。

二、网络与信息安全保障体系和保护能力

建设国家信息安全保障体系，提升网络与信息安全保障和监管能力，是加强网络安全保护的重要内容和总体要求。2012 年党的十八大提出要“健全信息安全保障体系”。《国务院关于大力推进信息化发展和切实保障信息安全的若干意见》《国家发展改革委关于印发“十二五”国家政务信息化工程建设规划的通知》《关于印发〈2006—2020 年国家信息化发展战略〉的通知》《“宽带中国”战略及实施方案》等文件中，从不同角度出发，对国家网络信息安全保障体系和网络信息安全保障能力建设都提出了许多具体要求。

总体而言，建设网络与信息安全保障体系要求：(1) 建立和完善信息安全等级保护制度，重点保护基础信息网络和关系国家安全、经济命脉、社会稳定的重要信息系统。《计算机信息系统安全保护条例》《关于信息安全等级保护工作的实施意见》《信息安全等级保护管理办法》《关于开展全国重要信息系统安全等级保护定级工作的通知》等文件对此已经作了明确规定。(2) 加强密码技术的开发利用。(3) 建设网络信任体系，健全电子认证服务体系，推动电子签名在金融等重点领域和电子商务中的应用。制定电子商务信用评价规范，建立互联网网站、电子商务交易平台诚信评价机制，支持符合条件的第三方机构开展信用评价服务。(4) 建设信息安全风险评估机制。(5) 建设和完善信息安全监控体系，提高对网络安全事件应对和防范能力，防止有害信息传播。高度重视信息安全应急处置工作，健全完善信息安全应急指挥和安全通报制度，不断完善信息安全应急处置预案。从实际出发，促进资源共享，重视灾难备份建设，增强信息基础设施和重要信息系统的抗毁能力和灾难恢复能力。

提升网络与信息安全保护能力包括：(1) 大力增强国家信息安全保障能力。积极跟踪、研究和掌握国际信息安全领域的先进理论、前沿技术和发展动态，抓紧开展对信息技术产品漏洞、后门的发现研究，掌握核心安全技术，提高关键设备装备能力，促进我国信息安全技术和产业的自主发展。（2）加快信息安全人才培养，增强国民信息安全意识。（3）不断提高信息安全的法律保障能力、基础支撑能力、网络舆论宣传的驾驭能力和我国在国际信息安全领域的影响力，建立和完善维护国家信息安全的长效机制。

三、加强网络和信息技术创新、实现安全可控

核心技术和关键装备领域尚未实现国产化，是目前我国在网络和信息安全领域面临的现实威胁之一，技术和设备受制于人，安全可控就无法保证。习近平总书记明确要求，建设网络强国，要有自己的技术，有过硬的技术，要加强核心技术自主创新和基础设施建设。因此，本条明确规定，要通过加强网络和信息技术的创新研究和开发应用，最终实现网络和信息核心技术、关键基础设施和重要领域信息系统及数据的安全可控。《“宽带中国”战略及实施方案》要求：“坚持宽带普及与保障安全相结合。强化安全意识，同步推进网络信息安全和应急通信保障能力建设，不断增强基础网络、核心系统、关键资源的安全掌控能力以及应急服务能力，实现网络安全可控、业务安全可管、应急保障可靠。”《国务院关于推进物联网有序健康发展的指导意见》将安全可控作为物联网发展的基本原则，提出强化安全意识，注重信息系统安全管理和数据保护。加强物联网重大应用和系统的安全测评、风险评估和安全防护工作，保障物联网重大基础设施、重要业务系统和重点领域应用的安全可控。

中办和国办于2006年发布的《2006—2020年国家信息化发展战略》明确要求，突破核心技术与关键技术。建立以企业为主体的技术创新体系，强化集成创新，突出自主创新，突破关键技术。选择具有高度技术关联性和产业带动性的产品和项目，促进引进消化吸收再创新，产学研用结合，实现信息技术关键领域的自主创新。积聚力量，攻克难关，逐步由外围向核心逼近，推进原始创新，力争跨越核心技术门槛，推进创新型国家建设。培育有核心竞争能力的信息产业。加强政府引导，突破集成电路、软件、关键电子元器件、关键工艺装备等基础产业的发展“瓶颈”，提高在全球产业链中的地位，逐步形成技术领先、基础雄厚、自主发展能力强的信息产业。积极跟踪、研究和掌握国际信息安全领域的先进理论、前沿技术和发展动态，抓紧开展对信息技术产品漏洞、后门的发现研究，掌握核心安全技术，提高关键设备装备能力，促进我国信息安全技术和产业的自主发展。

2012 年《国务院关于大力推进信息化发展和切实保障信息安全的若干意见》进一步要求加快技术攻关和产业发展。统筹规划，整合力量，进一步加大网络与信息安全技术研发力度，加强对云计算、物联网、移动互联网、下一代互联网等方面的信息安全技术研究。继续组织实施信息安全产业化专项，完善有关信息安全政府采购政策措施和管理制度，支持信息安全产业发展。

四、加强网络管理、打击网络犯罪

本条规定，加强网络管理，防范、制止和依法惩治网络攻击、网络入侵、网络窃密、散布违法有害信息等网络违法犯罪行为。其中明确点出的网络违法犯罪行为主要包括两类：一类是针对网络本身的犯罪，例如网络攻击、网络入侵；另一类是利用网络从事违法犯罪活动。

对于前一类犯罪，全国人大常委会关于维护互联网安全的决定明确规定了三类行为依法追究刑事责任：（1）侵入国家事务、国防建设、尖端科学技术领域的计算机信息系统；（2）故意制作、传播计算机病毒等破坏性程序，攻击计算机系统及通信网络，致使计算机系统及通信网络遭受损害；（3）违反国家规定，擅自中断计算机网络或者通信服务，造成计算机网络或者通信系统不能正常运行。

对于后一类犯罪，全国人大常委会关于维护互联网安全的决定从维护国家安全和社会稳定，维护社会主义市场经济秩序和社会管理秩序，以及保护个人、法人和其他组织的人身、财产等合法权利方面作了规定，具体违法行为包括：（1）利用互联网造谣、诽谤或者发表、传播其他有害信息，煽动颠覆国家政权、推翻社会主义制度，或者煽动分裂国家、破坏国家统一；（2）通过互联网窃取、泄露国家秘密、情报或者军事秘密；（3）利用互联网煽动民族仇恨、民族歧视，破坏民族团结；（4）利用互联网组织邪教组织、联络邪教组织成员，破坏国家法律、行政法规实施；（5）利用互联网销售伪劣产品或者对商品、服务作虚假宣传；（6）利用互联网损坏他人商业信誉和商品声誉；（7）利用互联网侵犯他人知识产权；（8）利用互联网编造并传播影响证券、期货交易或者其他扰乱金融秩序的虚假信息；（9）在互联网上建立淫秽网站、网页，提供淫秽站点链接服务，或者传播淫秽书刊、影片、音像、图片；（10）利用互联网侮辱他人或者捏造事实诽谤他人；（11）非法截获、篡改、删除他人电子邮件或者其他数据资料，侵犯公民通信自由和通信秘密；（12）利用互联网进行盗窃、诈骗、敲诈勒索。

此外，实践中还可能出现利用互联网实施的其他违法犯罪活动，例如目前比较多的网络诈骗，这些行为如果构成犯罪的，依照刑法有关规定追究刑事责任。利用互联网实施违法行为，违反社会治安管理，尚不构成犯罪的，由公安机关依照治安管理处罚法予以处罚；违反其他法律、行政法规，尚不构成犯罪的，由有关行政管理部门依法给予行政处罚；对直接负责的主管人员和其他直接责任人员，依法给予行政处分或者纪律处分。利用互联网侵犯他人合法权益，构成民事侵权的，依法承担民事责任。

五、维护国家网络空间主权

维护网络信息安全的最终目标就是维护国家网络空间主权、安全和发展利益。网络空间主权是国家主权的重要组成部分，是国家主权在网络空间的体现和延伸。尊重网络主权，是维护网络空间安全的重要前提。网络主权原则是我国维护国家安全和利益、参与网络国际治理与合作所坚持的重要原则。互联网是国家重要基础设施，中华人民共和国境内的互联网属于中国主权管辖范围，中国的互联网主权应受到尊重和维护。当前，互联网安全问题日益突出，不仅中国面临着严重的网络安全威胁，世界上大多数国家也面临着这一问题。任何国家发展互联网都应该尊重别国网络主权，只有相互尊重，相互信任，才能共同建设好、利用好、管理好互联网。国家主席习近平在2014年致首届世界互联网大会贺词中明确提出，中国愿意同世界各国携手努力，本着相互尊重、相互信任的原则，深化国际合作，尊重网络主权，维护网络安全，共同构建和平、安全、开放、合作的网络空间，建立多边、民主、透明的国际互联网治理体系。2015年12月16日，国家主席习近平在第二届世界互联网大会开幕式上发表重要讲话，强调推进全球互联网治理体系变革，应该坚持尊重网络主权的原则。“《联合国宪章》确立的主权平等原则是当代国际关系的基本准则，覆盖国与国交往各个领域，其原则和精神也应该适用于网络空间。我们应该尊重各国自主选择网络发展道路、网络管理模式、互联网公共政策和平等参与国际网络空间治理的权利，不搞网络霸权，不干涉他国内政，不从事、纵容或支持危害他国国家安全的网络活动。”

本条明确提出“维护国家网络空间主权”，正是适应当前中国互联网发展的现实需要，为依法管理在中国领土上的网络活动、抵御危害中国网络安全的活动奠定法律基础。同时与国际社会同步，优化互联网治理体系，确保国家利益、国民利益不受侵害。

相关规定

《全国人民代表大会常务委员会关于加强网络信息保护的决定》《全国人民代表大会常务委员会关于维护互联网安全的决定》；《中华人民共和国刑法修正案（九）》有关条文；《中华人民共和国治安管理处罚法》第四十七条、第六十八条；《中华人民共和国电信条例》《互联网信息服务管理办法》《互联网新闻信息服务管理规定》《中华人民共和国计算机信息系统安全保护条例》《关于信息安全等级保护工作的实施意见》《信息安全等级保护管理办法》《关于开展全国重要信息系统安全等级保护定级工作的通知》《国务院关于大力推进信息化发展和切实保障信息安全的若干意见》；《最高人民法院、最高人民检察院关于办理利用信息网络实施诽谤等刑事案件适用法律若干问题的解释》。

第二十六条　国家坚持和完善民族区域自治制度，巩固和发展平等团结互助和谐的社会主义民族关系。坚持各民族一律平等，加强民族交往、交流、交融，防范、制止和依法惩治民族分裂活动，维护国家统一、民族团结和社会和谐，实现各民族共同团结奋斗、共同繁荣发展。

条文主旨

本条是关于在民族领域维护国家安全任务的规定。

立法背景

我国是一个统一的多民族国家，民族自治地方面积占全国的64%，陆地边界线约90%在民族自治地方，边疆地区基本上是少数民族聚居区。这决定了民族问题、民族工作对于维护国家统一和国家安全始终具有重大意义。

条文解读

一、坚持和完善民族区域自治制度

我们党历来高度重视民族问题。新中国成立后，在基本国情、历史演进、经济社会状况、文化传统等因素共同作用下，形成了中国特色解决民族问题的正确道路，创造了处理民族问题的崭新模式。民族区域自治制度是我国的一项基本政治制度，是中国特色解决民族问题的制度创新。新中国成立以后的实践充分证明，实行民族区域自治，对发挥各民族人民当家作主的积极性，发展平等、团结、互助、和谐的社会主义民族关系，维护和巩固国家的统一，促进民族自治地方各项事业的发展，促进各民族的共同繁荣和发展，都起到了巨大作用。

国家坚持和完善民族区域自治制度，作为民族领域维护国家安全的制度保障，带有统领性和方向性。要坚持正确政治方向，处理好坚持国家统一领导和民族自治地方行使自治权的关系，切实维护国家统一和民族团结；贯彻建设法治中国要求，推进民族事务治理法治化，依法保障民族自治地方设立自治机关、行使自治权；加快民族地区发展步伐，在制定政策时充分考虑少数民族和民族自治地方实际，促进各民族共同繁荣进步，不断发挥民族区域自治制度的优越性，维护民族领域的国家安全。

二、巩固和发展平等团结互助和谐的社会主义民族关系

巩固和发展平等团结互助和谐的社会主义民族关系，是全国各族人民的根本利益和共同责任，是民族领域维护国家安全的核心目标。平等、团结、互助、和谐是处理民族关系的不可分割的政策。新中国成立以后，各民族人民在政治、经济、文化和社会生活方面结成了相互依存、相互帮助的亲密关系，我国平等团结互助和谐的社会主义民族关系已经确立，凝聚起各族人民大团结的力量。

当前我国民族工作呈现明显的阶段性特征，民族地区经济社会发展不平衡问题突出，涉及民族因素的矛盾和纠纷上升，外来文化、宗教渗透严重，新媒体传播损害、诋毁民族关系的不良信息，对民族关系造成伤害。维护民族领域的国家安全，要毫不动摇地巩固和发展平等团结互助和谐的社会主义民族关系，全面认识和准确把握我国民族关系的主流，依法处理涉及民族因素的矛盾和纠纷，禁止对任何民族的歧视和压迫，禁止破坏民族团结和制造民族分裂的行为，维护各民族和睦相处、和谐发展的良好局面。

三、坚持各民族一律平等

坚持各民族一律平等，是宪法的规定，是民族领域维护国家安全的根本原则。所谓民族平等，指各民族不分大小、不分政治经济文化的发展状况，在国家生活中一律享有平等的政治地位和法律地位。要坚决反对大汉族主义和地方民族主义，反对任何形式的民族歧视和民族压迫，切实保障各族群众的合法权益；长期帮助少数民族地区加速经济发展，大力发展民族文化，让各族群众平等共享改革发展成果，共同携手步入全面小康。

四、加强民族交往、交流、交融

加强民族交往、交流、交融，是民族领域维护国家安全的重要途径。要正确看待民族差异，尊重各民族风俗和各民族群众选择；加强基层组织和基层政权建设，做好流动少数民族群众服务和管理，推动建立相互嵌入式的社会结构和社区环境，不断增强各族群众对伟大祖国、中华民族、中华文化、中国共产党、中国特色社会主义的认同。

五、防范、制止和依法惩治民族分裂活动

防范、制止和依法惩治民族分裂活动，是民族领域维护国家安全的紧迫任务。禁止破坏民族团结和制造民族分裂的行为，是党和政府的一贯方针，是落实民族区域自治制度、实现民族团结和国家统一的基本前提。近年来受境内外复杂因素影响，民族分裂活动还很猖獗。比如西方反华势力利用所谓“民族”问题对我施压，支持和纵容民族分裂势力进行破坏活动；少数的民族分裂分子制造暴恐活动升级并向内地蔓延，“藏独”分裂破坏活动不断等。在民族领域维护国家安全，要把防范、制止和依法惩治民族分裂活动置于突出位置，采取强有力手段打击民族分裂势力的破坏活动，确保民族地区社会安定；最大限度团结和发动各族干部群众，让“民族团结是福、民族分裂是祸”的观念深入人心，筑起防范和制止民族分裂活动的人民防线。

六、维护国家统一、民族团结和社会和谐

维护国家统一、民族团结和社会和谐，关系国家核心利益和中华民族伟大复兴，是民族领域维护国家安全的主要目标。要把民族工作的着眼点和着力点放到维护祖国统一、加强民族团结

上，依法打击分裂国家和破坏民族团结的违法犯罪活动，保持民族地区社会稳定和长治久安；积极培育、大力弘扬中华民族共同体意识，引导各族群众牢固树立正确的祖国观、民族观，担负起维护国家统一、民族团结和社会和谐的共同责任，为民族领域维护国家安全作出积极贡献。

七、实现各民族共同团结奋斗、共同繁荣发展

实现各民族共同团结奋斗、共同繁荣发展，是中国特色解决民族问题的工作主题，是民族领域维护国家安全的基础支撑。当前，民族地区经济加快发展的势头和发展低水平并存，国家对民族地区支持力度持续加大和民族地区基本公共服务能力建设仍然薄弱并存。为此，要加快少数民族和民族地区经济社会发展，增进群众福祉，推动精确脱贫，加强兴边富民，确保少数民族和民族地区如期全面建成小康社会；广泛开展民族团结宣传教育和民族团结进步创建活动，使“汉族离不开少数民族、少数民族离不开汉族、各少数民族之间也相互离不开”的思想深入人心、得到落实，筑牢民族领域的国家安全根基。

相关规定

《中华人民共和国宪法》第四条；《中华人民共和国民族区域自治法》有关条文；《中华人民共和国反恐怖主义法》第六条、第八十一条；《中华人民共和国刑法》第二百四十九条、第二百五十一条等。

第二十七条　国家依法保护公民宗教信仰自由和正常宗教活动，坚持宗教独立自主自办的原则，防范、制止和依法惩治利用宗教名义进行危害国家安全的违法犯

罪活动，反对境外势力干涉境内宗教事务，维护正常宗教活动秩序。

国家依法取缔邪教组织，防范、制止和依法惩治邪教违法犯罪活动。

条文主旨

本条是关于在宗教领域维护国家安全任务的规定。

立法背景

新中国成立以来，党和国家将马克思主义宗教观同我国具体实际相结合，确立了被实践证明行之有效的宗教工作基本方针，即全面贯彻党的宗教信仰自由政策、依法管理宗教事务、坚持我国宗教独立自主自办的原则、积极引导宗教与社会主义社会相适应。按照这一基本方针做好各项工作，是解决当前宗教领域问题的治本之策。

我国宪法法律法规也贯彻和体现了这一基本方针。比如，宪法第三十六条规定："中华人民共和国公民有宗教信仰自由。任何国家机关、社会团体和个人不得强制公民信仰宗教或者不信仰宗教，不得歧视信仰宗教的公民和不信仰宗教的公民。国家保护正常的宗教活动。任何人不得利用宗教进行破坏社会秩序、损害公民身体健康、妨碍国家教育制度的活动。宗教团体和宗教事务不受外国势力的支配。"《宗教事务条例》第三条规定："宗教团体、宗教活动场所和信教公民应当遵守宪法、法律、法规和规章，维护国家统一、民族团结和社会稳定。"《全国人民代表大会常务委员会关于取缔邪教组织、防范和惩治邪教活动的决定》规定："坚决依法取缔邪教组织、严厉惩治邪教组织的各种犯罪活动。”

宗教存在的长期性和宗教问题的群众性、特殊复杂性，决定了宗教工作具有极强的政策性、敏感性和重要性。能否处理好宗教问题、做好宗教工作，关系党和国家工作全局，关系社会和谐稳定和国家长治久安。随着信教人数增加、宗教快速发展、境内外因素交织，宗教工作难度不断加大，宗教领域维护国家安全面临错综复杂的严峻形势。本条分两款规定了宗教领域维护国家安全的任务，旨在通过依法管理宗教事务，提高宗教工作法治化水平，“保护合法、制止非法、遏制极端、抵御渗透、打击犯罪”，维护国家安全。

条文解读

一、国家依法保护公民宗教信仰自由和正常宗教活动

依法保护公民宗教信仰自由和正常宗教活动，是我国维护人民利益、尊重和保护人权的重要体现，也是最大限度团结人民群众的需要。宗教领域维护国家安全的首要任务，就是全面正确贯彻宗教信仰自由政策，依法保护公民宗教信仰自由，把握政策、注意方法，依法制止一切非法干涉宗教信仰自由、伤害信教群众宗教感情的言行，增进信教群众和不信教群众之间的团结；依法保护正常宗教活动，合理安排宗教活动场所，保证信教群众过上正常的宗教生活，制止和打击利用宗教进行破坏社会秩序、损害公民身体健康、妨碍国家教育制度的活动。

二、坚持宗教独立自主自办的原则

坚持宗教独立自主自办的原则，是我国基于长期遭受帝国主义压迫、有宗教被帝国主义控制和利用的惨痛历史教训所作出的自主选择，得到了信教群众的拥护和支持。宗教领域维护国家安全，要牢牢坚持宗教独立自主自办的原则，坚持宗教团体、宗教活动场所和宗教事务不受外国势力支配，培养爱国爱教教职人员队伍，提高宗教界人士素质，确保宗教组织领导权牢牢掌握在爱国爱教人士手中，努力营造和谐宗教关系；支持宗教界开展对外交往，增进各国人民和宗教界之间的相互了解和友谊。

三、防范、制止和依法惩治利用宗教名义进行危害国家安全的违法犯罪活动

防范、制止和依法惩治利用宗教名义进行危害国家安全的违法犯罪活动，是针对利用宗教名义制造民族分裂和煽动暴力恐怖活动、危害国家安全而作出的规定。近年来，境内外民族分裂势力利用宗教在群众中的广泛影响，歪曲宗教教义，散布宗教极端思想，蒙蔽和裹胁信教群众，发展组织成员，从事民族分裂和暴力恐怖活动，严重影响社会政治安定，危害国家安全。宗教领域维护国家安全，要防范、制止和依法惩治利用宗教名义进行危害国家安全的违法犯罪活动，揭批违法犯罪分子披着宗教外衣从事危害国家安全的罪恶本质；拓宽信教群众正确掌握宗教常识的合法渠道，坚持正信正行，倡导宗教和谐理念，引导他们防止宗教狂热，高度警惕并主动抵制宗教极端思想的渗透和影响。

四、反对境外势力干涉境内宗教事务

反对境外势力干预境内宗教事务，是贯彻宗教独立自主自办原则的必然要求，也是宗教领域维护国家安全的重点工作。近年来，有的境外宗教组织以“宗教信仰自由政策”作掩护，通过多种途径、多种方式对我进行渗透活动，与我争夺群众和宗教阵地，企图动摇我们党执政的群众基础；境外宗教组织插手我内部宗教事务，拉拢、分化我爱国宗教教职人员，扶持宗教地下势力，与我争夺宗教领导权、控制权。宗教领域维护国家安全，要坚决反对境外宗教团体和个人干涉境内宗教事务，依法实施对境外宗教组织和非政府组织在华活动的有效监管，明确部门分工、强化责任落实，抵御境外敌对势力利用宗教进行的渗透。

五、维护正常宗教活动秩序

维护正常宗教活动秩序，是落实宗教信仰自由政策的重要举措，也是宗教领域维护国家安全的现实需要。近年来，“三自”教会之外的教会组织和私设聚会点从农村向城市发展蔓延，其活动由秘密走向公开，游离于政府管理之外，成为影响宗教领域稳定的突出问题。涉及宗教事务的一些纠纷也明显增多，干扰了正常宗教活动秩序。宗教领域维护国家安全，要维护正常宗教活动秩序，把宗教团体、宗教教职人员、宗教活动场所、宗教活动纳入规范化、法治化管理，依法打击非法宗教组织和非法宗教活动，依法处理涉及宗教事务的纠纷；提高信教群众法治观念，引导他们在法律、政策范围内开展宗教活动，依法维护自身权益，自觉抵制利用宗教进行的各类违法犯罪活动。

六、依法取缔邪教组织，防范、制止和依法惩治邪教违法犯罪活动

国家依法取缔邪教组织，防范、制止和依法惩治邪教违法犯罪活动，是宗教领域维护国家安全的紧迫任务。邪教披着宗教的外衣，干着违法的勾当，是全人类的公敌。多年来，邪教组织冒用宗教、气功或其他名义，利用各种手段扰乱社会秩序，危害人民群众生命财产安全，不断侵蚀我执政基础。为了维护国家安全、保护人民利益，必须坚决打击邪教组织及其违法犯罪活动，坚持综合治理，将打击、制裁和劝解、教育相结合，依法取缔邪教组织，惩治构成犯罪的组织者、策划者、指挥者和骨干分子，解救绝大多数被蒙骗群众；坚持系统治理，动员和组织全社会力量，严防邪教组织及邪教违法犯罪活动滋生和蔓延；加强宪法、法律和科学文化知识宣传教育，使人民群众充分认识邪教组织严重危害人类、危害社会的实质，自觉反对和抵制邪教组织的影响。

相关规定

《中华人民共和国宪法》第三十六条；《全国人民代表大会常务委员会关于取缔邪教组织、防范和惩治邪教活动的决定》；《中华人民共和国刑法修正案（九）》有关条文；《宗教事务条例》第三条。

第二十八条　国家反对一切形式的恐怖主义和极端主义，加强防范和处置恐怖主义的能力建设，依法开展情报、调查、防范、处置以及资金监管等工作，依法取缔恐怖活动组织和严厉惩治暴力恐怖活动。

条文主旨

本条是关于国家防范和处置恐怖主义、极端主义的规定。

立法背景

2015年12月，全国人大常委会通过《中华人民共和国反恐怖主义法》，该法是根据总体国家安全观的要求，总结近年来我国防范和打击恐怖活动的经验，借鉴国外有效做法而制定的。反恐怖主义法是一部规范政府和社会开展反恐怖工作的法律，全面系统地规定了我国反恐怖工作的体制、机制、手段、措施，为我国依法打击恐怖活动，维护国家安全、公共安全和人民生命财产安全提供坚实的法律支撑和保障。根据该法第三条规定，恐怖主义，是指通过暴力、破坏、恐吓等手段，制造社会恐慌、危害公共安全、侵犯人身财产，或者胁迫国家机关、国际组织，以实现其政治、意识形态等目的的主张和行为。当前世界上主要的恐怖组织大多都与极端宗教主义和狭隘民族主义有关。宗教极端主义的目的、动机、基本主张、组织形式、活动手法，完全暴露出它已经脱离了宗教的范畴，它是宗教蜕变的产物，本质上并不是宗教；它是打着宗教幌子、披着宗教外衣、以宗教活动为借口的宗教极端主义。在特定地区和特定环境下，宗教极端主义往往与民族分裂主义和暴力恐怖主义相互勾结、利用，宗教是旗号，分裂是目的，暴力恐怖是手段，可以说，宗教极端主义是恐怖主义的思想根源。

国际恐怖活动从20世纪六七十年代开始出现，它在相当长的一段时间里并没有骚扰中国人。然而，自21世纪开始，面对愈演愈烈的国际恐怖活动，中国人想要独善其身却越来越难，中国不再是恐怖主义的“绝缘体”。近年来，全国发生了多起暴力恐怖案件，群众的生命安全受到了严重威胁，我国面临恐怖威胁的风险正在增高，对国家安全造成极大的威胁，加强防范和处置恐怖主义的能力已经成为国家安全保障中的重要内容。

近年来，习近平总书记多次就反对和防范恐怖主义和极端主义发表论述。昆明火车站“3·1”砍人事件后，习近平总书记强调：“要深刻认识反恐形势的严峻性复杂性，强化底线思维，强调伤害无辜群众就是触碰底线，以坚决态度、有力措施，严厉打击各种暴力恐怖犯罪活动，全力维护社会稳定，保障人民群众生命财产安全。”2014年4月25日，中共中央政治局就切实维护国家安全和社会安定进行第十四次集体学习时，习近平总书记强调："反恐怖斗争事关国家安全，事关人民群众切身利益，事关改革发展稳定全局，是一场维护祖国统一、社会安定、人民幸福的斗争，必须采取坚决果断措施，保持严打高压态势，坚决把暴力恐怖分子嚣张气焰打下去。要建立健全反恐工作格局，完善反恐工作体系，加强反恐力量建设。要坚持专群结合、依靠群众，深入开展各种形式的群防群治活动，筑起铜墙铁壁，使暴力恐怖分子成为'过街老鼠、人人喊打'。要发挥爱国爱教人士作用，加强对信教群众的正面引导，既满足他们正常宗教需求，又有效抵御宗教极端思想的渗透。""暴力恐怖活动漠视基本人权、践踏人道正义，挑战的是人类文明共同的底线，既不是民族问题，也不是宗教问题，而是各族人民的共同敌人。"党的十八届五中全会通过的《中共中央关于制定国民经济和社会发展第十三个五年规划的建议》也明确提出，依法严密防范和严厉打击敌对势力渗透颠覆破坏活动、暴力恐怖活动、民族分裂活动、极端宗教活动，坚决维护国家政治、经济、文化、社会、信息、国防等安全。

条文解读

一、关于防范和处置恐怖主义

进入21世纪以来，我国十分重视对恐怖主义的防范和处置，从国际和国内两个层面积极做好相关工作。在国际层面，自2001年签署《打击恐怖主义、分裂主义和极端主义上海公约》开始，我国签署了多个关于制止和打击恐怖主义的国际公约或者条约。在国内层面，2011年10月，全国人大常委会通过了《关于加强反恐怖工作有关问题的决定》（反恐怖主义法通过后，该决定已失效）。2015年8月，全国人大常委会通过刑法修正案

(九)，自2015年11月1日起施行，其中共有9条涉及对恐怖主义的防范和处罚。2015年12月，全国人大常委会又通过了反恐怖主义法，自2016年1月1日起施行。该法共分为十章，对我国反恐怖主义总的原则、工作机制、恐怖活动组织和人员的认定、反恐安全防范、反恐情报信息、反恐调查、应对处置、国际合作、保障措施、法律责任等作了规定。

本条规定，国家加强防范和处置恐怖主义的能力建设。在具体工作上，要求做好情报、调查、防范、处置以及资金监管等工作，最终达到依法取缔恐怖活动组织和严厉惩治暴力恐怖活动的目标。

(一) 做好防范恐怖主义工作

安全防范是反恐怖主义工作的基础环节。恐怖事件一旦发生，往往会对公共安全和公民人身安全造成重大危害。因此，需要重点做好事前的安全防范工作。一是各级政府和部门要加强反恐怖主义宣传教育，提高公民的反恐怖主义意识。二是电信业务经营者、互联网服务提供者应当为公安机关、国家安全机关依法进行防范、调查恐怖活动提供技术接口和解密等技术支持和协助，主动防止含有恐怖主义、极端主义内容的信息传播。三是有关服务行业经营者、服务提供者应当严格实行安全查验制度，对客户身份进行查验。四是对武器弹药、危险化学品、民用爆炸物品、核与放射物品、传染病病原体等危险物品加强管控。五是加强反洗钱活动，对涉嫌恐怖主义的融资活动加大查处力度。六是加强防范恐怖袭击的技防、物防设备、设施建设。七是有关部门要加强对涉恐行为和人员的查处和管理。八是确定防范恐怖袭击重点目标，督促其建立健全安全管理制度，落实安全责任，加强警戒、巡逻、检查，掌握安全动态。九是做好边防、出入境防范，严密组织对国（边）境的巡逻，对出入境人员、物品严格查验。十是做好境外利益保护、驻外机构内部安全防范，对中国在境外的公民以及驻外机构、设施、财产加强安全保护。

（二）开展反恐怖主义的情报、调查工作

情报信息是反恐怖主义工作的关键环节。做好情报信息的调查工作，并与安全防范形成良性互动，有利于将恐怖袭击消除在发生之前和萌芽状态，避免恐怖活动造成实际危害。当前，我国公安机关、国家安全机关、有关军事机关在其职责范围内，负责开展反恐怖主义情报信息工作以及调查恐怖活动线索。为保证反恐信息和情报的互通共享，国家反恐工作领导机构建立国家反恐怖主义情报中心，实行跨部门、跨地区情报信息工作机制，统筹反恐情报信息工作。有关部门搜集的有关线索、人员、行动类情报信息应当及时统一归口报送国家反恐怖主义情报中心。同时，地方反恐工作领导机构应当建立跨部门情报信息工作机制，组织开展反恐怖主义情报信息工作，对重要的情报信息，应当及时向上级反恐工作领导机构报告，对涉及其他地方的紧急情报信息，应当及时通报相关地方。有关部门在安全防范工作中获取的信息，应当根据国家反恐怖主义情报中心的要求，及时提供。公安机关、国家安全机关、有关军事机关在其职责范围内，因反恐情报信息工作的需要，根据国家有关规定，经过严格的批准手续，可以采取技术侦察措施。通过技术侦察措施获取的材料，只能用于反恐应对处置和对恐怖活动犯罪、极端主义犯罪的侦查、起诉和审判，不得用于其他用途。反恐信息情报搜集工作仅靠国家机构是不够的，还要紧紧依靠群众力量，加强基层基础工作，建立基层情报信息工作力量，提高反恐怖主义情报信息工作能力。

中央和地方反恐怖主义工作领导机构以及有关情报部门经对

有关情报信息进行筛查、研判、核查、监控，认为有发生恐怖事件危险，需要采取相应的安全防范、应对处置措施的，应当及时通报有关部门和单位。有关部门和单位应当根据通报做好安全防范、应对处置工作。

反恐怖主义工作领导机构、有关主管部门和单位、个人应当对履行职责、提供服务、配合反恐怖主义工作过程中知悉的涉密材料信息和公民个人信息予以保密。违反规定泄露国家秘密、商业秘密和个人隐私的，依法追究法律责任。

（三）依法调查涉恐活动

公安机关接到恐怖活动嫌疑的报告或者发现恐怖活动嫌疑，需要调查核实的，应当迅速进行调查。可以采取以下措施：一是可以依照有关法律规定对嫌疑人员进行盘问、检查、传唤，可以提取或者采集肖像、指纹、虹膜图像等人体生物识别信息和血液、尿液、脱落细胞等生物样本，并留存其签名。二是可以通知了解有关情况的人员到公安机关或者其他地点接受询问。三是经县级以上公安机关负责人批准，可以查询嫌疑人员的存款、汇款、债券、股票、基金份额等财产，可以采取查封、扣押、冻结措施。四是经县级以上公安机关负责人批准，可以根据其危险程度，责令恐怖活动嫌疑人员遵守约束措施：（1）未经公安机关批准不得离开所居住的市、县或者指定的处所；（2）不得参加大型群众性活动或者从事特定的活动；（3）未经公安机关批准不得乘坐公共交通工具或者进入特定的场所；（4）不得与特定的人员会见或者通信；（5）定期向公安机关报告活动情况；（6）将护照等出入境证件、身份证件、驾驶证件交公安机关保存。公安机关可以采取电子监控、不定期检查等方式对其遵守约束措施的情况进行监督。

公安机关经调查，发现犯罪事实或者犯罪嫌疑人的，应当依照刑事诉讼法的规定立案侦查。有关措施期限届满，公安机关未立案侦查的，应当解除有关措施。

（四）依法应对和处置恐怖主义

一是建立健全恐怖事件应对处置预案体系。国家反恐怖主义工作领导机构应当区分各类恐怖事件的规律、特点和可能造成的社会危害，分级、分类制定国家应对处置预案，具体规定恐怖事件应对处置的组织指挥体系和恐怖事件安全防范、处置程序以及事后社会秩序恢复等内容。有关部门、各地反恐怖主义工作领导机构以及重点目标营运、管理单位应当制定相应的应对处置预案。恐怖事件发生后，发生地反恐怖主义工作领导机构应当立即启动恐怖事件应对处置预案。有关部门和武装力量，根据统一领导、指挥，协同开展打击、控制、救援、救护等现场应对处置工作。

二是建立健全反恐指挥体系。应对处置恐怖事件，各级反恐工作领导机构成立由有关部门参加的指挥机构，由反恐工作领导机构负责人任指挥长，或者确定公安机关负责人或者反恐工作领导机构的其他成员单位负责人担任指挥长，实行指挥长负责制。恐怖事件发生后，发生地应当立即启动恐怖事件应对处置预案，确定反恐指挥机构指挥长。有关部门和解放军、武警部队、民兵组织协同开展打击、控制、救援、救护等现场应对处置工作。需要进入紧急状态的，由全国人大常委会或者国务院依照宪法和其他有关法律规定的权限和程序决定。

发现恐怖事件或者疑似恐怖事件后，公安机关应当立即进行处置，并向反恐工作领导机构报告；解放军、武警部队发现正在实施恐怖活动的，应当立即予以控制并将案件及时移交公安机关。反恐工作领导机构尚未确定指挥长的，由在场处置的公安机关职级最高的人员担任现场指挥员。公安机关未能到达现场的，由在场处置的解放军或者武警部队职级最高的人员担任现场指挥员。现场应对处置人员无论是否属于同一单位、系统，均应当服从现场指挥员的指挥。

在境外的机构、人员、重要设施遭受或者可能遭受恐怖袭击的，国务院有关主管部门应当及时启动应对处置预案。外交部门应当协调有关国家采取相应措施。经与有关国家协商同意，国家反恐工作领导机构可以组织外交、公安、国家安全等部门派出工作人员赴境外开展应对处置工作。

三是恐怖事件发生后，负责应对处置的反恐工作领导机构可以决定采取下列应对处置措施：(1) 组织营救和救治受害人员，疏散、撤离并妥善安置受到威胁的人员以及采取其他救助措施；(2) 封锁现场和周边道路，查验现场人员的身份证件，在有关场所附近设置临时警戒线；(3) 在特定区域内实施空域、海(水) 域管制，对特定区域内的交通运输工具进行检查；(4) 在特定区域内实施互联网、无线电、通讯管制；(5) 在特定区域内或者针对特定人员实施出境入境管制；(6) 禁止或者限制使用有关设备、设施，关闭或者限制使用有关场所，中止人员密集的活动或者可能导致危害扩大的生产经营活动；(7) 抢修被损坏的交通、电信、互联网、广播电视、供水、排水、供电、供气、供热等公共设施；(8) 组织志愿人员参加反恐怖主义救援工作，要求具有特定专长的人员提供服务；(9) 其他必要的应对处置措施。此外，人民警察、武警以及其他依法配备、携带武器的应对处置人员，对在现场持枪支、刀具等凶器或者使用其他危险方法，正在或者准备实施暴力行为的人员，经警告无效的，可以使用武器；紧急情况下或者警告后可能导致更为严重危害后果的，可以直接使用武器。

四是制止和处置恐怖活动，应当优先保护直接受到恐怖活动危害、威胁人员的人身安全。

五是规范恐怖事件相关信息发布。恐怖事件发生、发展和应对处置信息，由恐怖事件发生地的省级反恐工作领导机构统一发布；跨省发生的恐怖事件，由指定的省级反恐工作领导机构统一发布。任何单位和个人不得编造、传播虚假恐怖事件信息；不得报道、传播可能引起模仿的恐怖活动的实施细节；不得发布恐怖事件中残忍、不人道的场景；在恐怖事件的应对处置过程中，除新闻媒体经负责发布信息的反恐怖主义工作领导机构批准外，不得报道、传播现场应对处置的工作人员、人质身份信息和应对处置行动情况。

六是在处置结束后，要尽快恢复社会秩序，稳定公众情绪，降低并消除恐怖事件的影响。及时进行恢复生产生活、查明真相、补偿援助、优先重建、总结评估等工作。

（五）依法开展对有关恐怖主义的资金监管

反恐怖主义法规定，国务院反洗钱行政主管部门发现涉嫌恐怖主义融资的，可以依法进行调查，采取临时冻结措施。审计、财政、税务等部门发现资金流入流出涉嫌恐怖主义融资的，应当及时通报公安机关。海关在对进出境人员携带现金和无记名有价证券实施监管的过程中，发现涉嫌恐怖主义融资的，应当立即通报国务院反洗钱行政主管部门和有管辖权的公安机关。中国人民银行、公安部、国家安全部制定并发布的《涉及恐怖活动资产冻结管理办法》规定，金融机构、特定非金融机构应当严格按照公安部发布的恐怖活动组织及恐怖活动人员名单、冻结资产的决定，依法对相关资产采取冻结措施。金融机构、特定非金融机构发现恐怖活动组织及恐怖活动人员拥有或者控制的资产，应当立即采取冻结措施。金融机构、特定非金融机构及其工作人员应当依法协助、配合公安机关和国家安全机关的调查、侦查，提供与恐怖活动组织及恐怖活动人员有关的信息、数据以及相关资产情况。冻结措施，是指金融机构、特定非金融机构为防止其持有、管理或者控制的有关资产被转移、转换、处置而采取必要措施，包括但不限于：终止金融交易；拒绝资产的提取、转移、转换；停止金融账户的开立、变更、撤销和使用。资产包括但不限于：银行存款、汇款、旅行支票、银行支票、邮政汇票、保单、提单、仓单、股票、债券、汇票和信用证，房屋、车辆、船舶、货物，其他以电子或者数字形式证明资产所有权、其他权益的法律文件、证书等。

二、关于依法取缔恐怖活动组织和惩治暴力恐怖活动

反恐怖主义法第三条规定，恐怖活动是指恐怖主义性质的下列行为：（1）组织、策划、准备实施、实施造成或者意图造成人员伤亡、重大财产损失、公共设施损坏、社会秩序混乱等严重社会危害的活动的；（2）宣扬恐怖主义，煽动实施恐怖活动，或者非法持有宣扬恐怖主义的物品，强制他人在公共场所穿戴宣扬恐怖主义的服饰、标志的；（3）组织、领导、参加恐怖活动组织的；（4）为恐怖活动组织、恐怖活动人员、实施恐怖活动或者恐怖活动培训提供信息、资金、物资、劳务、技术、场所等支持、协助、便利的；（5）其他恐怖活动。恐怖活动组织，是指三人以上为实施恐怖活动而组成的犯罪组织。恐怖活动人员，是指实施恐怖活动的人和恐怖活动组织的成员。

恐怖活动和恐怖活动组织对国家安全和人民生命财产安全危

害极大，国家应当对其严惩和取缔。本条强调，要依法取缔恐怖活动组织和惩治暴力恐怖活动。我国刑法、刑事诉讼法、反恐怖主义法、反洗钱法、人民武装警察法等法律，对恐怖活动犯罪的刑事责任、惩治恐怖活动犯罪的诉讼程序、涉恐资金监控等作了规定。以上这些法律，在规定了反恐怖主义必要的手段和措施的同时，也注意平衡反恐与法治、保障人权之间的关系。

1. 刑法对组织、领导、参加恐怖活动组织的行为作了定罪量刑规定。包括组织、领导、参加恐怖组织罪（第一百二十条），帮助恐怖活动罪（第一百二十条之一），准备实施恐怖活动罪（第一百二十条之二），宣扬恐怖主义、极端主义、煽动实施恐怖活动罪（第一百二十条之三），利用极端主义破坏法律实施罪（第一百二十条之四），强制穿戴宣扬恐怖主义、极端主义服饰、标志罪（第一百二十条之五），非法持有宣扬恐怖主义、极端主义物品罪（第一百二十条之六），编造、故意传播虚假恐怖信息罪（第二百九十一条之一第一款），拒绝提供间谍犯罪、恐怖主义犯罪、极端主义犯罪证据罪（第三百一十一条）。

2. 刑事诉讼法对涉恐案件的刑事诉讼程序作了特别规定。一是在审级方面，恐怖活动案件的一审一律由中级人民法院管辖。二是在律师会见方面，侦查期间辩护律师会见在押恐怖活动犯罪嫌疑人，应当经侦查机关许可。三是在证人、被害人保护方面，恐怖活动犯罪案件的证人、鉴定人、被害人因在诉讼中作证，本人或者其近亲属的人身安全面临危险的，人民法院、人民检察院和公安机关应当采取保护措施，包括不公开真实姓名、住址和工作单位等个人信息，采取不暴露外貌、真实声音等出庭作证措施，禁止特定的人员接触证人、鉴定人、被害人及其近亲属，对人身和住宅采取专门性保护措施，以及其他必要的保护措施。四是在监视居住方面，对恐怖活动犯罪嫌疑人的监视居住，在住处执行可能有碍侦查的，经上一级人民检察院或者公安机关批准，也可以在指定的居所执行。但是，不得在羁押场所、专门的办案场所执行。五是在拘留方面，对恐怖活动犯罪嫌疑人拘留后，通知被拘留人家属可能有碍侦查的，可以暂不通知；在有碍侦查的情形消失以后，应当立即通知被拘留人的家属。六是在技术侦查措施方面，对恐怖活动犯罪案件，根据侦查犯罪的需要，经过严格的批准手续，可以采取技术侦查措施。七是在没收违法所得方面，对恐怖活动犯罪案件，犯罪嫌疑人、被告人逃匿，在通缉一年后不能到案，或者犯罪嫌疑人、被告人死亡，依照刑法规定应当追缴其违法所得及其他涉案财产的，人民检察院可以向人民法院提出没收违法所得的申请。

3. 反洗钱法对涉嫌恐怖活动资金的监控作出了规定。根据该法对反洗钱的定义，为了预防通过各种方式掩饰、隐瞒恐怖活动犯罪所得及其收益的来源和性质的洗钱活动，而采取的相关措施，也属于反洗钱。有关机关和金融机构，对涉嫌恐怖活动资金的监管，应该按照反洗钱法的规定进行，其他法律另有规定的，适用其规定。

4. 人民武装警察法规定，人民武装警察部队参加处置恐怖袭击事件。

相关规定

《中华人民共和国反恐怖主义法》；《中华人民共和国刑法》有关条文；《中华人民共和国刑事诉讼法》有关条文；《中华人民共和国反洗钱法》有关条文；《涉及恐怖活动资产冻结管理办法》。

第二十九条 **国家健全有效预防和化解社会矛盾的体制机制，健全公共安全体系，积极预防、减少和化解社会矛盾，妥善处置公共卫生、社会安全等影响国家安全和社会稳定的突发事件，促进社会和谐，维护公共安全和社会安定。**

条文主旨

本条是关于维护社会安全任务的规定。

立法背景

社会安全通常是指不特定的、多数人的健康、生命以及财产的安全。当前，我国正处于经济转轨、社会转型的特殊历史时期，面临着国际形势复杂、社会矛盾凸显等突出问题，社会安全已成为影响我国总体国家安全的重要因素。突发事件应对法第三条第一款规定："本法所称突发事件，是指突然发生，造成或者可能造成严重社会危害，需要采取应急处置措施予以应对的自然灾害、事故灾难、公共卫生事件和社会安全事件。"从突发事件应对法的上述规定可以看出，社会安全事件是与自然灾害、事故灾难和公共卫生事件并列的突发事件类型。

近年来，因人民内部矛盾引发的群体性事件主要有以下几种：一是征地拆迁引发的群体性事件；二是环境污染引发的群体性事件；三是工资福利待遇问题引发的群体性事件；四是特殊利益诉求引发的聚集。维护社会安全主要是有效遏制重特大突发事件，防止出现严重社会动荡。目前，关于维护社会安全的法律法规主要有：集会游行示威法、戒严法、突发事件应对法、治安管理处罚法等法律，信访条例等法规。

条文解读

一、健全有效预防和化解社会矛盾的体制机制

随着经济社会的快速发展，以及各种利益关系的调整，出现了许多新的社会矛盾，矛盾的主体、内容日益多样化、复杂化。社会矛盾的积累和激化往往有一个较长的过程，即所谓的潜伏期。一般来说，这个时期造成社会安全事件的结构、问题已经形成，此时处理不但简易而且有效，因此早期发现问题非常重要。发现征兆后，及时采取措施防止矛盾激化和事态扩大，就能有效预防社会安全事件的发生。矛盾如果不能及时疏导化解，有可能使矛盾激化或者发展为群体性事件，及时有效地预防和化解社会矛盾，具有重要意义。

突发事件应对法第二十一条、第二十二条规定："县级人民政府及其有关部门、乡级人民政府、街道办事处、居民委员会、村民委员会应当及时调解处理可能引发社会安全事件的矛盾纠纷。""所有单位应当建立健全安全管理制度，定期检查本单位各项安全防范措施的落实情况，及时消除事故隐患；掌握并及时处理本单位存在的可能引发社会安全事件的问题，防止矛盾激化和事态扩大；对本单位可能发生的突发事件和采取安全防范措施的情况，应当按照规定及时向所在地人民政府或者人民政府有关部门报告。"根据突发事件应对法上述两条规定，所有单位应当掌握和及时处理本单位存在的可能引发社会安全事件的问题，防止矛盾激化和事态扩大，及时化解社会矛盾，对本单位可能发生的突发事件应当按照规定及时向所在地人民政府或者人民政府有关部门报告。县级人民政府及其有关部门、乡级人民政府、街道办事处、居民委员会、村民委员会负责调解处理可能引发社会安全事件的矛盾纠纷。

党的十八届三中全会提出创新有效预防和化解社会矛盾体制。主要包括：健全重大决策社会稳定风险评估机制；建立畅通有序的诉求表达、心理干预、矛盾调处、权益保障机制，使群众问题能反映、矛盾能化解、权益有保障；改革行政复议体制，健全行政复议案件审理机制，纠正违法或不当行政行为；完善人民调解、行政调解、司法调解联动工作体系，建立调处化解矛盾纠纷综合机制；改革信访工作制度，实行网上受理信访制度，健全及时就地解决群众合理诉求机制。把涉法涉诉信访纳入法治轨道解决，建立涉法涉诉信访依法终结制度。

2015 年政府工作报告提出加强和创新社会治理，落实重大决策社会稳定风险评估机制，有效预防和化解社会矛盾；妥善应对自然灾害和突发事件，有序化解社会矛盾，建立健全机制，强化源头防范，保障人民生命安全，维护良好的社会秩序；严厉打击各类犯罪活动，强化社会治安综合治理，维护了国家安全和公共安全；深化平安中国建设，健全立体化社会治安防控体系，依法惩治暴恐、黄赌毒、邪教、走私等犯罪行为，发展和规范网络空间，确保国家安全和公共安全。加强重大疾病防控；全方位强化安全生产，全过程保障食品药品安全。提高公共突发事件防范处置和防灾救灾减灾能力。

二、健全公共安全体系

党的十八届三中全会提出“健全公共安全体系”。主要内容包括：完善统一权威的食品药品安全监管机构，建立最严格的覆盖全过程的监管制度，建立食品原产地可追溯制度和质量标识制度，保障食品药品安全；深化安全生产管理体制改革，建立隐患排查治理体系和安全预防控制体系，遏制重特大安全事故；健全防灾减灾救灾体制；加强社会治安综合治理，创新立体化社会治安防控体系，依法严密防范和惩治各类违法犯罪活动；坚持积极利用、科学发展、依法管理、确保安全的方针，加大依法管理网络力度，加快完善互联网管理领导体制，确保国家网络和信息安全。

三、妥善处置公共卫生、社会安全等影响国家安全和社会稳定的突发事件

我国突发事件应对法规定了自然灾害、事故灾难、公共卫生事件和社会安全事件这四类突发事件。其他突发事件如公共卫生事件、事故灾难、自然灾害等，如果不能及时妥善处置，也会造成社会恐慌、社会失序，进而影响国家安全和社会稳定。

对于社会安全事件的处置，突发事件应对法第五十条规定："社会安全事件发生后，组织处置工作的人民政府应当立即组织有关部门并由公安机关针对事件的性质和特点，依照有关法律、行政法规和国家其他有关规定，采取下列一项或者多项应急处置措施：（一）强制隔离使用器械相互对抗或者以暴力行为参与冲突的当事人，妥善解决现场纠纷和争端，控制事态发展；（二）对特定区域内的建筑物、交通工具、设备、设施以及燃料、燃气、电力、水的供应进行控制；（三）封锁有关场所、道路，查验现场人员的身份证件，限制有关公共场所内的活动；（四）加强对易受冲击的核心机关和单位的警卫，在国家机关、军事机关、国家通讯社、广播电台、电视台、外国驻华使领馆等单位附近设置临时警戒线；（五）法律、行政法规和国务院规定的其他必要措施。严重危害社会治安秩序的事件发生时，公安机关应当立即依法出动警力，根据现场情况依法采取相应的强制性措施，尽快使社会秩序恢复正常。"

对于自然灾害、事故灾难、公共卫生事件的处置，突发事件应对法第四十九条规定：“……履行统一领导职责的人民政府可以采取下列一项或者多项应急处置措施：（一）组织营救和救治受害人员，疏散、撤离并妥善安置受到威胁的人员以及采取其他救助措施；（二）迅速控制危险源，标明危险区域，封锁危险场所，划定警戒区，实行交通管制以及其他控制措施；（三）立即抢修被损坏的交通、通信、供水、排水、供电、供气、供热等公共设施，向受到危害的人员提供避难场所和生活必需品，实施医疗救护和卫生防疫以及其他保障措施；（四）禁止或者限制使用有关设备、设施，关闭或者限制使用有关场所，中止人员密集的活动或者可能导致危害扩大的生产经营活动以及采取其他保护措施；（五）启用本级人民政府设置的财政预备费和储备的应急救援物资，必要时调用其他急需物资、设备、设施、工具；（六）组织公民参加应急救援和处置工作，要求具有特定专长的人员提供服务；（七）保障食品、饮用水、燃料等基本生活必需品的供应；（八）依法从严惩处囤积居奇、哄抬物价、制假售假等扰乱市场秩序的行为，稳定市场价格，维护市场秩序；（九）依法从严惩处哄抢财物、干扰破坏应急处置工作等扰乱社会秩序的行为，维护社会治安；（十）采取防止发生次生、衍生事件的必要措施。”

相关规定

《中华人民共和国突发事件应对法》第三条、第二十一条、第二十二条、第四十九条、第五十条。

第三十条　国家完善生态环境保护制度体系，加大生态建设和环境保护力度，划定生态保护红线，强化生态风险的预警和防控，妥善处置突发环境事件，保障人民赖以生存发展的大气、水、土壤等自然环境和条件不受威胁和破坏，促进人与自然和谐发展。

条文主旨

本条是关于维护生态安全任务的规定。

立法背景

生态主要包括土壤、水、空气、植被等自然生态系统。保护和改善生产环境与生态环境、防治污染和其他公害，是我国的一项基本国策。生态安全是指自然生态系统的健康与完整性不受破坏的状况，是人类生产、生活并保持健康的自然条件和基础。国家生态安全，是指一个国家生存和发展所需的生态环境处于不受或少受破坏与威胁的状态，可以实现永续利用。生态安全是国家安全和社会稳定的重要组成部分，是由水、土、大气、森林、草地、海洋、生物等组成的自然生态系统，是人类赖以生存、发展的物质基础。生态安全的特点：（1）整体性。生态环境是连通的，任何一个局部环境的破坏，都有可能引发全局性的灾难，甚至危及整个国家和民族的生存条件。（2）不可逆性。生态环境的支撑能力有一定限度，一旦超过其自身修复能力，会造成无法恢复的后果。（3）长期性。生态安全一旦出现问题，要解决的时间和经济上的花费代价巨大。（4）国际性。生态是一个国际系统，某方面生态出现问题，会影响全球生态安全。

随着工业化和城市化的高速发展，人类物质生活水平有了很大的提高，但也给自然生态系统带来了一定的负面影响。改革开放以来，我国经济取得了前所未有的发展，但环境也遭到了空前的破坏。从国土资源方面讲，土地退化（包括沙漠化、石漠化、盐碱化、草地退化）加剧，重金属、垃圾填埋及农药等有毒有害化学品对土壤造成严重污染。从水资源方面讲，工业废水和生活污水直排严重污染水资源，很多河流湖泊水质成为劣V类，有水不能用，造成严重水质性缺水；此外，酸雨面积增加和水资源使用效率低下也造成我国水资源紧缺。从大气环境方面讲，近年来，我国雾霾天气增加，工业废气和汽车尾气污染严重，很多城市PM2.5超标，空气质量严重下降；二氧化碳排放增长过快，气候变化加剧。从生物植被方面看，湿地面积减少，大量动植物处于濒危状态，生物多样性日益消失。我国环境污染、土地退化、水资源枯竭、空气质量下降、植被遭受破坏、生物多样性消失、气候变化已成为严重影响人们正常生活并制约着社会的可持续发展。生态安全备受关注。

针对以上情况，国家制定了大量法律法规保护生态环境。在土地保护方面制定了土地管理法、水土保持法、防沙治沙法等；在水资源保护方面制定了水法、水污染防治法、淮河流域水污染防治暂行条例、太湖流域管理条例、海洋倾废管理条例、防治船舶污染海洋环境管理条例等法律法规；在大气保护方面制定了大气污染防治法、环境噪声污染防治法、消耗臭氧层物质管理条例等；在植被保护方面制定了森林法、草原法、自然保护区条例等法律法规；在综合环境保护方面制定了环境保护法、环境影响评价法、固体废物污染环境防治法、规划环境影响评价条例、建设项目环境保护管理条例、全国污染源普查条例等法律法规。这些法律法规在保护生态环境方面起到了重要作用。

条文解读

一、完善生态环境保护制度体系

2015年4月25日颁布的《中共中央、国务院关于加快推进生态文明建设的意见》对加快建立系统完整的生态文明制度体系作了明确要求。(1)健全法律法规。全面清理现行法律法规中与加快推进生态文明建设不相适应的内容，加强法律法规间的衔接。研究制定节能评估审查、节水、应对气候变化、生态补偿等方面的法律法规，修订相关法律等。(2)完善标准体系。加快制定修订一批能耗、水耗、地耗、污染物排放、环境质量等方面的标准，实施能效和排污强度"领跑者"制度，加快标准升级步伐。(3)健全自然资源资产产权制度和用途管制制度。对水流、森林、山岭、草原、荒地、滩涂等自然生态空间进行统一确权登记，明确国土空间的自然资源资产所有者、监管者及其责任。完善自然资源资产用途管制制度，明确各类国土空间开发、利用、保护边界，实现能源、水资源、矿产资源按质量分级、梯级利用。(4)完善生态环境监管制度。建立严格监管所有污染物排放的环境保护管理制度。健全环境影响评价、清洁生产审核、环境信息公开等制度。建立生态保护修复和污染防治区域联动机制。(5)严守资源环境生态红线。树立底线思维，设定并严守资源消耗上限、环境质量底线、生态保护红线，将各类开发活动限制在资源环境承载能力之内。(6)完善经济政策。健全价格、财税、金融等政策，激励、引导各类主体积极投身生态文明建设。(7)推行市场化机制。加快推行合同能源管理、节能低碳产品和有机产品认证、能效标识管理等机制。(8)健全生态保护补偿机制。科学界定生态保护者与受益者权利义务，加快形成生态损害者赔偿、受益者付费、保护者得到合理补偿的运行机制。（9）健全政绩考核制度。建立体现生态文明要求的目标体系、考核办法、奖惩机制。（10）完善责任追究制度。建立领导干部任期生态文明建设责任制，完善节能减排目标责任考核及问责制度。

二、加大生态建设和环境保护力度

良好生态环境是最公平的公共产品，是最普惠的民生福祉。加快治理突出生态环境问题、多还旧账，让人民群众呼吸新鲜的空气，喝上干净的水，在良好的环境中生产生活。（1）保护和修复自然生态系统。加快生态安全屏障建设，形成以青藏高原、黄土高原—川滇等为骨架，以其他重点生态功能区为重要支撑，以禁止开发区域为重要组成的生态安全战略格局。实施重大生态修复工程，有序实现休养生息。实施生物多样性保护重大工程，建立监测评估与预警体系，健全国门生物安全查验机制，有效防范物种资源丧失和外来物种入侵，积极参加生物多样性国际公约谈判和履约工作。（2）全面推进污染防治。按照以人为本、防治结合、标本兼治、综合施策的原则，建立以保障人体健康为核心、以改善环境质量为目标、以防控环境风险为基线的环境管理体系，健全跨区域污染防治协调机制，加快解决人民群众反映强烈的大气、水、土壤污染等突出环境问题。（3）积极应对气候变化。坚持当前长远相互兼顾、减缓适应全面推进，通过节约能源和提高能效，优化能源结构，增加森林、草原、湿地、海洋碳汇等手段，有效控制二氧化碳、甲烷、氢氟碳化物、全氟化碳、六氟化硫等温室气体排放。提高适应气候变化特别是应对极端天气和气候事件能力。

三、强化生态风险的预警和防控，妥善处置突发环境事件

随着突发环境事件的频繁发生，有效预防和处置突发环境事件，提升环境应急能力和预警水平，保障环境安全，已成为我国环境保护工作的重要内容。环境保护法规定，国家建立、健全环境监测制度；建立环境资源承载能力监测预警机制；国家建立跨行政区域的重点区域、流域环境污染和生态破坏联合防治协调机制；国家实行环境保护目标责任制和考核评价制度；划定生态保护红线，实行严格保护；国家建立、健全生态保护补偿制度；国家加强对大气、水、土壤等的保护，建立和完善相应的调查、监测、评估和修复制度等。

2011年10月17日国务院颁布实施《国务院关于加强环境保护重点工作的意见》提出：有效防范环境风险和妥善处置突发环境事件。完善以预防为主的环境风险管理制度，实行环境应急分级、动态和全过程管理，依法科学妥善处置突发环境事件。建设更加高效的环境风险管理和应急救援体系，提高环境应急监测处置能力。制定切实可行的环境应急预案，配备必要的应急救援物资和装备，加强环境应急管理、技术支撑和处置救援队伍建设，定期组织培训和演练。开展重点流域、区域环境与健康调查研究。全力做好污染事件应急处置工作，及时准确发布信息，减少人民群众生命财产损失和生态环境损害。健全责任追究制度，严格落实企业环境安全主体责任，强化地方政府环境安全监管责任。

相关规定

《中共中央、国务院关于加快推进生态文明建设的意见》；《中华人民共和国宪法》第二十六条；《中华人民共和国突发事

件应对法》有关条文；《中华人民共和国环境保护法》《中华人民共和国水污染防治法》《中华人民共和国大气污染防治法》《中华人民共和国环境噪声污染防治法》《中华人民共和国固体废物污染环境防治法》《中华人民共和国环境影响评价法》《中华人民共和国土地管理法》《中华人民共和国水土保持法》《中华人民共和国防沙治沙法》《中华人民共和国森林法》《中华人民共和国草原法》；《淮河流域水污染防治暂行条例》《太湖流域管理条例》《海洋倾废管理条例》《防治船舶污染海洋环境管理条例》《消耗臭氧层物质管理条例》《自然保护区条例》《规划环境影响评价条例》《建设项目环境保护管理条例》《全国污染源普查条例》；《国务院关于加强环境保护重点工作的意见》。

第三十一条　国家坚持和平利用核能和核技术，加强国际合作，防止核扩散，完善防扩散机制，加强对核设施、核材料、核活动和核废料处置的安全管理、监管和保护，加强核事故应急体系和应急能力建设，防止、控制和消除核事故对公民生命健康和生态环境的危害，不断增强有效应对和防范核威胁、核攻击的能力。

条文主旨

本条是关于维护核安全任务的规定。

立法背景

核安全通常是指核材料及放射性物质的管理和使用处于没有任何危险的状态，包括放射性物资的管理、核资源的开采利用、核电站的运行、乏燃料的处理、防止核扩散等。需要采取核安全措施的设施和活动包括核电厂和其他核设施以及医用、发电用、工业用和军用核物资的运输、使用与存储等。

核安全关系经济社会发展全局和人民群众的切身利益，是全民关注的重大问题。我国历来重视核安全，加入了《不扩散核武器条约》《核安全公约》《核事故或辐射紧急援助公约》等国际条约，签署了《全面禁止核试验条约》，制定了民用核设施安全监督管理条例、放射性废物安全管理条例、核电厂核事故应急管理条例、核出口管制条例、核两用品及相关技术出口管制条例等行政法规。日本福岛核电站事故发生后，我国政府抓紧部署，2012 年出台了《核安全与放射性污染防治“十二五”规划及 2020 年远景目标》，要求不断健全法规标准和政策措施，加强技术支撑和基础能力建设，强化质量保证，完善监管机制和应急体系，严格安全管理，不断提高核安全水平。

条文解读

一、坚持和平利用核能和核技术

我国一向坚持和平利用核能和核技术，加强国际合作，防止核扩散，积极完善防扩散机制。防止大规模杀伤性武器及其运载工具的扩散有利于维护国际和地区的和平与安全，符合国际社会的共同利益，这已成为国际共识。国际社会经过长期不懈的努力，已建立起一个相对完整的国际防扩散体系。国际防扩散体系在防止和延缓大规模杀伤性武器及其运载工具的扩散，维护世界和地区的和平与安全方面，发挥了积极作用。我国一贯主张全面禁止和彻底销毁核武器、生物武器和化学武器等各类大规模杀伤性武器，坚决反对此类武器及其运载工具的扩散。中国不支持、不鼓励、不帮助任何国家发展大规模杀伤性武器及其运载工具。

中国坚决支持国际防扩散努力，也十分关心国际和地区的和平与稳定。中国主张通过和平手段实现防扩散目标，一方面要不断改进国际防扩散机制，完善和加强各国的出口控制；另一方面应通过对话和国际合作解决扩散问题。

中国已参加了防扩散领域的所有国际条约和相关国际组织，并与其他国家和有关多国出口控制机制积极开展交流与合作。中国积极参与国际社会解决有关防扩散问题的外交努力，推动通过对话与合作，以和平方式解决相关问题。有效的出口管制是实现防扩散目标的重要手段。作为一个具有一定工业和科技能力的国家，中国在这一领域采取了极为负责任的政策和举措。相关出口管制做法已与国际通行做法基本一致。

二、加强安全管理、监管和保护

加强安全管理，主要包括以下几个方面：提高核能与核技术利用安全水平。加强重大自然灾害对核设施影响的分析和预测预警。进一步提高核安全设备设计、制造、安装、运行的可靠性。加强研究堆和核燃料循环设施的安全整改，对不能满足安全要求的设施要限制运行或逐步关停。规范核技术利用行为，开展核技术利用单位综合安全检查，对安全隐患大的核技术利用项目实施强制退役。

加强安全监管，主要包括以下几个方面：完善核与辐射安全审评方法。加强运行核设施安全监管，强化对在建、拟建核设施的安全分析和评估，完善核安全许可制度。完善核设施的安全管理。加强对核材料、放射性物品生产、运输、存储等环节的安全监管。加强核技术利用安全监管，完善核技术利用辐射安全管理信息系统。加强辐射环境质量监测和核设施流出物监督性监测。加强放射性污染防治。推进早期核设施退役和放射性污染治理。

三、加强核事故应急体系和应急能力建设

关于核事故应急，我国已经制定了突发事件应对法、放射性污染防治法、核电厂核事故应急管理条例、放射性物品运输安全管理条例等法律法规，并根据国家突发公共事件总体应急预案，制定了国家核应急预案。加强核事故应急体系和应急能力建设，主要充实核事故监测、预警、处置、信息、后果评价、决策和指挥能力。加强核应急救援体系建设，建立统一指挥、统一调度的核事故应急响应专业队伍，提高核事故应急响应能力。合理规划核电厂核事故应急计划区范围。强化地方政府的应急指挥、应急响应、应急监测、应急技术能力建设，制定并实施应急能力建设标准，配备必要应急物资及装备，提高地方政府应急水平。

四、不断增强有效应对和防范核威胁、核攻击的能力

核力量是维护国家主权和安全的战略基石。中国始终奉行不首先使用核武器的政策，坚持自卫防御的核战略，无条件不对无核武器国家和无核武器地区使用或者威胁使用核武器，不与任何国家进行核军备竞赛，核力量始终维持在维护国家安全需要的最低水平。

建设完善核力量体系，提高战略预警、指挥控制、导弹突防、快速反应和生存防卫能力，慑止他国对中国使用或者威胁使用核武器。

本条规范的核安全既包括维护民用核安全，也包括军事核安全。在相当长的时期内，核威胁都是客观存在的，不会因我们坚持核能和核技术的和平利用，加强核技术水平和核应急能力建设而完全消失或减弱。因此，本条规定国家“不断增强有效应对和防范核威胁、核攻击的能力”，保护人民的生命财产安全和国家安全。

相关规定

《中华人民共和国突发事件应对法》有关条文；《中华人民共和国放射性污染防治法》；《民用核设施安全监督管理条例》《核电厂核事故应急管理条例》《放射性废物安全管理条例》《放射性物品运输安全管理条例》《核材料管制条例》《民用核安全设备监督管理条例》《核出口管制条例》《核两用品及相关技术出口管制条例》。

第三十二条　国家坚持和平探索和利用外层空间、国际海底区域和极地，增强安全进出、科学考察、开发利用的能力，加强国际合作，维护我国在外层空间、国际海底区域和极地的活动、资产和其他利益的安全。

条文主旨

本条是关于维护新型领域安全的任务的规定。

立法背景

外层空间、国际海底区域和极地等新型领域，不属于国家主权管辖范围，但是近年来，这些新型领域对于国家安全的重要性，已经越来越成为世界各国的共识。世界各国普遍认为这些领域属于未来国家利益拓展和维护国家安全的"战略新疆域"。

西方发达国家从20世纪80年代起就开始逐步加强这些新型领域的立法工作，美国、日本、俄罗斯以及有关欧洲国家也都将太空、极地、深海作为国家安全战略的重要内容，通过法律和国家政策保障本国在新型领域国家利益的安全。我国目前在这些领域也有着现实和潜在的重大国家利益，也面临着安全威胁和挑战，因此，本法立足于维护国家安全的未来需要，在本条中对外层空间、国际海底区域和极地的国家安全任务作出原则性规定，为相关工作提供法律依据和预留立法接口。

条文解读

一、关于外层空间

（一）外层空间的法律地位

目前国际法上专门针对外层空间活动的公约有5件，分别是《关于各国探索和利用包括月球和其他天体在内外层空间活动的原则条约》（简称外空条约）、《营救宇航员、送回宇航员和归还射入外层空间的物体的协定》、《空间物体所造成损害的国际责任公约》、《关于登记射入外层空间物体的公约》和《指导各国在月球和其他天体上活动的协定》等。另外，《限制反弹道导弹条约》《国际电信公约》《国际无线电规则》《联合国宪章》等的基本原则，对太空活动也有一定规范。

根据外空条约规定，外层空间属于全人类共同所有，各国不得通过主权要求、使用或占领等方法，以及其他任何措施，把外层空间（包括月球和其他天体）据为己有。同时，所有国家可在平等、不受任何歧视的基础上，根据国际法自由探索和利用外层空间，自由进入天体的一切区域。

（二）外层空间的利用原则

归纳起来，现行外层空间利用主要确立了以下四个原则：（1）共同利益原则。探索和利用外层空间应为所有国家谋福利和利益。（2）平等共有原则。外层空间是对全人类开放的空间，一切国家可以不受歧视地、平等地、自由地探索和利用外层空间，进入天体的一切地区。（3）和平利用原则。任何国家不得在绕地球轨道、天体或者深空放置、部署核武器或者其他大规模杀伤性武器；禁止在天体上建立军事基地、设施、工事或者其他大规模杀伤性武器；禁止在天体上建立军事基地、设施、工事及试验任何类型的武器和进行军事演习。（4）不得据为己有原则。任何国家不得通过主权要求、使用或者占领等方式，以及其他任何措施，将包括月球及其他天体在内的太空据为己有。

(三) 外层空间安全方面存在的问题

随着外层空间技术的快速发展和外层空间领域竞争的日益加剧，尤其是主要航天大国在外层空间武器化问题上的矛盾和争议，现行外层空间面临的挑战和问题逐渐突出。主要体现在以下几个方面：（1）对外层空间武器化约束有限。（2）条约部分概念术语定义不够严格。（3）条约缺乏有效的执法程序和机制。（4）外层空间活动普及带来新的法律问题，例如外层太空商业化与私营化趋势加快，私人或者非政府组织进行太空探索的权利、义务和责任的认定缺乏法律界定。

(四) 我国关于外层空间的规定

目前很多国家均针对外层空间的开发利用，制定了法律。美国、英国、法国、德国、西班牙、比利时、澳大利亚、加拿大、日本等国均制定了相关法律。我国于 1983 年加入《外层空间条约》，1988 年加入《营救宇航员、送回宇航员和归还射入外层空间的物体的协定》《空间物体所造成损害的国际责任公约》《关于登记射入外层空间物体的公约》。2001 年中国国防科学技术工业委员会和外交部发布了《空间物体登记管理办法》，这是我国第一部规范空间活动的规章。2002 年中国国防科学技术工业委员会又公布了《民用航天发射许可证管理暂行办法》，该办法建立了对在我国境内非军事用途的航天器进入外层空间的行为的许可证管理体系，与之相配套，还出台了《民用航天发射许可证审批办理程序》。

目前，调整我国外层空间活动的还有国家制定的一系列的外层空间政策。2004年4月经国务院批准，国防科工委和国家发改委联合发布的《国防科技工业产业政策纲要》中有关航天产业的政策规定；国防科工委在2007年通过的《航天发展“十一五”规划》和《“十一五”空间科学发展规划》；国防科工委和国家发改委在2008年联合颁布了《关于促进卫星应用产业发展的若干意见》。此外，还有众多的关于减缓空间碎片政策的规定，如，在国家航天局的统一领导下编制的《空间碎片行动计划（2006—2010）》等。

二、关于国际海底区域

（一）关于国际海底区域的法律地位

《联合国海洋法公约》第11部分和《关于执行〈海洋法公约〉第11部分的协定》对国际海底区域作了规定：（1）在地理空间上，它指的是主权国家管辖范围（领海、毗连区、专属经济区和大陆架）以外的海底、洋底及其底土；（2）在法律地位上，国际海底区域及其自然资源是人类的共同继承财产；（3）在资源开发权上，对国际海底区域资源开发的一切权利属于全人类；（4）在具体管理上，由国际海底管理局代表全人类为“全人类的利益”进行管理。

（二）国家参与国际海底区域开发利用等权利义务

根据《联合国海洋法公约》和《关于执行〈海洋法公约〉第11部分的协定》规定，国家参与国际海底区域及其资源开发利用等的权利、义务包括：（1）任何海洋法公约缔约国及其国有企业，或在缔约国担保之下的具有该国国籍的自然人或法人，可以与国际海底管理局协作的方式进行国际海底区域内资源的勘探和开发；但任何国家都不能对国际海底区域及其资源主张或者行使主权或主权权利，不能把国际海底区域及其资源据为己有；(2) 任何国家都有公平地享受国际海底资源收益的权利；(3) 要和平利用国际海底区域；(4) 保护和保全国家海底区域的海洋环境；(5) 所有国家均有权在国家海底区域内进行海洋科学研究；(6) 在国际海底区域内的一切行为应符合国际法。

(三) 我国在国际海底区域享有国际法权利和现实利益

我国1996年批准加入《联合国海洋法公约》，按照公约规定，我国享有参与国际海底区域及其资源勘探开发和科学研究等国际法赋予的权利。目前，在中国政府的担保下，中国大洋矿产资源研究开发协会以及五矿集团先后与国际海底管理局正式签订四份国际海底区域有关矿区勘探合同，目前我国已成为世界上在国际海底区域及其资源拥有实际利益的少数几个国家之一。我国在国际海底区域的活动具有重要的战略意义。在政治上，维护了国际海底区域及资源是“人类共同继承遗产”这一原则和我国在这一领域应有的权利；经济上，则着眼于开发利用国际资源，为我国经济社会可持续发展开辟了战略资源储备基地，为维护我国资源安全提供了强有力支撑。

(四) 我国关于参与国际海底区域相关事务的有关规定

21世纪以来，按照发展海洋经济，建设海洋强国的目标，国家先后出台了一系列文件，包括国家经贸委《关于发布〈“十五”工业结构调整规划纲要〉的通知》《国务院关于印发〈全国海洋经济发展规划纲要〉的通知》《国务院关于印发〈中国21世纪初可持续发展行动纲要〉的通知》《国家发展改革委关于印发〈高技术产业发展“十一五”规划〉的通知》《国务院关于印发〈全国海洋经济发展“十二五”规划〉的通知》《国务院关于印发〈国家重大科技基础设施建设中长期规划（2012—2030年）〉的通知》等，对我国积极参与国际海底区域科学考察、开发利用和国际合作，维护我国在国际海底区域的合法权益提出新要求、做出新部署。主要包括：一是持续开展国际海洋地质调查和国际海底矿产资源勘查。二是加强国际海底区域矿产资源勘探、研究与开发。三是加强国际海域的基础能力建设，加大深海矿产资源勘查、开采、选冶等技术装备的研发力度，发展深海生物基因资源采集、保藏、提取、培养等相关技术。四是增强我国参与国际海洋事务的能力。五是加强国际合作。

三、关于极地区域

极地区域包括南极地区和北极地区，其中，南极地区泛指南纬60度南极圈以南的地区，包括南极大陆、周围岛屿和海洋；北极地区是指北纬60度北极圈以内的区域，除了少数国家的领土外，主要部分是北冰洋。

（一）关于极地区域的法律地位

南极和北极在自然条件方面有许多共同点，但是其法律地位和法律制度方面差异巨大。根据《南极条约》和其他条约规定，对南极的任何领土主权要求处于冻结状态，在条约的有效期内，原来提出过领土主权的国家可以不放弃其主张，但也不能提出新的主张；原来没有提出过领土主权主张的国家不得再提出新的要求。此外，条约还要求南极永远只用于和平目的、科学考察自由、各国科学合作、各国对南极有环境保护义务等。

在北极地区没有一个专门适用的国际条约，更没有像南极条约体系那样系统完备的法律制度。目前适用于北极地区的国际法主要有《联合国海洋法公约》，1920年关于斯匹次卑尔根群岛主权归属和资源开发利用问题的《斯匹次卑尔根群岛条约》，1973年北冰洋五国签署的《保护北极熊协定》以及其他适用于北极地区的环境、航行等国际公约。与南极冻结领土主权要求不同，北极地区的陆地和岛屿均分别属于环北极地区不同国家的领土，环北极国家可以依据海洋法公约在北冰洋享有相应的领海、毗连区、专属经济区和大陆架的相关权利。各个国家领海范围以外的海洋属于公海，各国大陆架以外的海床和底土属于国际海底区域。另外，1920年《斯匹次卑尔根群岛条约》明确规定斯匹次卑尔根群岛主权属于挪威，但是各缔约国有权在该地区依法平等从事海洋、工业、矿业和商业活动。中国于1925年加入该条约。

（二）我国在极地区域享有国际法权利和现实利益

我国目前在南极地区已经建立了四个科学考察站，分别是1985年建立的长城站，1989年建立的中山站，2009年建立的昆仑站和2014年建立的泰山站。此外，我国于1994年批准了《关于环境保护的南极条约议定书》。根据议定书规定，缔约国可以在南极申请设立南极特别保护区和南极特别管理区，管理国可以采取严格的保护措施并建立进入许可制度来对这些区域加以管理。我国于2007年与澳大利亚、印度、罗马尼亚和俄罗斯联合提请设立了东南极拉斯曼丘陵南极特别管理区，2008年我国单独申请在南极格罗夫山地区哈丁山设立南极特别保护区获得批准，此外，我国还与澳大利亚联合申请了南极特别保护区。

我国目前在北极的活动主要是科学考察活动，并于2004年在北极地区的斯匹次卑尔根群岛建立了黄河科考站。同时，我国依据联合国海洋法公约依法享有对于北极地区公海和国际海底区域的相关权利。特别是随着未来北极西北航道、东北航道的打通，北极航行自由对于我国未来发展非常重要，战略价值和经济价值都不可低估。

（三）我国关于参与极地区域相关事务的有关规定

2014年国家海洋局制定通过了《南极考察活动行政许可管理规定》。此外，国务院颁发的有关测绘、海洋、科技发展等相关文件中，也对于极地科考和生物资源利用提出了明确要求，例如：（1）测绘。《测绘地理信息发展“十二五”总体规划纲要》要求“继续加强南、北极基础测绘”。（2）生物资源利用。《国务院关于促进海洋渔业持续健康发展的若干意见》要求“积极参与开发南极海洋生物资源”。（3）航运。《国务院关于促进海运业健康发展的若干意见》提出：“加大重要国际海运通道和北极事务的研究和参与力度，支持企业参与北极航线的运行，加强国际海运保障能力建设。”（4）科学考察。《国家重大科技基础设施建设中长期规划（2012—2030年）》提出了“中国南极天文台”和“南极气球站”的建设要求。

相关规定

《空间物体登记管理办法》《民用航天发射许可证管理暂行办法》《民用航天发射许可证审批办理程序》《南极考察活动行政许可管理规定》。

第三十三条　国家依法采取必要措施，保护海外中国公民、组织和机构的安全和正当权益，保护国家的海外利益不受威胁和侵害。

条文主旨

本条是关于维护海外利益的任务的规定。

立法背景

保护我国海外利益是保护我国国家利益的重要组成部分。随着我国对外开放的不断深化和经济全球化的加速发展以及国家“走出去”倡议的实施，我国企业在海外的投资不断扩大，在海外经商、旅游、留学的中国公民数量与日俱增，我国在海外的利益不断扩大。随着“一带一路”倡议的实施，我国在海外的利益还会进一步扩大。但是国际安全形势不确定、不稳定因素增多，国际恐怖活动和针对我国公民的犯罪时有发生，我国海外利益面临的安全风险有所上升，维护我国海外利益的任务十分艰巨。海外中国公民、组织和机构的安全和正当权益成为外交保护、领事保护的重要方面。驻外外交人员法第五条明确规定，驻外外交人员的职责包括维护中国公民和法人在国外的正当权益。2014 年党的十八届四中全会进一步要求，“强化涉外法律服务，维护我国公民、法人在海外及外国公民、法人在我国的正当权益，依法维护海外侨胞权益”。2015 年国务院关于落实《政府工作报告》重点工作部门分工的意见中也提出，健全金融、信息、法律、领事保护服务，注重风险防范，提高海外权益保障能力。

条文解读

一、保护海外公民、组织、机构权益的现状

据不完全统计，2015 年我国出国旅游人数超过 1.2 亿人次，到 2014 年年底，我国以留学身份出国在海外留学的人员有 170.88 万人，从 1978 年到 2014 年，我国出国留学总人数达到 351.84 万人，截至 2015 年 11 月底，我国在外劳务人员达 103.8 万人，我国累计非金融类对外直接投资达 55786 亿元人民币（约

合 8491 亿美元）。随着我国不断对外开放，我国与世界各国的交往还将进一步加深，我国到海外旅游、经商、学习的公民还会进一步增加，到国外开展国际经济贸易合作的企业也会进一步增多。

我国公民、组织和机构在国外的安全和正当权益基本是有保障的。但在个别国家或个别情况下也有针对我国公民的犯罪，个别国家对我国企业还存在偏见或歧视，有时个别国家可能发生武装冲突和社会骚乱与动荡。在上述情况下，我国公民、组织和机构在海外安全和正当权益以及国家在海外的利益就可能受损，国家就应采取相应措施予以保护。如 2011 年西方对利比亚进行突袭，旅居利比亚的大量中国公民生命安全受到威胁，我国政府动用大量飞机和船舶把 30000 位中国公民成功地从利比亚撤回，较好地保护了中国公民人身安全。这是中国政府最近成功保护中国海外公民人身安全的案例之一。鉴于上述情况，国家安全法有必要把维护我国公民、组织和机构在海外安全和正当权益以及国家在海外的利益纳入其管辖范围。

二、保护的对象

本条所讲中国公民指具有中国国籍的人员，不包括已经取得驻在国国籍的华裔；组织和机构指法人，包括企事业单位、科研机构、院校等；国家的海外利益指国家作为一个整体在海外的利益，其范围很广，包括国有资产、国家机密、国家形象、国家软实力、国家在国际上的权益，等等。

从法律的角度讲，国家保护的是中国公民的人身安全以及中国公民、组织、机构和国家在海外的正当权益和公正待遇。如果某国发生专门针对中国公民的犯罪，中国政府就必须提起严正交涉，要求有关国家采取切实行动加强对中国公民的保护并严惩犯罪分子或犯罪组织，预防再次发生专门针对中国公民的犯罪。再比如中国公民在海外犯罪，中国政府就应派外交或领事官员旁听审判过程，确保其受到公正审判和人格尊严不受侵犯。再比如中国企业在国外受到歧视待遇，中国政府也应提起交涉，确保中国企业在海外得到公正待遇。

本条规定国家保护海外中国公民、组织和机构的安全和正当权益。这里规定的“正当权益”与“合法权益”有联系，通常情况下范围基本一致但并不完全重叠。中国公民和法人位于别国领土之上，根据属地管辖原则，他们受所在国法律支配。宪法第五十条规定，中华人民共和国保护华侨的正当的权利和利益，保护归侨和侨眷的合法的权利和利益。这里对于归侨和侨眷表述为“合法的权利和利益”，而对于华侨则采用了“正当的权利和利益”。这主要就是考虑根据保护的主体所在地域的不同，合法性与正当性的范围可能有所区别。归侨和侨眷作为中国公民，处于中华人民共和国的范围内，理所应当遵守中国法律，因此只有合法的权利和利益才能得到保护。但是，华侨作为中国公民又长期定居国外，所在国法律规定可能与中国的法律规定不一致，有的行为在所在国是合法的，但是在我国可能属于非法的；有的行为在所在国是非法的，但是在我国可能是合法行为。更为极端的情况，有的所在国的法律本身，就存在威胁我国国家安全或者对中国公民、组织存在歧视的规定。在这个时候，国家是否予以保护，就不能简单地考虑该行为是否符合当地法律规定，而需要考虑“正当性”。

三、国家维护海外利益的措施

本条规定，国家依法采取必要措施保护国家的海外利益不受威胁和侵害。第一个要求就是国家采取的相关措施应当依法进行。一是必须符合中国相关法律的规定；二是必须遵守国际法和公认的国际关系准则；三是应尊重别国主权和司法独立。在中国公民、组织和机构安全与正当权益以及国家整体利益在海外受到威胁的情况下，国家必须依法采取切实措施保护中国公民、组织和机构在海外的安全和正当权益以及国家整体海外利益，最常用的是外交和领事保护。《维也纳外交关系公约》规定，使馆“于国际法许可范围内，在接受国中保护派遣国及其国民之利益”。《中华人民共和国驻外外交人员法》也规定，维护中国公民和法人在国外正当权益是驻外外交人员的重要职责之一。因此，按国际法和公认的国际关系准则保护我国在海外的本国公民、组织和机构安全与正当权益以及国家整体海外利益是必需的。

第二个要求就是采取的措施应当以“保护海外中国公民、组织和机构的安全和正当权益，保护国家的海外利益不受威胁和侵害”为限度。近年来，我国为维护海外利益开展了许多工作，其中既包括外交措施，也保护行政执法合作，在紧急情况下，还包括了海外军事行动。例如，一是深化对外友好交往与合作，打造“全球伙伴关系网络”，夯实维护我国海外利益安全的根基；二是同有关国家商签双边投资保护协议等，为保护和促进海外投资营造有利的法律环境；三是加强领事保护工作，成立“外交部全球领事保护与服务应急呼叫中心”等；四是开展双多边反恐与执法安全合作，为我国海外利益提供更多保障；五是派遣海军舰艇编队赴亚丁湾、索马里海域执行护航任务，有效维护了我国海上重要战略通道和人员、船舶安全。这些工作于法有据，较好地维护了我国的海外利益。

相关规定

《中华人民共和国宪法》第五十条；《中华人民共和国驻外外交人员法》第五条。

第三十四条　国家根据经济社会发展和国家发展利益的需要，不断完善维护国家安全的任务。

条文主旨

本条是维护国家安全的任务的兜底条款。

立法背景

制定国家安全法，对维护国家安全的任务作出兜底规定，是贯彻总体国家安全观的需要。本法总则第三条规定："国家安全工作应当坚持总体国家安全观，以人民安全为宗旨，以政治安全为根本，以经济安全为基础，以军事、文化、社会安全为保障，以促进国际安全为依托，维护各领域国家安全，构建国家安全体系，走中国特色国家安全道路。"该条对国家安全工作指导思想即总体国家安全观作了阐述。总体国家安全观充分考虑国家利益的拓展和国家安全形势的变化，提出涉国家安全领域也会不断拓展和变化，国家安全重点领域不仅仅是政治安全、人民安全、国土安全、军事安全等十一个领域，法条中"维护各领域国家安全"就是上述思想的体现。

条文解读

本法第二章维护国家安全的任务，共二十条，从政治安全、人民安全、新型领域安全等十九个方面对维护国家安全的任务作了规定。除了上述领域维护国家安全的任务外，还有一些领域的安全也需要引起重视。如生物安全，基因信息以及物种安全的保护，防控人与动植物等新发突发传染病疫情、防御生物武器攻击和恐怖袭击、防控外来入侵生物威胁等，对国家安全也很重要；如电磁空间安全，随着信息化程度的提高，电磁空间安全越来越重要，等等。目前，本法第二章规定的十九个方面维护国家安全的任务，是根据当下维护国家安全的形势和需要作出的规范。随着经济社会发展和国家安全利益的需要，将有新的维护国家安全的任务需要纳入总体国家安全观，为了防止挂万漏一，根据形势发展不断完善维护国家安全的任务留下接口和余地，有必要增加兜底条款。因此，本法规定，国家根据经济社会发展和国家发展利益的需要，不断完善维护国家安全的任务。

相关规定

《中华人民共和国国家安全法》第三条。

第三章　维护国家安全的职责

第三十五条　全国人民代表大会依照宪法规定，决定战争和和平的问题，行使宪法规定的涉及国家安全的其他职权。

全国人民代表大会常务委员会依照宪法规定，决定战争状态的宣布，决定全国总动员或者局部动员，决定全国或者个别省、自治区、直辖市进入紧急状态，行使宪法规定的和全国人民代表大会授予的涉及国家安全的其他职权。

条文主旨

本条是关于全国人民代表大会及其常务委员会维护国家安全职责的规定。

立法背景

维护国家安全是中央和地方的共同责任，是党政军的共同责任。根据宪法和法律规定，本章规定了全国人大及其常委会、国家主席、国务院、中央军委、中央国家机关各部门和地方包括香港、澳门两个特别行政区维护国家安全的责任，并对国家机关及其工作人员履行职责应当贯彻维护国家安全的原则作出专门规定。宪法第五十七条规定："中华人民共和国全国人民代表大会是最高国家权力机关。它的常设机关是全国人民代表大会常务委员会。”全国人民代表大会作为最高国家权力机关，在中央国家机关中处于核心地位，国家的行政机关、审判机关和检察机关由它产生，向它负责，受它监督。全国人大及其常委会作为最高国家权力机关，具有立法、监督、人事任免、重大事项决定等重要职权，在维护国家安全方面的职责是不言而喻的。

条文解读

一、关于全国人民代表大会维护国家安全的职责

（一）关于决定战争和和平的问题

宪法第六十二条第十四项规定全国人民代表大会“决定战争和和平的问题”。战争和和平问题是政治的最高形式，其一决定是否向某一国或某一国家集团宣战，其二决定是否与交战国达成协议，双方停战，结束战争。战争和和平问题直接关系国家的根本利益，对国家的生存与发展生死攸关。在遇到国家遭受武装侵犯时，涉及国家的主权和领土完整；在必须履行国际间共同防止侵略的条约时，也涉及国家履行国际义务。而且国家在进入战争状态后，其政权运行方式和政治、军事、经济体制都可能进入非常状态，公民的基本权利也可能受到一定程度的克减，因此必须由最高国家权力机关来决定。

（二）关于宪法规定的其他职权

全国人民代表大会依照宪法规定，还行使宪法规定的涉及国家安全的其他职权。例如，一是立法权。制定和修改刑事、民事、国家机构的和其他的基本法律，全国人民代表大会先后制定和修改了兵役法、国防法、反分裂国家法、刑法、刑事诉讼法等密切关系国家安全方面的法律。二是人事任免权。例如选举中央

军事委员会主席；根据中央军事委员会主席的提名，决定中央军事委员会其他组成人员的人选等。

二、关于全国人民代表大会常务委员会维护国家安全的职责

宪法第六十七条规定应当由全国人大常委会行使的职权共有二十一项。其中，涉及国家安全的职权有以下几个方面。

（一）决定战争状态的宣布

宪法第六十七条第十八项规定："在全国人民代表大会闭会期间，如果遇到国家遭受武装侵犯或者必须履行国际间共同防止侵略的条约的情况，决定战争状态的宣布。"全国人大常委会"决定战争状态的宣布"与全国人大"决定战争和和平的问题"有所不同，有两个明确条件限制。一是必须在全国人民代表大会闭会期间，二是已经发生了国家遭受武装侵犯或者必须履行国际间共同防止侵略的条约的情况。从本质上讲，决定战争的问题属于全国人民代表大会的职权。宪法第六十七条第十八项作出的规定，主要是基于以下原因：通常情况下，我国每年只召开一次全国人民代表大会，在大会闭会期间，当国家遭受武装侵犯时，难以迅速召集近3000名代表开会作出应战的决定，而全国人大常委会作为全国人民代表大会的常设机关，由它决定战争状态的宣布，既是最高国家权力机关履行职能的需要，也有利于国家迅速采取应对措施，进行自卫和反侵略，维护国家安全，这是十分必要的。同样，按照国际法上条约必须遵守的原则，当我国必须履行国际间共同防止侵略的条约的情况发生时，在全国人民代表大会闭会期间，也要由全国人大常委会决定战争状态的宣布。

（二）决定全国总动员或者局部动员

全国总动员或者局部动员，是在国家的主权、统一、领土完整和安全遭受威胁时，一般是指面临或者已经遭受外敌侵略或者发生严重内乱时，国家所采取的一种紧急措施。动员令一经发出，国家或者局部地区将从平时体制转入战时体制，全国人民或者局部地区的人民都必须全力以赴地投入抵抗侵略或者制止内乱的行动中去，一切工作都要服从动员的需要。全国总动员或者局部动员对国家经济建设和其他建设都会产生重要影响，所以必须由全国人民代表大会常务委员会决定。全国人民代表大会常务委员会决定全国总动员或者局部动员后，由国家主席发布动员令。

（三）决定全国或者个别省、自治区、直辖市进入紧急状态

紧急状态是指突发性的现实危机或者可预见即将发生危机，在或者将在较大空间范围或者较长时间内威胁到公民生命、健康、财产安全，甚至影响国家机关正常行使权力，必须采取特殊的应急措施才能恢复正常秩序的特殊状态。导致出现紧急状态的因素主要包括严重自然灾害、重大事故灾难、突发公共卫生事件、社会动乱和恐怖事件等。多数国家宪法中都有关于“紧急状态”的规定。1982 年宪法第六十七条第二十项曾规定全国人民代表大会常务委员会的职权为“决定全国或者个别省、自治区、直辖市的戒严”。2004 年宪法修正案将上述规定修改为“决定全国或者个别省、自治区、直辖市进入紧急状态”。戒严是指在发生严重危及国家的统一、安全或者社会公共安全的动乱、暴乱或者严重骚乱，不采取非常措施不足以维护社会秩序、保护人民的生命财产安全的紧急状态时，国家决定采取的一种非常措施。“紧急状态”下采取的措施包括“戒严”但又不限于“戒严”，还可能包括突发事件应急处置措施、动员措施等。

（四）关于宪法规定的其他职权

全国人民代表大会常务委员会行使宪法规定的和全国人民代表大会授予的涉及国家安全的其他职权。

一是立法权。宪法规定全国人大常委会制定和修改除应当由全国人大制定的法律以外的其他法律，在全国人大闭会期间，对全国人大制定的法律进行部分补充和修改，但是不得同该法律的基本原则相抵触。例如，全国人大常委会先后制定或者修改了国家安全法、现役军官法、预备役军官法、军事设施保护法、人民防空法、国防动员法、国防教育法、人民警察法、人民武装警察法、戒严法、突发事件应对法等密切关系国家安全方面的法律。

二是监督权。监督国务院、最高人民法院和最高人民检察院的工作。我国宪法规定："国家行政机关、监察机关、审判机关、检察机关都由人民代表大会产生，对它负责，受它监督。"全国人大常委会依法行使监督权的主要形式，包括听取国务院、最高人民法院、最高人民检察院的专项工作报告，听取国民经济和社会发展计划、预算执行情况报告，听取决算报告和审计工作报告，进行询问、质询等。例如，2013 年十二届全国人大常委会第四次会议听取和审议了国务院关于传染病防治工作和传染病防治法实施情况的报告，并以联组会议的形式开展了该届常委会第一次专题询问。传染病防治工作是重要的民生工程，事关人民群众的身体健康和生命安全，事关经济社会发展和国家安全稳定。会议要求国务院及有关方面继续深入贯彻实施传染病防治法，全面提升传染病防治工作水平。国务院有关部门要认真研究处理常委会组成人员的审议意见和提出的问题，积极回应各方面关切，并将研究处理情况及时报告全国人大常委会。有关专门委员会要将专题询问中大家比较关注的问题进行梳理，选择突出问题加强跟踪监督，切实推动传染病防治工作，确保人大监督取得实效。2014 年十二届全国人大常委会第九次会议听取和审议了国务院关于加强金融监管防范金融风险工作情况的报告。金融是现代经济的核心，事关国家经济安全。会议督促国务院及其有关部门切实增强防范金融风险的忧患意识和危机意识，完善金融监管协调机制，强化金融市场约束，加强金融基础设施建设，有效防范、化解和处置金融风险，保障金融市场安全高效运行和整体稳定。

三是人事任免权。如在全国人民代表大会闭会期间，全国人大常委会根据中央军事委员会主席的提名，决定中央军事委员会其他组成人员的人选。

四是批约权。全国人大常委会决定同外国缔结的条约和重要协定的批准和废除。例如，2013 年十二届全国人大常委会第三次会议批准了上海合作组织成员国组织和举行联合反恐演习的程序协定、关于在上海合作组织成员国境内组织和举行联合反恐行动的程序协定。2014 年十二届全国人大常委会第十二次会议批准了上海合作组织反恐怖主义公约、中华人民共和国和阿富汗伊斯兰共和国引渡条约，等等。

相关规定

《中华人民共和国宪法》第三条、第五十七条、第五十八条、第六十二条、第六十三条、第六十七条、第九十四条。

第三十六条　中华人民共和国主席根据全国人民代表大会的决定和全国人民代表大会常务委员会的决定，宣布进入紧急状态，宣布战争状态，发布动员令，行使宪法规定的涉及国家安全的其他职权。

条文主旨

本条是关于国家主席在维护国家安全方面的职责的规定。

立法背景

宪法第八十条和第八十一条规定了国家主席的职权。宪法第八十条规定的职权，是国家主席根据全国人大的决定和全国人大常委会的决定来行使，目的是使处理国家事务的法律程序更加完备。这些职权，非经全国人大和全国人大常委会决定，国家主席不能直接行使。

条文解读

一、宣布进入紧急状态，宣布战争状态，发布动员令

全国人大和全国人大常委会作出宣布战争状态、进入紧急状态、进行全国总动员或者局部动员的决定后，由于涉及对外关系、涉及国家进入一种非常状态、涉及公民和组织的权益保障或克减，因此必须以一定形式向社会公布，才能对社会或相关利益攸关方产生拘束力。宪法和本法规定，宣布进入紧急状态，宣布战争状态，发布动员令的主体是国家主席。宣布是以文告形式通知公众，如宣布进入紧急状态，一般应当包括实施紧急状态的原因、地域范围、开始时间和结束时间、实施机关、国家采取的措施、对公民权利的限制等。宣布的意义在于使公民了解其在紧急状态或者战争状态期间的权利和义务，既有效维护自己的合法权益，又切实履行自己应尽的义务，并将政府在此期间的活动置于公众的监督之下，防止权力的滥用。因此，必须严格遵守进入紧急状态或者战争状态的宣布程序和动员令的发布程序，只有经过国家主席正式宣布的紧急状态或者战争状态，和经过国家主席正式发布的动员令，才能发生相应的法律效力。当然，国家主席宣布进入紧急状态、战争状态或者发布动员令的前提条件和依据只

能是全国人民代表大会及其常务委员会作出的决定，国家主席不能直接宣布战争状态、进入紧急状态或者发布动员令。

二、宪法规定的其他职权

国家主席行使宪法规定的涉及国家安全方面的其他职权，例如，一是根据全国人民代表大会及其常务委员会的决定，公布法律。二是代表中华人民共和国，进行国事活动，接受外国使节。三是根据全国人大常委会的决定，派遣和召回驻外全权代表，批准和废除同外国缔结的条约和重要协定等。

相关规定

《中华人民共和国宪法》第八十条、第八十一条。

第三十七条　国务院根据宪法和法律，制定涉及国家安全的行政法规，规定有关行政措施，发布有关决定和命令；实施国家安全法律法规和政策；依照法律规定决定省、自治区、直辖市的范围内部分地区进入紧急状态；行使宪法法律规定的和全国人民代表大会及其常务委员会授予的涉及国家安全的其他职权。

条文主旨

本条是关于国务院在维护国家安全方面职权的规定。

立法背景

宪法第八十五条规定："中华人民共和国国务院，即中央人民政府，是最高国家权力机关的执行机关，是最高国家行政机关。"国务院的性质体现在三个方面：第一，国务院是我国的中央人民政府，它同地方各级人民政府一起，组成我国整个国家行政系统。中央政府是在全国范围内总揽国家政务和负责国家行政管理责任的机关，地方行政机关虽然由本级权力机关产生，对其负责并报告工作，但同时要统一服从中央政府的领导。第二，国务院是最高国家权力机关的执行机关。在我国，全国人民代表大会是最高国家权力机关，行政机关、司法机关由它产生，并受它监督；国务院通过行政管理活动，执行最高国家权力机关制定的法律、通过的各项决议和决定，还可以制定行政法规。第三，国务院也是最高国家行政机关。从中央到地方的行政组织体系中，国务院居于最高地位，统一领导地方各级行政机关。国务院的机构性质和定位，决定了其在维护国家安全方面，承担着重要职责。

条文解读

一、根据宪法和法律，制定涉及国家安全的行政法规，规定有关行政措施，发布有关决定和命令

宪法第八十九条规定，国务院有权“根据宪法和法律，规定行政措施，制定行政法规，发布决定和命令”。根据宪法规定，国务院行使领导和管理经济、城乡建设、教育、科学、文化、卫生、体育、计划生育、民政、公安、司法行政和监察等方面工作。领导和管理上述方面工作的方式之一，就是根据宪法和法律，制定涉及国家安全的行政法规，规定有关行政措施，发布有关决定和命令。行政法规是指国务院为领导和管理国家各项行政工作，根据宪法和法律，并依照法定权限和程序制定的规范性文件的总称。行政法规在我国法律体系中具有重要地位，其效力仅次于法律，高于地方性法规和规章。立法法对制定行政法规的权限范围作了规定：一是为执行法律的规定需要制定行政法规的事项；二是宪法第八十九条规定的国务院行政管理职权的事项；三是全国人大及其常委会授权立法的事项。规定有关行政措施是指国家行政机关依据宪法、法律、行政法规等，针对特定的具体事项，规定在一定时期内所采取的具体措施。行政措施的形式有命令、决定、通知、通告等。

本法第十一条规定："中华人民共和国公民、一切国家机关和武装力量、各政党和各人民团体、企业事业组织和其他社会组织，都有维护国家安全的责任和义务。"国务院作为中央人民政府，最高国家权力机关的执行机关，最高国家行政机关，在维护国家安全方面担负着更加重要的职责和任务。为实现维护国家安全的职责，根据这一规定，国务院当然有权根据宪法和法律，制定涉及国家安全的行政法规，规定有关行政措施，发布有关决定和命令。本法出台后，国务院将制定一系列相关配套法规，不断完善维护国家安全的相关制度，这也是国务院的重要职责之一。

二、实施国家安全法律法规和政策

国务院是最高国家权力机关的执行机关。对全国人大及其常委会制定的法律，国务院有执行的义务。法律的生命在于实施，国务院作为国家最高行政机关，在涉及国家安全的很多领域具有管理职责，因此，在涉及国家安全的法律的实施上负有更为重要的责任。就国务院实施涉及国家安全的法律来讲，一是要在具体工作中坚决遵守和严格执行这些法律，二是可以制定配套的行政法规来更好地执行这些涉及国家安全的法律。

除了对全国人大及其常委会制定的关于国家安全的法律具体实施以外，实施涉及国家安全的行政法规，也是国务院的重要职责。国务院既是涉及国家安全的行政法规的制定者，也是这些行政法规的执行者。此外，在国家安全方面，还会出台一系列起指导作用的重要政策，这些政策的具体落实和实施，也是国务院的重要职责之一。

三、依照法律规定决定省、自治区、直辖市的范围内部分地区进入紧急状态

我国宪法按进入紧急状态的地域范围，将紧急状态分为两种：一种是全国或者个别省、自治区、直辖市范围进入紧急状态；一种是个别省、自治区、直辖市的范围内部分地区进入紧急状态。全国人大常委会决定全国或者个别省、自治区、直辖市进入紧急状态。中华人民共和国主席根据全国人大常委会的决定，宣布进入紧急状态。国务院依照法律规定决定省、自治区、直辖市的范围内部分地区进入紧急状态。

紧急状态是国家迫不得已而采取的一种非常措施，这些非常措施会对公民及组织的权利、自由进行限制，对经济活动、社会活动的正常开展带来一些负面影响。但如果不采取紧急状态，控制和消除危害，将会给国家和社会带来更大的灾难。宣布进入紧急状态，采取一些非常措施，是“两害相权取其轻”下的选择。因此，对于决定进入紧急状态的主体，必须进行严格限制。全国或者个别省、自治区、直辖市范围进入紧急状态，都应当由全国人大常委会决定。只有在省、自治区、直辖市的范围内部分地区需要进入紧急状态的情况下，一是考虑到影响范围相对较小，二是可以尽快采取措施，防止事态蔓延，可以由国务院决定。国务院决定省、自治区、直辖市的范围内部分地区进入紧急状态，也必须严格依照法律规定进行。

四、行使宪法法律规定的和全国人民代表大会及其常务委员会授予的涉及国家安全的其他职权

本条规定，国务院还行使宪法法律规定的和全国人大及其常委会授予的涉及国家安全的其他职权。这一规定属于兜底条款。“其他职权”是指本条规定的前三项职权之外的涉及国家安全的职权。

宪法规定的国务院职权有十八项，除了本法明文规定的以外，国务院还要履行好宪法赋予的其他职权。当前，中国特色社会主义法律体系已经形成并不断完善，国家和社会各个方面基本实现有法可依，法律中对国务院在不同工作方面行使职权作了很多具体规定，细化了宪法规定，具有很强的可操作性，为国务院依法行使职权提供了法律遵循。

此外，全国人大及其常委会还根据法律规定，或者根据经济社会发展和全面深化改革以及维护国家安全的需要，通过作出决定授权国务院行使某些方面的职权。从法律规定上看，例如，立法法第十二条规定："本法第十一条规定的事项尚未制定法律的，全国人民代表大会及其常务委员会有权作出决定，授权国务院可以根据实际需要，对其中的部分事项先制定行政法规，但是有关犯罪和刑罚、对公民政治权利的剥夺和限制人身自由的强制措施和处罚、司法制度等事项除外。"从授权决定看，例如，全国人大常委会 2012 年作出的《关于授权国务院在广东省暂时调整部分法律规定的行政审批的决定》，2015 年作出的《关于授权国务院在部分地方开展药品上市许可持有人制度试点和有关问题的决定》，其中有些内容也涉及国家安全问题。

相关规定

《中华人民共和国宪法》第八十五条、第八十九条；《中华人民共和国立法法》第十一条、第十二条、第七十二条；《全国人民代表大会常务委员会关于授权国务院在广东省暂时调整部分法律规定的行政审批的决定》；《全国人大常委会关于授权国务院在部分地方开展药品上市许可持有人制度试点和有关问题的决定》。

第三十八条　中央军事委员会领导全国武装力量，决定军事战略和武装力量的作战方针，统一指挥维护国家安全的军事行动，制定涉及国家安全的军事法规，发布有关决定和命令。

条文主旨

本条是关于中央军事委员会在维护国家安全中职权的规定。

立法背景

宪法第九十三条第一款规定："中华人民共和国中央军事委员会领导全国武装力量。"第三款规定："中央军事委员会实行主席负责制。"第九十四条规定："中央军事委员会主席对全国人民代表大会和全国人民代表大会常务委员会负责。"宪法的这些规定表明，中央军事委员会是国家最高军事机关，它的职权是领导全国武装力量，完成宪法赋予人民军队和其他武装力量巩固国防、抵抗侵略、保卫祖国、保卫人民的和平劳动、参加国家建设事业和努力为人民服务的神圣使命。中华人民共和国的武装力量，由中国人民解放军、中国人民武装警察部队、民兵组成。中国人民解放军现役部队是国家的常备军，主要担负防卫作战任务，必要时可以依照法律规定协助维护社会秩序；预备役部队平时按照规定进行训练，必要时可以依照法律规定协助维护社会秩序，战时根据国家发布的动员令转为现役部队。中国人民武装警察部队在国务院、中央军事委员会的领导指挥下，担负国家赋予的安全保卫任务，维护社会秩序。民兵在军事机关的指挥下，担负战备勤务、防卫作战任务，协助维护社会秩序。中央军委主席由全国人大选举产生，对全国人大和全国人大常委会负责。

条文解读

国防法对中央军事委员会领导全国武装力量作了具体规定：统一指挥全国武装力量；决定军事战略和武装力量的作战方针；领导和管理中国人民解放军、中国人民武装警察部队的建设，制定规划、计划并组织实施；向全国人大及其常委会提出议案；根据宪法和法律，制定军事法规，发布决定和命令；决定中国人民解放军、中国人民武装警察部队的体制和编制，规定中央军事委员会机关部门、战区、军兵种和中国人民武装警察部队等单位的任务和职责；依照法律、军事法规的规定，任免、培训、考核和奖惩武装力量成员；决定武装力量的武器装备体制，制定武器装备发展规划、计划，协同国务院领导和管理国防科研生产；会同国务院管理国防经费和国防资产；领导和管理人民武装动员、预备役工作；组织开展国际军事交流与合作。此外，还有法律规定的其他职权，主要是与国务院共同领导的一些工作，如领导中国人民武装警察部队、民兵的建设和征兵、预备役工作以及边防、海防、空防的管理工作。

中央军事委员会决定军事战略和武装力量的作战方针，统一指挥维护国家安全的军事行动，制定涉及国家安全的军事法规，发布有关决定和命令，是中央军事委员会在行使维护国家安全方面领导全国武装力量职权的体现。2015 年国务院新闻办公室发布的《中国的军事战略》提出，军事战略是筹划和指导军事力量建设和运用的总方略，服务服从于国家战略目标，站在新的历史起点上，军队适应国家安全环境新变化，贯彻新形势下积极防御军事战略方针，加快推进国防和军队现代化，坚决维护国家主权、安全、发展利益。

我国军队主要承担以下战略任务：应对各种突发事件和军事威胁，有效维护国家领土、领空、领海主权和安全；坚决捍卫祖国统一；维护新型领域安全和利益；维护海外利益安全；保持战略威慑，组织核反击行动；参加地区和国际安全合作，维护地区和世界和平；加强反渗透、反分裂、反恐怖斗争，维护国家政治安全和社会稳定；担负抢险救灾、维护权益、安保警戒和支援国家经济社会建设等任务。

中央军事委员会制定涉及国家安全的军事法规是实现依法治军、从严治军的需要，是推进军队全面建设的重要保障。立法法第一百一十七条第一款规定："中央军事委员会根据宪法和法律，制定军事法规。"根据立法法的上述规定，中央军事委员会可以依据宪法和法律，制定涉及国家安全的军事法规。在我国现行的有关立法中，考虑到军队的特殊性，通常以法律规定的形式授权中央军委另行规定。如审计法规定，中国人民解放军和中国人民武装警察部队审计工作的规定，由中央军事委员会根据审计法制定。中央军委根据这些授权，可以制定军事法规。

相关规定

《中华人民共和国宪法》第九十三条、第九十四条；《中华人民共和国立法法》第一百一十七条；《中华人民共和国国防法》第十五条；《中华人民共和国审计法》第五十九条。

第三十九条　中央国家机关各部门按照职责分工，贯彻执行国家安全方针政策和法律法规，管理指导本系统、本领域国家安全工作。

条文主旨

本条是关于中央国家机关各部门维护国家安全职责的规定。

立法背景

维护国家安全是全社会共同的责任。中央国家机关各部门根据宪法和法律的规定，负责本领域的方针、政策、计划和重大行政措施的研究制定、组织实施和监督管理，肩负着本部门职责范围内贯彻执行国家各项重大方针政策和法律法规，管理指导本系统、本领域工作的重要职责。例如，反间谍法规定，国家安全机关是反间谍工作的主管机关；公安、保密行政管理等其他有关部门和军队有关部门按照职责分工，密切配合，加强协调，依法做好有关工作；一切国家机关和武装力量、各政党和各社会团体及各企业事业组织，都有防范、制止间谍行为，维护国家安全的义务。反恐怖主义法第八条规定，公安机关、国家安全机关和人民检察院、人民法院、司法行政机关以及其他有关国家机关，应当根据分工，实行工作责任制，依法做好反恐怖主义工作；中国人民解放军、中国人民武装警察部队和民兵组织依照本法和其他有关法律、行政法规、军事法规以及国务院、中央军事委员会的命令，并根据反恐怖主义工作领导机构的部署，防范和处置恐怖活动；有关部门应当建立联动配合机制，依靠、动员村民委员会、居民委员会、企业事业单位、社会组织，共同开展反恐怖主义工作。本条对宪法和法律关于中央国家机关各部门维护国家安全职责的相关内容，作了重申和进一步明确。

条文解读

一、中央国家机关各部门要按照职责分工，贯彻执行国家安全方针政策和法律法规

在中国特色社会主义法律体系中，各有关法律法规已经对中央国家机关各部门的职责作出了明确分工，各部门应当按照自身职责分工，贯彻执行国家安全方针政策和法律法规，落实维护国家安全的职责。同时，中央国家机关各部门职责分工的领域虽然有所不同，但在依法履行职责，贯彻执行有关方针、政策和法律法规，以及发布有关命令、指示和规章的过程中，涉及国家安全的各个领域、各个方面，确保各领域关于国家安全的方针政策和法律法规得到有效落实，是各部门履行宪法责任、维护国家安全的重要体现。

本条规定的中央国家机关各部门按照职责分工，贯彻执行国家安全方针政策和法律法规，主要体现在以下五个方面：一是组织本机关、本单位人员学习贯彻落实党和国家有关国家安全工作的方针政策、法律法规；二是对本机关、本单位的人员进行维护国家安全的教育，动员、组织本机关、本单位的人员防范、制止危害国家安全的行为，履行维护国家安全的义务；三是组织本机关、本单位人员在依法履行职责的日常工作当中，贯彻执行维护国家安全的原则和要求；四是组织本机关、本单位人员依法支持、配合有关专门机关维护国家安全的专门工作，保守所知悉的专门工作涉及的国家秘密事项；五是在依法履行社会管理职能过程中，强化国家安全意识，充分考虑维护国家安全的因素，指导、管理企业事业组织根据国家安全工作的要求，依法配合有关部门采取相关安全措施，提供数据、信息等必要的支持和协助等。

二、中央国家机关各部门要按照职责分工，管理指导本系统、本领域国家安全工作

根据宪法第九十条规定，国务院各部部长、各委员会主任负责本部门的工作；各部、各委员会根据法律和国务院的行政法规、决定、命令，在本部门的权限内，发布命令、指示和规章。同时，地方组织法规定，各省、自治区、直辖市的人民政府的各工作部门受人民政府统一领导，并且依照法律或者行政法规的规定受国务院主管部门的业务指导或者领导；自治州、县、自治县、市、市辖区的人民政府的各工作部门受人民政府统一领导，并且依照法律或者行政法规的规定受上级人民政府主管部门的业务指导或者领导。因此，中央国家机关各部门不仅要按照职责分工，组织开展本机关、本单位贯彻执行国家安全方针政策和法律法规，而且要依法管理指导本系统、本领域国家安全工作。

相关规定

《中华人民共和国宪法》第九十条；《中华人民共和国反间谍法》第三条、第四条；《中华人民共和国反恐怖主义法》第八条；《中华人民共和国地方各级人民代表大会和地方各级人民政府组织法》第八十三条。

第四十条　**地方各级人民代表大会和县级以上地方各级人民代表大会常务委员会在本行政区域内，保证国家安全法律法规的遵守和执行。**

地方各级人民政府依照法律法规规定管理本行政区

域内的国家安全工作。

香港特别行政区、澳门特别行政区应当履行维护国家安全的责任。

条文主旨

本条是关于地方维护国家安全职责的规定。

立法背景

我国是一个统一的、单一制的国家，但各地经济社会发展很不平衡。与这一国情相适应，我国宪法确立了“中央和地方的国家机构职权的划分，遵循在中央的统一领导下，充分发挥地方的主动性、积极性的原则”。根据宪法和地方组织法的有关规定，地方各级人大是地方国家权力机关，县级以上的地方各级人大设立常务委员会。县级以上的地方各级人大常委会是本级人民代表大会的常设机关，对本级人大负责并报告工作。地方各级人大和县级以上地方各级人大常委会，在本行政区域内，保证宪法、法律、行政法规的遵守和执行。在遵守和执行的法律法规中包括维护国家安全的法律法规。

地方各级人民政府包括省、自治区、直辖市、自治州、县、自治县、市、市辖区、乡、民族乡、镇的人民政府。根据宪法和地方组织法规定，地方各级人民政府是地方各级人民代表大会的执行机关，是地方各级国家行政机关，对本级人大及其常委会和上一级国家行政机关负责并报告工作；地方各级人民政府都是国务院统一领导下的国家行政机关，都服从国务院。县级以上的地方各级人民政府执行本级人大及其常委会的决议，以及上级国家行政机关的决定和命令，规定行政措施，发布决定和命令；乡、民族乡、镇的人民政府执行本级人大的决议和上级国家行政机关的决定和命令，发布决定和命令。各级地方人民政府依照法律规定的权限，管理本行政区域内的经济、教育、科学、文化、卫生、体育事业、环境和资源保护、城乡建设事业和财政、民政、公安、民族事务，司法行政、监察、计划生育等行政工作，其中包括管理本行政区域内的国家安全工作。

香港特别行政区、澳门特别行政区是中华人民共和国不可分离的部分，是直辖于中央人民政府享有高度自治权的地方行政区域，按照宪法和香港、澳门两个特别行政区基本法规定，负有维护国家安全的责任。

条文解读

一、地方各级人民代表大会和县级以上地方各级人大常委会维护国家安全的职责

根据宪法、地方组织法、立法法、监督法的有关规定，地方各级人大和县级以上地方各级人大常委会在本行政区域内，保证国家安全法律法规的遵守和执行主要有以下几种方式：一是制定地方性法规。宪法和立法法规定，为执行法律、行政法规的规定，需要根据本行政区域的实际情况作具体规定的事项，省、自治区、直辖市的人大及其常委会根据本行政区域的具体情况和实际需要，在不同宪法、法律、行政法规相抵触的前提下，可以制定地方性法规。为维护国家安全的需要，一些地方为实施有关法律制定了相关地方性法规，如为实施兵役法、国防教育法，北京、上海、天津、河北等二十几个省（区、市）人大常委会分别制定了《征兵工作条例》《国防教育条例》或者实施《中华人民共和国国防教育法》办法。二是重大事项的决定权，县级以上

地方各级人大及其常委会有权讨论、决定本行政区域内的政治、经济、教育、科学、文化、卫生、环境和资源保护、民政、民族等工作的重大事项。三是行使监督权，监督的方式有：听取和审议人民政府、人民法院和人民检察院的专项工作报告；审查和批准决算，听取和审议国民经济和社会发展计划、预算的执行情况报告，听取和审议审计工作报告；组织法律法规实施情况的检查；对规范性文件进行备案审查；进行询问和质询；组织特定问题调查；等等。一些法律也对人大行使监督权作了规定。例如，突发事件应对法规定，县级以上人民政府作出应对突发事件的决定、命令，应当报本级人大常委会备案；突发事件应急处置工作结束后，应当向本级人大常委会作出专项工作报告。环境保护法规定，县级以上人民政府应当每年向本级人大或者人大常委会报告环境状况和环境保护目标完成情况，对发生的重大环境事件应当及时向本级人大常委会报告，依法接受监督。

二、地方各级人民政府维护国家安全的职责

本条第二款规定，地方各级人民政府依照法律法规规定管理本行政区域内的国家安全工作。地方各级人民政府管理本行政区域内的国家安全工作要依照法律法规进行，这里的“法规”既包括国务院制定的行政法规，也包括地方人大及其常委会制定的地方性法规。法律、法规关于地方各级人民政府职责的规定，主要有两类规定：一类是原则性、综合性规定，例如，国防法第十八条第二款规定，地方各级人民政府依照法律规定的权限，管理本行政区域内的征兵、民兵、国民经济动员、人民防空、国防交通、国防设施保护，以及退役军人保障和拥军优属等工作。突发事件应对法第七条规定，县级人民政府对本行政区域内突发事件的应对工作负责；涉及两个以上行政区域的，由有关行政区域共同的上一级人民政府负责，或者由各有关行政区域的上一级人民政府共同负责。军事设施保护法第三条第一款规定，军事设施保护工作坚持中国共产党的领导。各级人民政府和军事机关应当共同保护军事设施，维护国防利益。另一类是具体规定，主要有：1. 制定地方政府规章，立法法第九十三条规定，省、自治区、直辖市和设区的市、自治州的人民政府，可以根据法律、行政法规和本省、自治区、直辖市的地方性法规，制定规章。地方政府规章可以就下列事项作出规定：一是为执行法律、行政法规、地方性法规的规定需要制定规章的事项；二是属于本行政区域的具体行政管理事项。设区的市、自治州的人民政府制定地方政府规章，限于城乡建设与管理、生态文明建设保护、历史文化保护、基层治理等方面的事项。例如北京、河北、辽宁、吉林、广西等省（区、市）人民政府，根据国防动员法和国务院、中央军委《民用运力国防动员条例》制定了《民用运力国防动员办法》。2. 履行具体的行政管理职责，按照现有行政职权可分为行政规划、行政许可、行政强制、行政征收征用、行政给付、行政检查、行政确认、行政奖励、行政监督、行政裁决以及其他职责。我国专门制定了行政许可法、行政强制法、行政复议法、行政处罚法，对行政机关的职责作出规定。同时，在一些涉及国家安全的法律、法规中，也具体规定了地方人民政府的职责。例如，国防动员法规定，县级以上人民政府应当将国防动员的相关内容纳入国民经济和社会发展计划。国防法第五十一条规定，国家根据国防动员需要，可以依法征收、征用组织和个人的设备设施、交通工具、场所和其他财产。县级以上人民政府对被征收、征用者因征收、征用所造成的直接经济损失，按照国家有关规定给予公平、合理的补偿。突发事件应对法规定，突发事件发生地县级人民政府不能消除或者不能有效控制突发事件引起的严重社会危害的，应当及时向上级人民政府报告。上级人民政府应当及时采取措施，统一领导应急处置工作。戒严法规定，戒严地区内的人民政府应当依照本法采取必要的措施，尽快恢复正常社会秩序，保障人民的生命和财产安全以及基本生活必需品的供应。兵役法规定，应征公民拒绝、逃避征集服现役的，由县级人民政府责令限期改正；逾期不改的，由县级人民政府强制其履行兵役义务，并处以罚款，等等。

三、香港特别行政区、澳门特别行政区维护国家安全的职责

本条第三款规定，香港特别行政区、澳门特别行政区应当履行维护国家安全的责任。按照香港特别行政区基本法、澳门特别行政区基本法第二十三条的规定，特别行政区应自行立法禁止任何叛国、分裂国家、煽动叛乱、颠覆中央人民政府及窃取国家机密的行为，禁止外国的政治性组织或团体在港澳特别行政区进行政治活动，禁止港澳特别行政区的政治性组织或团体与外国的政治性组织或团体建立联系。香港特别行政区、澳门特别行政区应当按照基本法的要求自行制定维护国家安全的法律。为此，本法第十一条第二款规定，“维护国家主权、统一和领土完整是包括港澳同胞和台湾同胞在内的全中国人民的共同义务”；本条第三款规定“香港特别行政区、澳门特别行政区应当履行维护国家安全的责任”。对两个特别行政区和港澳同胞维护国家安全的责任提出原则要求是必要的，符合宪法和基本法的规定。

按照两个基本法和香港特别行政区驻军法、澳门特别行政区驻军法的规定，中央人民政府负责管理特别行政区的防务。为维护国家的主权、统一、领土完整和香港、澳门的安全，中央人民政府向特别行政区派驻负责防务的军队，履行防备和抵抗侵略、保卫特别行政区的安全、担负防卫勤务、管理军事设施、承办有关的涉外军事事宜等项职责。全国人大常委会决定宣布战争状态或者因特别行政区内发生特别行政区政府不能控制的危及国家统一或者安全的动乱而决定特别行政区进入紧急状态时，驻军根据中央人民政府决定和在特别行政区实施的全国性法律的规定履行职责。特别行政区政府负责维持特别行政区的社会治安。特别行政区政府在必要时，可向中央人民政府请求驻军协助维持社会治安和救助灾害。特别行政区政府应当支持驻军履行防务职责，保障驻军和驻军人员的合法权益。驻军和特别行政区政府共同保护特别行政区内的军事设施。特别行政区政府应当协助驻军维护军事禁区的安全。驻军和特别行政区政府应当建立必要的联系，协商处理与驻军有关的事宜。

相关规定

《中华人民共和国宪法》第三条、第九十九条、第一百条、第一百零五条、第一百零七条、第一百一十条；《中华人民共和国地方各级人民代表大会和地方各级人民政府组织法》第二条、第十一条、第十二条、第四十六条、第五十条、第六十九条、第七十三条、第七十六条；《中华人民共和国立法法》第八十条、第八十一条、第九十三条、第一百零九条；《中华人民共和国各级人民代表大会常务委员会监督法》第八条、第十五条、第十六条、第十九条、第二十八条、第三十九条；《中华人民共和国突发事件应对法》第七条、第十六条；《中华人民共和国环境保护法》第二十七条；《中华人民共和国国防法》第十八条、第五十一条；《中华人民共和国军事设施保护法》第三条；《中华人民共和国国防动员法》第十八条；《中华人民共和国戒严法》第五条；《中华人民共和国兵役法》第五十七条；《中华人民共和国香港特别行政区基本法》第二十三条；《中华人民共和国澳门特别行政区基本法》第二十三条；《中华人民共和国香港特别行政区驻军法》第一条、第二条、第六条、第七条、第十条、第十二条、第十四条、第十五条；《中华人民共和国国家安全法》第十一条。

第四十一条　人民法院依照法律规定行使审判权，人民检察院依照法律规定行使检察权，惩治危害国家安全的犯罪。

条文主旨

本条是关于人民法院、人民检察院在维护国家安全方面的职责的规定。

立法背景

人民法院是代表国家行使审判权的机关。我国宪法第一百二十三条、第一白二十六条规定，人民法院是国家的审判机关，依照法律规定独立行使审判权。所谓“审判”指的是对矛盾和纠纷的审理和判决。在法治国家，所谓审判是指由国家的专门机构代表国家，依照宪法和法律规定的程序，对特定案件进行的审理和判决。代表国家行使审判权的机构作出的判决，具有最高的权威性，并由国家强制力来保证执行，才能达到维护国家安全和社会稳定的目的。

人民检察院是国家的法律监督机关。我国宪法第一百二十九条、第一百三十一条规定，人民检察院是国家的法律监督机关，依照法律规定独立行使检察权。在维护国家安全方面，人民检察院组织法、刑事诉讼法专门规定，对于叛国案、分裂国家案以及严重破坏国家的政策、法律、法令、政令统一实施的重大犯罪案件，人民检察院行使检察权。

条文解读

一、关于人民法院依法行使审判权

1. 人民法院是代表国家行使审判权的机关。之所以需要一个专门机构代表国家行使审判权，是因为在国家机构与公民个人和其他组织之间、在公民个人和各种社会组织彼此之间，会产生各种各样的矛盾和纠纷。这些矛盾和纠纷中的一部分可以由矛盾和纠纷的主体进行自我化解，或者由其他社会力量予以化解，但是，当这些矛盾和纠纷发展到比较激烈的程度时，只有以国家的名义和国家的力量予以审理和判决，并以国家强制力来保证判决的执行，才能维护国家的安全和社会的稳定。这就需要国家设置一种代表公平、公正和正义力量并具有足够权威的机构，以国家的名义来行使这一审理和判决权。人民法院代表国家、以国家的名义行使审判权，是法律范围内各种矛盾和纠纷可以诉诸解决的终局机构。

2. 国家的审判权只能由人民法院行使。作为国家权力的重要组成部分，审判权是一项专门的权力，只能由人民法院行使，其他任何机关、组织和个人都无权行使这一权力。任何个人或者其他组织私设公堂，刑讯逼供，都是非法的。一些个人或者组织可以对矛盾和纠纷进行一定程度的调解或者仲裁，但是，这些调解或者仲裁涉及的通常只能是平等主体的公民、法人和其他组织之间发生的具有财产性质的纠纷，而且都不是以国家的名义进行的。国家权力机关作出的决定虽然也可能带有裁判的性质，行政机关、检察机关以及军事机关也行使一定程度上的裁判职权，但是，这些机关都不是独立的审判机关，它们行使的具有裁判性质的职能都是分别派生和服务于立法权、行政权、检察权和军事权的。而人民法院的根本职能就是行使审判权，人民法院在审判活动中也会行使一定的决策、管理和执行职能，但是，这些职能都是派生和服务于审判权的行使。审判权为什么只能人民法院专门行使呢？根本的原因是，在社会主义国家，必须由独立的法院系统具体应用法律，才能保证国家法律的统一实施，维护社会主义法制的统一、国内市场的统一以及国家的统一，保障人民权利。如果有两个以上的平行的国家机构都可以具体应用法律对案件作出审理和判决，那么，在它们对法律适用的意见不一致时，就会导致法律适用的不统一，进而危害社会主义法制的统一。

3. 人民法院行使的审判权包括刑事的、民事的和行政的审判权。从种类和范围上看，需要由人民法院适用法律予以解决的法律关系，主要包括刑事法律关系、民事法律关系以及行政法律关系这三大类。目前，国家已经制定了刑事诉讼法、民事诉讼法、海事诉讼特别程序法以及行政诉讼法等专门的法律，对人民法院适用各类法律进行审理和判决的程序作出详细规定。根据这些法律的规定，人民法院的任务是，依照法律规定的程序，通过行使审判权，惩办犯罪分子，解决民事纠纷、经济纠纷和行政纠纷，以保卫人民民主专政的制度，维护社会秩序，保护社会主义公共财产，保护公民个人的合法财产，保护公民的人身权利、民主权利和其他权利，保障社会主义现代化建设事业的顺利进行。危害国家安全的犯罪属于严重的刑事犯罪，人民法院对此予以惩治时，行使的是刑事审判权。

二、关于人民检察院依法行使检察权

根据人民检察院组织法、刑事诉讼法等法律的规定，各级人民检察院行使下列职权：（1）对于叛国案、分裂国家案以及严重破坏国家的政策、法律、法令、政令统一实施的重大犯罪案件，行使检察权。（2）对于直接受理的刑事案件，进行侦查。（3）对于公安机关侦查的案件，进行审查，决定是否逮捕、起诉或者免予起诉；对于公安机关的侦查活动是否合法，实行监督。（4）对于刑事案件提起公诉，支持公诉；对于人民法院的审判活动是否合法，实行监督。（5）对于刑事案件判决、裁定的执行和监狱、看守所、劳动改造机关的活动是否合法，实行监督。其中，对于叛国、分裂国家的犯罪行为行使检察权被放在了首要的位置。因为这些犯罪行为直接和严重地危及国家的安全和统一，是非常严重的犯罪。检察机关通过行使检察权，对危害国家安全的犯罪行为依法予以惩治，以维护国家政权和社会的稳定，是检察机关的重要职责。

三、关于危害国家安全的犯罪

犯罪就是指触犯法律而构成罪行。刑法第十三条对犯罪的概念作了规定："一切危害国家主权、领土完整和安全，分裂国家、颠覆人民民主专政的政权和推翻社会主义制度，破坏社会秩序和经济秩序，侵犯国有财产或者劳动群众集体所有的财产，侵犯公民私人所有的财产，侵犯公民的人身权利、民主权利和其他权利，以及其他危害社会的行为，依照法律应当受刑罚处罚的，都是犯罪，但是情节显著轻微危害不大的，不认为是犯罪。"刑法第三条规定："法律明文规定为犯罪行为的，依照法律定罪处刑；法律没有明文规定为犯罪行为的，不得定罪处刑。"这一规定是罪刑法定原则的具体体现。

危害国家安全的犯罪包括以下几类：第一，刑法分则第一章“危害国家安全罪”中规定的犯罪。我国刑法中专设“危害国家安全罪”一章，并将危害国家安全罪排列在分则各章犯罪之首，表明危害国家安全罪的严重社会危害性，也表明国家对打击这类犯罪的重视和决心。我国刑法中的危害国家安全罪，是指故意危害中华人民共和国国家安全的行为。主要罪名有：背叛国家罪（第一百零二条）；分裂国家罪（第一百零三条第一款）；煽动分裂国家罪（第一百零三条第二款）；武装叛乱、暴乱罪（第一百零四条）；颠覆国家政权罪（第一百零五条第一款）；煽动颠覆国家政权罪（第一百零五条第二款）；资助危害国家安全犯罪活动罪（第一百零七条）；投敌叛变罪（第一百零八条）；叛逃罪（第一百零九条）；间谍罪（第一百一十条）；为境外窃取、刺探、收买、非法提供国家秘密、情报罪（第一百一十一条）；资敌罪（第一百一十二条）。第二，刑法分则第一章之外规定的涉及国家安全的犯罪。需要指出的是，我国刑法规定的“危害国家安全罪”是指狭义的“国家安全”，国家安全法规定的“国家安全”，不只限于这几个方面，规定的是广义的国家安全，包括政治安全、经济安全、金融安全、文化安全、粮食安全、网络安全等方面的安全，因此，刑法中还有一些罪名，也属于危害国家安全的犯罪。有危害国家安全的犯罪行为的，根据罪行的轻重，可以被判处没收财产、剥夺政治权利、驱逐出境、拘役、管制、有期徒刑、无期徒刑、死刑等刑罚。

相关规定

《中华人民共和国宪法》第一百二十九条、第一百三十一条；《中华人民共和国人民检察院组织法》第五条；《中华人民共和国刑事诉讼法》第三条、第五条、第八条；《中华人民共和国刑法》第三条、第十三条、第一百零二条、第一百零三条、第一百零四条、第一百零五条、第一百零七条、第一百零八条、第一百零九条、第一百一十条、第一百一十一条、第一百一十二条。

第四十二条　国家安全机关、公安机关依法搜集涉及国家安全的情报信息，在国家安全工作中依法行使侦查、拘留、预审和执行逮捕以及法律规定的其他职权。

有关军事机关在国家安全工作中依法行使相关职权。

条文主旨

本条是关于专门机关维护国家安全职责的规定。

立法背景

情报工作是维护国家安全的重要方面，也是国家安全工作的重要组成部分。对专门机关开展搜集涉及国家安全情报信息的职责在法律中作出规定，既体现了情报信息工作对于维护国家安全的重要意义，也是依法规范开展情报信息工作的必然要求，是世界主要国家的普遍做法。从各国立法实践来看，多数国家均在法律中对维护国家安全专门机关的情报职责作出法律授权，以充分体现公权力的依法行使和权责一致。例如，美国通过多部法律明确了中央情报局、联邦调查局、国防情报局、国家安全局、国土安全部等一系列专门机关的情报信息职责；俄罗斯通过多部法律明确了俄罗斯联邦安全体系中有关专门机关保障俄罗斯安全利益，开展获取情报信息、开展情报活动的职责，并要求有关机构履行情报信息职责时，必须遵守俄罗斯联邦法律，依法进行，并尊重公民的权利和自由；英国、德国、韩国、越南、巴西等其他国家，也都在立法中对维护国家安全专门机关的情报信息职责作出明确规定。

国家安全直接关系国家核心利益和重大利益，对于国家的生存、发展至关重要。而全面推进依法治国，要求坚持法定职责必须为、法无授权不可为，在法治轨道上开展工作。因此，国家安全机关、公安机关在搜集涉及国家安全的情报信息时，在国家安全工作中行使侦查、拘留、预审和执行逮捕以及法律规定的其他职权，或者有关军事机关在国家安全工作中依法行使相关职权时，必须严格依照宪法法律的规定行使职权。

条文解读

一、本条重申和细化了宪法、刑法、刑事诉讼法的有关规定

我国宪法第二十八条规定，国家维护社会秩序，镇压叛国和其他危害国家安全的犯罪活动，制裁危害社会治安、破坏社会主义经济和其他犯罪的活动，惩办和改造犯罪分子。同时，宪法第二十九条规定，中华人民共和国的武装力量的任务包括巩固国防，抵抗侵略，保卫祖国，保卫人民的和平劳动。根据宪法的上述要求，刑法在分则第一章专章规定了危害国家安全罪，并在危害公共安全罪、妨害社会管理秩序罪、危害国防利益罪等其他章节中，规定了多项涉及危害各领域国家安全的罪名。为了保证刑法的正确实施，惩罚犯罪，保护人民，保障国家安全和社会公共安全，刑事诉讼法规定了惩治包括危害国家安全犯罪在内的各种犯罪的刑事诉讼制度。对刑事案件的侦查、拘留、执行逮捕、预审，由公安机关负责；国家安全机关依照法律规定，办理危害国家安全的刑事案件，行使与公安机关相同的职权；军队保卫部门对军队内部发生的刑事案件行使侦查权，军队保卫部门办理刑事案件，适用刑事诉讼法的有关规定。刑事诉讼法除规定了包括办理危害国家安全的刑事案件在内的所有刑事案件应共同遵守的刑事诉讼制度外，根据惩治危害国家安全犯罪的实际，明确了一些特殊程序要求，包括，危害国家安全、恐怖活动案件的第一审由中级人民法院管辖；辩护律师在危害国家安全犯罪、恐怖活动犯罪案件的侦查期间会见在押犯罪嫌疑人，应当经侦查机关许可；涉嫌危害国家安全犯罪、恐怖活动犯罪的犯罪嫌疑人，在住处执行监视居住可能有碍侦查的，经批准，可以在指定的居所执行；对于危害国家安全犯罪、恐怖活动犯罪案件，根据侦查犯罪的需要，经过严格的批准手续，可以采取技术侦查措施；等等。

本条规定的国家安全机关、公安机关、有关军事机关开展情报、侦查等专门工作，维护国家安全的职责，与上述宪法法律的规定是衔接一致的。根据本法第九条规定，维护国家安全应当坚持专门工作与群众路线相结合，充分发挥专门机关和其他有关机关维护国家安全的职能作用。本条和本法第三十九条共同体现了国家安全工作中专门机关和有关部门相结合，是对专群结合原则的具体体现。

二、本条对专门机关履行维护国家安全职责作出了法律授权和规范

宪法和法律赋予有关专门机关开展维护国家安全专门工作的职责，一方面是庄严的法律授权，另一方面，也是依法规范行使职权的必然要求。因此，本条规定的维护国家安全的有关专门机关的职责，仅限于国家安全机关、公安机关和有关军事机关在开展维护国家安全的专门工作中行使，而且在行使这些职权过程中，要维护法律权威，严格依法办事，坚持有法必依、执法必严、违法必究。本法在明确包括专门机关在内的各部门、各地方维护国家安全职责的同时，还规定，国家机关工作人员在国家安全工作和涉及国家安全活动中，滥用职权、玩忽职守、徇私舞弊的，依法追究法律责任；国家机关及其工作人员在国家安全工作和涉及国家安全活动中，应当严格依法履行职责，不得超越职权、滥用职权，不得侵犯个人和组织的合法权益；公民和组织对国家安全工作有向国家机关提出批评建议的权利，对国家机关及其工作人员在国家安全工作中的违法失职行为有提出申诉、控告和检举的权利。

三、关于依法搜集涉及国家安全的情报信息的职责

情报工作是维护国家安全的重要方面，也是国家安全工作的重要组成部分。国家安全机关、公安机关和有关军事机关依法搜集的涉及国家安全的情报信息，既包括涉及危害我国国家主权、安全和利益的情报信息，也包括涉及维护我国政治安全、人民安全、国土安全、军事安全、经济安全、金融安全、资源能源安全、粮食安全、文化安全、科技安全、网络信息安全、社会安全、生态安全、核安全、新型领域安全、海外利益和其他有关领域国家安全的情报信息。例如，反恐怖主义法规定，国家反恐怖主义工作领导机构建立国家反恐怖主义情报中心，实行跨部门、跨地区情报信息工作机制，统筹反恐怖主义情报信息工作；有关部门应当加强反恐怖主义情报信息搜集工作，对搜集的有关线索、人员、行动类情报信息，应当依照规定及时统一归口报送国家反恐怖主义情报中心；地方反恐怖主义工作领导机构应当建立跨部门情报信息工作机制，组织开展反恐怖主义情报信息工作，对重要的情报信息，应当及时向上级反恐怖主义工作领导机构报告，对涉及其他地方的紧急情报信息，应当及时通报相关地方；

公安机关、国家安全机关和有关部门应当依靠群众，加强基层基础工作，建立基层情报信息工作力量，提高反恐怖主义情报信息工作能力。

四、关于依法行使侦查、拘留、预审和执行逮捕以及法律规定的其他职权的职责

本条规定“依法行使侦查、拘留、预审和执行逮捕以及法律规定的其他职权”，包含以下两方面内容：一是“依法行使侦查、拘留、预审和执行逮捕的职责”，是指刑事诉讼法规定的侦查、拘留、预审、执行逮捕等职权。其中，“侦查”是指专门机关在办理刑事案件的过程中，依照刑事诉讼法规定的程序进行的专门调查工作，以及与之相关的强制性措施，包括讯问犯罪嫌疑人，询问证人，勘验、检查，搜查，查封、扣押物证、书证，鉴定，技术侦查措施，采取必要的强制措施等。“拘留”是指刑事拘留，即专门机关为了及时制止正在进行的犯罪，抓获现行犯罪分子和重大嫌疑分子，阻止犯罪危害延续，尽量消除犯罪后果，及时取得罪证查明案情，根据刑事诉讼法，在紧急情况下对现行犯或者重大嫌疑分子依法限制其人身自由的强制性措施。“预审”是指专门机关为准确认定犯罪、惩罚犯罪，保证刑事诉讼活动的正常进行，对侦查中收集、调取的各种证据材料予以核实，也就是进一步运用侦查手段复核证据，认定案件事实，确定定案根据，并进一步发现犯罪线索，扩大侦查成果，以便正确处理案件。“执行逮捕”是指经过人民检察院批准逮捕或者人民法院决定逮捕，由专门机关对犯罪嫌疑人、被告人实施逮捕。二是“法律规定的其他职权”，是指专门机关根据反间谍法、反恐怖主义法、人民警察法、人民武装警察法、邮政法、出境入境管理法、护照法、保守国家秘密法、治安管理处罚法、集会游行示威法、军事设施保护法等法律的规定，在履行维护国家安全职责时，可以依法行使的职权。主要包含以下几类职权：第一类是行政执法方面的职权，包括依法采取行政许可、行政处罚、行政强制等，必要时对有关人员的人身、财产进行临时性的约束或控制，对有关行政违法行为进行必要的处罚、惩戒和教育等；第二类是行政调查方面的职权，包括向有关人员了解情况，调取有关的档案、数据、资料，要求有关企业、组织提供技术支持和协助，开展有关查验工作，责令停止相关危害国家安全信息的传输等；第三类是行政管理方面的职权，根据职权法定原则，包括对有关人员、组织的日常活动进行管理，及时掌握日常情况，维护所管理领域的正常秩序等。

相关规定

《中华人民共和国宪法》第二十八条、第二十九条；《中华人民共和国刑法》第二编第一章；《中华人民共和国刑事诉讼法》第一条、第三条、第四条、第二十条、第三十七条、第七十三条、第一百四十八条、第二百九十条；《中华人民共和国反恐怖主义法》第四十二条、第四十四条；《中华人民共和国国家安全法》第九条、第十三条、第三十九条、第四十三条、第八十二条。

第四十三条 国家机关及其工作人员在履行职责时，应当贯彻维护国家安全的原则。

国家机关及其工作人员在国家安全工作和涉及国家安全活动中，应当严格依法履行职责，不得超越职权、滥用职权，不得侵犯个人和组织的合法权益。

条文主旨

本条是对国家机关及其工作人员的履职要求。

立法背景

巩固党的执政地位，坚持和发展中国特色社会主义，头等大事就是要保证国家安全。2014 年 4 月 25 日，习近平总书记在中央政治局集体学习时强调："各地区各部门要各司其职、各负其责，密切配合、通力合作，勇于负责、敢于担当，形成维护国家安全和社会安定的强大合力。""各地区各部门要贯彻总体国家安全观，准确把握我国国家安全形势变化新特点新趋势，坚持既重视外部安全又重视内部安全、既重视国土安全又重视国民安全、既重视传统安全又重视非传统安全、既重视发展问题又重视安全问题、既重视自身安全又重视共同安全，切实做好国家安全各项工作。"按照总体国家安全观的要求，维护国家安全不仅是国家安全专门机关以及其他相关部门的工作，所有国家机关及其工作人员在行权履职过程中，都要绷紧维护国家安全这根弦，将维护国家安全原则落实到各项具体工作中。

条文解读

一、贯彻维护国家安全的原则

根据本法第十一条规定，中华人民共和国公民、一切国家机关和武装力量、各政党和各人民团体、企业事业组织和其他社会组织，都有维护国家安全的责任和义务，各级国家机关及其工作人员自然也不能例外。这一条规定强调，所有国家机关及其工作人员，不论是国家安全专门机关还是只承担某一领域的国家安全工作的部门；不论是在从事法律明确规定国家安全任务还是在履行其他职责过程中，都必须始终贯彻维护国家安全的原则，将维护国家安全作为国家机关及其工作人员履行职责的基本要求。

二、严格依法履职

依法履职是宪法和法律对于国家机关及其工作人员的基本要求，宪法明确规定，一切国家机关和武装力量、各政党和各社会团体、各企业事业组织都必须遵守宪法和法律，一切违反宪法和法律的行为，必须予以追究；任何组织或者个人都不得有超越宪法和法律的特权。公务员法也规定，所有公务员都应当模范遵守宪法和法律，按照规定的权限和程序认真履行职责。因此，开展国家安全工作和涉及国家安全的活动也不能例外。除了本法以外，其他涉及国家安全的法律也有类似规定。例如，反间谍法规定，国家安全机关及其工作人员在工作中，应当严格依法办事，不得超越职权、滥用职权，不得侵犯组织和个人的合法权益。国家安全法和其他有关法律在国家安全工作这个敏感的领域强调严格依法履职，更彰显了全面推进依法治国的信心和决心。各级国家机关及其工作人员都要自觉在宪法和法律范围内开展维护国家安全的工作和活动，严格依照法定权限和程序行使权力、履行职责，既不能超越职权，也不能滥用职权。

本法第八十二条规定，公民和组织对国家安全工作有向国家机关提出批评建议的权利，对国家机关及其工作人员在国家安全工作中的违法失职行为有提出申诉、控告和检举的权利。反间谍法第二十六条也规定，任何个人和组织对国家安全机关及其工作人员超越职权、滥用职权和其他违法行为，都有权向上级国家安全机关或者有关部门检举、控告。受理检举、控告的国家安全机关或者有关部门应当及时查清事实，负责处理，并将处理结果及时告知检举人、控告人。对协助国家安全机关工作或者依法检举、控告的个人和组织，任何个人和组织不得压制和打击报复。此外，根据行政诉讼法规定，对于违反法定程序的、超越职权的或者滥用职权的行政行为，当事人如果提起行政诉讼的，人民法院应当判决撤销或者部分撤销，并可以判决被告重新作出行政行为。根据国家赔偿法规定，国家机关和国家机关工作人员行使职权，出现法律规定的侵犯公民、法人和其他组织合法权益的情形，造成损害的，受害人有依法取得国家赔偿的权利。

本法总则第十三条还规定，国家机关工作人员在国家安全工作和涉及国家安全活动中，滥用职权、玩忽职守、徇私舞弊的，依法追究法律责任。根据公务员法规定，公务员如果滥用职权，侵害公民、法人或者其他组织的合法权益，可以依法给予警告、记过、记大过、降级、撤职或者开除等处分。此外，根据刑法规定，国家机关工作人员滥用职权或者玩忽职守，致使公共财产、国家和人民利益遭受重大损失的，处三年以下有期徒刑或者拘役；情节特别严重的，处三年以上七年以下有期徒刑。

相关规定

《中华人民共和国宪法》第五条；《中华人民共和国公务员法》第十二条、第五十三条；《中华人民共和国反间谍法》第十七条、第二十六条；《中华人民共和国行政诉讼法》第七十条；《中华人民共和国国家赔偿法》第二条；《中华人民共和国刑法》第三百九十七条；《中华人民共和国国家安全法》第十一条、第十三条、第八十二条。

第四章　国家安全制度

第一节　一 般 规 定

第四十四条　中央国家安全领导机构实行统分结合、协调高效的国家安全制度与工作机制。

条文主旨

本条是关于国家安全制度与工作机制基本要求和目标的规定。

立法背景

党的十八届三中全会决定成立国家安全委员会，是推进国家治理体系和治理能力现代化、实现国家长治久安的迫切要求，是全面建成小康社会、实现中华民族伟大复兴中国梦的重要保障，目的就是更好适应我国国家安全面临的新形势新任务，建立集中统一、高效权威的国家安全领导体制，加强对国家安全工作的领导。而这种体制上的领导，必须通过一系列的国家安全制度和工作机制来贯彻和体现。2014 年 1 月 24 日，中共中央政治局会议明确，中央国家安全委员会遵循“集中统一、科学谋划、统分结合、协调行动、精干高效”的原则开展工作。因此，本条从实体和程序两个方面，对国家安全制度和工作机制进行了设计和规定。其中，“统分结合”是实体要求，“协调高效”是程序目标。

条文解读

所谓的“统”，是指统一、统筹。国家安全事权在中央，因此，国家安全工作必须高度集中，统于中央。习近平总书记在对党的十八届三中全会决定的说明中明确指出，之所以成立国家安全委员会，目的是要“搭建一个强有力的平台统筹国家安全工作”。本法第四条确立了“集中统一、高效权威”的国家安全领导体制；本法第五条明确规定“统筹协调国家安全重大事项和重要工作”是中央国家安全领导机构的重要职责之一。这些都是“统”的要求在本法中的具体体现。在国家安全体制机制上实行“统”，不是我国的独创，而是适应国家安全形势发展，对世界主要国家经验的吸收借鉴。纵观当今世界各国国家安全领导体制，基本都已建立了国家安全委员会或者类似机构，形成以国家元首或政府首脑为核心的国家安全体制机制，对涉及国家安全及相关领域事务实施一体化调控。如美国总统可以通过国家安全事务助理对国安会发布指令，就重大军事和外交事务进行协调，而国家安全事务助理直接由总统任命，对总统负责，不需要得到国会批准；德国联邦安全委员会隶属内阁委员会，负责处理涉及国家安全的重大问题，协调国防、安全、情报等相关事务，有“核心内阁”之称。

所谓的“分”，是指在国家安全事务上，各责任主体分兵把口、各负其责。我国实行条块结合的行政管理体制，各部门对本系统业务（所谓“条”）、各地区对本辖区事务（所谓“块”），负有领导或指导的职能，都是维护国家安全的责任主体。因此，本法第三章用了较大篇幅，对有关国家机关和各地区、各部门维护国家安全的职责进行了详细规定。世界各国的国家安全委员会或者类似机构普遍由该国的核心决策层组成，这一特点决定了国家安全委员会是一个决策部门而不是执行部门。如美国国家安全委员会包括总统、副总统、国务卿、国防部部长4名法定成员及2名法定顾问，参联会主席担任军事顾问，国家情报总监担任情报顾问。俄罗斯联邦安全会议由总统任主席，常委包括总理、联邦委员会（议会上院）主席、国家杜马（议会下院）主席、总统办公厅主任、安全会议秘书、内务部部长、外交部部长、国防部部长、联邦安全局局长、对外情报局局长、安全会议副秘书、安全会议（专职）常委等。日本国家安全保障会议则由4大臣会议构成常设核心机构，包括首相、内阁官房长官、外务大臣和防卫大臣。我国中央国家安全委员会由习近平同志任主席，下设常务委员和委员若干，主要职责是国家安全工作的决策和议事协调，而不是国家安全工作的执行，维护国家安全的责任必须而且只能由各责任主体分别承担。

“协调”，是指协调行动。国家安全因素的复杂性，决定了国家安全工作牵一发而动全身，一旦国家安全危机出现或者次生、衍生灾害发生，需要有效动员各方力量，共享各方信息，调动各方资源，统筹协调，集中优势，形成合力，共同应对危机和灾害，切实维护国家安全。本法第四十五条规定了国家安全重点领域协调工作机制，第四十八条规定了跨部门会商工作机制，第四十九条规定了中央与地方之间、部门之间、军地之间以及地区之间关于国家安全的协同联动机制，这些制度和机制的设立，目的都只有一个，就是防止各责任主体相互掣肘、产生内耗，确保在维护国家安全工作中能够协调一致、共同行动，调动一切能够调动的力量、资源，形成维护国家安全的合力。

“高效”，是指运转高效。国家安全事关重大，要求国家安全工作体制机制必须高效运转，否则就会丧失战机、酿成大祸，造成不可挽回的后果。因此，“高效”是各国在设计国家安全工作机制时必须考量的重要因素之一。纵观世界各国，国家安全机构一个普遍的特点是：组成人员少。一般都由国家元首或者政府首脑担任主席，其他正式成员有外交部部长和国防部部长，以及负责国家安全机构日常工作的高级官员等，召开会议时，根据不同的会议内容和需要，邀请其他内阁成员和官员参加。美国国安会由4名法定成员和2名法定顾问构成，常设工作班子人数40至50人；日本国家安全保障会议的法定成员由首相、官房长官、外务大臣和防卫大臣4人组成，如需扩大会议，则由首相决定召开包括总务大臣、财务大臣、经济产业大臣、国土交通大臣、国家公安委员会委员长在内的9大臣会议；如遇紧急事态，则由首相指定内阁成员举行紧急事态大臣会议。国家安全保障局为其常设机构，工作人员60至70人。另一个共同的特点是层级紧缩，指挥系统扁平化。国家安全机构通常直接对国家元首或政府首脑负责，在处置重大紧急突发事件时，国家元首或政府首脑可以通过国家安全机构工作机制直接对各有关部门发布指令。如在击毙本·拉登的行动中，奥巴马曾经召集由外交、国防、情报等核心部门负责人组成的国安会特别小组，在白宫进行现场指挥和决策。综上可以看出，人员精干、层级紧缩，是各国国家安全体制机制运转高效的重要保证，因而为本法所借鉴。

相关规定

《中华人民共和国国家安全法》第四条、第五条、第三章有关条文、第四十五条、第四十八条、第四十九条。

第四十五条　国家建立国家安全重点领域工作协调机制，统筹协调中央有关职能部门推进相关工作。

条文主旨

本条是关于国家安全重点领域工作协调机制的规定。

立法背景

“机制”原指机器的构造和工作原理，用于社会现象中则指一个工作系统的组织或部分之间相互作用的过程和方式，即系统维持其潜在功能并使之成为特定的显现功能，而以一定规则规范系统内各组成要素间的联系、调节系统与环境关系的内在协调方式及调节原理。准确把握机制的概念，主要在于两点：一是事物存在不同部分是机制存在的前提，因为事物有各个部分的存在，就有一个如何协调各个部分之间关系的问题；二是机制是以一定的运作方式把事物的各个部分联系起来的，使他们协调运行而共同发挥作用的。对于大多数国家而言，国家安全工作都涉及军事、外交、国防、情报、安全、内政、经济发展等众多部门，在工作配合中，常常产生部门利益化、情报信息沟通不畅、协调不力甚至相互掣肘等问题，因此，建立协调机制，将各责任主体相互配合、相互协作共同完成维护国家安全任务的方式予以制度化，对于确保顺利完成维护国家安全任务是十分必要的。很多国家都会选择通过建立一系列的制度和机制，协调各方利益，规范各方行为，从而达到减少决策执行成本的目的。比如，1947 年美国建立国家安全委员会的目的就是对武装力量、情报系统和外交部门进行全面重组和整合，以解决文官和军方以及各军种之间的政策协调、情报部门之间的信息共享、情报部门对战场行动的有效支持等一系列问题。当前，我国国家安全体制机制总体是好的，但面对对外维护国家主权、安全、发展利益和对内维护政治安全、社会稳定的双重压力，面对各种可以预见和难以预见的风险因素，面对日益凸显的非传统领域安全，原有的国家安全体制机制还存在一些不适应、不完备问题，其中一个重要问题就是，国家安全资源和力量分散，配置不合理，统筹协调不够。必须建立工作协调机制，在力量使用、资源配置、信息共享等方面进行统筹考虑、统一调度，才能适应国家安全形势和任务的要求。

条文解读

国家安全领域需要协调的方面很多，本条规定的工作协调机制是针对国家安全重点领域而建立的。所谓国家安全重点领域，主要是指那些对国家安全具有决定意义或重要影响的领域，一旦这些领域产生安全风险，将对我国的总体国家安全造成较大的冲击和影响。本法第二章维护国家安全的任务中，规定了各相关领域维护国家安全的任务，随着本法的颁布实施，这些领域将成为当前和今后一段时期维护国家安全的重点，都有必要探索建立工作协调机制。当然，国家安全的具体范围不是一成不变的，根据形势的发展，一些原来很突出的问题可能逐渐淡化，而一些原来没有预见的风险可能慢慢显现，维护国家安全的侧重点也会随着形势的发展而有所变化。本法第三十四条规定“国家根据经济社会发展和国家发展利益的需要，不断完善维护国家安全的任务”，已经明确指出维护国家安全是一个不断发展变化的过程。

在具体对象上，本条规定的重点领域工作协调机制，是中央有关职能部门之间的协调机制，也就是说，国家安全重点领域工作协调机制，协调的是中央有关职能部门之间的关系。这也从侧面印证了国家安全事务特别是重点领域国家安全事务的决策权在中央。同时，由于这些部门在国家权力系统中处于顶层，往往在各自系统内对下都有指导、协调的职能，这些顶层职能部门之间的关系协调好了，工作机制理顺了，实际上就是整个系统之间、部门之间工作机制理顺了，有利于消除掣肘，打通关节，形成合力。所以本条规定“统筹协调中央有关职能部门推进相关工作”。

建立协调机制，在我国其他法律法规中也有类似的规定。如中国人民银行法第九条规定，“国务院建立金融监督管理协调机制”；科学技术进步法第十二条规定，“国家建立科学技术进步工作协调机制”等。实践中，我国也在一些重点领域探索建立了相关职能部门之间的工作协调机制，如社会治安综合治理工作协调机制、大型活动安全保卫工作协调机制、突发公共卫生事件应急协调工作机制等。另外，世界一些主要国家基本上也都建立了相关的协调机制。如美国，在国家安全委员会副部长级委员会之下设立了类似的协调委员会，成员包括各部门和机构的专家和高级官员，分为地区性协调委员会和职能性协调委员会两类。地区性协调委员会由国务卿主持、下设欧洲、俄罗斯与乌克兰、拉丁美洲、东亚、非洲和近东（南亚）等地区委员会；职能性协调委员会下设国防委员会、国际经济委员会、情报委员会和军备控制委员会，分别由国防部部长、财政部部长、国家情报总监和总统国家安全事务助理主持。当在涉及国家安全问题的决策上，美政府各部门由于各自利益不同或政策方案侧重点不一而发生意见冲突时，协调委员会就会在认真研究各部门共同关心的安全事务和安全政策的基础上，提出符合整体利益或尽可能兼顾各方利益的解决危机的立场和对策，对有关安全决策的预算施加影响，并向总统推荐可行的选择方案，推动各军种及政府相关部门更有效地开展合作。

相关规定

《中华人民共和国中国人民银行法》第九条；《中华人民共和国科学技术进步法》第十二条。

第四十六条　国家建立国家安全工作督促检查和责任追究机制，确保国家安全战略和重大部署贯彻落实。

条文主旨

本条是关于国家安全工作督促检查和责任追究机制的规定。

立法背景

督促检查工作是政府工作的重要组成部分，是政府全面履行职责的重要环节，是落实党和政府重大决策部署的重要保障。加强督促检查工作，对促进科学决策、改进工作作风、实现经济社会发展目标、完成深化改革任务、落实全面建成小康社会要求具有重要意义。

国家安全工作至关重要，必须确保有关决策和部署件件有落实，事事有回音。但是从现实情况看，当前一些地方和部门对抓国家安全工作部署落实的认识还有偏差、作风不够扎实；重布置、轻落实，有令不行、有禁不止，推诿扯皮、敷衍塞责等现象时有发生；选择性执行、象征性落实等问题不同程度存在。为解决这些问题，必须建立健全国家安全督促检查和责任追究机制。

条文解读

我国此前颁布的法律和行政法规中已有明文规定督促检查机制的先例。比如，《中华人民共和国民用核设施安全监督管理条例》第六条规定，核设施主管部门的职责之一是“负责所属核设施的安全管理，保证给予所属核设施的营运单位必要的支持，并对其进行督促检查”。2014 年 8 月，国务院办公厅正式印发《关于进一步加强政府督促检查工作的意见》，将督促检查机制建设提升到一个全新的高度。

根据该意见，健全完善常态化的督促检查工作机制，主要是建立健全以下四个机制：一是统筹协调机制。建立政府统一领导、办公厅（室）综合协调、督促检查机构组织实施的工作体系。地方各级政府、各部门主要负责人是抓落实的第一责任人。各级政府办公厅（室）要围绕政府工作的中心任务和重大决策部署，研究提出督促检查工作计划。督促检查机构负责督促检查工作计划的组织实施，负责对本级政府各部门督促检查工作的协调和对下级政府督促检查工作的指导。二是分级负责机制。各地区、各部门要根据职责要求，负责党中央、国务院重大决策部署的督促检查；负责同级党委、政府决策部署的督促检查；负责对下级机关贯彻落实情况的督促检查。三是协同配合机制。各地区、各部门要加强与党委督促检查工作的衔接和配合，充分发挥监察机关行政监察和审计部门专项审计的监督作用、统计部门民意调查的辅助作用、新闻媒体的舆论监督作用以及第三方机构的专业评估作用，整合各方资源，形成工作合力。四是动态管理机制。要规范督促检查的工作流程，实现对重大决策部署贯彻落实的全过程、动态化管理。在出台重大决策部署时，督促检查机构要会同有关部门同步建立督促检查工作台账，细化任务分工，明确责任单位，规定完成时限，加强跟踪督办，确保决策落实、政策落地。

具体而言，督促检查工作制度包括五项制度：一是限期报告制度。上级印发重要文件、召开重要会议、作出重要部署后，下级和有关部门要按规定时限报告贯彻落实情况；上级领导同志的重要批示和交办事项，有关地方和部门要按时限办结并报告办理情况。二是调查复核制度。对地方和部门报告的重大决策部署落实情况，要选择社会关注度高、影响面大的事项进行实地调查复核。对重点督查事项，视情开展“回头看”“再督查”，切实增强督查实效。三是情况通报制度。对重大决策部署落实情况要适时通报，对抓落实工作成效明显的地方和部门，要总结其经验，交流推广，推动工作；对工作进展缓慢、落实不力的地方和部门，要指出问题，责成报告原因及改进意见。四是责任追究制度。发现重大决策部署落实中存在失职渎职、违纪违法等情形，要及时将有关情况和线索移送监察机关立案调查，严肃追责。五是督查调研制度。围绕经济社会发展中的重点问题、难点问题、热点问题，积极开展督查调研。深入基层，发现问题，查明原因，提出解决问题的对策、建议，为完善决策提供依据和参考。

从以上规定可以看出，督促检查和责任追究是相互关联的，督促检查出问题就一定要追究责任，督促检查的效力要靠责任追究来体现，可以说责任追究是督促检查的重要环节。本条规定的是“督促检查和责任追究机制”，突出强调了责任追究的问题，最根本的原因是，为了强调国家安全工作事关重大，对上级作出的各项决策部署，有关责任单位必须不折不扣地贯彻落实，对于那些敷衍塞责、贯彻执行不力的，要坚决追究责任。

督促检查和责任追究的落脚点是抓落实。本条明确规定，建立国家安全工作督促检查和责任追究机制的目的是“确保国家安全战略和重大部署贯彻落实”。也就是说，国家安全工作督促检查和责任追究机制的督查内容，一是“国家安全战略”，二是“重大部署”。关于国家安全战略，2015 年 1 月 23 日，中共中央政治局会议审议通过了《国家安全战略纲要》；本法第六条也对国家安全战略的主要内容作了明确规定，即“全面评估国际、国内安全形势，明确国家安全战略的指导方针、中长期目标、重点领域的国家安全政策、工作任务和措施”。对于重大部署，主要是涉及国家安全的法律法规及规范性文件、重要会议精神、重要批示或指示、重要工作方案以及经过批准付诸实施的相关部门提出的应对国家安全风险的意见和建议等。当前和今后一个时期，要突出抓好国家安全法的贯彻实施。

相关规定

《中华人民共和国国家安全法》第六条；《中华人民共和国民用核设施安全监督管理条例》第六条；《国务院办公厅关于进一步加强政府督促检查工作的意见》。

第四十七条　各部门、各地区应当采取有效措施，贯彻实施国家安全战略。

条文主旨

本条是关于国家安全战略贯彻实施机制的规定。

立法背景

借鉴世界主要国家的做法，近年来我国积极推进与制定国家安全战略相关的工作。比如，2014 年 6 月，中央财经领导小组召开会议，专题研究制定能源安全战略工作。2015 年 1 月 23 日，中共中央政治局召开会议，审议通过《国家安全战略纲要》。2015 年 7 月 1 日，国家安全法颁布实施，第六条明确规定："国家制定并不断完善国家安全战略，全面评估国际、国内安全形势，明确国家安全战略的指导方针、中长期目标、重点领域的国家安全政策、工作任务和措施。"至此，制定国家安全战略作为维护国家安全的重要措施与任务，以立法的形式得以确立。2016 年 1 月 1 日施行的反恐怖主义法第四条第一款规定："国家将反恐怖主义纳入国家安全战略，综合施策，标本兼治，加强反恐怖主义的能力建设，运用政治、经济、法律、文化、教育、外交、军事等手段，开展反恐怖主义工作。"这是对本法第六条"国家制定并不断完善国家安全战略"规定的最好诠释。

制定国家安全战略是维护国家安全的重要一步，但还只是第一步，更重要的是贯彻实施国家安全战略，确保国家安全战略规定的举措、任务能够落到实处，扎实推进、稳步实施。

条文解读

各部门、各地区贯彻实施国家安全战略，有很多种方式，目前主要是通过以下三种：

一是制定法律、法规、部门规章以及规范性文件。比如，《国家安全战略纲要》提出要"把法治贯穿于维护国家安全的全过程"，制定出台国家安全法就是把法治贯穿于维护国家安全工作的最重要的举措。国家安全法是适应我国国家安全面临的新形势、新任务制定的一部具有综合性、全局性、基础性的法律，以法律的形式确立总体国家安全观的指导地位，科学界定国家安全的内涵和外延，明确维护国家安全的各项任务，建立健全国家安全制度和国家安全保障措施，特别是在第六条和本条分别对制定和实施国家安全战略作出明确规定，为贯彻落实国家安全战略，构建国家安全体系，走出一条中国特色国家安全道路奠定了坚实的法律基础。

二是制定本领域、本系统的安全战略，细化目标、分解任务，使之更具针对性和可操作性。比如，2015 年 5 月 26 日，国务院新闻办公室发表《中国的军事战略》白皮书，对国家安全形势特别是军事安全形势做出分析，对当前和今后一个时期的军事战略进行部署和规划。该白皮书在前言中特别指出：“建设巩固国防和强大军队是中国现代化建设的战略任务，是国家和平发展的安全保障。军事战略是筹划和指导军事力量建设和运用的总方略，服从服务于国家战略目标。”

三是制定工作计划或工作方案，列出进度表，明确责任人，组织人力物力财力予以贯彻落实。这是大多数部门和地区贯彻落实国家安全战略的方式。不管采取何种方式，要确保国家安全战略真正贯彻实施，加强督促检查和责任追究都是必要的，对此，本法第四十六条已作了明确规定。

相关规定

《中华人民共和国国家安全法》第六条、第四十六条；《中华人民共和国反恐怖主义法》第四条第一款。

第四十八条　国家根据维护国家安全工作需要，建立跨部门会商工作机制，就维护国家安全工作的重大事项进行会商研判，提出意见和建议。

条文主旨

本条是关于国家安全重大事项跨部门会商工作机制的规定。

立法背景

“会商”，本意指双方或多方共同商量，是国家机关工作中常见的工作方式之一，凡是遇有需要与其他部门、地区协商解决或共同研究的问题，一般都会采取会商的方式。开会是会商的主要表现形式，但不是唯一表现形式，通过文件流转征求意见、电话沟通甚至发送电子邮件等，凡是可以互相交流的方式都可以成为会商的具体表现形式。

会商机制是以“会商”为基础形成的工作机制，对时间、对象、专题、原则、形式、结果等方面都有相对固定的要求。根据会商举行的时间，可以分为定期会商和不定期会商。定期会商可以根据需要，确定月度会商、季度会商、半年会商或者年度会商等；不定期会商带有临时决定的性质，用于遇有重大突发情况或重大事项，等不及下次定期会商的举行，只能临时决定增加一次会商。实践中，会商机制一般实行定期会商和不定期会商相结合的方式。但会商机制要求会商原则上以定期会商为主，不定期会商不是主要的会商形式，只是定期会商的补充。根据会商的主题，可以分为例行会商和专题会商。例行会商与定期会商是相对应的，定期举行的会商就是例行会商，它会商的事项是预先就设定好的，一般通过征集议题的方式确定。而专题会商则是针对重大突发事件或重大事项进行的会商。不定期会商的特点决定了它们都是专题会商，但不是说定期会商就都不是专题会商，如果定期会商要举行时恰逢发生重大突发事件，本次例行会商就有可能变成专题会商。此外，还可以按照参加会商的对象的层级来进行划分，比如高层会商、中层会商、基层会商等。对会商对象的要求，一般与会商举行的时间相关联，比如年度会商，一般会要求高层出席；季度会商，可能是部门中层之间的会商；月度会商，则可能是工作层面的办事人员之间的会商。但会商层级与会商时间也不是完全关联的，有时发生重大突发事件，由于事关重大，可能需要马上进行高层级的会商，有时也可能打破例行会商的对象范围，特邀部分与突发事件相关部门的人员参加，而且这种情形在实践中并不少见。

条文解读

本条规定的是国家安全重大事项跨部门会商机制。这里的“国家安全重大事项”是指对国家安全有或可能产生重大影响的事项，包括对某一个阶段或某一个时期对国家安全形势的评估，对国家安全风险的预警，国家安全危机的应对和管控，维护国家安全的体制机制建设，国家安全能力建设，国家安全保障体系建设，以及国家安全重大工作部署、资源配置、力量摆布等。关于本条规定的“部门”，应当包括中央有关职能部门和地方有关职能部门。国家安全主要是中央事权，对地方而言，守土有责，同样负有维护国家安全的职责。因此跨部门会商机制包括中央有关职能部门之间的会商，也包括地方有关部门之间的会商，但不包括中央有关职能部门和地方有关部门相互之间的“会商”。严格来讲，中央与地方之间的工作联系不叫会商，它属于本法第四十九条规定的中央和地方之间协同联动的问题。另外，本法第四十五条规定了国家安全重点领域工作协调机制，指的是中央有关职能部门之间的统筹协调而不是地方有关职能部门之间的统筹协调。这就是本法第四十五条、第四十八条以及第四十九条规定的三个机制在内涵与外延上的区别。

本条规定，建立跨部门会商工作机制的目的是“就维护国家安全工作的重大事项进行会商研判，提出意见和建议”。这里的“会商研判”包括“会商”和“研判”两层含义。会商前面已经说过，是共同商量，在国家安全工作中，有时在作出重大决策前需要征求各相关部门的意见，使各部门形成共识、达成一致，因而会商的目的是消除分歧或求同存异，最终形成可行意见。而研判则是对事情的走向和发展趋势进行预测分析，是超前性的，也是决策的最重要的依据。这就要求会商要遵循一定的原则和规则，努力提高研判的水平和质量。总的原则是会商研判应当以宪法法律为依据，以客观事实为准绳，同时坚持民主决策、科学决策。研判是各部门充分发表意见的过程，属于发扬民主的过程，但不存在集中的问题，即不存在少数服从多数的问题。因为即使是少数派意见，也代表事情发展的一种可能性，研判要解决的是发生概率问题，理论上要穷尽所有可能，这样提出的意见建议才更具参考价值。

相关规定

《中华人民共和国国家安全法》第四十五条、第四十九条。

第四十九条　国家建立中央与地方之间、部门之间、军地之间以及地区之间关于国家安全的协同联动机制。

条文主旨

本条是关于国家安全协同联动机制的规定。

立法背景

在我国，建立“协同联动机制”也并不是国家安全法出台才有的做法，此前，我国为应对国家安全风险已经建立了一些制度和机制，并有相关的法律规定。如国防动员法第三条规定，国家加强国防动员建设，建立健全与国防安全需要相适应、与经济社会发展相协调、与突发事件应急机制相衔接的国防动员体系，增强国防动员能力。该法第二章规定了中央与地方的职责，并规定了国家国防动员委员会这一议事协调机构的职责。再如，突发事件应对法第四条规定，国家建立统一领导、综合协调、分类管理、分级负责、属地管理为主的应急管理体制。该法还规定了中央与地方、部门之间、军地之间应对突发事件的职责。安全生产法也规定，参与事故抢救的部门和单位应当服从统一指挥，加强协同联动，采取有效的应急救援措施。

条文解读

协同是指国家为使中央与地方之间、部门之间、军地之间、地方之间能分工合作、协同一致地开展维护国家安全工作所进行的各类活动。协同的作用在于，使得每一个具有维护国家安全职能的部门、人员和其他参与主体都能成为国家安全工作的一部分，从而保证整个国家安全工作体系有条不紊和井然有序地运行。联动是指国家安全工作各参与主体联合行动、步调一致、互相配合，以实现共同维护国家安全的目标。协同的目的是联动，协同是过程和手段，联动是目的和结果。

建立健全协同联动机制非常必要。我国国家安全体制机制总体是好的，但也存在不适应、不完备问题，其中一个重要问题就是，国家安全资源和力量分散、配置不合理，统筹协调不够。切实维护国家安全，就要打破中央与地方之间、部门之间、军地之间、地方之间的壁垒，既各司其职、各负其责，又密切配合、通力合作，在应对重大国家安全危机上，步调一致、上下贯通、无缝对接、协同推进，形成维护国家安全的整体合力。

实际工作中，不少部门之间已经就重点领域、重点环节建立了协同联动机制。如社会治安形势分析研判联席会议制度、境外中国公民和机构安全保护工作部际联席会议制度、外国投资者并购境内企业安全审查部际联席会议、信访联席会议制度、环境保护部际联席会议、融资性担保业务监管部际联席会议制度等。军地之间也已建立了军地联席会议，根据国防法的规定，地方各级人民政府和驻地军事机关根据需要召开军地联席会议，协调解决本行政区域内有关国防事务的问题。可以预见，有了本条的规定，在维护国家安全领域，将会依法建立更多、更广、更深层次的协同联动机制，以更加充分有效地调动各方面的力量，确保国家安全。比如，2016 年 1 月 1 日施行的反恐怖主义法第八条第三款就规定："有关部门应当建立联动配合机制，依靠、动员村民委员会、居民委员会、企业事业单位、社会组织，共同开展反恐怖主义工作。"

相关规定

《中华人民共和国国防动员法》第三条、第二章有关条文；《中华人民共和国突发事件应对法》第四条；《中华人民共和国安全生产法》第八十二条；《中华人民共和国反恐怖主义法》第八条第三款。

第五十条 国家建立国家安全决策咨询机制，组织专家和有关方面开展对国家安全形势的分析研判，推进国家安全的科学决策。

条文主旨

本条是关于国家安全决策咨询机制的规定。

立法背景

在我国，党和政府历来高度重视决策咨询工作。2004 年，《中共中央关于加强党的执政能力建设的决定》从加强党的执政能力高度，要求改革和完善决策机制，明确提出对专业性、技术性较强的重大事项，要认真进行专家论证、技术咨询、决策评估；有组织地广泛联系专家学者，建立多种形式的决策咨询机制和信息支持系统。决定出台后，各方越来越重视决策咨询机制的作用，相继通过立法方式规定了相关内容。如 2006 年 9 月通过的长城保护条例，其中第六条规定："国家对长城保护实行专家咨询制度。制定长城保护总体规划、审批与长城有关的建设工程、决定与长城保护有关的其他重大事项，应当听取专家意见。"2007 年 12 月修订的科学技术进步法第十三条第一款规定："国家完善科学技术决策的规则和程序，建立规范的咨询和决策机制，推进决策的科学化、民主化。"2015 年 1 月，中共中央办公厅、国务院办公厅印发了《关于加强中国特色新型智库建设的意见》，为建立健全决策咨询制度提供了重要智力支撑。

条文解读

国家安全作为治国理政的头等大事，关乎国家治理体系和治理能力现代化建设，建立健全国家安全领域的决策咨询机制，提升国家安全决策的科学化水平，既是国家安全形势发展的客观需要，也是国家安全工作自身规律的必然要求。借鉴国外有关经验，加强国家安全领域决策咨询机制建设，关键是把握好以下几个方面：一是坚持中国共产党的领导，坚持中国特色社会主义方向，遵守国家宪法法律法规，始终以维护国家利益和人民利益为根本出发点，立足我国国情，充分体现中国特色、中国风格、中国气派。二是坚持围绕大局，服务中心工作。紧紧围绕党和政府决策急需的重大课题，围绕维护国家安全的重大任务，开展前瞻性、针对性、储备性政策研究，提出专业化、建设性、切实管用的政策建议，着力提高综合研判和战略谋划能力。三是坚持科学精神，鼓励大胆探索。坚持求真务实，理论联系实际，强化问题意识，提倡不同学术观点、不同政策建议的切磋争鸣、平等讨论，积极建言献策，创造有利于专家学者和智库发挥作用、积极健康向上的良好环境。

相关规定

《中共中央关于加强党的执政能力建设的决定》《中共中央办公厅、国务院办公厅关于加强中国特色新型智库建设的意见》；《中华人民共和国科学技术进步法》第十三条；《长城保护条例》第六条。

第二节 情报信息

第五十一条 国家健全统一归口、反应灵敏、准确高效、运转顺畅的情报信息收集、研判和使用制度，建

立情报信息工作协调机制，实现情报信息的及时收集、准确研判、有效使用和共享。

条文主旨

本条是关于建立维护国家安全的情报信息工作制度机制的规定。

立法背景

情报信息是国家安全工作的重要组成部分之一。情报信息在维护国家安全和利益工作中，发挥着不可替代的重要作用。我国在长期的对敌斗争和革命实践中积累了丰富的情报工作经验，涌现出钱壮飞、李克农、胡底组成的被周恩来总理称作的“龙潭三杰”及熊向晖、申健、陈忠经“后三杰”等一批卓越的情报工作者，为党的事业屡立战功。

近年来，随着全面依法治国的不断推进，迫切需要以法律的形式对情报工作的方法、机制、内容进行规定，加强情报信息会商和共享，推动信息的高效传递和利用，为建立健全有关工作机制提供法律依据和保障。

条文解读

一、关于情报信息的定义

目前，国内外对情报一词的解释五花八门，还没有形成相对统一的定义。在古代，情报往往是指军事领域的信息。我国《辞源》（1915 年 10 月版）的解释是“军中集种种报告，见之机兆，定敌情如何，而报于上官者”。《辞海》（1939 年 10 月版）解释为“战时关于敌情之报告，曰情报”。现代社会认为，情报本质上是一种为解决特定问题所需要传递的知识，是针对特定目的、特定对象、特定时间所提供或寻找的能起借鉴或参考作用的信息。按照不同标准，情报可划分为不同类型。比如，按照情报内容，可分为政治情报、经济情报、军事情报、科技情报等；按照情报获取的方法和途径，可分为公开情报、秘密情报、人力情报、技术情报等；按照情报的加工程序，可分为一次情报、二次情报、三次情报等；按照情报的时效性，可分为动态情报、基础情报、预测情报等；按照情报的载体，可分为文字情报、实物情报、声像情报等。

二、建立统一归口、反应灵敏、准确高效、运转顺畅的情报信息制度及相关工作协调机制

情报信息工作涉及多个领域、众多部门。本法第二章专章明确了维护国家安全的任务，涉及众多领域，每个领域维护国家安全都离不开情报信息。同时，本法规定，国家安全机关、公安机关、有关军事机关根据职责分工，依法搜集涉及国家安全的情报信息；国家机关各部门在履行职责中，对于获取的涉及国家安全的有关信息，应当及时上报。对上述情报信息的收集、研判和使用，直接影响到国家安全情况的掌握、有关风险监测预警的启动和管控处置措施的实施，对维护国家安全非常重要。因此，本条对健全情报信息工作制度和相关工作机制提出了总体要求，明确国家健全统一归口、反应灵敏、准确高效、运转顺畅的情报信息收集、研判和使用制度，建立情报信息工作协调机制，实现情报信息的及时收集、准确研判、有效使用和共享。

第一，关于国家健全统一归口、反应灵敏、准确高效、运转顺畅的情报信息收集、研判和使用制度。其中，“统一归口”主要是指情报信息工作要坚持统一领导、归口管理，不断加强情报信息工作的系统性、科学性、全面性、集成性。“反应灵敏”主要是指情报信息的收集、研判、使用要紧紧围绕维护国家安全的实际需要，特别是对于时效性要求较高的重大突发事件的情报信息，要根据维护国家安全的需要，作出及时反应，为开展相关处置工作提供情报信息支持和参考。“准确高效”主要是指情报信息具有很强的客观性、时效性，收集、研判情报信息的过程中，要保证情报信息内容的准确性和流转的效率，确保情报信息及时有效地发挥作用，不得迟报、漏报、瞒报、谎报。“运转顺畅”主要是指情报信息工作在运转过程中要尊重客观规律，形成并不断完善情报信息顺畅流转的制度机制。

第二，关于建立情报信息工作协调机制，实现情报信息的及时收集、准确研判、有效使用和共享。我国情报信息工作一直坚持集中统一领导下的工作协调机制。在这个机制下，国家安全机关、公安机关、有关军事机关根据职责分工，按照本部门的主要情报职责分工，依法搜集涉及国家安全的情报信息，为维护国家安全、主权和发展利益服务；同时，中央国家机关各有关部门根据工作职责，在依法履行职责过程中及时上报获取的涉及国家安全的信息。实践中，“统一归口、反应灵敏、准确高效、运转顺畅的情报信息收集、研判和使用制度”是情报信息工作的基本制度，在这个基本制度的基础上，还要不断建立完善相关工作协调机制，充分发挥各部门合力，强化情报信息的统筹协调，最终实现情报信息的及时收集、准确研判、有效使用和共享，充分发挥情报信息对于维护国家安全的重要作用，为维护国家安全和利益服务。

相关规定

《中华人民共和国国家安全法》第二章有关条文、第五十二条。

第五十二条 国家安全机关、公安机关、有关军事机关根据职责分工，依法搜集涉及国家安全的情报信息。

国家机关各部门在履行职责过程中，对于获取的涉及国家安全的有关信息应当及时上报。

条文主旨

本条是关于各部门搜集上报情报信息职责的规定。

立法背景

情报是在原始社会人们为了生存而进行的调查了解活动的基础上产生和逐渐发展起来的社会活动，“人类最早使用的武器就是石块、棒子和情报”。随着人类社会的不断发展和进步，情报工作逐渐从自发性、普遍性的人类认识自然界的活动，发展为专业性、专门性的社会活动。在历史发展进程中，情报信息特别是专门机关开展的情报工作，与国家生存发展息息相关，在维护国家安全中的作用不可替代，是国家安全工作的重要组成部分之一。《孙子兵法·用间篇》中说：“故明君贤将，所以动而胜人，成功出于众者，先知也。先知者不可取于鬼神，不可象于事，不可验于度，必取于人，知敌之情者也。”

条文解读

一、国家安全机关、公安机关、有关军事机关依法搜集涉及国家安全的情报信息

本条第一款规定了国家安全机关、公安机关、有关军事机关等专门机关根据职责分工搜集涉及国家安全的情报信息的职责。

第一，专门机关的情报工作是维护国家安全和利益的重要专门工作，作用不可替代。专门机关的情报工作对维护国家安全的重要作用，突出体现在以下三个方面：一是情报工作为营造有利于国家发展必需的国内、国际环境，提供了不可替代的保障和支持。任何国家在发展进程当中，都需要维护国内政权和社会的安全、稳定，并营造有利于本国的外部环境，及时掌握涉及本国国家安全的国内外各种信息、情况和趋势，及时采取有利于维护本国国家安全和利益的相关措施。在这个过程中，作出科学、准确的决策，离不开情报信息特别是专门机关情报工作的支持和保障。二是情报工作往往为维护和拓展国家利益提供重要参考和支持。“没有永恒的敌人，也没有永恒的朋友，只有永恒的利益。”在维护和扩展国家利益的过程中，国家只有及时、准确了解国家利益所涉及的各方面的情况，才能准确判断维护和扩展国家利益的形势和任务，制定符合实际需要的政策措施。因此，在国家利益的维护和扩展过程中，情报信息往往发挥重要的参考和支持作用。在人类发展历史中，很多国家在崛起过程中，都充分发挥了情报信息的作用。三是情报工作是国家军事等重大行动不可或缺的保障。情报工作在人类社会中最早的功能就是认识自然和部落争斗，军事情报一直以来都是情报工作的重要组成部分。人类历史进程中的每一次战争，都离不开军事情报。“知己知彼、百战不殆”，在国家开展的重大行动特别是军事行动中，及时、准确、客观的情报是不可或缺的。

第二，本款将专门机关开展情报工作的职责规定为“根据职责分工，依法搜集涉及国家安全的情报信息”。其中，“根据职责分工”是指国家安全机关、公安机关和有关军事机关要按照有关法律法规和文件确定的职责分工，在本部门职责范围内，开展情报工作。“依法搜集”是指搜集情报信息的活动要严格依照法律规定的范围和权限开展，不得滥用职权、玩忽职守、徇私舞弊。“涉及国家安全的情报信息”是指涉及本法规定的国家安全范畴的各种情报信息，是广义的情报信息，包括涉及国家政治安全、人民安全、国土安全、军事安全、经济安全、金融安全、能源资源安全、粮食安全、文化安全、科技安全、网络信息安全、社会安全、生态安全、核安全、海外利益和其他有关领域安全的情报信息。根据本条规定，国家安全机关、公安机关、有关军事机关要根据本部门的职责分工，明确本部门情报工作的任务，根据维护国家安全的需要，开展有针对性、计划性、系统性的情报信息搜集工作，确立搜集范围和重点，依法履行搜集涉及国家安全情报信息的各项工作。

二、关于各部门及时上报涉及国家安全信息的职责

本条第二款规定了各部门及时上报履行职责中获取的涉及国家安全信息的职责。

第一，总体国家安全观视野下，各领域工作均涉及维护国家安全的各类情报信息。当前，影响国家安全的内外因素复杂，时空领域宽广，维护各个领域的国家安全都离不开信息的支撑和保障。国家机关各部门履行职责的过程，就是掌握有关情况、制定有关方针政策、从事有关管理活动的过程。在这个过程中，国家机关各部门会获取、掌握与国家安全各领域有关的信息。比如，有关社会经济宏观运行管理部门在履行职责过程中，会掌握和获取涉及国家经济安全的数据和信息；卫生计生部门在履行职责过程中，会掌握和获取可能涉及人民安全、社会安全的国民健康方面的信息和情况；外交部门在履行领事保护职责过程中，会掌握和获取与保护中国公民在海外合法权益的信息和情况，涉及对我国海外利益的保护；环境管理部门在履行职责过程中，会掌握和获取有关生态安全的信息和情况；等等。

第二，各部门要强化国家安全意识，立足本部门职责，及时上报涉及国家安全的信息。本条第二款规定的各部门上报履职中获得的涉及国家安全信息的职责，并不是要求各部门都同本条第一款规定的专门机关一样，开展搜集情报信息的专门工作，而是与本法第四十三条规定相衔接，要求各国家机关及其工作人员在履行职责时，应当强化国家安全意识，贯彻维护国家安全的原则，依法履行职责，及时关注、掌握本领域涉及国家安全的情况，并按照有关规定，将相关信息及时上报，以便国家根据维护国家安全的需要，及时掌握有关情况，制定有关政策，采取有关措施，切实维护各领域国家安全和利益。

相关规定

《中华人民共和国国家安全法》第四十三条。

第五十三条　开展情报信息工作，应当充分运用现代科学技术手段，加强对情报信息的鉴别、筛选、综合和研判分析。

条文主旨

本条是关于情报信息工作运用现代科学技术手段和加强研判分析的规定。

立法背景

科技是第一生产力，是国家强盛之基。一直以来，科学技术是推动人类社会向前发展的重要力量，是提高社会生产力和综合国力的重要战略支撑。特别是进入21世纪以来，新一轮科技革命和产业变革正在孕育兴起，现代科学技术更具世界性、时代性，各领域工作的科学技术现代化水平都在不断提升，情报信息工作也不例外。

条文解读

一、情报信息工作应当充分运用现代科学技术手段

本条规定，开展情报信息工作，应当充分运用现代科学技术手段，这一规定包含了两方面内容：一是在开展情报信息工作、获取情报信息的过程中，要充分运用现代科学技术手段。运用先进科技手段开展情报信息工作，获取与国家安全有关的情报信息，一直以来是各国通行的做法。在历史进程中，照相技术、远程照相技术、航空技术以及其他领域的先进科学技术手段，都在不同的历史时期作为当时的先进技术，构成情报信息的重要来源之一，为掌握和运用这些技术的国家获得了巨大的情报效益。而无线电技术应用于军事通信和外交通信领域后，更使得信号情报成为情报信息工作的一个新领域。此外，近年来电子化、信息化技术发展后，无人机、信息技术等新技术也迅速被应用于各国的情报信息领域，特别是随着信息处理和通信技术的巨大发展和信息时代的到来，新技术对情报信息工作产生的重大影响越来越显现，往往能跨越空间、时间和领域的界限，组成庞大的技术情报搜集网，不分昼夜提供最新情报信息和有关关键数据，为维护国家安全和利益提供重要的参考依据。可以说，每一次科学技术的重大革新，都带来人力搜集和技术获取情报信息的更深层次的有机结合，并带来情报信息工作深度和广度的重大变革和拓展。因此，很多国家近年来的国家安全立法，很注意体现先进科学技术

在情报信息工作中的运用。我国反恐怖主义法规定，公安机关、国家安全机关、军事机关在其职责范围内，因反恐怖主义情报信息工作的需要，根据国家有关规定，经过严格的批准手续，可以采取技术侦察措施；国家鼓励、支持反恐怖主义科学研究和技术创新，开发和推广使用先进的反恐怖主义技术、设备。二是在情报信息的鉴别、筛选、综合和研判分析过程中，要充分运用现代科学技术手段。一方面，随着社会各个领域、各个方面的不断发展，随着世界上国家之间交流越来越频繁、联系越来越密切，涉及国家安全的情报信息的领域不断扩展，数量不断增多，覆盖面不断扩大。围绕维护政治、国土、军事、经济、金融、资源、粮食、文化、科技、网络、社会、生态、核、海外利益和有关新型领域国家安全，情报信息往往是海量级的，需要充分运用现代科学技术，进行比对、分析，从而实现高质高效的鉴别、筛选、综合和研判。另一方面，情报信息不仅包括情报信息专门机关获取和有关部门上报的“原始资料”，还包括后续的分析与评估及其结果。充分运用现代科学技术手段，不仅可以提高情报信息的传播和使用速度，缩短情报信息从产生到运用的时间，提高效率和传播水平，更有效地满足维护国家安全对情报信息的需要，而且可以更加有效地实现情报信息的比对、筛选和整合，充分发挥情报信息对于维护国家安全的重要保障作用。

二、开展情报信息工作应当加强对情报信息的鉴别、筛选、综合和研判分析

运用各种手段获取的情报信息，绝大多数情况下只能是情报素材，必须经过识别、选择和分析，作出科学的判断，才能成为真正的情报信息。搜集上报的情报信息要想最终发挥作用，就必须对其进行适度分析，因为在绝大多数情况下，出于情报信息工作的客观规律，搜集的情报信息往往是零碎的、片面的，甚至有的是含混的、可疑的，存在多种解读的可能性。因此，对情报信息进行分析研判，是情报信息处理的一个关键环节。从大量的情报信息中明确对于维护国家安全最重要、最需要的情报信息，通常是十分困难的，更何况搜集到的情报信息往往是零散、片段、不全面的，因此，为了识别情报信息的真假、正误、是否准确，并作出最终正确的判断，对情报信息进行鉴别、筛选、综合和研判分析的过程，尤为重要。这个过程，有些与社会科学研究所使用的方法类似，有些则是处理情报信息所独有的方法，但归根结底是要将各种来源搜集到的情报信息反复比较鉴别，多方补充印证，统一归口研判，以便形成完整可靠的情报信息，充分发挥情报信息工作的效益。比如，反恐怖主义法规定，国家反恐怖主义情报中心、地方反恐怖主义工作领导机构以及公安机关等有关部门应当对有关情报信息进行筛查、研判、核查、监控，认为有发生恐怖事件危险，需要采取相应的安全防范、应对处置措施的，应当及时通报有关部门和单位，并可以根据情况发出预警。有关部门和单位应当根据通报做好安全防范、应对处置工作。在本条规定中，“鉴别”是指对情报信息的真实性、客观性进行分析判断，去伪存真；“筛选”是指按照情报信息所服务的目标，对情报信息进行精选的过程，去粗取精；“综合”是指将不同来源、不同角度的情报信息进行有机加工和整合，由此及彼，形成一个新的整体，使反映的情况更客观、更全面；“研判”是指对情报信息反映的情况进行研究判断，由表及里，提炼出情报信息最本质最核心的内容，形成情报信息产品。对情报信息进行分析的过程，就是去伪存真、去粗取精、由此及彼、由表及里的过程，是通过各种科学的方式、方法，将分散、零散、片面的信息碎片加工、转化、整合，最终形成维护国家安全工作所需要的、反映客观情况的情报信息产品，从而为维护国家安全提供重要参考。

相关规定

《中华人民共和国反恐怖主义法》第四十五条、第四十七条、第七十七条。

第五十四条　情报信息的报送应当及时、准确、客观，不得迟报、漏报、瞒报和谎报。

条文主旨

本条是关于维护国家安全情报信息的报送时效性、准确性的规定。

立法背景

情报信息的报送是连接情报信息收集与使用的关键环节，只有保证情报信息报送得及时、准确、客观，才能确保情报信息在维护国家安全工作中发挥应有的重要作用。

条文解读

一、关于情报信息报送的及时性、准确性、客观性

本条规定中，“及时”是指立刻、马上，迅速地、毫不耽误地报送情报信息。情报信息报送的及时性是指获取情报与报送情报之间的时间差，即情报信息产生应有效果的时距限度，时间差越短，则时效性越强。时效性不仅是情报信息的价值，也体现着情报信息的质量。情报信息及时才有价值，才能最大限度地发挥作用。重要情报信息越早、越迅速地报送到决策部门，越能在关键时刻发挥关键作用。反之，无论何等重要的情报信息，如果迟到了，就可能时过境迁，就难于发挥应有的作用。“准确”是指情报信息要严格符合事实、标准或真实情况。“客观”是指在意识之外，不依赖精神而存在的，不以人的意志为转移的。情报信息本质上是人的主观对客观事实、趋势的认识，因此应当最大限度接近客观真实情况。毛泽东同志曾指出，“一切矛盾都是客观存在的，我们的任务是尽可能正确地反映它和解决它”。客观是准确的前提，准确、客观是情报信息工作的基本原则，也是其生命力所在，来不得半点虚假，情报工作者在搜集情报时应力争获得真实、准确、客观的情报内容。情报分析部门要加强对情报的研判，力争多方印证、核实，综合研判。美国 BBC 的新闻规范中有一条“正确比速度更重要”，新闻工作和情报信息本质上都是信息的传递，新闻工作尚且如此，情报信息工作更应准确、客观。情报信息报送的及时性是以准确、客观为前提的，否则，再及时报送的情报信息，如果内容不准确，及时就失去了意义，相反还会带来很坏的不可弥补的损失。及时性和准确性是情报信息的主要特点，是情报信息的两翼，是一个不可分割的整体。情报信息工作者要将二者结合起来，辩证统一起来。只有把情报的及时报送和准确、客观辩证地结合起来，才能体现情报的真正意义。

确保有关情况、信息报告的及时性、准确性、客观性，在我国很多法律中都有规定。比如，突发事件应对法第七条第一款、第二款、第三款规定：“县级人民政府对本行政区域内突发事件的应对工作负责；涉及两个以上行政区域的，由有关行政区域共同的上一级人民政府负责，或者由各有关行政区域的上一级人民政府共同负责。”“突发事件发生后，发生地县级人民政府应当立即采取措施控制事态发展，组织开展应急救援和处置工作，并立即向上一级人民政府报告，必要时可以越级上报。”“突发事件发生地县级人民政府不能消除或者不能有效控制突发事件引起的严重社会危害的，应当及时向上级人民政府报告。上级人民政府应当及时采取措施，统一领导应急处置工作。”第三十七条规定，“国务院建立全国统一的突发事件信息系统。”“县级以上各级人民政府应当建立或者确定本地区统一的突发事件信息系统，汇集、储存、分析、传输有关突发事件的信息，并与上级人民政府及其有关部门、下级人民政府及其有关部门、专业机构和监测网点的突发事件信息系统实现互联互通，加强跨部门、跨地区的信息交流与情报合作。”第三十九条规定：“地方各级人民政府应当按照国家有关规定向上级人民政府报送突发事件信息。县级以上人民政府有关主管部门应当向本级人民政府相关部门通报突发事件信息。专业机构、监测网点和信息报告员应当及时向所在地人民政府及其有关主管部门报告突发事件信息。”“有关单位和人员报送、报告突发事件信息，应当做到及时、客观、真实，不得迟报、谎报、瞒报、漏报。”防震减灾法第八十九条规定：“地震灾区的县级以上地方人民政府迟报、谎报、瞒报地震震情、灾情等信息的，由上级人民政府责令改正；对直接负责的主管人员和其他直接责任人员，依法给予处分。”特种设备安全法第七十条第一款、第三款规定：“特种设备发生事故后，事故发生单位应当按照应急预案采取措施，组织抢救，防止事故扩大，减少人员伤亡和财产损失，保护事故现场和有关证据，并及时向事故发生地县级以上人民政府负责特种设备安全监督管理的部门和有关部门报告。”“与事故相关的单位和人员不得迟报、谎报或者瞒报事故情况，不得隐匿、毁灭有关证据或者故意破坏事故现场。”

二、关于不得迟报、漏报、瞒报和谎报

多年来，我国在实践中建立了一整套行之有效的情报信息报送制度，其中，不得迟报、漏报、瞒报和谎报，是情报信息报送一以贯之的要求。因此，本条在规定情报信息的报送应当及时、准确、客观的同时，将不得迟报、漏报、瞒报和谎报情报信息的要求，明确为法律上的要求，以便确保情报信息报送得及时、准确、客观。其中，“迟报”是指应当及时报送而没有及时报送；“漏报”是指在报送情报信息过程中，对已经获取的情报信息，没有按照规定上报；“瞒报”是指对已经获取的情报信息，故意隐瞒不报；“谎报”是指故意报送虚假、不真实、不客观的情报信息。无论是情报工作专门机关还是其他有关部门，在获取情报信息后，都要遵守本条关于情报信息及时、准确、客观报送，不得迟报、漏报、瞒报、谎报的要求，实事求是地及时上报。对于在报送过程中的失职、渎职行为，要按照有关法律法规和规范性文件，承担相应的法律和行政责任。

相关规定

《中华人民共和国突发事件应对法》第七条、第三十七条、第三十九条；《中华人民共和国防震减灾法》第八十九条；《中华人民共和国特种设备安全法》第七十条。

第三节　风险预防、评估和预警

第五十五条　**国家制定完善应对各领域国家安全风险预案。**

条文主旨

本条是关于建立国家安全风险预案制度的规定。

立法背景

预案是为了完成某项工作任务所作的全面、具体的实施方案。制定完善应对各领域国家安全风险预案，有利于未雨绸缪，及时、准确地识别危害国家安全的各类风险，做到各领域国家安全风险了然于胸、应付裕如，处置各类国家安全风险有章可循、有条不紊，以体系化、精准化的应对预案，将安全风险尽量消弭于萌芽状态，防止国家安全风险的扩大升级，避免工作中出现紧张忙乱、顾此失彼等问题，最大限度地降低国家安全风险的危害程度以及管控这些风险的成本。

条文解读

突发事件应对法第二章（预防与应急准备）就建立健全突发事件应急预案体系作出了详细规定。以突发事件应对法为依据，国务院及其有关部门分别组织制定了国家突发事件总体应急预案、专项应急预案和部门应急预案，地方各级人民政府和县级以上地方各级人民政府有关部门分别制定了针对本地区、本部门实际情况的应急预案。反恐怖主义法第五十五条第一款规定，国家建立健全恐怖事件应对处置预案体系。除了突发事件应对法和反恐怖主义法，我国的环境保护法、传染病防治法、防震减灾法、食品安全法、土地管理法等法律也就环境安全、卫生防疫、食品安全、资源安全等方面的预防制度建设作了规定。这些预防制度和应急预案体系的建立，为建立健全国家安全风险预案体系提供了较为坚实的制度基础。

但同时还应看到，国家安全风险是指国家政权、主权、统一和领土完整、人民福祉、经济社会可持续发展和国家其他重大利益所面临的风险。国家安全风险预案体系，与上述公共安全、环境保护、卫生防疫、食品安全、资源安全领域业已建立的预防制度和预案体系并不是简单的对应或者替换关系。制定完善应对国家安全风险预案，必须以总体国家安全观为指导，统筹维护各领域国家安全，具体应当注意把握以下几个方面：

一是始终以总体国家安全观为根本遵循，坚持以人民安全为宗旨，以政治安全为根本，以经济安全为基础，以军事、文化、社会安全为保障，以促进国际安全为依托，统筹兼顾、综合施策，构建有效应对各领域国家安全风险的科学的风险预案体系。二是始终坚持中国共产党的领导，准确领会中央国家安全领导机构的决策部署精神，严格贯彻国家安全战略的指导方针，根据国家安全形势发展变化和现实任务需求制定并不断完善风险预案。三是始终树立大局意识、忧患意识，坚持预防为主、标本兼治，克服预案制定后一成不变、一劳永逸的错误做法，以辩证的发展的眼光审视和处理涉及国家安全的问题隐患，密切跟踪掌握国家安全风险动态，及时转换国家安全工作重心，同时通过精心组织模拟演练不断发现问题、纠正不足，定期充实调整各领域风险预案；四是各级、各部门应当强化守土有责的意识，在中央国家安全领导机构的统一领导下，根据维护国家安全的任务要求和职责规定，借助建立突发事件应急预案体系的有益经验和做法，充分利用现有资源，结合各自工作实际，以本级、本部门国家安全风险的实际情况为依据制定完善应对预案，防止照搬照抄上级预案，防止“上下一般粗”。

相关规定

《中华人民共和国突发事件应对法》第二章预防与应急准备；《中华人民共和国反恐怖主义法》第五十五条；《中华人民共和国环境保护法》第五条、第三十九条；《中华人民共和国防震减灾法》第三条、第八条、第十三条、第十四条、第四章、第四十七条；《中华人民共和国食品安全法》第七十四条、第八章；《中华人民共和国传染病防治法》有关条文；《中华人民共和国土地管理法》有关条文。

第五十六条　国家建立国家安全风险评估机制，定期开展各领域国家安全风险调查评估。

有关部门应当定期向中央国家安全领导机构提交国家安全风险评估报告。

条文主旨

本条是关于建立国家安全风险评估和报告制度的规定。

立法背景

及时、准确、严谨、科学的风险评估，是辅助国家安全决策指导、做好维护各领域国家安全工作的基础。

条文解读

建立国家安全风险评估机制，对于有效预防和化解国家安全风险，管控国家安全危机，建立健全国家安全保障制度，都是至关重要的。因此，必须切实增强对国家安全风险的准确评估和预警能力。

而培育和不断增强这一能力的有效途径，就是根据维护国家安全的现实需求，定期组织开展实地调查研究，全面收集整理各领域国家安全风险相关的信息，并运用科学方法就这些风险的危害性和发展态势进行全面细致的评估。在此过程中，应当注重发挥专业机构、专业人员和有关专家学者的作用，确保评估方法科学严谨、评估结果全面准确。

与此同时，本法还规定了国家安全风险报告制度，要求有关部门定期向中央国家安全领导机构提交国家安全风险评估报告。建立这一制度的主要目的，是保证中央国家安全领导机构全面、准确掌握各领域国家安全风险评估情况，并根据汇总的风险评估报告综合研判、统筹协调、科学决策。由此可见，各部门所提交的国家安全风险评估报告的科学性、准确性，直接关系到国家安全决策的成效，有关部门必须强化责任意识、大局意识、忧患意识，按照中央国家安全领导机构的统一部署和要求，以及本部门承担的维护国家安全的具体职责，认真组织开展国家安全风险评估工作，定期提交高质量的国家安全风险评估报告。

相关规定

《中华人民共和国突发事件应对法》第五条、第二十条。

第五十七条　国家健全国家安全风险监测预警制度，根据国家安全风险程度，及时发布相应风险预警。

条文主旨

本条是关于国家安全风险监测预警制度的规定。

立法背景

监测是准确预警和有效管控风险和危机的前提。各领域的国家安全风险，滋生原因和发展态势各有不同，各级人民政府及其有关部门必须及时跟踪掌握有关信息，根据风险的种类和特点，通过精细划分监测区域和确定监测项目，建立起常态化、动态化的监测体系，才有可能实现对国家安全风险的实时监测，为有效防范、化解和管控风险打下基础。

条文解读

做好国家安全风险监测工作，需要从制度建设入手，明确机构人员，细化任务分工，同时配备专业设备设施，形成上下衔接、实时共享、效能统一的监测网络。实际上，根据突发事件应对法、环境保护法、传染病防治法、防震减灾法、食品安全法等法律的规定，我国已在相关领域建立起比较完善的监测网络。这些网络建立之初，意在监测一个或者数个领域的安全风险或者突发事件，这些领域未必均涉及国家安全问题，但在建立健全这些监测网络过程中所积累的经验、形成的工作模式，为我们健全国家安全风险监测体系提供有益借鉴。如突发事件应对法专章规定了“预防与应急准备”和“监测与预警”；环境保护法第十七条第一款规定：“国家建立、健全环境监测制度。国务院环境保护主管部门制定监测规范，会同有关部门组织监测网络，统一规划国家环境质量监测站（点）的设置，建立监测数据共享机制，加强对环境监测的管理。”传染病防治法第十七条和第十九条分别就国家建立传染病监测制度和预警制度作了规定。防震减灾法就地震监测预报和地震灾害预防作了专门规定，等等。突发公共卫生事件应急条例、地震监测管理条例、重大动物疫情应急条例、核电厂核事故应急管理条例等行政法规也有风险监测的规定。

同时，本条还对国家安全风险预警制度作了规定。所谓预警，是指在各领域国家安全风险发生蔓延并造成现实危害之前，根据以往总结的规律或监测得到的可能性前兆，向有关部门和社会发出紧急信号、报告危险情况，以便及时采取有效响应措施应对安全风险，避免国家重大利益因应对准备不足而造成损失。本条规定未就预警级别作统一规定，主要是考虑到国家安全风险分布于不同领域，相关应对措施具有较强专业性，难以划定统一的预警标准，需要各级各部门根据各自职责分工和风险紧急程度、危害性等，制定预警标准，及时发布风险预警。

预警发布之后，有关人民政府及其相关部门必须根据国家安全风险的特点以及可能造成的危害，启动国家安全风险应对预案，调集负有特定职责的人员进入待命状态，做好应对处置准备，加强安全保卫，及时向社会公众发布信息、提供建议，消除公众恐慌情绪，防止不实信息传播蔓延。此外，需要注意的是，国家安全风险始终处于动态发展变化之中，既有可能在预警期间因应对处置得当而消退或者消失，也不能排除因其他不可控因素的出现而愈发紧急严重，因此，预警信息发布单位要密切跟踪监测国家安全风险发展变化，根据具体情况适时调整预警级别，并将调整结果及时通报相关部门和社会公众，以便对应急响应级别作出调整。

相关规定

《中华人民共和国环境保护法》第十一条；《中华人民共和国突发事件应对法》第二章、第三章；《中华人民共和国传染病防治法》第十七条、第十九条；《中华人民共和国防震减灾法》第三章、第四章；《突发公共卫生事件应急条例》；《地震监测管理条例》；《重大动物疫情应急条例》；《核电厂核事故应急管理条例》。

第五十八条　对可能即将发生或者已经发生的危害国家安全的事件，县级以上地方人民政府及其有关主管部门应当立即按照规定向上一级人民政府及其有关主管部门报告，必要时可以越级上报。

条文主旨

本条是关于报告危害国家安全的事件的规定。

立法背景

本法第四十条第二款规定：“地方各级人民政府依照法律法规规定管理本行政区域内的国家安全工作。”第四十四条规定：“中央国家安全领导机构实行统分结合、协调高效的国家安全制度与工作机制。”第四十九条规定：“国家建立中央与地方之间、部门之间、军地之间以及地区之间关于国家安全的协同联动机制。”建立健全统分结合、协调高效的国家安全工作机制，其中一项重要工作就是实现重大紧急信息的互联互通、实时共享。

条文解读

即将发生或者已经发生的危害国家安全的事件，通常由县级以上地方人民政府及其有关主管部门负责组织处置。但是，鉴于某些事件对于国家安全的危害已经迫在眉睫或者业已存在，将相关情况立即报告上一级人民政府及其有关部门，有利于后者迅速掌握情况，进行综合研判、全面部署、高效决策，最大限度地降低这些事件的现实危害和影响。

对于已经发生的情况紧急的危害国家安全的事件，组织处置工作的人民政府及其有关部门可以边处置边迅速上报。必要时，即事态特别紧急严重时，可以越级上报。报告的主要内容包括：一是事件的性质、起因、危害程度和发展态势；二是已经采取的先期处置措施；三是拟采取的处置方案；四是请求上级批准的重大事项等。

相关规定

《中华人民共和国国家安全法》第四十条、第四十四条、第四十九条。

第四节 审 查 监 管

第五十九条 国家建立国家安全审查和监管的制度和机制，对影响或者可能影响国家安全的外商投资、特定物项和关键技术、网络信息技术产品和服务、涉及国家安全事项的建设项目，以及其他重大事项和活动，进行国家安全审查，有效预防和化解国家安全风险。

条文主旨

本条是关于建立国家安全审查和监管的制度和机制以及国家安全审查范围的规定。

立法背景

目前，许多国家出于维护自身国家安全和反制他国竞争的需要，建立了较为完备、严密的国家安全审查和监管制度，并通过制定和修改相关法律，对影响或者可能影响国家安全的外国投资并购本国企业，军用品出口，网络技术、设备和服务等重大事项和活动，进行严格的审查和监管。我国在实施依法治国、建设社会主义法治国家进程中，注重依法开展国家安全审查和监督，目前安全审查和监管的范围涉及国家经济、社会、文化发展的各个领域，特别是国防、军事、防扩散以及经济、科技、通信、电子信息等领域，包括外资并购，军品出口、军民两用物项和技术出口，重要国家机关、军事设施、重点科研单位和军工单位的周边建设项目，电信基础设施等事项。面对国家安全各领域存在的风险隐患，必须高度警惕，充分认识加强国家安全审查的重要性和紧迫性，要加强国家安全审查监管工作，发挥其维护国家安全的防火墙作用。

条文解读

一、建立国家安全审查和监管的制度和机制，有效预防和化解国家安全风险

（一）建立国家安全审查和监管制度是从源头上预防和化解国家安全风险的重要举措

以外资并购国家安全审查为例，包括美国、俄罗斯、法国、德国、英国、加拿大、澳大利亚、日本等在内的主要市场经济国家均已建立起国家安全审查制度。美国对外资并购本国企业的国家安全审查由来已久。1975 年，福特总统建立了外国投资委员会，这一机构作用的真正发挥是在1988年外资并购国家安全审查制度建立之后。1988年美国国会通过《1950年国防产品法修正案》即《埃克森—费罗里奥修正案》。该修正案生效实施后，任何威胁美国国防安全的外资并购都必须接受外国投资委员会的安全审查。“9·11”恐怖袭击后，2007年美国国会通过了《外国投资与国家安全法》，扩展了对“国家安全”的界定，将“重要基础设施”“国土安全”和“关键资产”都包括在国家安全的范围以内。此外，外资并购如果威胁到美国在关键技术领域的世界领先地位或者影响美国的本土就业，都被视为威胁国家安全。从20世纪90年代开始，在积极吸纳外资的同时，俄罗斯政府就对其认定的战略性行业采取严格的保护措施，明令禁止外资进入相关领域。为了保障经济安全，俄罗斯议会于2008年制定了《对保障国防和国家安全具有战略意义的商业组织进行外国投资的程序法》，对外国投资者和有外国投资者加入的经济实体对保障俄罗斯国防和国家安全具有战略意义的商业组织进行投资作了一系列限制性规定，以避免外资通过注资，或者进行某些交易而达到对具有战略意义的商业组织实施控制的目的。2009年3月，加拿大对《投资加拿大法》进行了修订，创设了对外资投资的国家安全审查程序。之后，又制定了该法的两个配套条例——《加拿大投资条例》和《投资国家安全审查条例》。法国于2004年制定了《外国投资法》，改革了其外国投资审查程序。2005年12月，法国又发布法令，明确在11个行业中，当外国投资者准备获得其控股权或特定部分股份时，应受到基于“公共秩序、公共安全、国家国防利益”的审查。德国于2008年通过了《德国外国贸易与支付法》的修正案，建立起外资并购安全审查制度。《外汇与外贸法》是日本政府据以进行外资投资安全审查的主要法律。根据该法，政府部门在发现外国投资将有害于日本的国家安全、公共秩序、公共安全以及经济的平稳运行时，有权禁止外资进入或者设置条件。

外国国家安全审查制度有以下几个特点：一是对具有涉外因素以及重要敏感领域进行审查。除各国普遍建立了外资审查制度外，2000 年美国率先出台网络安全审查制度，对涉及国家安全领域的网络技术、设备、服务和供应商进行强制性审查。之后，英国、法国、德国、澳大利亚也纷纷效仿，先后建立了类似制度。此外，许多国家为履行不扩散核武器条约、禁止生物武器公约、禁止化学武器公约、特定常规武器公约等公约义务，对军品出口、核产业等重大敏感事项和领域进行国家安全审查。二是国家安全概念模糊，审查具有强制性且审查程序不透明。国家安全的定义一直是一个比较模糊的用语，并呈扩张趋势。如美国 2007 年《外国投资与国家安全法》及实施细则规定，涉及国家安全的"重要基础设施"包括农业及食品、水、公共卫生、突发事件服务产业、国防、电信、能源、交通运输、银行及金融、化工及危险材料行业、邮政及航运、信息技术等多个行业。美国发布的网络国家安全审查办法，要求涉及国家安全的信息系统使用的产品，必须接受审查。美国对未通过国家安全审查的不告知原因，也不接受任何申诉。美国在进行信息技术产品安全审查时，要求提供源代码、硬件图纸等核心技术资料。英国在审查时，除要求提供源代码、硬件图纸等核心技术资料外，还要求供应商派技术人员进行现场讲解。美国等一些国家规定国家安全审查免于司法审查，而接受司法审查的国家，鲜有行政行为相对人诉之法院并胜诉的情况。三是国家安全审查中政治考量因素增加，存在裁决显失公平的情况。相对模糊的"国家安全"

概念导致了在国家安全审查中不可避免地夹杂政治因素的考量。出于意识形态差异、防范心理和缺乏互信，美国针对中国企业并购所进行的国家安全审查中，“遏制中国”往往是一个重要的考虑因素。外国投资者委员会在对中国企业特别是国有企业进行安全审查时“另眼看待”，采取与审查其他国家企业不同的标准。

（二）我国国家安全审查和监管的情况

审查监管的依据有行政许可法、对外贸易法、反垄断法、军事设施保护法等法律，军品出口管理条例、核出口管制条例、核两用品及相关技术出口管制条例、生物两用品及相关设备和技术出口管制条例、导弹及相关物项和技术出口管制条例、有关化学品及相关设备和技术出口管制办法、货物进出口管理条例、技术进出口管理条例、电信条例等行政法规和国务院办公厅《关于建立外国投资者并购境内企业安全审查制度的通知》等规范性文件，以及涉及国家安全事项的建设项目、外商投资企业的审批和管理的相关地方性法规、地方政府规章。此外我国还缔结了《不扩散核武器条约》等相关国际条约等。

开展国家安全审查是统筹安全与发展的重要方面。本法第八条规定：“维护国家安全，应当与经济社会发展相协调。”第三十四条规定：“国家根据经济社会发展和国家发展利益的需要，不断完善维护国家安全的任务。”如果国家安全意识薄弱，“重发展、轻安全”，就容易忽视可能给国家安全造成的风险和隐患。2005 年起，外国投资者收购我国的金融保险、商业服务、基础材料、机械以及食品酒类等领域的情况增多，频频发生外资并购我行业龙头企业和知名民族品牌情况，如美国凯雷收购徐州工程机械集团、德国舍弗勒并购洛阳轴承集团、法国威立雅并购城市供水企业等。我国关键领域、关键设备、材料和核心零部件大量依赖进口，在关键基础设施建设中的政府招标、采购没有安全审查环节，特别是对国外网络产品和技术引进没有严格的安全评估和市场准入制度。我国政府部门和重点行业的服务器、存储设备、操作系统、数据库许多都是国外产品，很多重要信息系统依靠国外厂商提供服务，对我形成巨大的安全隐患。近些年来，一些重要党政机关、重要军事设施和军工科研生产单位周边安全环境，直接涉及国家核心秘密和核心利益的安全，甚至会直接或间接危及国家政治、经济、外交和国防军事安全。

与防范国家安全面临风险的要求相比，国家安全审查监管制度和机制存在较大差距，不能适应形势需要，突出表现在以下几个方面：一是对国家安全审查监管缺乏统一规范和顶层制度设计，立法层次相对偏低。我国现行法律、法规、规范性文件对国家安全审查监管的规定还存在零散化、碎片化的情况，有的只局限于某一个方面或者几个方面，着眼于解决局部性问题，没有从整体上对安全审查监管作出全面规定。二是有的领域审查监管制度仍然存在空白。比如，目前我国外资安全审查在金融等一些重要领域的审查机制尚不成熟，现有审查机制对网络信息、资源、生态、社会、文化等非传统安全领域的审查还未实现有效覆盖。三是国家安全审查监管机制本身也需要随着实践的发展不断完善，进一步厘清审查职责不清，确保顺畅运行，有效沟通，充分发挥行业主管部门作用，实现审查严格、监管有力。

二、国家安全审查的范围

根据我国法律、法规和规范性文件的规定，结合国家安全审查监管工作的实践，本条对影响或者可能影响国家安全的重大事项和活动作出规定。

（一）外商投资

我国较早重视对外资项目进行国家安全审查，建立了外资并购安全审查制度。2007年颁布的反垄断法第三十一条规定，对外资并购境内企业或者以其他方式参与经营者集中，涉及国家安全的，除依照本法规定进行经营者集中审查外，还应当按照国家有关规定进行国家安全审查。2011年2月国务院办公厅印发《关于建立外国投资者并购境内企业安全审查制度的通知》，明确了并购安全审查范围包括：外国投资者并购境内军工及军工配套企业，重点、敏感军事设施周边企业，以及关系国防安全的其他单位；外国投资者并购境内关系国家安全的重要农产品、重要能源和资源、重要基础设施、重要运输服务、关键技术、重大装备制造等企业，且实际控制权可能被外国投资者取得。2015年4月，国务院办公厅印发《关于自由贸易试验区外商投资国家安全审查试行办法的通知》明确国家安全审查总的原则是，对影响或可能影响国家安全、国家安全保障能力，涉及敏感投资主体、敏感并购对象、敏感行业、敏感技术、敏感地域的外商投资进行安全审查。安全审查范围为：外国投资者在自贸试验区内投资军工、军工配套和其他关系国防安全的领域，以及重点、敏感军事设施周边地域；外国投资者在自贸试验区内投资关系国家安全的重要农产品、重要能源和资源、重要基础设施、重要运输服务、重要文化、重要信息技术产品和服务、关键技术、重大装备制造等领域，并取得所投资企业的实际控制权。

党的十八届三中全会提出：要探索对外商投资实行准入前国民待遇加负面清单的管理模式；构建开放型经济新体制，放宽投资准入，推进金融、教育、文化、医疗等服务业领域有序开放，放开育幼养老、建筑设计、会计审计、商贸物流、电子商务等服务业领域外资准入限购，进一步放开一般制造业。为落实三中全会的部署，2015 年 10 月，国务院发布了《国务院关于实行市场准入负面清单制度的意见》，同时有关部门正在研究制定外国投资国家安全审查和监管的相关法律、行政法规，提升外商投资安全审查和监管制度和机制的立法层级。

（二）特定物项和关键技术

进出口管制是国家安全体系的重要一环。为了维护国家安全，法律、行政法规和部门规章对特定物项和关键技术的进出口作了规定，实行严格的管理措施。对外贸易法第十五条、第二十五条规定，为维护国家安全，国家可以限制或者禁止有关货物、技术的进口或者出口，可以限制或者禁止有关的国际服务贸易。第十六条规定，国家对与裂变、聚变物质或者衍生此类物质的物质有关的货物、技术进出口，以及与武器、弹药或者其他军用物资有关的进出口，可以采取任何必要的措施，维护国家安全。第二十六条规定，国家对与军事有关的国际服务贸易，以及与裂变、聚变物质或者衍生此类物质的物质有关的国际服务贸易，可以采取任何必要的措施，维护国家安全。货物进出口管理条例、技术进出口管理条例规定，国家对货物、技术进出口实行统一的管理制度，有对外贸易法规定情形的禁止或者限制进出口货物和技术的目录，由国务院外经贸主管部门会同国务院有关部门制定、调整并公布。

出口管制是维护国家安全、反恐防暴、履行不扩散核武器的国际义务、保护重要战略稀缺资源和保持关键领域技术领先的重要手段。自 20 世纪 90 年代中期以来，我国逐步建立起涵盖核、生物、化学、导弹等相关两用物项和技术的出口管理体系，并制定了行政法规、规章，对列入出口管制或者管理清单的“核材料、核设备和反应堆用非核材料等物项及其相关技术”“核两用品及相关技术”“生物两用品及相关设备和技术”“导弹及相关物项和技术”“有关化学品及相关设备和技术”，以及“用于军事目的的装备、专用生产设备及其他物资、技术和有关服务”的出口进行实行许可制度，进行严格的管制或者管理。

（三）网络信息技术产品和服务

为了保护网络信息安全，全国人大常委会颁布了《关于加强网络信息保护的决定》。为加强电信基础设施和重要电子信息产品的安全，电信条例、无线电管制规定、互联网信息服务管理办法、计算机信息网络国际联网安全保护管理办法、通信网络安全防护管理办法等行政法规和规章，规定了电信业务经营许可制度、电信设施进网许可制度、网络基础设施和业务系统安全防护制度、信息安全产品强制认证制度等。但是，我国目前还没有完全建立起像西方国家那样较为完善的网络安全审查制度，也没有明确的法律、法规的规定。2014 年 5 月，国家互联网信息办公室宣布，为维护国家网络安全，我国拟实行网络安全审查制度，对关系国家安全和公共利益的系统使用的重要的网络信息技术产品和服务，进行测试评估、检测分析、持续监督。网络安全审查制度对进入中国市场的重要信息技术产品及其提供者都将进行安全审查，重点是产品安全性和可控性，防止产品提供者借助提供产品之便，非法控制、干扰、中断用户系统，非法收集、存储、处理和利用用户有关信息。对于审查不合格的产品和服务，不得在中国境内使用。正在审议中的网络安全法中也明确规定，关键信息基础设施的运营者采购网络产品或者服务，可能影响国家安全的，应当通过国家网信部门会同国务院有关部门组织的安全审查。具体办法由国务院规定。

（四）涉及国家安全事项的建设项目

行政许可法第十二条第一项规定，直接涉及国家安全、公共安全、经济宏观调控、生态环境保护以及直接关系人身健康、生命财产安全等特定活动，需要按照法定条件予以批准的事项可以设定行政许可。2004 年 6 月 29 日，国务院发布第 412 号令中《关于国务院决定对确需保留的行政审批项目设定行政许可的目录》第六十六项明确规定，涉及国家安全事项的建设项目审批，实施机关为国家安全部、地方各级国家安全机关。一些地方性法规、地方政府规章对建设项目涉及国家安全事项审批和管理，也专门作出规定。如《广东省涉及国家安全事项的建设项目管理规定》规定，重要国家机关、军事设施、重点科研单位和军工单位的周边建设项目，出入境口岸、邮件和快件处理场所、电信枢纽等建设项目等，属于涉及国家安全事项的建设项目。国家安全机关依法对新建、改建、扩建的涉及国家安全事项的建设项目实施审批、监督管理。

（五）其他重大事项和活动

现实生活中，全球资源的稀缺性资源和产品出口、重要领域核心关键技术的自主知识产权转让、文化和意识形态领域活动等事项和活动，都会影响到我国的经济安全、资源安全、科技安全和文化安全，在这些领域也要根据需要适时建立国家安全审查制度。为此，本项作为兜底条款，用以补充本法未列明而确有必要进行国家安全审查的重大事项和活动，为随着经济社会发展和维护国家安全利益的需要，建立新的审查制度提供法律支撑。

相关规定

《中华人民共和国行政许可法》有关条文；《中华人民共和国对外贸易法》第十五条、第十六条、第二十五条、第二十六条等；《中华人民共和国反垄断法》第三十一条；《中华人民共和国军事设施保护法》有关条文；《全国人大常委会关于加强网络信息保护的决定》；《中华人民共和国军品出口管理条例》；《中华人民共和国核出口管制条例》《中华人民共和国核两用品及相关技术出口管制条例》《中华人民共和国生物两用品及相关设备和技术出口管制条例》《导弹及相关物项和技术出口管制条例》《有关化学品及相关设备和技术出口管制办法》《中华人民共和国货物进出口管理条例》《中华人民共和国技术进出口管理条例》等有关条文；《中华人民共和国电信条例》《中华人民共和国无线电管制规定》《互联网信息服务管理办法》《计算机信息网络国际联网安全保护管理办法》《通信网络安全防护管理办法》等有关条文；《国务院办公厅关于建立外国投资者并购境内企业安全审查制度的通知》《国务院办公厅关于自由贸易试验区外商投资国家安全审查试行办法的通知》《国务院关于实行市场准入负面清单制度的意见》《关于国务院决定对确需保留的行政审批项目设定行政许可的目录》；《广东省涉及国家安全事项的建设项目管理规定》；等等。

第六十条 **中央国家机关各部门依照法律、行政法规行使国家安全审查职责，依法作出国家安全审查决定或者提出安全审查意见并监督执行。**

条文主旨

本条是关于中央国家机关各部门依法行使国家安全审查职责并监督执行的规定。

立法背景

纳入国家安全审查的事项和活动，都是影响或者可能影响国家安全比较重大的事项和活动，这也是目前我国国家安全审查活动主要集中在中央层面的原因。因此，负有安全审查职责的中央国家机关各部门要充分认识国家安全审查的重要性和紧迫性，发挥其维护国家安全“防火墙”的作用。与此同时，也要正确处理维护国家安全与促进对外开放的关系，避免对经济社会发展形成新的障碍。因此，国家安全审查活动必须依法进行，中央国家机关各部门要依照法律、行政法规规定的权限和程序，各司其职、相互配合，履行好国家安全审查的职责。

条文解读

一、中央国家机关各部门依照法律、行政法规行使国家安全审查职责

中央国家机关各部门依照法律、行政法规行使国家安全审查职责，包含两层含义：一是中央国家机关各部门依法直接对涉及国家安全的事项作出审查决定；二是中央国家机关各部门通过明确有关审查标准和程序要求，领导或指导本系统的基层部门，依法对涉及国家安全的事项作出审查决定。

第一，中央国家机关各部门依法直接对有关事项作出国家安全审查决定。现行法律、行政法规和规范性文件，对中央国家机关各部门在国家安全审查活动中的职责作出了规定。从目前国家安全审查的主体看，既有单个部门，也有由相关部门组成的跨部门协调机构。

在外商投资国家安全审查方面，根据反垄断法、《关于建立外国投资者并购境内企业安全审查制度的通知》、《自由贸易试验区外商投资国家安全审查试行办法的通知》的规定，外商投资国家安全审查工作，由外国投资者并购境内企业安全审查部际联席会议具体承担。联席会议在国务院领导下，由国家发展改革委、商务部牵头，根据外商投资所涉及的行业和领域，会同相关部门开展安全审查。联席会议的主要职责是：分析外商投资对国家安全的影响；研究、协调外商投资国家安全审查工作中的重大问题；对需要进行安全审查的外商投资进行安全审查并作出决定。

在特定物项和关键技术的国家安全审查方面，对外贸易法规定，国务院对外贸易主管部门即商务部主管全国货物进出口、技术进出口和国际服务贸易的对外贸易工作。核两用品及相关技术出口管制条例规定，出口管制清单所列的核两用品及相关技术，应当向商务部提出申请，商务部应当自收到出口申请表和相关文件之日起，会同国家原子能机构或者会同国家原子能机构商有关部门，涉及外交政策的，并商外交部，进行审查并在45个工作日内作出许可或者不许可的决定。导弹及相关物项和技术出口管制条例规定，出口导弹相关物项和技术，应当向国务院外经贸主管部门提出申请，国务院外经贸主管部门应当自收到出口申请表和相关文件之日起进行审查，或者会同国务院有关部门、中央军事委员会有关部门进行审查，并在45个工作日内作出许可或者不许可的决定。军品出口管理条例规定，国家军品出口主管部门在国务院、中央军事委员会的领导下，主管全国的军品出口工作，对全国的军品出口实施监督管理，等等。

在网络信息技术产品和服务方面的国家安全审查，主要由国家网络信息办公室、工业和信息化部等部门承担。电信条例第十二条规定："国务院信息产业主管部门审查经营基础电信业务的申请时，应当考虑国家安全、电信网络安全、电信资源可持续利用、环境保护和电信市场的竞争状况等因素。"根据该规定，国家安全是核发基础电信经营许可的重要审查要素。工业和信息化部在核发基础电信业务经营许可的过程中，对企业进行相关安全审查。根据外商投资电信企业管理规定和我国加入 WTO 承诺，工业和信息化部负责对外商投资经营基础电信业务核发审定意见书，并进行国家安全审查。根据电信条例第五十四条规定，工业和信息化部对包括进口设备在内的所有接入公用电信网的电信终端设备、无线电通信设备和涉及网间互联的设备实行进网许可制度。在进网检测环节，依据国家标准和通信行业标准对其网络与信息安全功能和性能进行检测。

在涉及国家安全事项的建设项目审查方面，根据行政许可法和国务院的相关规定，涉及国家安全事项的建设项目的审批，在中央层面实施机关为国家安全部。

目前国家已建立外国投资者并购企业安全审查部际联席会议以及出口管制许可部际会商机制。国家发展和改革委员会、工业和信息化部、国家安全部、商务部、国家国防科工局等中央国家机关有关部门依据相关法律、行政法规行使审查职权。负有国家安全审查职责的中央国家机关各部门，应当严格依照法定的职责进行相关审查工作，不得超越职权、滥用职责，不得侵犯个人和组织的合法权益。

第二，中央国家机关各部门通过明确有关审查标准和程序要求，领导或指导本系统的基层部门，依法对涉及国家安全的事项作出审查决定。由于国家安全审查事项中，很多属于行政审批，随着依法行政进程的不断推进和行政审批制度改革，一些事项不仅可以由中央国家机关直接作出审查决定，也可以由有关地方政府中履行相关职能的部门作出审查决定。因此，中央国家机关各部门应当在本部门依法履行职责的范围内，明确有关国家安全事项的审查标准和程序要求，领导或指导本系统的基层部门，依法对涉及国家安全的事项作出审查决定，构筑保障国家安全、防范和化解国家安全风险的立体网络。

二、中央国家机关各部门依法作出国家安全审查决定或者提出安全审查意见并监督执行

目前国家安全审查主要采取跨部门会审、联审等方式，审查的结果以书面审查决定或者审查意见、行政许可、强制认证等不同形式予以体现。现行法律、行政法规和规范性文件对国家安全审查的方式和程序作出了规定。以外商投资并购境内企业国家安全审查为例，根据有关规定，外国投资安全审查按照下列程序进行：

一是提出审查申请。可以由投资者向商务部提出申请，对属于安全审查范围内的并购交易，商务部应在5个工作日内提请联席会议进行审查；国务院有关部门、全国性行业协会、同业企业及上下游企业认为需要进行并购安全审查的，也可以通过商务部提出进行并购安全审查的建议。联席会议认为确有必要进行并购安全审查的，也可以决定进行审查。

二是一般性审查。联席会议对商务部提请安全审查的并购交易，首先进行一般性审查，对未能通过一般性审查的，进行特别审查。一般性审查采取书面征求意见的方式进行。联席会议收到商务部提请安全审查的并购交易申请后，在5个工作日内，书面征求有关部门的意见。有关部门在收到书面征求意见函后，应在20个工作日内提出书面意见。如有关部门均认为并购交易不影响国家安全，则不再进行特别审查，由联席会议在收到全部书面意见后5个工作日内提出审查意见，并书面通知商务部。

三是特别审查程序。如有部门认为并购交易可能对国家安全造成影响，联席会议应在收到书面意见后5个工作日内启动特别审查程序。启动特别审查程序后，联席会议组织对并购交易的安全评估，并结合评估意见对并购交易进行审查，意见基本一致的，由联席会议提出审查意见；存在重大分歧的，由联席会议报请国务院决定。联席会议自启动特别审查程序之日起60个工作日内完成特别审查，或报请国务院决定。审查意见由联席会议书面通知商务部。需要说明的是，一般情况下，审查的决定或者审查意见是由联席会议作出，只有存在重大分歧时，才提升审查决定的层级，由国务院决定。

除外商投资安全审查明确了国务院决定程序外，一些行政法规也规定对国家安全、社会公共利益或者外交政策有重要影响的特定物项和关键技术出口，应当报国务院、中央军事委员会审批。如导弹及相关物项和技术出口管制条例第十一条中规定，对国家安全、社会公共利益有重大影响的导弹相关物项和技术出口，国务院外经贸主管部门应当会同有关部门报国务院、中央军事委员会批准。军品出口管理条例第十六条规定，重大的军品出口项目、合同，应当经国家军品出口主管部门会同国务院、中央军事委员会的有关部门审查，报国务院和中央军事委员会批准。

中央国家机关有关部门要严格按照法律、行政法规规定的审查程序作出审查决定或者提出审查意见，对于审查决定和审查意见，有关部门、当事人都应当遵照执行，而履行审查职责的中央国家机关有关部门及协调机构也要加强对审查决定或者审查意见执行的监管。《关于建立外国投资者并购境内企业安全审查制度的通知》规定，并购安全审查意见由商务部书面通知申请人。外国投资者并购境内企业行为对国家安全已经造成或可能造成重大影响的，联席会议应要求商务部会同有关部门终止当事人的交易，或采取转让相关股权、资产或其他有效措施，消除该并购行为对国家安全的影响。为了使审查决定或者审查意见得到执行，商务部制定的《实施外国投资者并购境内企业安全审查制度的规定》中明确规定，商务部收到联席会议书面审查意见后，在5个工作日内将审查意见书面通知申请人（或当事人），以及负责并购交易管理的地方商务主管部门。对不影响国家安全的，申请人可按照有关规定，到具有相应管理权限的相关主管部门办理并购交易手续。对可能影响国家安全且并购交易尚未实施的，当事人应当终止交易。申请人未经调整并购交易、修改申报文件并经重新审查，不得申请并实施并购交易。外国投资者并购境内企业行为对国家安全已经造成或可能造成重大影响的，根据联席会议审查意见，商务部会同有关部门终止当事人的交易，或采取转让相关股权、资产或其他有效措施，以消除该并购行为对国家安全的影响。

相关规定

《中华人民共和国行政许可法》有关条文；《中华人民共和国反垄断法》第三十一条；《中华人民共和国对外贸易法》有关条文；《中华人民共和国核两用品及相关技术出口管制条例》《中华人民共和国导弹及相关物项和技术出口管制条例》《中华

人民共和国军品出口管理条例》；《中华人民共和国电信条例》第十二条、第五十四条；《关于建立外国投资者并购境内企业安全审查制度的通知》《自由贸易试验区外商投资国家安全审查试行办法的通知》《商务部实施外国投资者并购境内企业安全审查制度的规定》。

第六十一条　省、自治区、直辖市依法负责本行政区域内有关国家安全审查和监管工作。

条文主旨

本条是关于省、自治区、直辖市国家安全审查和监管职责的规定。

立法背景

本法第三章明确了地方各级人民政府维护国家安全的职责，其中，第四十条第二款规定：“地方各级人民政府依照法律法规规定管理本行政区域内的国家安全工作。”第四十三条规定：“国家机关及其工作人员在履行职责时，应当贯彻维护国家安全的原则。”省、自治区、直辖市依法负责本行政区域内有关国家安全审查和监管工作的规定，是地方政府履行维护国家安全职责的重要内容。

条文解读

一、依法负责本行政区域内有关国家安全审查和监管工作，是省、自治区、直辖市履行维护国家安全职责的重要内容

第一，中央国家机关各部门按照职责分工，贯彻执行国家安全方针政策和法律法规，管理指导本系统、本领域国家安全工作。中央国家机关各部门依照法律、行政法规行使国家安全审查职责，依法作出国家安全审查决定或者提出安全审查意见并监督执行。省、自治区、直辖市有关部门依法负责本行政区域内有关国家安全审查和监管工作，要依照本部门法定职责开展，并严格遵守法定的范围、条件、程序，对于具体事项是否符合国家安全审查标准，如果中央部门有明确规定的，要严格按照本领域的相关规定执行。

第二，省、自治区、直辖市依法负责本行政区域内有关国家安全审查和监管工作，要结合本地实际，依法开展工作。我国幅员辽阔，各地经济、社会、文化发展不尽相同，国家安全审查事项涉及的范围也比较广泛，因此，在开展具体审查工作中，不仅要严格把握标准、依法办事，也要紧密围绕地方实际，确保国家安全审查的科学性和实际效果。一方面，要结合本地实际，严格执行国家法律法规关于国家安全审查和监管的规定；另一方面，实践中，一些地方已经按照立法法的规定，通过制定和完善有关地方性法规、地方政府规章等，加强本地的国家安全审查和监管工作，省、自治区、直辖市不仅要根据国家法律法规的规定和本地实际情况，继续完善上述地方性法规、地方政府规章，而且要落实好现有法律制度的要求。比如，天津、河北、山西、内蒙古、辽宁、吉林、安徽、广西、广东、四川、陕西、宁夏，宁波、营口、南昌、青岛等地对建设项目涉及国家安全事项审批和管理，专门作出规定。如《广东省涉及国家安全事项的建设项目管理规定》规定，重要国家机关、军事设施、重点科研单位和军工单位的周边建设项目；出入境口岸、邮件和快件处理场所、电信枢纽等建设项目等属于涉及国家安全事项的建设项目。国家安全机关依法对新建、改建、扩建的涉及国家安全事项的建设项目实施审批、监督管理。《上海市外商投资企业审批条例》中规定，申请设立外商投资企业有危害国家安全或者损害社会公共利益等情况的，不予批准。《中国（上海）自由贸易试验区外商投资企业备案管理办法》中规定，外国投资者或外商投资企业不得损害中国国家主权或社会公共利益、危害中国国家安全、损害环境，或存在其他违反中国法律、法规的情形。涉及国家安全审查和反垄断审查的，按照国家有关规定办理。《厦门市关于外商投资项目审批权限的规定》规定，各区、开发区审查批准的外资企业，有损害国家主权或者社会公共利益、危害国家安全等情形之一的，市外商投资工作委员会有权要求审批机关修改或撤销该批准文件。《广州市外商投资企业审批管理规定》第五条规定，申请设立外商投资企业有危害国家安全或者损害国家主权和社会公共利益等情形，不予批准。

二、省、自治区、直辖市负责本行政区域内有关国家安全审查和监管工作，要依照法律规定和事权划分进行

按照事权划分的原则，中央和地方在各个领域都有明确的职责和权限，在开展国家安全审查和监管工作过程中，要严格按照已经明确的职责和权限进行，既不能由中央部门本身承担所有的审查监管职责，也不能完全将审查监管职责下放。特别是一些国家安全审查工作，是通过行政许可、行政审批的方式进行的，更要依法严格执行审查工作的主体、范围、程序等。按照行政许可法规定，设定和实施行政许可，应当依照法定的权限、范围、条件和程序；有关行政许可的规定应当公布；未经公布的，不得作为实施行政许可的依据。因此，通过行政许可方式开展的国家安全审查和监督工作，要严格按照行政许可法和有关法律法规的规定，规范进行。此外，在我国，由于传统的高度集中的计划经济体制的巨大影响，行政审批已被日益广泛地运用于许多行政管理领域，对于保障、促进经济和社会发展发挥了重要作用，成为一种国家管理行政事务的不可缺少的重要制度。近年来，行政审批制度改革取得了丰硕成果，有相当数量的行政审批被取消，或者调整了审批主体、下放了审批层级，并且更加严格了审批程序。通过行政审批方式开展的国家安全审查工作，要严格按照法律法规和有关规范性文件已经确定的管辖和职责开展。因此，省、自治区、直辖市负责本行政区域内有关国家安全审查和监管工作，要依照法律法规的规定和事权划分进行。依法应当由中央部门开展审查的，地方有关职能部门不能越权直接行使审查职责；依法应当由省、自治区、直辖市有关职能部门开展审查的，有关部门要有效实施法律法规规定，切实履行审查和监督职责。

在执行本条时应当注意的是，省、自治区、直辖市负责本行政区域内有关国家安全审查和监管工作，在具体审查过程中，不仅要依据本法开展，也要严格执行直接规范审查工作的有关法律法规、地方性法规、地方政府规章和相关规范性文件，在具体开展审查业务中，要接受中央有关部门依法开展的领导和指导。比如，《自由贸易试验区外商投资国家安全审查试行办法》中规定，自贸试验区管理机构应做好外商投资监管工作，如发现外国投资者提供虚假信息、遗漏实质信息、通过安全审查后变更投资活动或违背附加条件，对国家安全造成或可能造成重大影响的，即使外商投资安全审查已结束或投资已实施，“自贸试验区管理机构应向国家发展改革委和商务部报告”。

相关规定

《中华人民共和国国家安全法》第四十条第二款、第四十三条；《中华人民共和国行政许可法》有关条文；《国务院办公厅自由贸易试验区外商投资国家安全审查试行办法》；《广东省涉及国家安全事项的建设项目管理规定》《上海市外商投资企业审批条例》《广州市外商投资企业审批管理规定》有关条文。

第五节 危机管控

第六十二条　国家建立统一领导、协同联动、有序高效的国家安全危机管控制度。

条文主旨

本条是关于国家安全危机管控制度基本要求的规定。

立法背景

国家安全危机管控制度，是国家安全制度中的重要内容。建立健全这一方面的制度，对于预警、防范、应对、掌控国家安全危机，能够起到更具全局性、稳定性和长期性的支撑作用。

条文解读

一、国家安全危机的范畴

根据我国宪法及其他法律，国家安全危机主要有以下三种类型：

一是战争，一般认为包括对外战争和内战两种情形。其中，对外战争一般是指遇到国家遭受武装侵犯或者必须履行国际间共同防止侵略的条约的情况，而决定采取武装行动的情形。内战一般是指遇有造成分裂国家的事实，或者即将发生国家分裂的重大事变，或者导致国家和平统一的可能性完全丧失的情况，而决定采取武装行动的情形。

二是国防动员，根据宪法和国防动员法，国家的主权、统一、领土完整和安全遭受威胁时，全国人大常委会依照宪法和有关法律的规定，决定全国总动员或者局部动员。国家主席根据全国人大常委会的决定，发布动员令。

三是紧急状态，指发生或者即将发生特别重大突发事件，需要国家机关行使紧急权力控制、消除其社会危害和威胁时，有关国家机关按照宪法、法律规定的权限决定并宣布局部地区或者全国实行的一种临时性严重危急状态。紧急状态在性质上是一种非常法律状态。

二、建立国家安全危机管控制度

目前，我国法律法规对危机管控制度作出了一些规定。比如，突发事件应对法第四条规定，“国家建立统一领导、综合协调、分类管理、分级负责、属地管理为主的应急管理体制”。国防法第四十九条规定，“国家建立战略物资储备制度”。国防动员法第十五条规定，“国家实行国防动员计划、国防动员实施预案和国防动员潜力统计调查制度”；第四十二条规定，“国家实行战争灾害的预防与救助制度，保护人民生命和财产安全，保障国防动员潜力和持续动员能力”。这些法律规范，或者就某些国家安全领域确立了危机管控制度，或者对处置国家安全危机的某些方面、某些环节作出了具体规定，为国家安全危机的管控提供了制度遵循，发挥了重要作用。

但是，从贯彻总体国家安全观、全面应对国家安全危机角度而言，现有法律规定还是较为零散，针对性不强，衔接不够紧密，特别是在制度设计上，存在一些需要改进的地方。比如，虽然国家安全一些领域建立了危机应对预案，但在统筹协调机构问题上，还没有明确的法律规定；在安全危机发生后，相关单位的具体职责不够清晰，有些部门虽有一些规定，但也不全面、不系统等。

针对现实需要和存在的问题，本法在总结已有制度规范基础上，明确要求建立统一领导、协同联动、有序高效的国家安全危机管控制度。具体来说，国家安全危机管控制度，在实际执行运行过程中，需要达到以下三个方面要求：

一是“统一指挥”，就是国家安全危机管控要依法服从统一指挥，不能各部门、各地方各行其是，由中央国家安全领导机构或法律规定的领导机构，依法开展有关统一决策指挥工作，各部门、各地方要按照统一指挥，立足本部门职能和本地方实际，依法履行职责，形成维护国家安全的整体合力。

二是“协同联动”，就是各相关部门、相关地方在危机管控工作中要相互配合、密切协作，既注重相互协调配合，从全局、整体出发开展工作，又注重相互联系沟通，形成维护国家安全的有机整体。

三是“有序高效”，这是对整个危机管理流程的效率要求，是指应对国家安全危机和采取相应管控措施要符合有关法律法规和规范性文件、政策的流程和要求，有序开展，并注重效率，确保有关危机管控措施及时执行、落实到位，实现预期管控效果。

相关规定

《中华人民共和国宪法》有关条文；《中华人民共和国国防法》第八章国防动员和战争状态；《中华人民共和国国防动员法》；《中华人民共和国突发事件应对法》第四条、第六十九条。

第六十三条　发生危及国家安全的重大事件，中央有关部门和有关地方根据中央国家安全领导机构的统一部署，依法启动应急预案，采取管控处置措施。

条文主旨

本条主要规定发生危及国家安全的重大事件后，国家安全危机管控措施的决策与实施。

立法背景

国家安全涵盖面十分广泛，涉及政治、经济、国土、军事、文化、社会等各个领域。危及国家安全的重大事件，往往在一个领域或多个领域对国家安全造成重大伤害，直接影响国家的主权、安全和利益，影响经济社会发展和人民群众福祉。因而，应对好此类重大事件，关系重大，不可懈怠，必须有一套成熟的制度机制和一系列有效管控措施。

条文解读

一、关于危机管控的责任主体

由于涉及采取国家安全危机管控的情形往往十分复杂，存在多种可能性，因此，在采取危机管控措施时，要根据国家安全危机的具体情况和管控工作所处阶段，按照有关法律法规、规范性文件和预案，确定实施危机管控的责任主体，开展有关指挥管控工作。

一是危机管控实行统一领导。本法第五条规定，中央国家安全领导机构负有“统筹协调国家安全重大事项和重要工作”之责。这就意味着，一旦发生危及国家安全的重大事件，必须由中央国家安全领导机构对事件的应对和处置作出决策部署，并在事件处置过程中对有关重要事项进行统筹协调。这种统一领导的决策指挥模式，有利于全面准确研判安全危机的危害程度、影响范围等，有利于及时对危机作出迅速高效的反应，有利于统合力量、整合资源、协调一致管控危机。

二是在危机管控中，有关部门肩负着重要职责。宪法第九十条规定，国务院各部、各委员会根据法律和国务院的行政法规、决定、命令，在本部门的权限内，发布命令、指示和规章。国务院组织法第十条规定，国务院各主管部、委员会根据法律和国务院的决定，可以在本部门的权限内发布命令、指示和规章。同时，国防动员法、人民警察法、治安管理处罚法等也对有关部门履行职责作出了具体规定。本法第三十九条规定："中央国家机关各部门按照职责分工，贯彻执行国家安全方针政策和法律法规，管理指导本系统、本领域国家安全工作。"因而，危机管控是宪法法律赋予有关部门的法定职责，有关部门必须按照法律法规相关规定，认真履职尽责，有效实施管控，努力消除危机。

三是地方各级人民政府依照法律法规规定，管理本行政区域内的国家安全工作。危及国家安全重大事件发生之后，有关地方要守土有责，及时作出反应，采取有效措施，控制危机事态发展，维护国家安全。

二、关于应急预案及其启动

应急预案，是指针对各类可能危及国家安全的重大事件，规定应对的基本原则、组织体系、运行机制，制定应急管理、指挥、救援等工作方案，并明确事前、事中、事后各个过程中相关部门和人员的职责。

应急预案的编制，应当依据有关法律、行政法规和制度，紧密结合实际情况，科学合理确定内容。基于危机管控的特质，应急预案要具有针对性，做到指向明确、有的放矢；要富有实用性，能够预之在先、好用有效；要体现可操作性，便于按照规程，顺利进行操作。

目前，我国在相关重要领域已经进行了有益探索，初步建立了一批防范处置突发事件的应急预案。比如，制定了突发事件应急预案管理办法，对应急预案的规划、编制、审批、发布、备案、演练、修订、培训、宣传教育等工作，作出了明确的规定。再如，制定了多个领域的应急预案，包括突发公共卫生事件、突发环境事件、重大食品安全事故、防汛抗旱、安全生产事故灾难、突发公共事件医疗卫生救援、地震应急、核应急、突发重大动物疫情等。此外，相关职能部门对本部门本领域内可能发生的小概率突发事件，制定了内部掌握的应急预案。所有这些，既包括总体应急预案，又包含专项应急预案和部门应急预案，涵盖面较为广泛。本法第五十五条规定，国家制定完善应对各领域国家安全风险预案。有关部门和有关地方在处理危及国家安全重大事件时，应当按照规定，及时启动预案，控制事态发展。

三、关于重大事件的管控措施

能不能采取有效的管控处置措施，直接关系到危及国家安全重大事件处理的成败。根据我国宪法和法律规定，有关部门和有关地方按照中央统一部署，可以采取多种管控处置措施。

一是对重大事件的发生地进行现场控制，或者对相关区域进行管制。这种控制、管制，可以减小危害的扩散范围，为重大事件的处理提供条件。如突发事件应对法第四十九条规定，突发事件发生后，可以迅速控制危险源，标明危险区域，封锁危险场所，划定警戒区，实行交通管制以及其他控制措施；第五十条规定，社会安全事件发生后，可以对特定区域内的建筑物、交通工具、设备、设施以及燃料、燃气、电力、水的供应进行控制。如戒严法第十四条规定，戒严期间，戒严实施机关可以决定在戒严地区采取交通管制措施，限制人员进出交通管制区域，并对进出交通管制区域人员的证件、车辆、物品进行检查。

二是对相关人员人身或其活动进行控制。这种管控措施是在特殊时期或特殊区域内，对公民基本权利的限制。如突发事件应对法第四十九条、第五十条规定，在处置突发事件中，可以中止人员密集的活动或者可能导致危害扩大的生产经营活动，可以强制隔离使用器械相互对抗或者以暴力行为参与冲突的当事人。如戒严法第四条规定，戒严期间，为保证戒严的实施和维护社会治安秩序，国家可以依照本法在戒严地区内，对宪法、法律规定的公民权利和自由的行使作出特别规定；第十三条规定，戒严期间，戒严实施机关可以禁止或者限制集会、游行、示威、街头讲演以及其他聚众活动，可以禁止罢工、罢市、罢课，可以实行出境入境管制。如人民警察法第八条规定，人民警察对严重危害社会治安秩序或者威胁公共安全的人员，可以强行带离现场、依法予以拘留或者采取法律规定的其他措施。

三是实行紧急状态或者进入战争状态。在这些情形下，有关部门和有关地方可以采取特别措施来限制社会成员的行动，或者强制公民提供一定劳务或者财物。如宪法第六十七条规定，在全国人民代表大会闭会期间，如果遇到国家遭受武装侵犯或者必须履行国际间共同防止侵略的条约的情况，全国人大常委会可以决定战争状态的宣布。戒严法第二条规定，在发生严重危及国家的统一、安全或者社会公共安全的动乱、暴乱或者严重骚乱，不采取非常措施不足以维护社会秩序、保护人民的生命和财产安全的紧急状态时，国家可以决定实行戒严。

相关规定

《中华人民共和国宪法》第六十七条、第九十条；《中华人民共和国国家安全法》第五条、第三十九条；《中华人民共和国国防动员法》《中华人民共和国人民警察法》《中华人民共和国治安管理处罚法》有关条文；《中华人民共和国国务院组织法》第十条；《中华人民共和国突发事件应对法》第四十九条、第五十条；《中华人民共和国戒严法》第二条、第四条、第十三条、第十四条等。

第六十四条　发生危及国家安全的特别重大事件，需要进入紧急状态、战争状态或者进行全国总动员、局部动员的，由全国人民代表大会、全国人民代表大会常务委员会或者国务院依照宪法和有关法律规定的权限和程序决定。

条文主旨

本条是关于决定进入紧急状态、战争状态或者进行全国总动员、局部动员的主体、权限和程序的规定。

立法背景

我国现行宪法和有关法律规定了三类非常法律状态：紧急状态、战争和动员，并分别规定了其决定主体、权限和程序。在发生危及国家安全的特别重大事件时，需要进入相应的非常法律状态的，应当遵循宪法和法律规定的程序。

条文解读

一、决定进入紧急状态

紧急状态，是指发生或者即将发生特别重大突发事件，需要国家机关行使紧急权力予以控制、消除其社会危害和威胁时，有关国家机关按照宪法、法律规定的权限决定并宣布局部地区或者全国实行的一种临时性的严重危急状态。我国宪法对紧急状态作了规定。宪法第六十七条规定，全国人大常委会决定全国或者个别省、自治区、直辖市进入紧急状态。第八十条规定，中华人民共和国主席根据全国人大常委会的决定，宣布进入紧急状态。第八十九条规定，国务院依照法律规定决定省、自治区、直辖市的范围内部分地区进入紧急状态。戒严法第三条规定："全国或者个别省、自治区、直辖市的戒严，由国务院提请全国人民代表大会常务委员会决定；中华人民共和国主席根据全国人民代表大会常务委员会的决定，发布戒严令。""省、自治区、直辖市的范围内部分地区的戒严，由国务院决定，国务院总理发布戒严令。"根据宪法和戒严法的上述规定，紧急状态分为两种：一种是全国或者个别省、自治区、直辖市范围的紧急状态；一种是个别省、自治区、直辖市部分地区内的紧急状态。宣布进入紧急状态涉及三个主体，即全国人大常委会、国家主席和国务院。对于全国或者个别省、自治区、直辖市的紧急状态，由全国人大常委会决定，国家主席根据全国人大常委会的决定宣布进入紧急状态。对于省、自治区、直辖市的范围内部分地区的紧急状态，由国务院决定并宣布。

二、决定进入战争状态

宪法第六十二条规定，全国人民代表大会"决定战争和和平的问题"。第六十七条规定，全国人大常委会"在全国人民代表大会闭会期间，如果遇到国家遭受武装侵犯或者必须履行国际间共同防止侵略的条约的情况，决定战争状态的宣布”。战争与和平问题是政治的最高形式，其一决定是否与某一国或某一国家集团宣战，包括两种情况：一是遇到国家遭受武装侵犯的情况；二是必须履行国际间共同防止侵略的条约的情况。其二决定是否与交战国达成协议，双方停战，结束战争。

战争状态是指在国家遭受武装侵犯或者必须履行国际间共同防止侵略的条约的情况下，将国家由平时状态转为战时状态，即国家的军事、政治、经济、科技、教育和外交等进入战时状态，实施战时管理体制，采取一系列措施和手段，集中人力、物力和财力为战争服务。根据我国宪法规定，全国人大常委会决定战争状态的宣布，国家主席根据全国人大常委会的决定，宣布战争状态。

“决定战争状态的宣布”与“决定战争和和平的问题”有所不同。战争与和平问题，对国家的生存与发展生死攸关，往往是战争将不可避免或者正在进行之中，对是否决定进行战争或者停止战争所做的一种选择和决定，由全国人民代表大会决定；但现实生活中，战争虽然会有一定的预兆，但战争的爆发往往有一定的突然性，及时应战、快速应战，是维护国家安全的首要选择，不可能等待进入大会会期由全国人大决定，因此宪法规定，在全国人大闭会期间，由全国人大常委会“决定战争状态的宣布”。

三、决定进行全国总动员、局部动员

全国总动员、局部动员，是在国家的主权、统一、领土完整和安全遭受威胁时，一般是指面临或者已经遭受外敌侵略或者发生严重内乱时，国家所采取的一种紧急措施。全国总动员是动员的最高等级，通常是发生大规模全面战争或国家遭受特别重大的灾害，国家需要全力应对时决定并实施。全国总动员实施时，国家的军事、政治、经济、科技、文化和社会生活等将全面转入动员轨道。局部动员，通常是在国家安全受到中、低强度威胁或国家安全危机发生或影响局部地区时，有选择、有限度地在部分地区、部分领域实施的动员。宪法第六十七条规定，全国人大常委会决定全国总动员或者局部动员。第八十条规定，国家主席根据全国人大常委会的决定，发布动员令。

（一）全国人大常委会的动员职权

全国人大常委会决定全国总动员或者局部动员后，即由国家主席发布动员令。动员令一经发出，国家或者局部地区将从平时体制转入动员体制，全国人民或者局部地区的人民都必须全力以赴地投入抵抗侵略或者制止内乱、消除灾害的行动中去，一切工作都要服从动员的需要。因此，全国总动员或者局部动员对国家经济建设和其他建设都会产生重要影响，所以必须由全国人大常委会决定。

我国法律规定了国防动员。国防动员法第八条规定，全国人大常委会决定实施国防动员的前提条件是，“国家的主权、统一、领土完整和安全遭受威胁时”。主权、统一、领土完整和安全，是独立国家的主要标志和必须捍卫的最高原则。当这四个方面受到威胁时，国家应该行使实施国防动员的职权。比如，当国家遭受外敌武装侵略或者其他军事威胁时、当国家的统一和领土完整面临被分裂的现实危险时，当国内外敌对势力对国家政权进行重大颠覆活动时等，全国人大常委会即可依照宪法和法律规定的权限和程序作出实施国防动员的决定。

全国人大常委会作出国防动员实施决定的内容一般包括：动员规模、动员对象、动员方式、动员时限等。动员规模，是指动员的范围和数量，通常分为总动员或者局部动员；动员对象，是指动员的人力、物力、财力资源；动员方式，是指实现动员的目的途径和手段，通常分为公开动员或者秘密动员；动员时限，是指动员实施活动开始至结束的时间。

（二）国家主席的动员职权

根据宪法规定，全国人大常委会作出动员实施的决定后，由国家主席发布动员令。国防动员法也规定："国家主席根据全国人民代表大会常务委员会的决定，发布动员令。"这一规定包括两层含义：一是国家主席发布动员令的前提条件和依据只能是全国人大常委会作出的实施动员的决定；否则，国家主席不能发布动员令。二是全国人大常委会作出的实施动员的决定，要通过国家主席发布动员令来实施。

相关规定

《中华人民共和国宪法》第六十二条、第六十七条、第八十条、第八十九条；《中华人民共和国戒严法》第三条；《中华人民共和国国防动员法》第八条。

第六十五条　国家决定进入紧急状态、战争状态或者实施国防动员后，履行国家安全危机管控职责的有关机关依照法律规定或者全国人民代表大会常务委员会规定，有权采取限制公民和组织权利、增加公民和组织义务的特别措施。

条文主旨

本条是关于国家进入非常状态，有关机关有权采取特别措施的规定。

立法背景

进入紧急状态、战争状态或者实施国防动员，都使得国家和社会进入非常状态，在这种情况下，为了有效应对危机，维护国家整体利益，仅靠采取平时的社会管理和行政措施应对影响国家安全和社会稳定的危机，是远远不够的，因此，采取一些特别措施是必要的。“特别措施”是指国家在进入非常状态，根据需要，依法对经济和社会生活的某些领域所实行的特殊管理制度和强制性措施。由于采取特别措施会限制公民和组织权利、增加公民和组织义务。因此，采取特别措施的条件必须严格限定，特别措施的决定和组织实施必须严格按照法定的权限、程序和要求进行，使国家法治在国家进入非常状态时仍可保持连续性、有效性。本法和其他法律对实施特别措施的条件、范围、实施的主体和程序作了规定。

条文解读

一、采取特别措施的条件

根据本条规定，只有在“国家决定进入紧急状态、战争状态或者实施国防动员后”这一法定条件出现时，有关机关才可以采取特别措施。

根据宪法、国防法、国防动员法、戒严法、突发事件应对法等法律规定，国家进入上述三种非常状态需要由法定的国家机构决定和宣布，即战争和和平的问题由全国人民代表大会决定，全国人民代表大会闭会期间，战争状态的宣布由全国人大常委会决定。国家主席根据全国人民代表大会的决定和全国人大常委会的决定宣布战争状态。全国人大常委会依照宪法和有关法律的规定，决定全国总动员或者局部动员。国家主席根据全国人大常委会的决定，发布动员令。有权决定紧急状态的机关分别是全国人大常委会和国务院，其权限划分是：全国人大常委会有权决定全国或者个别省、自治区、直辖市进入紧急状态，国家主席根据全国人大常委会的决定，宣布全国或者个别省、自治区、直辖市进入紧急状态；国务院有权依照法律规定决定并宣布省、自治区、直辖市范围内部分地区进入紧急状态。

根据上述规定，当全国人民代表大会、全国人大常委会或者国务院依照宪法和有关法律，决定进入紧急状态、战争状态或者实施国防动员，并由国家主席或者国务院宣布后，履行国家安全危机管控职责的有关机关才可以依法采取特别措施。

二、采取特别措施的主体

本条规定，采取特别措施的主体是“履行国家安全危机管控职责的有关机关”。一些法律对“有关机关”作了明确。如国防动员法规定，在全国或者部分省、自治区、直辖市实行特别措施，由国务院、中央军事委员会决定并组织实施；在省、自治区、直辖市范围内的部分地区实行特别措施，由国务院、中央军事委员会决定，由特别措施实施区域所在省、自治区、直辖市人民政府和同级军事机关组织实施。戒严法规定，全国或者个别省、自治区、直辖市的戒严，由国务院组织实施。省、自治区、直辖市的范围内部分地区的戒严，由省、自治区、直辖市人民政府组织实施；必要时，国务院可以直接组织实施。

三、特别措施的具体内容

我国一些法律对非常状态下采取的特别措施作出了规定。如国防动员法规定，国家决定实施国防动员后，根据需要，可以依法在实施国防动员的区域采取五类特别措施：一是对行业系统实施的特殊管理，即“对金融、交通运输、邮政、电信、新闻出版、广播影视、信息网络、能源水源供应、医药卫生、食品和粮食供应、商业贸易等行业实行管制”。对行业系统实施特殊管理，涉及的都是关系国计民生、直接影响国防动员实施的行业系统，目的是通过管制获得对行业系统所属资源的管理权和使用权，确保重要资源根据战争的需要进行分配，保证国防动员的顺利进行。二是“对人员活动的区域、时间、方式以及物资、运载工具进出的区域进行必要的限制”。实质上是实行一定范围的区域性管理。一般限于局部地区，包括作战地区、动员地区、社会秩序遭到破坏的地区，目的是使该地区的交通秩序适应战时的需要。采取的主要措施包括：在一定区域实行交通管制，限制人员、物资、运载工具进出交通管制区域；对进出交通管制区域的人员、车辆、物资进行检查；设立禁飞区、禁航区、禁行区，禁止特定种类的物资、运载工具进出设定区域。三是“在国家机关、社会团体和企业事业单位实行特殊工作制度”，如调整工作、生产时间，减少节假日和公休时间，实施战时劳动定额；禁止或者限制人力资源在地区之间或者生产行业之间的自由流动，对人力资源市场实施统一管理。四是“为武装力量优先提供各种交通保障”。交通保障包括交通设施保障、载运工具保障和交通运输人员保障。国防动员实施后，国家应组织交通运输行业和民间交通运输资源，为武装力量优先提供各种交通保障，即按照战时资源分配的原则，对业已控制的交通运输资源作出合理的分配，尽可能优先满足武装力量集结、机动、作战和军需物资输送的需要。五是“需要采取的其他特别措施”。这是关于特别措施的兜底条款，用以补充上述几项规定未能涵盖的特别措施，如实行物资管制，紧急调配、采购物资；强制调整工业生产结构和布局，其中包括重要企业的搬迁；实行工资管制，以控制工资增长与结构变化的方式，控制社会消费的总量与结构，等等。

又如戒严法规定，在发生严重危及国家的统一、安全或者社会公共安全的动乱、暴乱或者严重骚乱，不采取非常措施不足以维护社会秩序、保护人民的生命和财产安全的紧急状态时，国家可以决定实行戒严。实施戒严期间，戒严实施机关可以决定在戒严地区采取下列措施，并可以制定具体实施办法：一是禁止或者限制集会、游行、示威、街头讲演以及其他聚众活动；二是禁止罢工、罢市、罢课；三是实行新闻管制；四是实行通讯、邮政、电信管制；五是实行出境入境管制；六是禁止任何反对戒严的活动。此外，戒严法还规定，可以在戒严地区采取交通管制措施，限制人员进出交通管制区域，并对进出交通管制区域人员的证件、车辆、物品进行检查；可以对武器、弹药，管制刀具，易燃易爆物品，化学危险物品、放射性物品、剧毒物品等物品采取特别管理措施；为保障戒严地区内的人民基本生活必需品的供应，戒严实施机关可以对基本生活必需品的生产、运输、供应、价格采取特别管理措施。

除戒严法规定的特别措施，紧急状态下还可以采取何种特别措施，我国突发事件应对法第六十九条第二款对此作了规定，即紧急状态期间采取的非常措施，依照有关法律规定执行或者由全国人大常委会另行规定。也就是说，紧急状态下采取何种措施，除戒严法规定外，将由全国人大常委会另行规定。

我国高度重视非常状态下对人权的保障，在非常状态下采取特别措施要有必要的限度，为此，本法第六十六条规定：“履行国家安全危机管控职责的有关机关依法采取处置国家安全危机的管控措施，应当与国家安全危机可能造成的危害的性质、程度和范围相适应；有多种措施可供选择的，应当选择有利于最大程度保护公民、组织权益的措施。”第八十三条规定：“在国家安全工作中，需要采取限制公民权利和自由的特别措施时，应当依法进行，并以维护国家安全的实际需要为限度。”此外，第六十八条还规定：“国家安全威胁和危害得到控制或者消除后，应当及时解除管控处置措施，做好善后工作。”从上述规定看，国家安全法既是授权法，也是限权法。为了防止权力滥用，履行国家安全危机管控职责的有关机关在采取特别措施时，应当遵循合法性和合理性的规定。

相关规定

《中华人民共和国国防动员法》第十二章特别措施；《中华人民共和国戒严法》第三章实施戒严的措施；《中华人民共和国突发事件应对法》第六十九条第二款；《中华人民共和国国家安全法》第六十六条、第六十八条、第八十三条。

第六十六条　履行国家安全危机管控职责的有关机关依法采取处置国家安全危机的管控措施，应当与国家安全危机可能造成的危害的性质、程度和范围相适应；有多种措施可供选择的，应当选择有利于最大程度保护公民、组织权益的措施。

条文主旨

本条是关于国家安全危机管控措施合理性原则的规定。

立法背景

本法关于“危机管控”的规定，赋予了履行国家安全危机管控职责的有关机关依法采取处置国家安全危机的管控措施的权力，解决了危机管控机关行使权力的合法性问题。但由于危机管控措施具有临时性、应急性和强制性，不可避免会对公民和组织的合法权益造成一定程度的损害，法律也要求公民和组织对这种损害承担“特别牺牲”的义务。无论是行政机关还是人民代表大会、司法机关、军事机关，行使的都是公权力，因此，在行使权力时可能发生损害公民、组织权益时，就应当符合合理原则，作为合法原则的必要补充。

合理原则又称为适当原则、比例原则、禁止过度原则，是行政法上的一个基本原则，意指行政行为在形式合法的前提下应当尽可能合理、适当和公正。国家安全法是我国国家安全领域的基本法律，它所规范的国家行为既包括行政机关的行为，也包括人民代表大会、司法机关和军事机关的行为。

条文解读

强调合理原则，既是为了进一步坚持合法原则，也是符合国家安全法的基本原则的。国家安全法强调以人民安全为宗旨，把“保护人民的根本利益”确定为立法目的（第一条），把“人民福祉”确定为国家核心利益（第二条），把“尊重和保障人权，依法保护公民的权利和自由”确定为维护国家安全的重要原则（第七条），规定“国家安全工作以人民安全为宗旨”。这表明，人民的安全和利益是国家安全的核心，是国家安全活动的根本目的，体现了以人为本、以民为本的安全观，体现了我国社会主义国家政权的民主本质。保护人民利益，既体现在出现国家安全危机时，国家采取种种强有力的危机管控措施，保护广大人民的利益；也体现在国家采取具体的危机管控措施时对权益受损的公民、组织尽到最大程度的保护义务。本法赋予履行国家安全危机管控职责的有关机关可以采取的管控处置措施具有很大的裁量自由，如本法第六十五条规定："国家决定进入紧急状态、战争状态或者实施国防动员后，履行国家安全危机管控职责的有关机关依照法律规定或者全国人民代表大会常务委员会规定，有权采取限制公民和组织权利、增加公民和组织义务的特别措施。"自由裁量权越大，就越有可能造成公民、组织权益损害，就越有必要在立法中确立合理性限制。总的来说，有关机关行使危机管控措施时，应当遵循以下要求：

一是管控措施应当与国家安全危机可能造成的危害的性质、程度和范围相适应。这就要求采取管控措施的机关，应当在确保危机能够被管控的前提下，对所面临的国家安全危机加强情报收集和研判，分析其可能造成的危害，以及这种危害的性质、程度和范围。根据分析研判结果，采取相应的管控措施。而不能一律采取最严厉的、对公民和组织权益损害较大的措施。

二是有多种管控措施可供选择，并具有相同效果的情况下，危机管控机关应当选择有利于最大程度保护公民、组织权益的措施。

相关规定

《中华人民共和国国家安全法》第一条、第二条、第三条、第七条、第六十五条。

第六十七条 国家健全国家安全危机的信息报告和发布机制。

国家安全危机事件发生后，履行国家安全危机管控职责的有关机关，应当按照规定准确、及时报告，并依法将有关国家安全危机事件发生、发展、管控处置及善后情况统一向社会发布。

条文主旨

本条是关于国家安全危机的信息报告和发布机制的规定。

立法背景

及时的信息报告，是有效处置国家安全危机事件的前提和基础。建立国家安全危机事件高效的发布机制，确保统一及时准确地发布有关信息，增加工作的透明度，对于妥善有效处置国家安全危机事件，保护人民生命、财产安全，维护国家安全，具有重要意义。

条文解读

一、信息报告机制

我国法律法规对各领域的信息报告制度作了规定。如突发事件应对法规定，“对即将发生或者已经发生的社会安全事件，县级以上地方各级人民政府及其有关主管部门应当按照规定向上一级人民政府及其有关主管部门报告，必要时可以越级上报”。固体废物污染环境防治法规定，“因发生事故或者其他突发性事件，造成危险废物严重污染环境的单位，必须立即采取措施消除或者减轻对环境的污染危害，及时通报可能受到污染危害的单位和居民，并向所在地县级以上地方人民政府环境保护行政主管部门和有关部门报告，接受调查处理”。突发公共卫生事件应急条例规定，“国务院卫生行政主管部门制定突发事件应急报告规范，建立重大、紧急疫情信息报告系统”。根据本条规定，国家安全危机事件发生后，报告的义务主体是履行国家安全危机管控职责的有关机关，对报告的要求是“准确、及时”。

二、信息发布机制

国家安全危机事件发生后，履行国家安全危机管控职责的有关机关应当依法将有关国家安全危机事件发生、发展、管控处置及善后情况统一向社会发布。国家安全危机事件的信息发布，是一项管控处置国家安全危机事件的重要工作。2005 年，国务院为了使突发公共事件新闻报道工作制度化、规范化，专门制定了《国家突发公共事件新闻报道应急预案》。2007 年，国务院制定了信息公开条例，明确了政府信息公开的责任、原则、方式和内容，其中规定信息公开的内容包括突发公共事件的应急预案、预警信息及应对情况。突发事件应对法规定，“履行统一领导职责或者组织处置突发事件的人民政府，应当按照有关规定统一、准确、及时发布有关突发事件事态发展和应急处置工作的信息”。

根据本条规定，“履行国家安全危机管控职责的有关机关”负有发布信息的职责，统一、准确、及时发布有关信息，有利于公众全面、准确了解国家安全危机事件情况，协助做好管控处置工作。有关机关应当尊重公众的知情权，按照规定统一、准确、及时发布相关信息，让公众远离谣言，克服恐慌，减少不安定因素，形成有关机关和公众的良性互动。

发布的内容包括“发生、发展、管控处置及善后情况”。履行国家安全危机管控职责的有关机关发布信息的内容应当全面，包括国家危机事件的“发生、发展、管控处置及善后情况”，为保证信息发布的及时性、准确性，一些尚未调查研究清楚全面情况、较为复杂的国家安全危机事件，可以先发布部分信息，不必一次性将国家危机事件的发生、发展、管控处置及善后情况全面发布。

相关规定

《中华人民共和国突发事件应对法》第七条第二款、第五十三条；《中华人民共和国固体废物污染环境防治法》第六十三条；《突发公共卫生事件应急条例》；《中华人民共和国政府信息公开条例》；《国家突发公共事件新闻报道应急预案》。

第六十八条　国家安全威胁和危害得到控制或者消除后，应当及时解除管控处置措施，做好善后工作。

条文主旨

本条是关于及时解除管控处置措施的规定。

立法背景

进入紧急状态、战争状态或者实施国防动员等非法律状态后，仅靠采取日常的管理措施应对影响国家安全和社会稳定的危机是远远不够的，采取特别措施是必要的，这就会影响公民、组织的权益。因此，管控处置措施随着危及国家安全的重大事件或者特别重大事件的发生而实施，应当随着威胁和危害得到控制和消除而停止，有关国家机关还应做好相应的善后工作，恢复与重建正常的生产、生活、工作和社会秩序。

条文解读

一、及时解除管控处置措施

本条规定的管控处置措施既包括特别措施，也包括一般的措施。关于特别措施，本法第六十五条规定，国家决定进入紧急状态、战争状态或者实施国防动员后，履行国家安全危机管控职责的有关机关依照法律规定或者全国人民代表大会常务委员会规定，有权采取限制公民和组织权利、增加公民和组织义务的特别措施。进入紧急状态、战争状态或者实施国防动员，都使得国家和社会进入非常状态，在这种情况下，仅靠采取日常的管理措施应对影响国家安全和社会稳定的危机，是远远不够的，采取特别措施是必要的。同时，无论是特别措施还是一般的管控处置，都会对公民、组织的生活、生产产生影响，影响到公民、组织的权益。管控处置措施随着危及国家安全的重大事件或者特别重大事件的发生而实施，应当随着威胁和危害得到控制和消除而停止。一旦国家安全威胁和危害得到控制或者消除后，应当及时解除管控处置措施，使非常状态转入平常状态。

二、做好善后工作

危及国家安全的重大事件或者特别重大事件具有很强的破坏性，往往对正常的社会秩序、人民生活造成极大的干扰和破坏。当国家安全威胁和危害得到控制或者消除后，应当采取措施恢复与重建正常的生产、生活、工作和社会秩序。如突发事件应对法规定：“突发事件的威胁和危害得到控制或者消除后，履行统一领导职责或者组织处置突发事件的人民政府应当停止执行依照本法规定采取的应急处置措施，同时采取或者继续实施必要措施，防止发生自然灾害、事故灾难、公共卫生事件的次生、衍生事件或者重新引发社会安全事件。”“突发事件应急处置工作结束后，履行统一领导职责的人民政府应当立即组织对突发事件造成的损失进行评估，组织受影响地区尽快恢复生产、生活、工作和社会秩序，制定恢复重建计划，并向上一级人民政府报告。受突发事件影响地区的人民政府应当及时组织和协调公安、交通、铁路、民航、邮电、建设等有关部门恢复社会治安秩序，尽快修复被损坏的交通、通信、供水、排水、供电、供气、供热等公共设施。”防汛条例规定：“在发生洪水灾害的地区，物资、商业、供销、农业、公路、铁路、航运、民航等部门应当做好抢险救灾物资的供应和运输；民政、卫生、教育等部门应当做好灾区群众的生活供给、医疗防疫、学校复课以及恢复生产等救灾工作；水利、电力、邮电、公路等部门应当做好所管辖的水毁工程的修复工作。”“洪水灾害发生后，各级人民政府防汛指挥部应当积极组织和帮助灾区群众恢复和发展生产。修复水毁工程所需费用，应当优先列入有关主管部门年度建设计划。”

相关规定

《中华人民共和国国家安全法》第六十五条；《中华人民共和国突发事件应对法》第五十八条、第五十九条；《中华人民共和国防汛条例》第三十六条、第三十八条。

第五章　国家安全保障

第六十九条　国家健全国家安全保障体系，增强维护国家安全的能力。

条文主旨

本条是关于国家安全总体保障措施的规定。

立法背景

国家安全事关一国生存发展，在世界各国都受到高度重视，国家通常采取各种措施保障维护国家安全的各种需要。同时要看到，各个国家的国家安全战略不同、所处的发展阶段不同、历史文化不同，对国家安全保障的理念和程度也会不同。

条文解读

当前，国际形势风云变幻，我国经济社会发生深刻变化，改革进入攻坚期和深水区，社会矛盾多发叠加，各种可以预见和难以预见的安全风险挑战前所未有。这是我国当前面临的国家安全形势，全党全国都必须增强忧患意识，做到居安思危。另外，我国社会主义性质和国家根本利益以及走和平发展道路的客观要求，决定了我国在军事战略方面坚持积极防御战略思想，坚持战略上防御与战役战斗上进攻的统一，坚持防御、自卫、后发制人的原则。在安全理念上，我们强调坚持正确义利观，实现全面、共同、合作、可持续安全，在积极维护我国利益的同时，促进世界各国共同繁荣。这些都决定了我国的国家安全保障是客观理性、实事求是、坚持底线、与时俱进的，不是追求绝对、无限扩张的。

长期以来，我国通过立法对国家安全保障措施作出了一些规定，已经基本形成国家安全保障体系。如：国防教育法规定了国防教育保障，国防动员法规定了战略物资储备与调用，突发事件应对法规定了应急物资储备和使用，科学技术进步法和专利法规定了加大科技对国家安全事业的支持。这些法律制度为构筑国家安全防线、提升国家安全能力提供了坚实支撑。在新的国家安全形势下，国家安全的内涵和外延不断拓展，国家安全需要的支撑和保障也越来越广泛，相互之间的关联也越来越紧密，迫切要求在国家层面形成一个周密完整的保障体系，加强共享、降低成本、提高效率，更好地实现国家安全战略目标、任务。

加强国家安全保障，有利于提升维护国家安全能力。关于国家安全保障，还可以有一种划分范畴，以军事能力、情报能力为代表的国家安全能力同时可以被认为是维护国家安全的最基础的保障内容。而随着科学技术不断发展，人类社会对于科学技术的依赖也不断增强，大数据、云计算等被广泛运用于各种专业领域，一些以前被认为是纯粹保障的手段已经悄然成为维护国家安全本身的能力，成为国家安全攻防之间的重点。在这种情况下，保障和能力就成为不可分割、互相转化的内容，健全保障体系也就是直接作用于能力建设。

相关规定

《中华人民共和国宪法》有关条文；《中华人民共和国反间谍法》有关条文；《中华人民共和国反恐怖主义法》有关条文；《中华人民共和国保守国家秘密法》有关条文；《反分裂国家法》有关条文；《中华人民共和国领海及毗连区法》有关条文；《中华人民共和国专属经济区和大陆架法》有关条文；《中华人民共和国集会游行示威法》有关条文；《中华人民共和国戒严法》有关条文；《中华人民共和国国防法》有关条文；《中华人民共和国人民防空法》有关条文；《中华人民共和国军事设施保护法》有关条文；《中华人民共和国国防教育法》有关条文；《中华人民共和国国防动员法》第六章；《中华人民共和国突发事件应对法》第三十二条。

第七十条　国家健全国家安全法律制度体系，推动国家安全法治建设。

条文主旨

本条是关于国家安全法治建设的规定。

立法背景

法治是人类社会探索出来的治理国家的最理想模式。党的十一届三中全会总结“文化大革命”中法制被严重破坏的惨痛教训，明确提出了发展社会主义民主，健全社会主义法制的目标任务。党的十五大将“依法治国，建设社会主义法治国家”确立为治国的基本方略；九届全国人大二次会议将“依法治国，建设社会主义法治国家”写入了宪法修正案。2014年，党的十八届四中全会通过的《关于全面推进依法治国若干重大问题的决定》，对全面推进依法治国作出了总部署，提出全面推进依法治国，总目标是建设中国特色社会主义法治体系，建设社会主义法治国家。国家安全是国家生存和发展的最基本最重要的前提，而国家安全立法又是国家安全的基本法律保障。

条文解读

一、我国国家安全法律制度体系

新中国成立后，先后制定了一系列维护国家安全的法律法规。新中国成立初期，为应对国家安全方面的严峻复杂形势，我国制定了宪法、惩治反革命条例等法律法规，初步奠定了国家安全立法的基础。改革开放以来，我国加强社会主义民主法制建设，国家安全立法工作取得长足进展。1979年，五届全国人大二次会议通过了刑法、刑事诉讼法。1993年，七届全国人大常委会第三十次会议通过了国家安全法。

此后，根据国家安全面临的形势和问题，我国制定了一系列法律法规。总的来看，我国国家安全立法数量较多，据统计，涉及国家安全的法律法规达190多部，其中数十部主要规范国家安全问题；内容广泛，覆盖政治安全、国土安全、军事安全、经济安全、文化安全、社会安全、科技安全、网络信息安全、生态安全、能源资源安全、核安全等领域；形式多样，既有宪法、法律，也有行政法规、地方性法规、地方政府规章和部门规章，已初步搭建起我国国家安全法律制度框架。具体而言，我国国家安全立法主要包括以下三类：

1. 宪法。宪法第二十八条规定，国家维护社会秩序，镇压叛国和其他危害国家安全的犯罪活动。具体到保障国家安全的规定，既有政治安全的，也有经济安全、军事安全的，还包括公民组织的具体义务等，如规定：禁止任何组织或者个人破坏社会主义制度；禁止对任何民族的歧视和压迫，禁止破坏民族团结和制造民族分裂的行为；国家在社会主义初级阶段，坚持公有制为主体、多种所有制经济共同发展的基本经济制度；国家保障国有经济的巩固和发展；反对资本主义的、封建主义的和其他的腐朽思想；国家维护社会秩序，镇压叛国和其他危害国家安全的犯罪活动，制裁危害社会治安、破坏社会主义经济和其他犯罪的活动，惩办和改造犯罪分子；中华人民共和国的武装力量任务是巩固国防，抵抗侵略，保卫祖国，保卫人民的和平劳动，参加国家建设事业，努力为人民服务；保护在中国境内的外国人的合法权利和利益；任何国家机关、社会团体和个人不得强制公民信仰宗教或者不信仰宗教，不得歧视信仰宗教的公民和不信仰宗教的公民；任何人不得利用宗教进行破坏社会秩序、损害公民身体健康、妨碍国家教育制度的活动；宗教团体和宗教事务不受外国势力的支配；公民的人身自由不受侵犯；保护华侨的正当的权利和利益，保护归侨和侨眷的合法的权利和利益；公民有维护国家统一和全国各民族团结的义务；公民必须遵守宪法和法律，保守国家秘密；公民有维护祖国的安全、荣誉和利益的义务，不得有危害祖国的安全、荣誉和利益的行为；保卫祖国、抵抗侵略是中华人民共和国每一个公民的神圣职责；国家在必要时得设立特别行政区；完成统一祖国的大业是包括台湾同胞在内的全中国人民的神圣职责，等等。

2. 专门立法。包括反间谍法，主要规定国家安全机关反间谍侦查工作；反恐怖主义法，主要规定防范和惩治恐怖活动，加强反恐怖主义工作；保守国家秘密法及其实施条例，规范保密工作。维护国家统一和领土完整的立法，如反分裂国家法、领海及毗连区法、专属经济区和大陆架法；维护国家政治秩序和社会秩序的立法，如集会游行示威法及其实施条例、戒严法；维护国防和军事安全的立法，如国防法、人民防空法、国防动员法、军事设施保护法及其实施办法。

3. 相关法律中涉及维护国家安全的部分条款和内容。包括大量涉及政治、经济、社会、文化、生态等领域安全的法律规定。如刑法设单章规定危害国家安全罪和危害国防利益罪，刑事诉讼法用九个条款规定办理危害国家安全犯罪的特别诉讼程序；突发事件应对法，全国人大常委会关于维护互联网安全的决定，全国人大常委会关于加强网络信息保护的决定，全国人大常委会关于取缔邪教组织、防范和惩治邪教活动的决定，均将维护国家安全作为立法目的；对外贸易法第十五条规定，为维护国家安全，国家可以限制或者禁止有关货物、技术的进口或者出口；反垄断法第三十一条规定，对外资并购境内企业或者以其他方式参与经营者集中，涉及国家安全的，应当按照国家有关规定进行国家安全审查；邮政法第三条规定，除因国家安全或者追查刑事犯罪的需要，由公安机关、国家安全机关或者检察机关依照法律规定的程序对通信进行检查外，任何组织或者个人不得以任何理由侵犯公民的通信自由和通信秘密；等等。

二、我国国家安全法治建设情况

本条规定，国家推动国家安全法治建设。各国普遍重视国家安全立法，并从本国国情和维护国家安全的实际需要出发，有针对性、有重点地将国家安全领域的相关事项在立法中予以明确。

推动国家安全法治建设，应当落实习近平总书记在中央国家安全委员会第一次会议上的重要讲话精神，坚持总体国家安全观，走中国特色国家安全道路，以国家安全发展战略为依托，以宪法为根本，以国家安全法为基础，以维护党的执政安全、维护国家政权安全、反颠覆、反渗透、反恐怖等方面立法为重点，统筹推进政治安全、经济安全、军事安全、社会安全、信息安全、生态安全等方面立法，加快国家安全立法进程，争取到2020年基本形成一套立足我国国情、体现时代特点、适应我国所处战略安全环境，内容协调、程序严密、配套完备、运行有效的中国特色国家安全法律制度，为维护我国国家安全提供坚实的法律制度保证。

为落实党的十八大以来中央关于维护国家安全的一系列战略部署，中央决定根据贯彻总体国家安全观的要求，制定一部统领各安全领域的具有综合性、全局性、基础性的新的国家安全法。考虑到1993年制定的国家安全法，主要是规范国家安全机关履行各项职责特别是反间谍工作方面的职责，难以适应维护国家安全需要，2014年11月，十二届全国人大常委会第十一次会议审议通过《中华人民共和国反间谍法》，相应地废止了原有的国家安全法。此外，全国人大常委会还于2015年8月审议通过《中华人民共和国刑法修正案（九）》，2015年12月审议通过《中华人民共和国反恐怖主义法》。

与此同时，有关方面正在抓紧制定和修改境外非政府组织管理法、网络安全法、陆地国界法、海洋基本法、粮食法、能源法、国防交通法、人民防空法、电信法、核安全法等。国务院及其相关部门也在抓紧制定有关国家安全的法规等。

相关规定

《中华人民共和国刑法》第二编第一章、第七章；《中华人民共和国刑法修正案（九）》有关条文；《中华人民共和国刑事诉讼法》有关条文；《中华人民共和国突发事件应对法》有关条文；《中华人民共和国对外贸易法》第十五条；《中华人民共和国反垄断法》第三十一条；《中华人民共和国邮政法》第三条；1993年《中华人民共和国国家安全法》有关条文；《中华人民共和国反间谍法》有关条文；《中华人民共和国反恐怖主义法》有关条文。

第七十一条　国家加大对国家安全各项建设的投入，保障国家安全工作所需经费和装备。

条文主旨

本条是关于保障国家安全工作所需经费和装备的规定。

立法背景

经费和装备是保障国家安全工作的物质基础，在各项保障措施中处于重要的基础性地位。国家安全工作涉及面很广。从领域方面讲，国家安全工作涉及政治安全、国土安全、军事安全、经济安全、文化安全、社会安全、科技安全、网络信息安全、生态安全、能源资源安全、核安全等，也就是常说的传统安全与非传统安全。从工作任务方面讲，国家安全工作涉及情报与信息的收集、分析和处置，风险的预防、评估和预警，国家安全审查和监管，危机管控等。从具体投向方面讲，包括国家安全基础设施、国家安全工作所需物质、设备、器械、科技研发、人才培养、制度建设等。做好这些工作都必须有适当经费作为基本保障，否则，很多工作就难以开展。

条文解读

一、国家安全工作的投入范围

国家安全工作是需要投入的，通常包括人、财、物的投入。本条所指国家安全建设既包括设备、器械、基础设施等硬件方面的建设，也包括人才培养、科技研发等软件方面的建设，还包括国家安全制度、体制、机制建设。国家要加大这方面投入，确保国家安全各项工作的经费，建立起坚强的维护国家安全体系。

二、国家安全工作经费来源

国家安全工作所需经费来自中央和地方财政。中央和地方各级人民政府要加大对国家安全工作的投入，确保维护国家安全各项工作所需必要经费。从长远讲，国家对国家安全工作的投入应与国民经济增长的水平相适应。

三、国家安全工作经费筹措和使用原则

一是中央和地方共同出资原则。维护国家安全是一种国家行为，中央是国家安全工作经费来源的主体；按照守土有责原则，地方也应承担与其责任相适应的经费，分别列入中央和地方财政预算。

二是高效使用和节约原则。要重视国家安全工作的投入产出，高效合理使用，绝不能以国家安全为借口盲目投入，要杜绝浪费。

三是突出重点原则。特别是从中央层面讲，应把维护国家安全的经费主要投向重点地区和重点领域，抓住国家安全工作的主要矛盾，把国家安全工作经费用在刀刃上。

相关规定

《中华人民共和国反恐怖主义法》第三十二条；《中华人民

共和国国防动员法》第六条；《中华人民共和国人民防空法》第四条；《中华人民共和国人民武装警察法》第二十六条；《中华人民共和国突发事件应对法》第三十一条；《中华人民共和国防震减灾法》第四条；《中华人民共和国安全生产法》第四十四条；《中华人民共和国传染病防治法》第六十一条；《中华人民共和国动物防疫法》第六十四条。

第七十二条　承担国家安全战略物资储备任务的单位，应当按照国家有关规定和标准对国家安全物资进行收储、保管和维护，定期调整更换，保证储备物资的使用效能和安全。

条文主旨

本条是关于承担国家安全战略物资储备任务单位的职责规定。

立法背景

战略物资储备，是国家在平时有计划建立的对国计民生和国家安全具有重要影响的物质资料的储存和积蓄，目的是应付战争或者其他意外情况，保障国民经济正常运转和国家安全的需求。国家安全战略物资储备不同于一般物资储备，国家一般物资储备主要是用于抵御市场风险的目的，当某种物资出现市场紧缺，国家就可抛售储备的相关物资，以平抑市场价格和需求。而国家安全战略物资储备只能在国家遇到非常情况方可动用，一般情况下（除非是定期更换）是不能随便动用的。

战略物资储备的品种一般包括：对国计民生和国家安全十分

重要的物资；国内资源少或者生产能力不足、需要进口的重要物资；高新技术产业发展必需的稀贵金属和材料等。从各国战略物资储备的实践看，战略物资主要包括粮食、棉花、布料、药品、食盐、燃料、钢铁、有色金属、木材、橡胶、纸张、机械设备、武器弹药、运输工具等。

通过立法对战略物资储备作出规定，是世界许多国家的通行做法。例如，美国 1946 年和 1979 年分别颁布实施的《战略和急需物资储备法令》和《重要战略物资储备法》。本条规定的国家安全战略物资储备制度，包括了国家已经建立的一系列与国家安全密切相关的战略物资储备制度，如国防动员法第三十三条规定，国家实行适应国防动员需要的战略物资储备和调用制度；突发事件应对法第三十二条规定，国家建立健全应急物资储备保障制度，完善重要应急物资的监管、生产、储备、调拨和紧急配送体系。此外，国家还建立了石油储备、粮食储备等。应该说，在非常状态下维护国家安全所需的各种战略物资均包括在上述储备之中，无需重复建设。因此，本条应与国防动员法、突发事件应对法所建立的物资储备制度和国家其他战略物资储备制度结合起来理解。

国家安全战略物资储备的原则包括：一是服从国家安全需要，同时兼顾经济效益，不应造成浪费。二是尽量做到足量够用，但也要符合国情和发展阶段，不要盲目追求数量。三是既要确保种类齐全，但同时又要突出重点。四是要布局合理，确保调用物资能快速抵达使用现场。战略物资储备的布局要做到既安全又方便动用，一般应选择在不易受战争破坏和有完善交通设施的地区。可采用国家储备、军队储备、企业储备等多种方式进行存储。

条文解读

一、承担国家安全战略物资储备任务的单位

承担国家安全战略物资储备任务的单位，是指根据相关法律法规规定，具备国家规定的资格条件，并经国务院有关主管部门审核批准，实际负责承担战略物资储备任务的企业事业单位。在我国，既有国有企业、事业单位，也有其他各类所有制单位。

国有企业事业单位，如承担专户储存中央储备粮任务的中国储备粮管理总公司及其有关直属企业，《中央储备粮管理条例》明确规定："中国储备粮管理总公司具体负责中央储备粮的经营管理，并对中央储备粮的数量、质量和储存安全负责。"根据《国务院关于组建中国储备棉管理总公司有关问题的批复》，中储棉公司受国务院委托，具体负责国家储备棉的经营管理。此外，还有承担食糖和猪肉储备任务的华商储备中心，承担边销茶和羊毛储存任务的全国供销合作总社，承担食盐储备任务的中国盐业总公司，以及承担军工有关专用生产设备、专用元器件、专用材料及半成品等储备任务的军工企业，等等。

其他所有制单位，如实际承担中央储备粮代储任务的有关代储企业，承担列入民转军计划并负责军工有关专用生产设备、专用元器件和专用材料等储备任务的相关民营配套企业，以及实际承担军队药品代储任务的地方相关企业等。

二、承担国家安全战略物资储备任务的单位的职责

根据本条规定，承担国家安全战略物资储备任务的单位需要依法对国家安全战略物资的收储、保管、维护和定期调整更换负责，最终目标是保证储备物资的使用效能和安全。

一是国家战略物资储备行政主管部门应在广泛征求有关部门

意见的基础上做好储备工作的总体规划和设计，要对战略储备物资的种类、规格、数量、储备地点、收储单位职责等作出总体安排。

二是按照国家有关规定和标准对储备物资进行保管和维护。承担国家安全战略物资储备任务的单位严格按照国家规定与标准保管和维护储备物资，对于保证储备物资的使用效能和安全，进而更好地满足国家应对战争或者其他军事威胁的需要，具有重要意义。例如，《中央储备粮管理条例》规定，中国储备粮管理总公司直属企业、中央储备粮代储企业（以下统称承储企业）储存中央储备粮，应当严格执行国家有关中央储备粮管理的行政法规、规章、国家标准和技术规范，以及中国储备粮管理总公司依照有关行政法规、规章、国家标准和技术规范制定的各项业务管理制度。承储企业必须保证入库的中央储备粮达到收购、轮换计划规定的质量等级，并符合国家规定的质量标准。承储企业应当对中央储备粮实行专仓储存、专人保管、专账记载，保证中央储备粮账账相符、账实相符、质量良好、储存安全。

三是按照国家有关规定和标准定期调整更换储备物资。储备物资在储存期间，由于受到风吹日晒等自然力的作用，容易发生锈蚀、霉变等有形损耗，从而影响其使用价值；同时，由于科技进步、产品更新换代等原因，储备物资还会遭遇淘汰、报废等无形损耗。因此，必须按照国家有关规定和标准定期调整更换储备物资，才能确保其适应国家安全需要。国防法第四十九条规定，战略物资储备应当定期更换。《中央储备粮管理条例》规定，中央储备粮实行均衡轮换制度，每年轮换的数量一般为中央储备粮储存总量的20%至30%。《国务院关于改革和加强医药储备管理工作的通知》提出，承担医药储备任务的企业，要按照科学、合理的储备周期，制定相应的轮换办法，在确保储备品种和数量的前提下，及时对储备药品和医疗器械进行轮换。《国务院关于组建中国储备棉管理总公司有关问题的批复》提出，原则上国家储备棉2至3年轮换一次。

四是按照国家有关规定和标准保证储备物资的使用效能和安全。国防法第四十九条明确规定，战略物资储备应当储存安全。《国家物资储备管理规定》要求，国家物资储备的安全保障工作遵循“安全第一、预防为主、综合治理”的方针。储备局应当建立健全安全责任、重大事项报告等安全保障工作制度，并负责对国家储备物资、储备仓库等的安全进行监督检查。国家物资储备仓库应当在地方政府的统一组织下，积极会同政府有关部门与周边村镇、街道、企业、事业单位成立保卫工作联防组织。国家物资储备仓库应当组织专职守卫力量开展守卫工作。符合武警部队内卫执勤任务范围规定的国家物资储备仓库，应当按照国家有关规定申请派驻武警部队进行守卫。储备局应当按照国家有关规定，为驻库武警部队提供相关保障。

相关规定

《中华人民共和国国防法》第四十九条；《中华人民共和国国防动员法》第三十三条；《中华人民共和国突发事件应对法》第三十二条；《国家物资储备管理规定》；《中央储备粮管理条例》。

第七十三条　鼓励国家安全领域科技创新，发挥科技在维护国家安全中的作用。

条文主旨

本条是关于科技保障的规定。

立法背景

党的十八大明确提出，“科技创新是提高社会生产力和综合国力的战略支撑，必须摆在国家发展全局的核心位置”。保障国家安全，发挥科技的战略支撑作用非常重要。目前，涉及国家安全保障各个领域的许多法律法规都对科技创新提出了许多明确要求。例如，涉及政治安全领域，反间谍法第十六条规定，国家安全机关根据反间谍工作需要，可以会同有关部门制定反间谍技术防范标准，指导有关部门落实反间谍技术防范措施，对存在隐患的部门，经过严格的批准手续，可以进行反间谍技术防范检查和检测。

条文解读

涉及军事安全和国土安全领域，国防法第五章专门对国防科研生产作了规定，明确规定国家建立和完善国防科技工业体系，发展国防科研生产，为武装力量提供性能先进、质量可靠、配套完善、便于操作和维修的武器装备以及其他适用的军用物资，满足国防需要。国家统筹规划国防科技工业建设，保持规模适度、专业配套、布局合理的国防科研生产能力。国家促进国防科学技术进步，加强高新技术研究，发挥高新技术在武器装备发展中的先导作用，增加技术储备，研制新型武器装备。国家为承担国防科研生产任务的企业事业单位提供必要的保障条件和优惠政策等。

涉及资源能源安全领域，节约能源法对节能技术进步作了专门规定。节约能源法第五十七条规定，县级以上各级人民政府应当把节能技术研究开发作为政府科技投入的重点领域，支持科研单位和企业开展节能技术应用研究，制定节能标准，开发节能共性和关键技术，促进节能技术创新与成果转化。第五十八条规定，国务院管理节能工作的部门会同国务院有关部门制定并公布节能技术、节能产品的推广目录，引导用能单位和个人使用先进的节能技术、节能产品。国务院管理节能工作的部门会同国务院有关部门组织实施重大节能科研项目、节能示范项目、重点节能工程。

涉及粮食安全领域，农业法第七章对于农业科技作了专门规定。其中第四十八条规定，国务院和省级人民政府应当制定农业科技、农业教育发展规划，发展农业科技、教育事业。县级以上人民政府应当按照国家有关规定逐步增加农业科技经费和农业教育经费。国家鼓励、吸引企业等社会力量增加农业科技投入，鼓励农民、农业生产经营组织、企业事业单位等依法举办农业科技、教育事业。第四十九条规定，国家保护植物新品种、农产品地理标志等知识产权，鼓励和引导农业科研、教育单位加强农业科学技术的基础研究和应用研究，传播和普及农业科学技术知识，加速科技成果转化与产业化，促进农业科学技术进步。国务院有关部门应当组织农业重大关键技术的科技攻关。国家采取措施促进国际农业科技、教育合作与交流，鼓励引进国外先进技术。

涉及社会安全领域，突发事件应对法第三十六条规定，国家鼓励、扶持教学科研机构和有关企业研究开发用于突发事件预防、监测、预警、应急处置与救援的新技术、新设备和新工具。

涉及环境安全领域，环境保护法第七条规定，国家支持环境保护科学技术研究、开发和应用，鼓励环境保护产业发展，促进环境保护信息化建设，提高环境保护科学技术水平。

涉及核安全领域，《民用核安全设备监督管理条例》第六条第二款规定，国家鼓励民用核安全设备设计、制造、安装和无损检验的科学技术研究，提高安全水平。

本条对科技保障作出明确规定，目的就是进一步鼓励政府和企业采取多种措施，包括增加研发投入等措施，加快推进技术创新，为维护国家安全提供技术手段保障。从政府层面来看，要根据国家安全领域提出的要求，设立科技专项，组织科研攻关，提高自主创新能力，不断解决维护国家安全面临的技术难题；同时，要制定鼓励引导企业重视人才、积极开发研究抢占科技制高点的高新技术、关键技术，为维护国家安全提供高技术保障支持。

相关规定

《中华人民共和国国防法》第五章；《中华人民共和国反间谍法》第十六条；《中华人民共和国突发事件应对法》第三十六条；《中华人民共和国节约能源法》第五十七条、第五十八条；《中华人民共和国农业法》第七章；《中华人民共和国环境保护法》第七条；《民用核安全设备监督管理条例》第六条。

第七十四条　国家采取必要措施，招录、培养和管理国家安全工作专门人才和特殊人才。

根据维护国家安全工作的需要，国家依法保护有关机关专门从事国家安全工作人员的身份和合法权益，加大人身保护和安置保障力度。

条文主旨

本条是关于专门人才和特殊人才保障的规定。

立法背景

在法律中明确对从事特定行业专门人才和特殊人才的保障，是一种通行做法。世界主要国家对特殊行业、专业人才的保障均有特殊的制度安排，特别是对于国家安全工作，考虑到维护国家安全有关工作的复杂性和特殊性，多数国家均在法律中对国家安全工作专门人才、特殊人才的保障作出了规定。

一是对专门人才、特殊人才的招录作出规定。比如，美国《1947 年国家安全法》规定，国家情报主任与情报系统的其他机构或部门负责人及其相关部门负责人协商后，应当规定符合情报系统需要的人事政策和计划。美国《国家安全局法》规定，为实现美国国家安全局职能，在必要时，可以设立有关职位并任命相应的工作人员，不受公务员法的约束。韩国《国家情报院职员法》要求，国家情报院的职员在资格、任用、教育培训、服务和奖励等方面，均不同于普通国家公务员法的规定，其中，对于具备与维护国家安全的职务相关的特别学识、经验、技术或者具有一定研究业绩的人员，可以在录用时不用参加有关竞争考试。

二是对专门人才、特殊人才的培养作出规定。比如，美国《1947 年国家安全法》第十章规定了教育对国家情报工作的支持，根据这些规定，国家情报主任有权对根据国家安全工作需要攻读有关科学和技术专业硕士学位的个人提供奖学金，并有权集中情报系统资源开展跨学科教育培训，设定情报系统奖学金计划、外语计划等。美国《中央情报局条例》规定，中央情报局的任何官员和雇员可以被指定或者选派在美国国内外各种机构、协会、军事机构、商行等的课程或训练班，接受特别的指导、研究和训练。韩国《国家情报院职员法》规定，根据情报工作需要，必要时，韩国国家情报院可以派遣其职员到韩国国内外各种教育机构、研究机构进行有关培训。

三是对专门人才、特殊人才的管理作出规定。比如，美国《1947年国家安全法》对专门人才、特殊人才的身份保密、福利、津贴、奖金等，都作出了详细规定。以其中关于身份保密的特殊管理制度为例，美国《1947年国家安全法》规定，情报官员、间谍、涉密人员身份和来源保护的内容，“不论何人，若未经授权获取或已经授权获取确认间谍身份的机密信息，却故意向未经授权接受该等机密信息的个人披露所属间谍身份，且明知所披露信息确认了所属间谍的身份并明知合众国正在采取正面的措施隐瞒所属间谍与合众国的情报关系，应根据《美国法典》第18篇处以罚款或10年以内的监禁，或并罚处理”；“不论何人，如果从事一系列故意识别或披露间谍身份的活动，且有理由相信所述活动可能损害或妨碍合众国的对外情报活动，却向未经授权接受该等机密信息的个人披露有关该间谍的身份信息，且明知所披露信息确认了所属间谍的身份并明知合众国正在采取正面的措施隐瞒所属间谍与合众国的情报关系，应根据《美国法典》第18篇处以罚款或3年以内的监禁，或并罚处理”。《俄罗斯联邦对外情报法》对专门人才、特殊人才的职级待遇、津贴补贴等保障措施作出了详细规定，对外情报机构工作人员及其家属的社会保障由联邦法律予以保护。对外情报机构的所有基干人员都享有联邦预算提供的国家人身保险，领取相当于15年生活费用的保险金。基干人员或家属在搜集情报过程中健康受到损害时要给予补偿。如在执行侦察任务死亡时，由国家承担遗体运输费开支及安葬费，给予死者家属相当于15年生活费用的一次性补助。在解决社会生活保障问题时，家属享受优惠待遇。对外情报机构的基干人员因密码被破译或其他不取决于本人的原因而全部或部分丧失工作能力时，对外情报机构必须给他安排工作或创造工作条件，包括为其重新找工作需要负担的费用。

在我国相关法律法规中，对一些特定行业的专门人才和特殊人才保障，也作出了规定。比如，突发事件应对法第三十六条规定："国家鼓励、扶持具备相应条件的教学科研机构培养应急管理专门人才，鼓励、扶持教学科研机构和有关企业研究开发用于突发事件预防、监测、预警、应急处置与救援的新技术、新设备和新工具。"《中国人民解放军文职人员条例》第三十五条规定："对紧缺专业人员和优秀人才，工资适当从优。"

条文解读

国家安全工作特别是维护国家安全的专门工作，是对抗性、专业性、机密性极强的工作，从事这项专门工作的人员必须具备一定的专业知识和较高的专业能力。加强国家安全工作人员的专业化，提升业务能力，提高专业素质，需要建立一整套符合国家安全工作特点的队伍管理制度和职业保障体系。因此有必要从专门工作的特点出发，对国家安全专门人才和特殊人才的招录、培养和管理各个环节加强顶层设计和法律支持。本条规定了对国家安全工作专门人才和特殊人才在招录、培养和管理等方面的保障要求。其中，"专门人才"主要是指为了开展国家安全工作的需要，招录、培养、选拔、任用的具有开展有关专门工作职业素养的人才力量。"特殊人才"主要是指国家安全工作中，具备特殊能力、才能的人才力量。"招录"主要是指招考、录用、遴选，也就是专门人才和特殊人才的"进口"关。"培养"主要是指根据国家安全工作的需要，对国家安全工作人员进行培训、教育，使其具备从事相关专门、特殊工作的有关技能和素养。“管理”主要是指根据国家安全工作需要和专门人才、特殊人才的特点，对专门人才、特殊人才的任用、考核、晋升、退出、职级待遇、补贴优待等方面的综合管理措施。

根据本条要求，根据国家安全工作的特殊性，国家采取必要措施，在国家教育体系中根据国家安全工作需要设置相应专业培养专业人才，国家安全工作相关职能部门采取有别于普通公务员的特殊标准、措施招录相关国家安全工作专门人才和特殊人才人员，并根据维护国家安全的需要进行培训、培养，建立符合国家安全工作特点的队伍管理制度和措施，完善干部职级、考核、奖惩、退出等方面制度机制，以及有关工作人员履行职责遇险时的营救、安置机制等。

相关规定

《中华人民共和国突发事件应对法》第三十六条；《中国人民解放军文职人员条例》第三十五条。

第七十五条　国家安全机关、公安机关、有关军事机关开展国家安全专门工作，可以依法采取必要手段和方式，有关部门和地方应当在职责范围内提供支持和配合。

条文主旨

本条是关于专门工作手段保障的规定。

立法背景

立法明确开展国家安全专门工作可以采用必要手段和方式，

是各国通行的做法。由于国家安全直接关系到国家的政权、主权、统一和领土完整等核心利益，在国家安全工作中，搜集情报信息和防范、制止、打击危害国家安全犯罪活动等国家安全专门工作，本质上是不同国家之间的较量，具有激烈的对抗性和很强的专业性、艰巨性，工作难度大、风险高、周期长、不确定性强。往往是一方极力通过各种手段、方法掌握和了解对方的情况，而另一方则千方百计保护自己的秘密，防止对方掌握和了解。因此，各国都通过专门的机构、专门的人员，运用专门的方法和手段，开展维护国家安全的专门工作，并在法律中对国家安全专门工作可以采用的特殊手段作出专门授权性规定，保障和规范专门工作职权的行使。

条文解读

一、国家安全机关、公安机关、有关军事机关开展国家安全专门工作，可以依法采取必要手段和方式

第一，本条中“国家安全机关、公安机关、有关军事机关开展国家安全专门工作”，是指本法第四十二条规定的国家安全机关、公安机关、有关军事机关开展国家安全专门工作的职责，即，国家安全机关、公安机关依法搜集涉及国家安全的情报信息，在国家安全工作中依法行使侦查、拘留、预审和执行逮捕以及法律规定的其他职权；有关军事机关在国家安全工作中依法行使相关职权。

第二，“必要手段和方式”，既包括一般手段，也包括特殊手段。其中，“一般手段”，主要是指依法开展的一般执法活动，包括治安管理处罚法、反间谍法、反恐怖主义法、刑事诉讼法等法律赋予的行政执法和刑事执法职权，比如行政许可、行政处罚、行政强制以及刑事侦查中的搜查、讯问犯罪嫌疑人、询问证人、勘验、检查等，国家安全机关、公安机关和有关军事机关通过行使这些执法职权，及时掌握和了解开展国家安全专门工作所需要的情况和信息，有效防范、发现、制止和惩治危害国家安全的行为。“特殊手段”主要是根据维护国家安全的特殊需要，当一般手段无法实现维护国家安全的任务时，依法经过严格审批，由国家安全机关、公安机关、有关军事机关采取的特殊工作手段和方式。比如，刑事诉讼法规定的对危害国家安全案件的证人、鉴定人采取保护措施，对涉嫌危害国家安全案件的犯罪嫌疑人指定居所监视居住，采取技术侦查措施等；人民警察法规定的盘问、检查，遇有拒捕、暴乱、越狱、抢夺枪支或者其他暴力行为的紧急情况使用武器，采取技术侦察措施侦查犯罪，对严重危害社会治安秩序的突发事件根据情况实行现场管制等；反间谍法规定的优先乘坐公共交通工具、优先通行、优先使用或者依法征用、设置相关工作场所和设备设施，采取技术侦察措施侦察危害国家安全的行为，提请海关、边防等检查机关对有关人员和资料、器材免检，会同有关部门对有关公民或者其近亲属人身安全采取保护措施等；反恐怖主义法规定的要求电信业务经营者、互联网服务提供者依法提供技术接口和解密等技术支持和协助，决定恐怖活动人员和恐怖活动嫌疑人员不准出境入境、不予签发出境入境证件或者宣布其出境入境证件作废，采取技术侦察措施开展反恐怖主义情报信息工作，特定情形下组织有关部门派出工作人员赴境外开展恐怖袭击应对处置工作，经批准派员出境执行反恐怖主义任务等；集会游行示威法规定的特定情形下制止和命令解散集会、游行、示威，拒不解散的，有权采取必要措施强行驱散，并对拒不服从的人员强行带离现场或者立即予以拘留等；军事设施保护法规定的对非法进入军事禁区、军事管理区或者在陆地、水域军事禁区上空低空飞行的，对军事禁区、军事管理区非法进行摄影、摄像、录音、勘察、测量、定位、描绘和记述的，以及破坏、危害军事设施活动的，可以强制带离、立即制止信息传输等行为、扣押有关物品、清除相关障碍物、紧急情况下使用武器等。在实践当中，对于具体采用哪些手段和方式开展国家安全专门工作，要根据维护国家安全的实际情况决定，并坚持依法履职、职权法定、权责一致、严格审批，确保依法行使职权。

二、关于有关部门和地方应当在职责范围内提供支持和配合

本法第九条明确了国家安全工作要坚持专群结合原则，充分发挥专门机关和其他有关机关维护国家安全的职能作用，广泛动员公民和组织，防范、制止和依法惩治危害国家安全的行为。国家安全工作不能脱离社会环境而孤立存在，国家安全机关、公安机关、有关军事机关开展国家安全专门工作采取的各种手段和方式，特别是特殊手段和方式，往往需要有关部门和地方在其职责范围内提供支持配合。维护国家安全是全社会的共同责任，本法第十一条规定，中华人民共和国公民、一切国家机关和武装力量、各政党和各人民团体、企业事业组织和其他社会组织，都有维护国家安全的责任和义务。第三十九条、第四十条分别对中央国家机关各部门和地方维护国家安全的职责作出了规定。有关部门和地方在职责范围内为国家安全专门工作提供支持配合，是本法上述各项要求的具体化，也是维护国家安全坚持专群结合原则的突出体现。

本条在实践中，对于具体提供哪些支持和配合，要根据国家安全机关、公安机关、有关军事机关开展国家安全专门工作的具体需要来确定。比如，为协助及时掌握开展国家安全专门工作需要的有关情况，有关部门和地方应当依法向国家安全机关、公安机关、有关军事机关及时提供其履行职责中掌握的有关档案、资料、信息、数据等；为协助发现、调查、制止危害国家安全的行为，有关部门和地方应当配合国家安全机关、公安机关、有关军事机关开展有关工作，出具有关证明文件，协助对支持国家安全工作的人员及其近亲属采取保护措施，在职责范围内配合对有关机关专门从事国家安全工作人员的人身保护和安置保障，并严格保守过程中知悉的秘密事项；为开展维护国家安全专门工作的需要，有关部门和地方在涉及国家安全的电信等重大基础设施的设计、建设和运行中，应当综合考虑国家安全因素，落实与国家安全和基础设施安全需求同步规划、同步建设、同步运行的法律责任；为防范、调查恐怖活动，有关电信业务经营者、互联网服务提供者应当为公安机关、国家安全机关依法提供技术接口和解密等技术支持和协助，等等。

相关规定

《中华人民共和国刑事诉讼法》第二章第八节；《中华人民共和国人民警察法》第二章；《中华人民共和国出境入境管理法》第六章；《中华人民共和国反间谍法》第二章；《中华人民共和国反恐怖主义法》第六十一条、第六十二条；《中华人民共和国集会游行示威法》第二十七条；《中华人民共和国军事设施保护法》第五十一条；《中华人民共和国国家安全法》第九条、第十一条、第三十九条、第四十条、第四十二条。

第七十六条 **国家加强国家安全新闻宣传和舆论引导，通过多种形式开展国家安全宣传教育活动，将国家安全教育纳入国民教育体系和公务员教育培训体系，增强全民国家安全意识。**

条文主旨

本条是关于宣传教育保障的规定。

立法背景

国家安全，不怕千日无患，就怕一日不防。当前，全社会国家安全意识在一定程度上还比较淡薄，一些领导干部对国家安全风险挑战认识不足，社会公众自觉维护国家安全的意识不容乐观，支持配合有关部门开展维护国家安全工作的意识不强。为此，本法第十四条规定，每年4月15日为全民国家安全教育日。本条对开展国家安全宣传教育作了规定，有利于促进社会各方面开展国家安全教育活动，在全社会形成学法用法的良好氛围，不断提高全民的国家安全意识，提高维护国家安全的能力，形成维护国家安全的整体合力。

条文解读

一、加强国家安全新闻宣传和舆论引导

在国家安全立法过程中，一些西方国家政府、机构和组织，通过多种方式和渠道表达看法，提出疑问、批评。西方国家对我国正常立法活动说三道四，说明国家安全法对一些敌对势力形成了有效威慑。我们要保持战略定力，做好国家安全的宣传、普及和舆论引导。要坚持马克思主义新闻观，牢牢把握正确导向，提

高国家安全新闻宣传和舆论引导的及时性、权威性和公信力、影响力，发挥宣传党的主张、弘扬社会正气、通达社情民意、引导社会热点、疏导公众情绪、搞好舆论监督的重要作用，保障人民知情权、参与权、表达权、监督权。加强国家安全宣传，加强舆情分析研判，加强社会热点难点问题引导，从群众关注点入手，科学解疑释惑，有效凝聚共识。做好重大事件新闻报道，完善新闻发布制度，健全应急报道和舆论引导机制，提高时效性，增加透明度。要旗帜鲜明、理直气壮地回应国际国内各方关切。新闻宣传和舆论引导要注重解疑释惑，全面、准确、深入地宣传总体国家安全观、国家安全法的重大意义、国家安全法的特点和重点、中国特色国家安全道路和中国特色国家安全法律制度体系的特点和重点，牢牢占据舆论制高点，充分展现党和国家依法维护国家安全的决心和信心，进一步增强人民群众维护国家安全的意识，确保法律真正深入人心、发挥作用。努力争取境内外舆论的理解和支持。为全面实施营造和谐稳定的舆论氛围，为维护国家安全、协调推进“四个全面”战略布局提供有力支撑。各地党委宣传部门和中央各新闻单位要高度重视，切实组织好宣传报道和舆论引导工作，确保掌握舆论引导主导权。

二、通过多种形式开展国家安全宣传教育活动

一切国家机关和武装力量、各政党、各社会团体、各企业事业组织和其他社会组织，要切实提高思想认识，积极组织开展本部门、本单位以及面向社会的国家安全宣传教育。认真学习国家安全法，增强国家安全意识和法治意识。

要把国家安全宣传教育活动与学习贯彻党的十八大和十八届历次全会精神紧密结合起来，与学习贯彻总体国家安全观紧密结合起来，要深刻领会制定国家安全法的重要意义，全面把握国家安全法的基本要义。广大党员特别是党的领导干部要带头学法、尊法、守法、用法，以维护国家安全为己任，切实履行职责，维护国家安全。要加强对全民的国家安全教育，开展多种形式的国家安全宣传教育活动。一是推动国家安全教育进学校、进企业、进单位、进乡村、进社区，不断增强针对性和实效性。通过开辟宣传栏、组织文化活动等群众喜闻乐见的形式，开展宣传教育活动。二是借助现代媒体传播速度快、信息量大、覆盖面广的优势，开展宣传教育，引导广大人民群众正确认识国家安全形势，增强维护国家安全的积极性和自觉性。三是各级教育主管部门和公务员主管部门要将国家安全教育纳入国民教育体系和公务员教育培训体系，特别要注重从学校抓起，让国家安全知识进教材、进课堂，培养青少年报效祖国志向。四是在每年 4 月 15 日的全民国家安全教育日，大力开展适合本地情况的形式多样的国家安全教育宣传活动，形成宣传教育的高潮。

三、将国家安全教育纳入国民教育体系和公务员教育培训体系

国民教育体系，是指由正规学校教育的国家基本教育制度和体系，一般包括学前教育、小学教育、初中教育、高中教育和高等教育等层级，类型分为普通教育和职业教育。百年大计，教育为本。教育是民族振兴、社会进步的基石，是提高国民素质、促进人的全面发展的根本途径。为了提高全民的国家安全意识，使全社会树立国家安全风险挑战的正确认识，提高社会公众自觉维护国家安全和支持配合有关部门开展维护国家安全工作的意识，有必要将国家安全教育纳入国民教育体系，在各阶段的教育过程中，纳入国家安全教育内容。

本法第四十三条规定：“国家机关及其工作人员在履行职责

时，应当贯彻维护国家安全的原则。”“国家机关及其工作人员在国家安全工作和涉及国家安全活动中，应当严格依法履行职责，不得超越职权、滥用职权，不得侵犯个人和组织的合法权益。”为了在履行职责过程中，更好地贯彻维护国家安全的原则，建设高素质的公务员队伍，有必要对公务员进行国家安全教育培训，将国家安全教育纳入公务员教育培训体系。按照有关要求，公务员培训的对象是全体公务员。机关根据公务员工作和职业发展需要安排公务员参加相应的培训，分为初任培训、任职培训、专门业务培训和在职培训。担任县处级以上领导职务的公务员每5年应当参加党校、行政学院、干部学院或经厅局级以上单位组织（人事）部门认可的其他培训机构累计3个月以上的培训。其他公务员参加脱产培训的时间一般每年累计不少于12天。在公务员各类培训中，融入国家安全教育，有利于提高公务员的履职能力，自觉贯彻维护国家安全的原则。

相关规定

《中华人民共和国国防教育法》有关条文；《中华人民共和国公务员法》第十章；《中华人民共和国国家安全法》第十四条、第四十三条。

第六章 公民、组织的义务和权利

第七十七条 公民和组织应当履行下列维护国家安全的义务：

（一）遵守宪法、法律法规关于国家安全的有关规定；

（二）及时报告危害国家安全活动的线索；

（三）如实提供所知悉的涉及危害国家安全活动的证据；

（四）为国家安全工作提供便利条件或者其他协助；

（五）向国家安全机关、公安机关和有关军事机关提供必要的支持和协助；

（六）保守所知悉的国家秘密；

（七）法律、行政法规规定的其他义务。

任何个人和组织不得有危害国家安全的行为，不得向危害国家安全的个人或者组织提供任何资助或者协助。

条文主旨

本条是关于公民和组织维护国家安全义务的规定。

立法背景

我国宪法第五十四条、第五十五条规定，中华人民共和国公民有维护祖国的安全、荣誉和利益的义务，不得有危害祖国的安全、荣誉和利益的行为。保卫祖国、抵抗侵略是中华人民共和国每一个公民的神圣职责。国家安全法第十一条进一步规定“中华人民共和国公民、一切国家机关和武装力量、各政党和各人民团体、企业事业组织和其他社会组织，都有维护国家安全的责任和义务”；“中国的主权和领土完整不容侵犯和分割。维护国家主权、统一和领土完整是包括港澳同胞和台湾同胞在内的全中国人民的共同义务”。国家安全关乎国家核心利益，在国家安全工作中，应当重点强调公民和组织维护国家安全的义务和责任。

条文解读

本条第一款详细规定了公民和组织在维护国家安全方面应当履行的必须主动做出一定行为的七项积极义务，第二款规定了个人和组织在维护国家安全方面必须遵循的两项禁止性义务。

一是遵守宪法、法律法规关于国家安全的有关规定。公民和组织要履行该项义务，必须积极主动地从事下列活动：首先，必须对宪法、法律法规关于国家安全的有关规定内容有比较全面和系统的了解，才能在准确理解宪法、法律法规关于国家安全的有关规定内容含义基础上，自觉地遵守宪法、法律法规关于国家安全的有关规定；其次，公民和组织要充分了解和准确地理解宪法、法律法规关于国家安全的有关规定内容，除了可以通过自学方式掌握相关法律规定的精神之外，还应当参加由党政机关、专门的普法机构以及单位、社区、学校等组织的学习宣传教育活动，来提高自身对有关规定的立法宗旨和立法意义的认识，增强遵守宪法、法律法规的自觉性；最后，公民和组织遵守宪法、法律法规关于国家安全的有关规定最核心的要求是遵守各项规定，履行维护国家安全的义务。

二是及时报告危害国家安全活动的线索。危害国家安全活动表现在每一个领域，渗透到日常生活的方方面面，往往有一定的隐蔽性，专门的国家安全机构必须依靠社会公众提供的线索来及时跟踪、调查和发现危害国家安全活动的线索，才能达到事半功倍的效果。公民和组织应当积极主动及时地报告危害国家安全活动的线索，增强专门的国家安全机关侦查危害国家安全活动的能力。如反间谍法第二十一条规定，公民和组织发现间谍行为，应当及时向国家安全机关报告。

三是如实提供所知悉的涉及危害国家安全活动的证据。公民和组织如实提供所知悉的涉及危害国家安全活动的证据，可以帮助专门的国家安全机构及时和有效地侦破危害国家安全活动的案件，为检察机关依法提起公诉提供充分的事实根据，并为法院作出正确的判决、及时和有效地依法惩治危害国家安全活动提供可靠的定罪量刑依据。公民和组织履行本项义务的重点注意事项有三个方面：第一，要“如实”，只有实事求是地提供实情，才能保证专门的国家机构处理危害国家安全活动案件时作出正确判断；第二，提供涉及危害国家安全活动的证据应当是其“知悉”的，不是道听途说或者是通过间接传闻渠道获得的，这样可以保证专门的国家机构处理相关证据时避免浪费时间和精力，保证办案质量和效率；第三，应当提供的“证据”是涉及危害国家安全活动的，“证据”本身应当符合法律法规所规定的证据特征。如反间谍法第二十二条规定，在国家安全机关调查了解有关间谍行为的情况、收集有关证据时，有关组织和个人应当如实提供，不得拒绝。

四是为国家安全工作提供便利条件或者其他协助。本法第十一条第一款规定："中华人民共和国公民、一切国家机关和武装力量、各政党和各人民团体、企业事业组织和其他社会组织，都有维护国家安全的责任和义务。"因此，维护国家安全不仅仅是本法所规定的各类专门的国家安全机关的职责，也是公民和组织的法律义务。这就要求公民和组织应当积极配合专门的国家安全机构有效地开展各项维护国家安全工作，为国家安全工作提供便利条件或者其他协助。本项所规定的"为国家安全工作提供便利条件"既包括允许执行国家安全任务的机构和人员进入特定场所、使用特定工具、查阅必要材料，也包括拆除各种妨碍国家安全工作的设施设备、停止影响国家安全工作的行为、暂时中断与外界的联系等。本项所规定的"其他协助"范围很广，涉及人力物力财力等多方面的协助，必要时包括直接参与某些特定的国家安全工作。

五是向国家安全机关、公安机关和有关军事机关提供必要的支持和协助。该项义务与本条第一款第四项规定的公民和组织有"为国家安全工作提供便利条件或者其他协助"的法律义务区别在于，本条第一款第四项规定的公民和组织有"为国家安全工作提供便利条件或者其他协助"的法律义务是面向所有国家安全工作而言的，本项规定的公民和组织有"向国家安全机关、公安机关和有关军事机关提供必要的支持和协助"的法律义务是一项特定义务，根据本项规定，公民和组织有直接配合和协助"国家安全机关、公安机关和有关军事机关"这些本法规定的专门国家安全机构开展国家安全工作的义务，这些义务表现为"国家安全机关、公安机关和有关军事机关"依法赋予公民和组织的特定任务，接受这些特定任务的公民和组织必须认真履行，公民所在的单位以及有关组织的上级领导机关应当无条件给予支持。如反恐怖主义法第十八条规定，电信业务经营者、互联网服务提供者应当为公安机关、国家安全机关依法进行防范、调查恐怖活动提供技术接口和解密等技术支持和协助。

六是保守所知悉的国家秘密。保守国家秘密是宪法、法律所规定的公民的基本义务。保守国家秘密法第三条第二款明确规定：“一切国家机关、武装力量、政党、社会团体、企业事业单位和公民都有保守国家秘密的义务。”保守国家秘密与维护国家安全密切相关，本项规定强调了公民和组织在维护国家安全方面必须“保守所知悉的国家秘密”，这是对公民和组织有保守国家秘密义务的具体要求。

七是法律、行政法规规定的其他义务。这是对本法第十一条第一款所规定的任何个人和组织“都有维护国家安全的责任和义务”要求的呼应性规定，强调了公民和组织在维护国家安全方面具有广泛的法律义务，必须以高度的责任心来认真履行各项维护国家安全的法律义务。

本条第二款规定了个人和组织在维护国家安全方面必须遵循的两项禁止性义务。禁止性义务的法律特征是公民和组织“不得”做某个行为。一是不得有危害国家安全的行为；二是不得向危害国家安全的个人或者组织提供任何资助或者协助。为确保公民和组织严格遵守上述“不得”做某个行为的两项禁止性义务，本法第十三条第二款明确规定：“任何个人和组织违反本法和有关法律，不履行维护国家安全义务或者从事危害国家安全活动的，依法追究法律责任。”上述规定将公民和组织在维护国家安全方面的“义务”与“责任”紧密结合在一起，通过设定法律责任来保障公民和组织自觉地履行本条所规定的各项义务。

相关规定

《中华人民共和国宪法》第五十四条、第五十五条；《中华人民共和国国家安全法》第十一条、第十三条；《中华人民共和国反间谍法》第十八条、第二十一条、第二十二条；《中华人民共和国保守国家秘密法》第三条；《中华人民共和国反恐怖主义法》第十八条。

第七十八条　机关、人民团体、企业事业组织和其他社会组织应当对本单位的人员进行维护国家安全的教育，动员、组织本单位的人员防范、制止危害国家安全的行为。

条文主旨

本条是关于单位对本单位的人员进行国家安全教育及防范、制止危害国家安全行为的规定。

立法背景

1993 年国家安全法第十五条规定："机关、团体和其他组织应当对本单位的人员进行维护国家安全的教育，动员、组织本单位的人员防范、制止危害国家安全的行为。"反间谍法第十九条规定："机关、团体和其他组织应当对本单位的人员进行维护国家安全的教育，动员、组织本单位的人员防范、制止间谍行为。"这条规定是对以往规定的继承和重申。

条文解读

本条规定“单位”的法律义务包括两个方面：一是应当对“本单位的人员”进行维护国家安全的教育，也就是说，对单位人员进行国家安全教育的义务应当由“本单位”来承担；二是“单位”还应当承担动员、组织“本单位的人员”防范、制止危害国家安全的行为。

“本单位的人员”的法律义务包括两个方面：一是积极义务，即应当按照本单位的组织、要求进行“防范、制止危害国家安全的行为”。二是消极义务，一方面必须无条件地接受本单位所组织的国家安全教育，自觉地学习、领会和掌握国家安全方面的知识和技能；另一方面，在单位进行“动员、组织本单位的人员防范、制止危害国家安全的行为”工作时，必须主动参与，不得无故推辞。

为了提高“单位”在组织“本单位的人员”进行国家安全教育工作以及动员、组织“本单位的人员”防范、制止危害国家安全行为的工作效率和实际效果，“单位”在履行法律规定的义务时，应当接受本法规定的专门国家安全机构的协调和指导。“单位”还可以建立必要的考核奖惩制度，将“本单位的人员”履行本条所规定的法律义务的情况纳入单位绩效奖惩考核制度体系。

与1993年国家安全法、反间谍法中相关规定不同的是，本法对“单位”的内涵和外延做了进一步扩充，由“机关、团体和其他组织”拓展为“机关、人民团体、企业事业组织和其他社会组织”，强调了“人民团体”“企业事业组织”在履行本法所规定的“单位”义务中应当发挥的重要作用。

相关规定

《中华人民共和国反间谍法》第十九条。

第七十九条　企业事业组织根据国家安全工作的要求，应当配合有关部门采取相关安全措施。

条文主旨

本条是关于企业事业组织配合有关部门采取相关安全措施义务的规定。

立法背景

本法第十一条第一款规定："中华人民共和国公民、一切国家机关和武装力量、各政党和各人民团体、企业事业组织和其他社会组织，都有维护国家安全的责任和义务。"本条是根据国家安全工作的特点，对企业事业组织提出的一项维护国家安全的特定义务。该项法律义务的主要内容就是要求企业事业组织"根据国家安全工作的要求"，应当积极配合"有关部门"采取相关"安全措施"。

条文解读

本法多个条文与本条规定"根据国家安全工作的要求""有关部门""安全措施"的含义具有紧密的联系。

如本法第二十五条规定："国家建设网络与信息安全保障体系，提升网络与信息安全保护能力，加强网络和信息技术的创新研究和开发应用，实现网络和信息核心技术、关键基础设施和重要领域信息系统及数据的安全可控；加强网络管理，防范、制止和依法惩治网络攻击、网络入侵、网络窃密、散布违法有害信息等网络违法犯罪行为，维护国家网络空间主权、安全和发展利益。”根据上述规定，“国家建设网络与信息安全保障体系，提升网络与信息安全保护能力”必然需要企业事业单位与政府和专门的国家安全机构相互配合、紧密合作。

首先，一般企业事业单位必须配合专门的国家安全机构对企业事业单位所建设的网络与信息安全保障系统采取必要的安全措施，防止出现安全隐患和风险，危害国家安全。本法第五十三条和第五十九条的规定都涉及本条规定的企业事业组织的相关义务。第五十三条规定：“开展情报信息工作，应当充分运用现代科学技术手段，加强对情报信息的鉴别、筛选、综合和研判分析。”第五十九条规定：“国家建立国家安全审查和监管的制度和机制，对影响或者可能影响国家安全的外商投资、特定物项和关键技术、网络信息技术产品和服务、涉及国家安全事项的建设项目，以及其他重大事项和活动，进行国家安全审查，有效预防和化解国家安全风险。”

其次，与网络与信息安全保障相关的特殊企业事业单位更是负有在网络与信息安全保障体系建设方面与专门的国家安全机构配合、合作的特殊义务，旨在保证专门的国家安全机构具备保护网络与信息安全的整体能力。本法第七十三条和第七十五条的相关规定与此项特殊义务具有紧密联系。第七十三条规定：“鼓励国家安全领域科技创新，发挥科技在维护国家安全中的作用。”第七十五条规定：“国家安全机关、公安机关、有关军事机关开展国家安全专门工作，可以依法采取必要手段和方式，有关部门和地方应当在职责范围内提供支持和配合。”

最后，为了保证本条所规定的企业事业组织“根据国家安全工作的要求”，积极配合“有关部门”采取相关“安全措施”的法律义务能够在实际工作中得到有效履行，本法还通过其他条文来促进和保障本条所规定的企业事业组织的相关法律义务的履行。第十一条第一款规定：“中华人民共和国公民、一切国家机关和武装力量、各政党和各人民团体、企业事业组织和其他社会组织，都有维护国家安全的责任和义务。”上述规定把“维护国家安全”作为“企业事业组织”的一般性义务，故“企业事业组织”在“根据国家安全工作的要求”，应当积极配合“有关部门”采取相关“安全措施”方面应当是无条件的。此外，第十二条又规定：“国家对在维护国家安全工作中作出突出贡献的个人和组织给予表彰和奖励。”该条规定又为企业事业组织“根据国家安全工作的要求”，应当积极配合“有关部门”采取相关“安全措施”法律义务的履行提供了一种法律上的激励机制，有助于调动企业事业组织履行此项法律义务的主动性和积极性。

为落实这一规定，反恐怖主义法第三章专章规定了安全防范，其中第十九条规定，电信业务经营者、互联网服务提供者应当依照法律、行政法规规定，落实网络安全、信息内容监管制度和安全技术防范措施，防止含有恐怖主义、极端主义内容的信息传播；发现含有恐怖主义、极端主义内容信息的，应当立即停止传输，保存相关记录，删除相关信息，并向公安机关或者有关部门报告。第二十条规定，铁路、公路、水上、航空的货运和邮政、快递等物流运营单位应当实行安全查验制度，对客户身份进行查验，依照规定对运输、寄递物品进行安全检查或者开封验视。对禁止运输、寄递，存在重大安全隐患，或者客户拒绝安全查验的物品，不得运输、寄递。第二十一条规定，电信、互联网、金融、住宿、长途客运、机动车租赁等业务经营者、服务提供者，应当对客户身份进行查验。对身份不明或者拒绝身份查验的，不得提供服务，等等。

相关规定

《中华人民共和国国家安全法》第十一条、第十二条、第二十五条、第五十三条、第五十九条、第七十三条、第七十五条；《中华人民共和国反恐怖主义法》第三章。

第八十条　公民和组织支持、协助国家安全工作的行为受法律保护。

因支持、协助国家安全工作，本人或者其近亲属的人身安全面临危险的，可以向公安机关、国家安全机关请求予以保护。公安机关、国家安全机关应当会同有关部门依法采取保护措施。

条文主旨

本条是关于公民和组织支持、协助国家安全工作受法律保护的规定。

立法背景

对支持、协助国家安全工作的人员采取人身安全保护是各国通行的做法。从世界各国立法实践看，很多国家都在法律中明确国家对支持、协助国家安全工作的人员负有保护责任，并明确有关保护措施，以便充分调动全民维护国家安全的积极性。比如，美国《中央情报局条例》规定，为了国家安全利益或由于国家情报使命，中央情报局有权决定特殊的外国人及其直系亲属进入美国永久居住，而不考虑移民法或者其他法律限制。美国《情报人员身份保护法》规定，美国政府保护从事机密情报工作的官员、行为人、提供情报人员和提供消息来源人员的人身安全。俄罗斯《联邦对外情报法》规定，为了保护向俄罗斯联邦对外情报机关提供或曾经提供过秘密协助的人员和家属的安全，在不违反俄罗斯联邦法律和不侵犯他人合法权益的情况下，可以采取保护性措施。对因情报活动在境外被监禁、逮捕或判刑的情报工作人员及其家人，国家有义务无条件全力解救。秘密协助或协助过对外情报机构的非俄罗斯公民，可以申请取得俄罗斯联邦公民的资格。已经取得公民资格的人，同对外情报机构合作的时间计入工龄，执行与对外情报机构工作人员相同的补助金、获得境外营救等社会保障。俄罗斯《联邦安全总局条例》规定，俄罗斯联邦安全总局在职权范围内，参与解决对有关人员给予或取消俄罗斯联邦国籍、俄罗斯联邦公民出境、外国公民和无国籍者入境、为其办理在俄罗斯联邦暂住许可和居留证、给予其在俄罗斯联邦政治避难和在俄联邦境内居住权的有关事项。

条文解读

一、公民和组织支持、协助国家安全工作的行为受法律保护

我国是人民当家作主的社会主义国家。维护国家安全要坚持一切为了人民、一切依靠人民。开展国家安全工作，不仅要靠国家机关依法履行职责，也要充分发挥全社会维护国家安全的积极性，鼓励和保护公民和组织对国家安全工作给予必要的支持和协助。具体来说，本条规定的“公民和组织支持、协助国家安全工作”，主要包括两大类情形：

一是根据本法规定，履行支持、协助国家安全的义务。包括及时报告危害国家安全活动的线索，如实提供所知悉的涉及危害国家安全活动的证据，为国家安全工作提供便利条件或者其他协助，向国家安全机关、公安机关和有关军事机关提供有关数据信息、技术支持和协助，以及对国家安全专门工作依法采取必要手段和方式的支持配合等。

二是根据其他法律规定，履行支持、协助国家安全的义务。比如，根据人民警察法，对人民警察依法执行职务给予支持和协助；根据反间谍法，为反间谍工作提供便利或者其他协助，及时向国家安全机关报告间谍行为，如实提供有关间谍行为的情况、证据等；根据人民武装警察法，对人民武装警察部队执行安全保卫任务给予必要的支持和协助；根据国防动员法，接受依法征用用于社会生产、服务和生活的设施、设备、场所、物资等民用资源；根据反恐怖主义法，协助、配合有关部门开展反恐怖主义工作，发现恐怖活动嫌疑或者恐怖活动嫌疑人员时及时向公安机关或者有关部门报告；等等。

二、公安机关、国家安全机关会同有关部门依法对有关人员采取保护措施

本条第二款规定了公民向公安机关、国家安全机关请求予以保护和公安机关、国家安全机关会同有关部门采取保护措施的要求。

第一，公民因支持、协助国家安全工作，本人或者其近亲属的人身安全面临危险的，可以向公安机关、国家安全机关请求予以保护。对支持、协助国家安全工作的公民予以人身保护，不仅体现了一切为了人民、一切依靠人民，而且体现了维护国家安全坚持尊重和保障人权的原则，体现了公民在维护国家安全中权利和义务的一致性，有利于保护公民支持、协助国家安全工作的积极性，构筑坚不可摧的人民防线，形成全社会共同维护国家安全的良好局面。本条第二款中的“人身安全面临危险”，主要是指公民或者其近亲属因支持、协助国家安全工作，面临被胁迫、被威胁，或者面临打击报复，或者在境外人身自由和基本权利受到威胁等现实的危险。关于近亲属的范围，按照刑事诉讼法第一百零六条规定，是指夫、妻、父、母、子、女、同胞兄弟姊妹。维护国家安全的过程中，有些工作政治性、对抗性很强，特别是危害国家安全的犯罪往往性质恶劣、组织性强，公民支持、协助国家安全工作，往往成为发现、防范、制止和惩治危害国家安全活动的重要渠道和突破口，公民本人及其近亲属，容易成为有关敌对势力、敌对分子威胁、恐吓、打击报复的对象，人身安全处于危险状态。有关公民支持、协助国家安全工作，发现本人或近亲属的人身安全面临威胁时，要及时采取自我保护和避险措施，并及时向公安机关、国家安全机关请求予以保护。

第二，公安机关、国家安全机关应当会同有关部门依法采取保护措施。公民依法向公安机关、国家安全机关请求对其或其近亲属的人身安全予以保护的，公安机关、国家安全机关要迅速开展审查甄别，根据公民人身安全现实危险的实际情况，具体掌握是否有必要采取特别保护措施、采取哪些特别保护措施，符合法律规定应予保护的，要及时采取一项或多项保护措施。具体的保护措施，一般包括：一是在国家安全工作中，不公开有关公民的真实姓名、住址和工作单位等个人信息，对这些个人信息采取适当的保密措施，包括在有关工作记录、法律文书中使用化名以替代有关公民真实的个人信息等。使用化名替代的，要对载有有关公民真实身份信息的材料标明密级，严格保密，妥善管理。二是有关公民需要作为证人出庭作证的，要采取不暴露其外貌、真实声音的相关技术措施，使有关公民的外貌、声音等不暴露给被告人和旁听人员等。三是根据具体情况，确有必要时，对有关公民采取一定的人身安全保护措施，禁止可能对其实施打击报复的特定人员在一定期间、一定范围内接触有关公民。四是视情对有关公民的人身和住宅采取专门性保护措施，保护人身和住宅的安全。五是在极特殊的情况下，根据国家安全工作需要，可以为有关公民更换住宅、姓名等。六是根据公民面临人身安全危险的实际程度、具体情况和有关客观条件，采取其他必要的保护措施。

此外，对于反恐怖等比较特殊的领域，有关法律专门明确了具体的保护措施。反恐怖主义法不仅明确了对个人的保护措施，同时明确了对单位的保护措施，规定因报告和制止恐怖活动，在恐怖活动犯罪案件中作证，或者从事反恐怖主义工作，本人或者其近亲属的人身安全面临危险的，经本人或者其近亲属提出申请，公安机关、有关部门应当采取下列一项或者多项保护措施：一是不公开真实姓名、住址和工作单位等个人信息；二是禁止特定的人接触被保护人员；三是对人身和住宅采取专门性保护措施；四是变更被保护人员的姓名，重新安排住所和工作单位；五是其他必要的保护措施。同时规定，公安机关、有关部门应当采取不公开被保护单位的真实名称、地址，禁止特定的人接近被保护单位，对被保护单位办公、经营场所采取专门性保护措施，以及其他必要的保护措施。

考虑到公安机关、国家安全机关对符合本条规定的公民依法采取保护措施，具体情况千差万别，比较复杂，有时需要动用国家资源和力量，需要其他有关部门给予支持配合，本条规定，公安机关、国家安全机关应当会同有关部门，依法采取保护措施。公安机关、国家安全机关要根据维护国家安全和保护公民人身安全不受威胁的需要和实际情况，明确需要有关部门予以支持配合的事项，有关部门应当在本部门职责范围内，积极予以支持配合，共同落实保障相关公民人身安全的具体措施。

相关规定

《中华人民共和国人民警察法》第三十四条；《中华人民共和国反间谍法》第二十条；《中华人民共和国人民武装警察法》第二十四条；《中华人民共和国国防动员法》第五十五条；《中华人民共和国反恐怖主义法》第九条、第七十六条；《中华人民共和国刑事诉讼法》第一百零六条。

第八十一条　公民和组织因支持、协助国家安全工作导致财产损失的，按照国家有关规定给予补偿；造成人身伤害或者死亡的，按照国家有关规定给予抚恤优待。

条文主旨

本条是关于补偿和抚恤优待的规定。

立法背景

本条规定，目的是对个人和组织积极履行维护国家安全义务的行为给予法律上的有效保障。本条分两个层次规定了积极履行维护国家安全义务的行为应当得到法律上有效保障的措施：一是对经济损失给予相应补偿，这体现了我国宪法规定的对公民合法私有财产保护的原则；二是对人身伤害或死亡，给予抚恤优待，这体现了法律上的公平和公正待遇原则，也是宪法规定的公民获得物质帮助权的体现。

条文解读

一、公民和组织因支持、协助国家安全工作导致财产损失的，按照国家有关规定给予补偿

我国宪法第十三条规定，公民的合法的私有财产不受侵犯。在现代国家，财产权是公民享有的一项基本权利。财产权与其他公民基本权利相比，更具有基础性。这是因为，财产是公民实现个人自治、保持个人尊严以及实现自身发展的必要条件。没有财产权，或者财产得不到保护，个人就很容易受制于他人，处于服从、被强制状态，很难保持独立的人格和尊严。可以说，财产权是其他一切自由和权利的物质基础。各国宪法都将财产权的保护作为一项基本原则。但是同时，宪法也规定国家为了公共利益的需要，可以依照法律规定对公民的私有财产实行征收或者征用并给予补偿。征收和征用是两个不同的法律概念，征收是指为了公共利益需要，国家将私人所有的财产强制地征归国有；征用是指为了公共利益需要而强制性地使用公民的私有财产。从国家机关的角度，对公民的私有财产实行征收和征用，应当遵循三个原则：第一，公共利益原则。公共利益通常是指全体社会成员的共同利益和社会的整体利益，要同商业利益相区别，同部门、单位和小集体的利益相区别。第二，依照法定程序原则。征收、征用在一定程度上限制了公民的私有财产权，为了防止这种手段的滥用，平衡私有财产保护和公共利益需要的关系，征收征用必须严格依照法律规定的程序进行。第三，依法给予补偿原则。尽管征收和征用是为了公共利益的需要，但都不能采取无偿剥夺的方式，必须依法给予补偿。

本条是从公民权利的角度出发，进一步明确规定了公民和组织因支持、协助国家安全工作导致财产损失的，有按照国家有关规定获得补偿的权利。涉及国家许多领域的其他法律，也都作了相关具体规定。例如，国防动员法第五十八条规定："被征用的民用资源使用完毕，县级以上地方人民政府应当及时组织返还；经过改造的，应当恢复原使用功能后返还；不能修复或者灭失的，以及因征用造成直接经济损失的，按照国家有关规定给予补偿。"人民武装警察法第十三条规定："人民武装警察部队因执行安全保卫任务的需要，在特别紧急情况下，经现场最高指挥员出示人民武装警察证件，可以临时使用有关单位或者个人的设备、设施、场地、交通工具以及其他物资，使用后应当及时返还，并支付适当费用；造成损失的，按照国家有关规定给予补偿。"传染病防治法第四十五条规定："传染病暴发、流行时，根据传染病疫情控制的需要，国务院有权在全国范围或者跨省、自治区、直辖市范围内，县级以上地方人民政府有权在本行政区域内紧急调集人员或者调用储备物资，临时征用房屋、交通工具以及相关设施、设备。""紧急调集人员的，应当按照规定给予合理报酬。临时征用房屋、交通工具以及相关设施、设备的，应当依法给予补偿；能返还的，应当及时返还。"反间谍法第十一条第二款规定："国家安全机关因反间谍工作需要，按照国家有关规定，可以优先使用或者依法征用机关、团体、企业事业组织和个人的交通工具、通信工具、场地和建筑物，必要时，可以设置相关工作场所和设备、设施，任务完成后应当及时归还或者恢复原状，并依照规定支付相应费用；造成损失的，应当补偿。"反恐怖主义法第七十八条规定："公安机关、国家安全机关、中国人民解放军、中国人民武装警察部队因履行反恐怖主义职责的紧急需要，根据国家有关规定，可以征用单位和个人的财产。任务完成后应当及时归还或者恢复原状，并依照规定支付相应费用；造成损失的，应当补偿。”“因开展反恐怖主义工作对有关单位和个人的合法权益造成损害的，应当依法给予赔偿、补偿。有关单位和个人有权依法请求赔偿、补偿。”

二、公民和组织因支持、协助国家安全工作造成人身伤害或者死亡的，按照国家有关规定给予抚恤优待

对于从事国家安全相关工作的国家机关工作人员和军人的抚恤优待，我国法律作了明确规定。例如，人民警察法第四十一条规定，人民警察因公致残的，与因公致残的现役军人享受国家同样的抚恤和优待。人民警察因公牺牲或者病故的，其家属与因公牺牲或者病故的现役军人家属享受国家同样的抚恤和优待。公务员法第七十七条第二款规定，公务员因公致残的，享受国家规定的伤残待遇。公务员因公牺牲、因公死亡或者病故的，其亲属享受国家规定的抚恤和优待。国防法规定，国家和社会抚恤优待残疾军人，对残疾军人的生活和医疗依法给予特别保障。国家和社会优待现役军人家属，抚恤优待烈士家属和因公牺牲、病故军人的家属，在就业、住房、义务教育等方面给予照顾。民兵、预备役人员和其他人员依法参加军事训练，担负战备勤务、防卫作战任务时，应当履行自己的职责和义务；国家和社会保障其享有相应的待遇，按照有关规定对其实行抚恤优待。人民武装警察法第二十二条规定，人民武装警察因执行任务伤亡的，按照国家有关军人抚恤优待的规定给予抚恤优待。《人民警察抚恤优待办法》对于公安机关（含铁路、交通、民航、森林公安机关和海关缉私部门）、国家安全机关、司法行政机关的人民警察和人民法院、人民检察院的司法警察的抚恤优待进一步作了具体规定。《军人抚恤优待条例》对于中国人民解放军现役军人、服现役或者退出现役的残疾军人以及复员军人、退伍军人、烈士遗属、因公牺牲军人遗属、病故军人遗属、现役军人家属的抚恤优待作了具体规定。因参战伤亡的民兵、民工的抚恤，因参加军事演习、军事训练和执行军事勤务伤亡的预备役人员、民兵、民工以及其他人员的抚恤，参照《军人抚恤优待条例》的有关规定办理。

除了上述人员以外，涉及国家安全某些领域的法律也对一般公民因支持、协助相关工作造成人身伤害或者死亡的抚恤优待作了规定。例如，人民警察法第三十四条第二款规定，公民和组织因协助人民警察执行职务，造成人身伤亡或者财产损失的，应当按照国家有关规定给予抚恤或者补偿。人民武装警察法第二十五条规定，公民、法人和其他组织协助人民武装警察部队执行任务造成人身伤亡和财产损失的，按照国家有关规定给予抚恤优待和补偿。国防动员法第五十三条规定，担负国防勤务的人员因执行国防勤务伤亡的，由当地县级人民政府依照《军人抚恤优待条例》等有关规定给予抚恤优待。突发事件应对法第六十一条规定，县级以上人民政府对在应急救援工作中伤亡的人员依法给予抚恤。消防法第五十条规定，对因参加扑救火灾或者应急救援受伤、致残或者死亡的人员，按照国家有关规定给予医疗、抚恤。

上述法律规定主要都是针对某一个特定的国家安全领域的情形。本条进一步明确，只要是公民和组织因支持、协助国家安全工作造成人身伤害或者死亡的，都应当按照国家有关规定给予抚恤优待。《伤残抚恤管理办法》第二条规定，为维护社会治安同违法犯罪分子进行斗争致残的人员；为抢救和保护国家财产、人民生命财产致残的人员；法律、行政法规规定应当由退役军人事务部门负责伤残抚恤的其他人员，都依据《伤残抚恤管理办法》进行抚恤。伤残人员从被批准残疾等级评定后的第二个月起，由发给其伤残证件的县级人民政府民政部门按照规定予以抚恤。根据个人所得税法规定，抚恤金免交个人所得税。

此外，根据《烈士褒扬条例》，公民牺牲符合下列情形之一的，评定为烈士：(1) 在依法查处违法犯罪行为、执行国家安全工作任务、执行反恐怖任务和处置突发事件中牺牲的；(2) 抢险救灾或者其他为了抢救、保护国家财产、集体财产、公民生命财产牺牲的；(3) 在执行外交任务或者国家派遣的对外援助、维持国际和平任务中牺牲的；(4) 在执行武器装备科研试验任务中牺牲的；(5) 其他牺牲情节特别突出，堪为楷模的。公民被评定为烈士的，依照条例的规定予以褒扬。烈士的遗属，依照条例的规定享受抚恤优待。按照《烈士褒扬条例》，国家给烈士遗属发给一次性的烈士褒扬金。符合条件的遗属还可以按月领取定期抚恤金。烈士遗属享受相应的医疗优惠待遇。烈士的子女符合公务员考录条件的，在同等条件下优先录用为公务员。烈士子女接受学前教育和义务教育的，应当按照国家有关规定予以优待；在公办幼儿园接受学前教育的，免交保教费。烈士子女报考普通高中、中等职业学校、高等学校研究生的，在同等条件下优先录取；报考高等学校本、专科的，可以按照国家有关规定降低分数要求投档；在公办学校就读的，免交学费、杂费，并享受国家规定的各项助学政策。烈士遗属符合就业条件的，由当地人民政府人力资源社会保障部门优先提供就业服务。烈士遗属已经就业，用人单位经济性裁员时，应当优先留用。烈士遗属从事个体经营的，工商、税务等部门应当优先办理证照，烈士遗属在经营期间享受国家和当地人民政府规定的优惠政策。符合住房保障条件的烈士遗属承租廉租住房、购买经济适用住房的，县级以上地方人民政府有关部门应当给予优先、优惠照顾。家住农村的烈士遗属住房有困难的，由当地人民政府帮助解决。

相关规定

《中华人民共和国宪法》第十三条；《中华人民共和国国防动员法》第五十三条、第五十八条；《中华人民共和国反间谍法》第十一条；《中华人民共和国反恐怖主义法》第七十八条；《中华人民共和国人民警察法》第三十四条、第四十一条；《中华人民共和国人民武装警察法》第十三条、第二十二条、第二十五条；《中华人民共和国公务员法》第七十七条；《中华人民共和国突发事件应对法》第六十一条；《中华人民共和国传染病防治法》第四十五条；《中华人民共和国消防法》第五十条；《中华人民共和国国防法》第五十八条、第六十五条、第六十六条；《烈士褒扬条例》；《军人抚恤优待条例》；《伤残抚恤管理办法》。

第八十二条　公民和组织对国家安全工作有向国家机关提出批评建议的权利，对国家机关及其工作人员在国家安全工作中的违法失职行为有提出申诉、控告和检举的权利。

条文主旨

本条是关于公民和组织的批评建议权以及申诉、控告和检举权的规定。

立法背景

在我国，国家的一切权力属于人民。人民可以用直接民主的方式，自己直接行使当家作主的权利，但主要还是通过间接民主的方式，选举自己的代表组成各级国家政权机关，代表人民行使当家作主的权力。对于人民群众个人直接行使权力，就不存在自己监督自己的问题。但是，对于人民通过选举产生各级国家机关及其工作人员，代表人民行使权力，就存在一个接受人民监督的问题。在国家机构及其工作人员代表人民行使权力的过程中，人民可以通过各种途径和形式对他们实行监督，以保证各级国家机关及其工作人员不折不扣地代表人民行使权力，全心全意为人民服务。本条规定的公民和组织的批评建议权以及申诉、控告和检举权就是就国家安全工作对国家机关及其工作人员的监督权利。

条文解读

一、公民和组织的批评建议权

宪法第四十一条第一款规定，“中华人民共和国公民对于任何国家机关和国家工作人员，有提出批评和建议的权利”。批评权是指公民对国家机关及其工作人员在工作中的缺点和错误，提出批评意见的权利。建议权是指公民为帮助国家机关及其工作人员改进工作，对国家机关及其工作人员的各项工作，提出意见和建议的权利。本条所规定的国家机关是指国家的各级权力机关、行政机关、监察机关、审判机关、检察机关及其所属部门。国家机关不符合人民利益的所作所为，不仅限于违法失职方面的行为，还包括其他方面的不负责行为、不适当行为、效率不高行为等。因此，根据本条的规定，国家机关即使没有违法失职的行为，公民和组织对国家安全工作也有提出批评和建议的权利。

二、申诉、控告和检举的权利

宪法第四十一条中规定，中华人民共和国公民“对于任何国家机关和国家工作人员的违法失职行为，有向有关国家机关提出申诉、控告或者检举的权利，但是不得捏造或者歪曲事实进行诬告陷害”。“对于公民的申诉、控告或者检举，有关国家机关必须查清事实，负责处理。任何人不得压制和打击报复。”申诉分为法律中的申诉和非法律中的申诉。申诉权是指公民对本人及其亲属所受到的有关处罚或者处分不服，或者受到不公正的待遇，向有关国家机关陈述理由、提出要求的权利。法律中的申诉是指公民对已经发生法律效力的判决或者裁定不服，而向上级司法机关申诉的行为。非法律中的申诉是指公民对有关国家机关给予的处分或者处罚不服而向司法机关以外的国家机关提出的申诉。控告权是指公民向有关国家机关指控或者告发某些国家机关及其工作人员各种违法失职行为的权利。包括到司法机关就有关的刑事诉讼、民事诉讼和行政诉讼的案件进行告发，到党的纪律检查机关告发，到行政机关告发等。检举权是指公民对国家机关及其工作人员违法失职行为向有关国家机关予以揭发的权利。公民和组织对国家机关及其工作人员在国家安全工作中的违法失职行为有提出申诉、控告和检举的权利。不同于批评建议权，该项权利针对的是“国家机关及其工作人员在国家安全工作中的违法失职行为”。同时，根据宪法和有关法律，对国家机关及其工作人员提出申诉、控告和检举，不得捏造或者歪曲事实进行诬告陷害。

对于公民和组织的批评建议权以及申诉、控告和检举权，我国多部单行立法予以保护。如反间谍法第二十六条规定：“任何个人和组织对国家安全机关及其工作人员超越职权、滥用职权和其他违法行为，都有权向上级国家安全机关或者有关部门检举、控告。受理检举、控告的国家安全机关或者有关部门应当及时查清事实，负责处理，并将处理结果及时告知检举人、控告人。对协助国家安全机关工作或者依法检举、控告的个人和组织，任何个人和组织不得压制和打击报复。”反恐怖主义法第九十四条规定：“反恐怖主义工作领导机构、有关部门及其工作人员在反恐怖主义工作中滥用职权、玩忽职守、徇私舞弊或者有其他违法违纪行为的，任何单位和个人有权向有关部门检举、控告。有关部门接到检举、控告后，应当及时处理并回复检举、控告人。”刑法对国家机关工作人员滥用职权、假公济私，对控告人、申诉人、批评人、举报人实行报复陷害的刑罚作了规定。刑法第二百五十四条规定：“国家机关工作人员滥用职权、假公济私，对控告人、申诉人、批评人、举报人实行报复陷害的，处二年以下有期徒刑或者拘役；情节严重的，处二年以上七年以下有期徒刑。”

相关规定

《中华人民共和国宪法》第四十一条；《中华人民共和国反间谍法》第二十六条；《中华人民共和国反恐怖主义法》第九十四条；《中华人民共和国刑法》第二百五十四条。

第八十三条　在国家安全工作中，需要采取限制公民权利和自由的特别措施时，应当依法进行，并以维护国家安全的实际需要为限度。

条文主旨

本条是关于特别措施应遵循合法性和合理性的规定。

立法背景

国家安全工作的性质决定了在一些特殊情况下，有关机关及其工作人员有必要采取限制公民权利和自由的特别措施。例如宪法第四十条规定，中华人民共和国公民的通信自由和通信秘密受法律的保护。除因国家安全或者追查刑事犯罪的需要，由公安机关或者检察机关依照法律规定的程序对通信进行检查外，任何组织或者个人不得以任何理由侵犯公民的通信自由和通信秘密。根据这一规定，因国家安全需要，公安机关或者检察机关就可以依照法律规定的程序对宪法规定的公民通信自由和通信秘密进行一定的限制。本法第六十五条也规定，国家决定进入紧急状态、战争状态或者实施国防动员后，履行国家安全危机管控职责的有关机关依照法律规定或者全国人民代表大会常务委员会规定，有权采取限制公民和组织权利、增加公民和组织义务的特别措施。这里规定的特别措施包括了戒严法、突发事件应对法、国防动员法等法律规定的许多措施涉及对公民权利和自由的限制。例如戒严法规定的禁止或者限制集会、游行、示威、街头讲演以及其他聚众活动，禁止罢工、罢市、罢课，实行新闻管制，实行通讯、邮政、电信管制，实行出境入境管制。突发事件应对法规定的禁止或者限制使用有关设备、设施，关闭或者限制使用有关场所，封锁有关场所、道路，查验现场人员的身份证件，限制有关公共场所内的活动等。

但是根据本法总则中关于尊重与保障人权原则的规定，国家安全法既是授权法，也是限权法。为了防止权力滥用，即使在特殊情况下也要最大程度维护公民的权利和自由，国家机关在采取上述特别措施时，一是必须依法进行，遵循合法性原则；二是必须以维护国家安全的实际需要为限度，遵循适当原则，或者说是合理性原则。

条文解读

一、特别措施应当依法进行

权力法定和依法行政是一项基本的宪法原则，也是对公权力行使的最基本要求。根据宪法规定，一切国家机关和武装力量、各政党和各社会团体、各企业事业组织都必须遵守宪法和法律，任何组织或者个人都不得有超越宪法和法律的特权，在国家安全工作领域也不能例外。行政强制法第四条也规定，行政强制的设定和实施，应当依照法定的权限、范围、条件和程序。为了进一步推进依法行政，加快建设法治政府，党的十八届四中全会进一步要求，行政机关不得法外设定权力，没有法律法规依据不得作出减损公民、法人和其他组织合法权益或者增加其义务的决定。一般而言，合法性原则要求采取限制公民权利和自由的特别措施的权限、范围、条件和程序都应当依法进行。

一是按照法定的权限、范围实施特别措施。不是所有从事国家安全工作的国家机关都有权实施限制公民权利和自由的特别措施，通常涉及规定这一类措施的单行法律，都会对采取措施的主体进行明确规定。即使是有权采取措施的机关，在实施措施时也不得超越本部门的职权范围，也不能实施应当由其他机关实施的措施。

二是按照法定的条件实施特别措施。本法第六十五条规定的条件是“国家决定进入紧急状态、战争状态或者实施国防动员后”，相关国家机关才可以采取特别措施。有关法律也对于进入这些状态的前提条件作出了明确规定。例如，戒严法规定，在发生严重危及国家的统一、安全或者社会公共安全的动乱、暴乱或者严重骚乱，不采取非常措施不足以维护社会秩序、保护人民的生命和财产安全的紧急状态时，国家可以决定实行戒严。全国或者个别省、自治区、直辖市的戒严，由国务院提请全国人民代表大会常务委员会决定；中华人民共和国主席根据全国人民代表大会常务委员会的决定，发布戒严令。省、自治区、直辖市的范围内部分地区的戒严，由国务院决定，国务院总理发布戒严令。只是在出现上述法定条件的时候，有关国家机关才可以依法采取特别措施。

三是按照法定的程序实施特别措施。行政强制法等法律，对于采取行政强制措施的一般程序作了规定，有关单行法律法规还对具体的特别措施的实施程序作了明确。例如，《民用运力国防动员条例》就对战时及平时特殊情况下，国家根据国防动员需要依法对民用运载工具及相关设备、设施、人员进行统一组织和调用的具体程序，包括国防交通主管机构根据上级下达的民用运力国防动员任务和使用单位提出的申请，迅速启动、实施民用运力国防动员预案；国防交通主管机构会同人民武装动员机构，按照上级下达的民用运力国防动员要求，通知被征民用运力的单位和个人，明确其被征民用运载工具及相关设备的类型、数量和操作、保障人员，以及民用运力集结的时间、地点和方式；被征民用运力的单位和个人按照通知要求，组织被征民用运力在规定时限内到达集结地点，并保证被征民用运载工具及相关设备的技术状态和操作、保障人员的技能符合军事行动的要求；被征民用运力集结地的人民武装动员机构会同国防交通主管机构及有关部门组成精干的指挥机构，对集结后的民用运力进行登记编组，查验整备情况，组织必要的应急训练，保证按时交付使用单位；被征民用运力交接后，有关民用运载工具及相关设备的安全防护、后勤保障和装备维修等，由使用单位负责，其执行任务所在地的人民政府予以协助。有关机关在实施特别措施时，也必须严格遵照这些法定程序执行。

二、特别措施应以维护国家安全实际需要为限

有关法律在规定特别措施时，通常都会留有一定的自由裁量余地，例如，突发事件应对法规定“自然灾害、事故灾难或者公共卫生事件发生后，履行统一领导职责的人民政府可以采取下列一项或者多项应急处置措施”，并在后面列举了十项措施可供选择。为了防止自由裁量权的滥用，在采取特别措施时，既要合法，也要适当、合理，这是在合法性基础上对于采取特别措施的机关的更高要求。具体而言，所谓的适当或者合理，就是实施的特别措施应以维护国家安全实际需要为限。在行政强制领域中，这通常被称为“比例原则”，也就是指行政机关在可以采用多种方式实现某一行政目的的情况下，应当采用对当事人权益损害最小的方式，这样做才是适当和合理的。根据比例原则，在强制手段和非强制手段都能达到目的时，应当采用非强制手段；同样是采取限制公民权利和自由的特别措施，在达到目的的前提下，应当选择对公民损害最小的；当采用一项应急处置措施就可以达到控制危机的效果时，不应采用多项处置措施。在一些法律法规中，对于这一原则也有明确规定。例如，突发事件应对法规定，突发事件的威胁和危害得到控制或者消除后，履行统一领导职责或者组织处置突发事件的人民政府应当停止执行依照本法规定采取的应急处置措施。《人民警察使用警械和武器条例》规定，人民警察遇有八类情形，经警告无效的，可以使用警棍、催泪弹、高压水枪、特种防暴枪等驱逐性、制服性警械，但是人民警察依照规定使用警械，应当以制止违法犯罪行为为限度；当违法犯罪行为得到制止时，应当立即停止使用。《海关工作人员使用武器和警械的规定》第六条也规定，海关工作人员使用武器或者警械时，应当以制服对方为限度。

相关规定

《中华人民共和国戒严法》第二条、第三条、第十三条；《中华人民共和国突发事件应对法》第四十九条、第五十条、第五十八条；《中华人民共和国国防动员法》第十二章；《中华人民共和国国家安全法》第六十五条；《民用运力国防动员条例》第三十五条；《中华人民共和国人民警察使用警械和武器条例》第七条、第八条；《海关工作人员使用武器和警械的规定》第六条。

第七章　附　　则

第八十四条　本法自公布之日起施行。

条文主旨

本条是关于施行时间的规定。

立法背景

法律的施行时间也就是法律生效的时间。正确地理解法律的生效时间，是运用法律不可缺少的条件。

条文解读

立法法第六十一条规定："法律应当明确规定施行日期。"法律的施行时间即生效时间，是法律效力的起点。一部法律从何时开始生效，一般根据该法律的性质和实际需要决定。我国立法实践中通常有两种做法：一是法律公布的时间与法律生效的时间是一致的。即法律条文中明确规定，法律自公布之日起施行。二是法律公布的时间与法律生效的时间不一致。即法律公布后并不立即生效施行，经过一段时间后才开始施行，法律条文中明确规定生效施行的日期，其目的是给法律的实施以必要的准备时间。

国家安全法采取的是第一种方式。国家安全法于 2015 年 7 月 1 日由第十二届全国人民代表大会常务委员会第十五次会议通过，同日由中华人民共和国主席公布，自公布之日起施行。

相关规定

《中华人民共和国立法法》第六十一条。

中华人民共和国国家安全法

（2015年7月1日第十二届全国人民代表大会常务委员会第十五次会议通过　2015年7月1日中华人民共和国主席令第29号公布　自公布之日起施行）

目　录

第一章　总　则

第一条　为了维护国家安全，保卫人民民主专政的政权和中国特色社会主义制度，保护人民的根本利益，保障改革开放和社会主义现代化建设的顺利进行，实现中华民族伟大复兴，根据宪法，制定本法。

第二条　国家安全是指国家政权、主权、统一和领土完整、人民福祉、经济社会可持续发展和国家其他重大利益相对处于没有危险和不受内外威胁的状态，以及保障持续安全状态的能力。

第三条　国家安全工作应当坚持总体国家安全观，以人民安全为宗旨，以政治安全为根本，以经济安全为基础，以军事、文化、社会安全为保障，以促进国际安全为依托，维护各领域国家安全，构建国家安全体系，走中国特色国家安全道路。

第四条　坚持中国共产党对国家安全工作的领导，建立集中统一、高效权威的国家安全领导体制。

第五条　中央国家安全领导机构负责国家安全工作的决策和议事协调，研究制定、指导实施国家安全战略和有关重大方针政策，统筹协调国家安全重大事项和重要工作，推动国家安全法治建设。

第六条　国家制定并不断完善国家安全战略，全面评估国际、国内安全形势，明确国家安全战略的指导方针、中长期目标、重点领域的国家安全政策、工作任务和措施。

第七条　维护国家安全，应当遵守宪法和法律，坚持社会主义法治原则，尊重和保障人权，依法保护公民的权利和自由。

第八条 维护国家安全，应当与经济社会发展相协调。

国家安全工作应当统筹内部安全和外部安全、国土安全和国民安全、传统安全和非传统安全、自身安全和共同安全。

第九条 维护国家安全，应当坚持预防为主、标本兼治，专门工作与群众路线相结合，充分发挥专门机关和其他有关机关维护国家安全的职能作用，广泛动员公民和组织，防范、制止和依法惩治危害国家安全的行为。

第十条 维护国家安全，应当坚持互信、互利、平等、协作，积极同外国政府和国际组织开展安全交流合作，履行国际安全义务，促进共同安全，维护世界和平。

第十一条 中华人民共和国公民、一切国家机关和武装力量、各政党和各人民团体、企业事业组织和其他社会组织，都有维护国家安全的责任和义务。

中国的主权和领土完整不容侵犯和分割。维护国家主权、统一和领土完整是包括港澳同胞和台湾同胞在内的全中国人民的共同义务。

第十二条 国家对在维护国家安全工作中作出突出贡献的个人和组织给予表彰和奖励。

第十三条 国家机关工作人员在国家安全工作和涉及国家安全活动中，滥用职权、玩忽职守、徇私舞弊的，依法追究法律责任。

任何个人和组织违反本法和有关法律，不履行维护国家安全义务或者从事危害国家安全活动的，依法追究法律责任。

第十四条 每年4月15日为全民国家安全教育日。

第二章　维护国家安全的任务

第十五条　国家坚持中国共产党的领导，维护中国特色社会主义制度，发展社会主义民主政治，健全社会主义法治，强化权力运行制约和监督机制，保障人民当家作主的各项权利。

国家防范、制止和依法惩治任何叛国、分裂国家、煽动叛乱、颠覆或者煽动颠覆人民民主专政政权的行为；防范、制止和依法惩治窃取、泄露国家秘密等危害国家安全的行为；防范、制止和依法惩治境外势力的渗透、破坏、颠覆、分裂活动。

第十六条　国家维护和发展最广大人民的根本利益，保卫人民安全，创造良好生存发展条件和安定工作生活环境，保障公民的生命财产安全和其他合法权益。

第十七条　国家加强边防、海防和空防建设，采取一切必要的防卫和管控措施，保卫领陆、内水、领海和领空安全，维护国家领土主权和海洋权益。

第十八条　国家加强武装力量革命化、现代化、正规化建设，建设与保卫国家安全和发展利益需要相适应的武装力量；实施积极防御军事战略方针，防备和抵御侵略，制止武装颠覆和分裂；开展国际军事安全合作，实施联合国维和、国际救援、海上护航和维护国家海外利益的军事行动，维护国家主权、安全、领土完整、发展利益和世界和平。

第十九条　国家维护国家基本经济制度和社会主义市场经济秩序，健全预防和化解经济安全风险的制度机制，保障关系国民经济命脉的重要行业和关键领域、重点产业、重大基础设施和重大建设项目以及其他重大经济利益安全。

第二十条 国家健全金融宏观审慎管理和金融风险防范、处置机制，加强金融基础设施和基础能力建设，防范和化解系统性、区域性金融风险，防范和抵御外部金融风险的冲击。

第二十一条 国家合理利用和保护资源能源，有效管控战略资源能源的开发，加强战略资源能源储备，完善资源能源运输战略通道建设和安全保护措施，加强国际资源能源合作，全面提升应急保障能力，保障经济社会发展所需的资源能源持续、可靠和有效供给。

第二十二条 国家健全粮食安全保障体系，保护和提高粮食综合生产能力，完善粮食储备制度、流通体系和市场调控机制，健全粮食安全预警制度，保障粮食供给和质量安全。

第二十三条 国家坚持社会主义先进文化前进方向，继承和弘扬中华民族优秀传统文化，培育和践行社会主义核心价值观，防范和抵制不良文化的影响，掌握意识形态领域主导权，增强文化整体实力和竞争力。

第二十四条 国家加强自主创新能力建设，加快发展自主可控的战略高新技术和重要领域核心关键技术，加强知识产权的运用、保护和科技保密能力建设，保障重大技术和工程的安全。

第二十五条 国家建设网络与信息安全保障体系，提升网络与信息安全保护能力，加强网络和信息技术的创新研究和开发应用，实现网络和信息核心技术、关键基础设施和重要领域信息系统及数据的安全可控；加强网络管理，防范、制止和依法惩治网络攻击、网络入侵、网络窃密、散布违法有害信息等网络违法犯罪行为，维护国家网络空间主权、安全和发展利益。

第二十六条 国家坚持和完善民族区域自治制度，巩固和发展平等团结互助和谐的社会主义民族关系。坚持各民族一律平等，加强民族交往、交流、交融，防范、制止和依法惩治民族分裂活动，维护国家统一、民族团结和社会和谐，实现各民族共同团结奋斗、共同繁荣发展。

第二十七条 国家依法保护公民宗教信仰自由和正常宗教活动，坚持宗教独立自主自办的原则，防范、制止和依法惩治利用宗教名义进行危害国家安全的违法犯罪活动，反对境外势力干涉境内宗教事务，维护正常宗教活动秩序。

国家依法取缔邪教组织，防范、制止和依法惩治邪教违法犯罪活动。

第二十八条 国家反对一切形式的恐怖主义和极端主义，加强防范和处置恐怖主义的能力建设，依法开展情报、调查、防范、处置以及资金监管等工作，依法取缔恐怖活动组织和严厉惩治暴力恐怖活动。

第二十九条 国家健全有效预防和化解社会矛盾的体制机制，健全公共安全体系，积极预防、减少和化解社会矛盾，妥善处置公共卫生、社会安全等影响国家安全和社会稳定的突发事件，促进社会和谐，维护公共安全和社会安定。

第三十条 国家完善生态环境保护制度体系，加大生态建设和环境保护力度，划定生态保护红线，强化生态风险的预警和防控，妥善处置突发环境事件，保障人民赖以生存发展的大气、水、土壤等自然环境和条件不受威胁和破坏，促进人与自然和谐发展。

第三十一条 国家坚持和平利用核能和核技术，加强国际合作，防止核扩散，完善防扩散机制，加强对核设施、核材料、核活动和核废料处置的安全管理、监管和保护，加强核事故应急体系和应急能力建设，防止、控制和消除核事故对公民生命健康和生态环境的危害，不断增强有效应对和防范核威胁、核攻击的能力。

第三十二条 国家坚持和平探索和利用外层空间、国际海底区域和极地，增强安全进出、科学考察、开发利用的能力，加强国际合作，维护我国在外层空间、国际海底区域和极地的活动、资产和其他利益的安全。

第三十三条 国家依法采取必要措施，保护海外中国公民、组织和机构的安全和正当权益，保护国家的海外利益不受威胁和侵害。

第三十四条 国家根据经济社会发展和国家发展利益的需要，不断完善维护国家安全的任务。

第三章 维护国家安全的职责

第三十五条 全国人民代表大会依照宪法规定，决定战争和和平的问题，行使宪法规定的涉及国家安全的其他职权。

全国人民代表大会常务委员会依照宪法规定，决定战争状态的宣布，决定全国总动员或者局部动员，决定全国或者个别省、自治区、直辖市进入紧急状态，行使宪法规定的和全国人民代表大会授予的涉及国家安全的其他职权。

第三十六条 中华人民共和国主席根据全国人民代表大会的决定和全国人民代表大会常务委员会的决定，宣布进入紧急状态，宣布战争状态，发布动员令，行使宪法规定的涉及国家安全的其他职权。

第三十七条 国务院根据宪法和法律，制定涉及国家安全的行政法规，规定有关行政措施，发布有关决定和命令；实施国家安全法律法规和政策；依照法律规定决定省、自治区、直辖市的范围内部分地区进入紧急状态；行使宪法法律规定的和全国人民代表大会及其常务委员会授予的涉及国家安全的其他职权。

第三十八条 中央军事委员会领导全国武装力量，决定军事战略和武装力量的作战方针，统一指挥维护国家安全的军事行动，制定涉及国家安全的军事法规，发布有关决定和命令。

第三十九条 中央国家机关各部门按照职责分工，贯彻执行国家安全方针政策和法律法规，管理指导本系统、本领域国家安全工作。

第四十条 地方各级人民代表大会和县级以上地方各级人民代表大会常务委员会在本行政区域内，保证国家安全法律法规的遵守和执行。

地方各级人民政府依照法律法规规定管理本行政区域内的国家安全工作。

香港特别行政区、澳门特别行政区应当履行维护国家安全的责任。

第四十一条 人民法院依照法律规定行使审判权，人民检察院依照法律规定行使检察权，惩治危害国家安全的犯罪。

第四十二条 国家安全机关、公安机关依法搜集涉及国家安全的情报信息，在国家安全工作中依法行使侦查、拘留、预审和执行逮捕以及法律规定的其他职权。

有关军事机关在国家安全工作中依法行使相关职权。

第四十三条 国家机关及其工作人员在履行职责时，应当贯彻维护国家安全的原则。

国家机关及其工作人员在国家安全工作和涉及国家安全活动中，应当严格依法履行职责，不得超越职权、滥用职权，不得侵犯个人和组织的合法权益。

第四章　国家安全制度

第一节　一 般 规 定

第四十四条　中央国家安全领导机构实行统分结合、协调高效的国家安全制度与工作机制。

第四十五条　国家建立国家安全重点领域工作协调机制，统筹协调中央有关职能部门推进相关工作。

第四十六条　国家建立国家安全工作督促检查和责任追究机制，确保国家安全战略和重大部署贯彻落实。

第四十七条　各部门、各地区应当采取有效措施，贯彻实施国家安全战略。

第四十八条　国家根据维护国家安全工作需要，建立跨部门会商工作机制，就维护国家安全工作的重大事项进行会商研判，提出意见和建议。

第四十九条　国家建立中央与地方之间、部门之间、军地之间以及地区之间关于国家安全的协同联动机制。

第五十条　国家建立国家安全决策咨询机制，组织专家和有关方面开展对国家安全形势的分析研判，推进国家安全的科学决策。

第二节　情 报 信 息

第五十一条　国家健全统一归口、反应灵敏、准确高效、运转顺畅的情报信息收集、研判和使用制度，建立情报信息工作协调机制，实现情报信息的及时收集、准确研判、有效使用和共享。

第五十二条 国家安全机关、公安机关、有关军事机关根据职责分工，依法搜集涉及国家安全的情报信息。

国家机关各部门在履行职责过程中，对于获取的涉及国家安全的有关信息应当及时上报。

第五十三条 开展情报信息工作，应当充分运用现代科学技术手段，加强对情报信息的鉴别、筛选、综合和研判分析。

第五十四条 情报信息的报送应当及时、准确、客观，不得迟报、漏报、瞒报和谎报。

第三节 风险预防、评估和预警

第五十五条 国家制定完善应对各领域国家安全风险预案。

第五十六条 国家建立国家安全风险评估机制，定期开展各领域国家安全风险调查评估。

有关部门应当定期向中央国家安全领导机构提交国家安全风险评估报告。

第五十七条 国家健全国家安全风险监测预警制度，根据国家安全风险程度，及时发布相应风险预警。

第五十八条 对可能即将发生或者已经发生的危害国家安全的事件，县级以上地方人民政府及其有关主管部门应当立即按照规定向上一级人民政府及其有关主管部门报告，必要时可以越级上报。

第四节 审 查 监 管

第五十九条 国家建立国家安全审查和监管的制度和机制，对影响或者可能影响国家安全的外商投资、特定物项和关键技术、网络信息技术产品和服务、涉及国家安全事项的建设项目，以及其他重大事项和活动，进行国家安全审查，有效预防和化解国家安全风险。

第六十条 中央国家机关各部门依照法律、行政法规行使国家安全审查职责，依法作出国家安全审查决定或者提出安全审查意见并监督执行。

第六十一条 省、自治区、直辖市依法负责本行政区域内有关国家安全审查和监管工作。

第五节 危机管控

第六十二条 国家建立统一领导、协同联动、有序高效的国家安全危机管控制度。

第六十三条 发生危及国家安全的重大事件，中央有关部门和有关地方根据中央国家安全领导机构的统一部署，依法启动应急预案，采取管控处置措施。

第六十四条 发生危及国家安全的特别重大事件，需要进入紧急状态、战争状态或者进行全国总动员、局部动员的，由全国人民代表大会、全国人民代表大会常务委员会或者国务院依照宪法和有关法律规定的权限和程序决定。

第六十五条 国家决定进入紧急状态、战争状态或者实施国防动员后，履行国家安全危机管控职责的有关机关依照法律规定或者全国人民代表大会常务委员会规定，有权采取限制公民和组织权利、增加公民和组织义务的特别措施。

第六十六条 履行国家安全危机管控职责的有关机关依法采取处置国家安全危机的管控措施，应当与国家安全危机可能造成的危害的性质、程度和范围相适应；有多种措施可供选择的，应当选择有利于最大程度保护公民、组织权益的措施。

第六十七条 国家健全国家安全危机的信息报告和发布机制。

国家安全危机事件发生后，履行国家安全危机管控职责的有关机关，应当按照规定准确、及时报告，并依法将有关国家安全危机事件发生、发展、管控处置及善后情况统一向社会发布。

第六十八条 国家安全威胁和危害得到控制或者消除后，应当及时解除管控处置措施，做好善后工作。

第五章 国家安全保障

第六十九条 国家健全国家安全保障体系，增强维护国家安全的能力。

第七十条 国家健全国家安全法律制度体系，推动国家安全法治建设。

第七十一条 国家加大对国家安全各项建设的投入，保障国家安全工作所需经费和装备。

第七十二条 承担国家安全战略物资储备任务的单位，应当按照国家有关规定和标准对国家安全物资进行收储、保管和维护，定期调整更换，保证储备物资的使用效能和安全。

第七十三条 鼓励国家安全领域科技创新，发挥科技在维护国家安全中的作用。

第七十四条 国家采取必要措施，招录、培养和管理国家安全工作专门人才和特殊人才。

根据维护国家安全工作的需要，国家依法保护有关机关专门从事国家安全工作人员的身份和合法权益，加大人身保护和安置保障力度。

第七十五条 国家安全机关、公安机关、有关军事机关开展国家安全专门工作，可以依法采取必要手段和方式，有关部门和地方应当在职责范围内提供支持和配合。

第七十六条 国家加强国家安全新闻宣传和舆论引导，通过多种形式开展国家安全宣传教育活动，将国家安全教育纳入国民教育体系和公务员教育培训体系，增强全民国家安全意识。

第六章 公民、组织的义务和权利

第七十七条 公民和组织应当履行下列维护国家安全的义务：

（一）遵守宪法、法律法规关于国家安全的有关规定；

（二）及时报告危害国家安全活动的线索；

（三）如实提供所知悉的涉及危害国家安全活动的证据；

（四）为国家安全工作提供便利条件或者其他协助；

（五）向国家安全机关、公安机关和有关军事机关提供必要的支持和协助；

（六）保守所知悉的国家秘密；

（七）法律、行政法规规定的其他义务。

任何个人和组织不得有危害国家安全的行为，不得向危害国家安全的个人或者组织提供任何资助或者协助。

第七十八条 机关、人民团体、企业事业组织和其他社会组织应当对本单位的人员进行维护国家安全的教育，动员、组织本单位的人员防范、制止危害国家安全的行为。

第七十九条 企业事业组织根据国家安全工作的要求，应当配合有关部门采取相关安全措施。

第八十条 公民和组织支持、协助国家安全工作的行为受法律保护。

因支持、协助国家安全工作，本人或者其近亲属的人身安全面临危险的，可以向公安机关、国家安全机关请求予以保护。公安机关、国家安全机关应当会同有关部门依法采取保护措施。

第八十一条 公民和组织因支持、协助国家安全工作导致财产损失的，按照国家有关规定给予补偿；造成人身伤害或者死亡的，按照国家有关规定给予抚恤优待。

第八十二条 公民和组织对国家安全工作有向国家机关提出批评建议的权利，对国家机关及其工作人员在国家安全工作中的违法失职行为有提出申诉、控告和检举的权利。

第八十三条 在国家安全工作中，需要采取限制公民权利和自由的特别措施时，应当依法进行，并以维护国家安全的实际需要为限度。

第七章　附　　则

第八十四条 本法自公布之日起施行。

关于《中华人民共和国国家安全法（草案）》的说明

——2014年12月22日在第十二届全国人民代表大会常务委员会第十二次会议上

全国人大常委会法制工作委员会主任　李适时

全国人民代表大会常务委员会：

我受委员长会议的委托，作关于《中华人民共和国国家安全法（草案）》的说明。

一、制定本法的必要性

维护我国国家安全，是中国特色社会主义建设事业顺利进行、实现国家长治久安和中华民族伟大复兴的重要保障。党和国家历来高度重视维护国家安全工作，始终把维护国家安全作为党和国家的一项基础性工作。新中国成立后，为应对严峻复杂形势，我国制定了一系列维护国家安全的法律法规，对维护国家安全发挥了重要作用。党的十八大以来，为适应我国国家安全面临的新形势新任务，以习近平同志为总书记的党中央提出总体国家安全观，强调全面维护各领域国家安全，对加强国家安全工作作出了重要部署。按照中央部署和贯彻落实总体国家安全观的要求，适应我国国家安全面临的新形势、新任务，制定一部具有综合性、全局性、基础性的国家安全法，是十分必要的。

一是，当前，我国国家安全的形势日益严峻，面临着对外维护国家主权、安全、发展利益，对内维护政治安全和社会稳定的双重压力，各种可以预见和难以预见的风险因素明显增多，非传统领域安全日益凸显。国家安全内涵和外延比历史上任何时候都要丰富，时空领域比历史上任何时候都要宽广，内外因素比历史上任何时候都要复杂。我国已有的国家安全立法同我国所处的战略安全环境、各项事业发展的新要求相比，还远远不相适应。制定一部应对国家安全各种威胁和风险，统领国家安全各领域工作的法律，有紧迫的现实需要。

二是，党中央立足我国国情提出的总体国家安全观，是做好新时期国家安全工作的根本遵循。为此，有必要以法律的形式确立总体国家安全观的指导地位，科学界定国家安全的内涵和外延，明确维护国家安全的各项任务，建立健全国家安全制度和国家安全保障措施，为构建国家安全体系，走出一条中国特色国家安全道路奠定坚实的法律基础。

三是，为落实党的十八届三中全会要求，党中央成立了中央国家安全委员会，建立了集中统一、高效权威的国家安全领导体制。针对维护国家安全工作存在的国家安全资源和力量分散，统筹协调不够；国家安全战略规划缺乏，顶层设计不够；情报信息捕捉滞后，综合研判不够；应对机制运转迟缓，快速反应不够等问题，有必要以法律的形式确立国家安全工作的相关制度，明确各部门、各地方维护国家安全的职责，规范国家机关、公民和组织维护国家安全的责任、权利和义务，形成维护国家安全的整体合力。

四是，党的十八届四中全会指出，贯彻落实总体国家安全观，加快国家安全法治建设，抓紧出台反恐怖等一批急需法律，推进公共安全法治化，构建国家安全法律制度体系。1993 年公布施行的国家安全法，主要是规定国家安全机关履行的职责特别是反间谍工作方面的职责，已难以适应全面维护各领域国家安全的需要。为此，本届全国人大常委会第十一次会议审议通过了《中华人民共和国反间谍法》，相应废止了原有的国家安全法。在此基础上，制定一部立足全局、统领国家安全各领域立法工作的综合性法律，同时为制定其他有关维护国家安全的法律提供基础支撑，有利于形成与维护国家安全需要相适应，立足我国国情、体现时代特点，系统完备、科学规范、运行有效的中国特色国家安全法律制度体系，为维护我国国家安全提供坚实的法律制度保障。

二、草案起草过程和立法的指导思想、工作思路

按照中央的部署，2014 年 4 月成立了国家安全法立法工作领导小组。中央国家安全委员会办公室会同全国人大常委会法制工作委员会组建了由十几个有关部门参加的工作专班，着手国家安全法起草工作。在起草过程中，认真研究近年来全国人大代表、政协委员和社会各界人士有关意见建议；分类整理国内外有关立法资料，特别是美国、俄罗斯等主要国家相关法律；书面征求 53 个中央部门意见，召开多场座谈会，并到广东等十几个地方调研或者召开地方座谈会，广泛听取部门、地方和专家学者的意见。形成国家安全法（草案）稿后，又分别征求了中央有关方面和国务院法制办、最高人民法院、最高人民检察院以及有关专家的意见，经反复研究沟通，对修改稿进一步完善，形成了《中华人民共和国国家安全法（草案）》。

制定本法的指导思想是，坚持以邓小平理论、“三个代表”重要思想、科学发展观为指导，深入贯彻习近平总书记系列重要讲话精神，深入贯彻总体国家安全观，以人民安全为宗旨，以政治安全为根本，以经济安全为基础，以军事、文化、社会安全为保障，以促进国际安全为依托，构建中国特色国家安全制度体系，推进国家治理体系和治理能力现代化，为实现国家长期可持续安全提供坚实的法治保障。

制定本法的思路：一是全面贯彻中央精神，把握正确政治方向。国家安全法的政治性、政策性很强，要按照中央的要求，从维护国家核心利益出发，在本法中全面贯彻落实总体国家安全观和中央一系列关于国家安全的方针政策。二是以问题为导向，着力解决国家安全领域的突出问题。根据国家安全新形势新特点，明确维护国家安全的基本原则和任务，重点解决国家安全各领域带有普遍性的问题和亟待立法填补空白的问题，同时为今后制定相关法律法规预留空间，埋好接口。三是坚持从我国国情出发，体现中国特色。要做到统筹国内国际两个大局，借鉴别国有益经验，但绝不照抄照搬，要立足我国基本国情，从我国国家安全面临的新形势、新任务出发，体现中国特色，走中国特色国家安全道路。

三、草案的主要内容

草案共七章八十二条。

（一）关于国家安全的含义和国家安全工作的指导思想

国家安全，通常既指国家处于安全状态，又指国家维持这种安全状态的能力。国家安全与国家利益紧密相关，维护国家安全就是维护国家利益，既包括核心利益又包括核心利益之外足以影响国家安全的其他重大利益。为此，草案规定："国家安全是指国家政权、主权、统一和领土完整、人民福祉、经济社会持续健康发展和其他重大利益相对处于没有危险和不受内外威胁的状态，以及保障这种可持续安全状态的能力。"

总体国家安全观，是做好新形势下国家安全工作的根本遵循。为此，草案规定：“国家安全工作应当坚持总体国家安全观，走中国特色国家安全道路。”

（二）关于国家安全领导体制和有关国家机构的职责

我国宪法确立了中国共产党的领导地位。坚持党对国家安全工作的领导，是维护国家安全的必然要求，是发挥党总揽全局、统筹协调作用的重要体现。为此，草案规定：“坚持中国共产党对国家安全工作的领导，建立集中统一、高效权威的国家安全领导体制”；“中央国家安全领导机构负责国家安全工作的决策和议事协调，研究制定、指导实施国家安全战略和有关重大方针政策；统筹协调国家安全重大事项和重要工作；推动国家安全法治建设”。

根据宪法和法律规定，草案第三章规定了全国人大及其常委会、国务院、中央军委、中央各部门和地方包括香港、澳门两个特别行政区维护国家安全方面的责任，并对各级国家机关及其工作人员履行职责应当贯彻维护国家安全的原则作出专门规定。

（三）关于维护国家安全工作的基本原则

按照总体国家安全观的要求，根据宪法和有关法律的规定，草案明确了维护国家安全工作的原则，即坚持法治和保障人权原则、坚持维护国家安全与经济社会发展相协调和统筹各领域安全原则、坚持标本兼治、预防为主原则、坚持专门工作与群众路线相结合原则。此外，为彰显我国促进共同安全，维护世界和平的意愿，草案规定“维护国家安全，应当坚持互信、互利、平等、协作，积极同外国政府和国际组织开展安全交流合作，有效履行国际安全义务，促进共同安全，维护世界和平”。

（四）关于维护国家安全的任务

按照总体国家安全观的要求，草案第二章规定了维护国家安全的根本任务，以及维护政治安全、国土安全、军事安全、经济安全、文化安全、社会安全、科技安全、信息安全、生态安全、资源安全和核安全等各项具体任务。

维护国家安全要坚持以民为本、以人为本，坚持国家安全一切为了人民、一切依靠人民，真正夯实国家安全的社会基础。草案突出体现了“以人民安全为宗旨”的国家安全观念，在立法宗旨中强调“保护人民的根本利益”；在基本原则中强调“尊重和保障人权，保护公民的合法权利和自由”；把“确保人民安全”纳入维护国家安全的任务，作为兜底条款加以明确；规定国家安全危机管控处置中，有多种措施可供选择的，“应当选择有利于最大程度保护公民、组织权益的措施”；此外，在草案第六章中还规定了公民和组织维护国家安全的各项权利。

（五）关于国家安全制度和保障措施

维护国家安全，要靠制度、机制和保障措施来支撑。草案第四章在总结以往实践经验的基础上，明确了建立国家安全制度的基本要求即“建立统分结合、协调高效的国家安全制度”和工作协调、督促检查、会商研判、协同联动、决策咨询等机制。还从维护国家安全工作的现实需要出发，建立健全了维护国家安全的五项具体制度，一是，国家安全战略的制定、实施和监督；二是，建立健全统一的情报信息收集研判制度；三是，建设国家安全风险预案体系，建立风险评估、风险预警以及国家安全事件报告制度；四是，建立国家安全重大事项的审查和监管制度；五是，建立国家安全危机管控制度。

草案第五章还规定，国家建立健全与维护国家安全需要相适应、与经济社会发展相协调的国家安全保障措施，不断提升维护国家安全的能力，并分别对财政、物资、科技、专门人才、专门工作手段和宣传教育保障作了规定。草案还明确每年 4 月 15 日为全民国家安全教育日。

（六）关于公民、组织的权利义务

草案规定，公民和组织支持、协助国家安全工作导致财产损失或者人身伤害、死亡的，有获得补偿或者抚恤的权利，对国家安全工作有提出批评建议的权利，对国家机关及其工作人员在国家安全工作中的违法、失职行为有申诉控告和检举的权利。

在赋予权利的同时，草案明确了公民和组织维护国家安全的义务，强调国家安全人人有责。草案还明确中国的主权和领土完整不容分割。维护国家主权、统一和领土完整是包括港澳同胞和台湾同胞在内的全体中国人民的共同义务。草案第六章规定了公民和组织的一般性义务，机关、团体、企业事业组织和社会组织的教育动员义务，企业事业组织的特殊义务等。

《中华人民共和国国家安全法（草案）》和以上说明是否妥当，请审议。

全国人民代表大会法律委员会关于《中华人民共和国国家安全法（草案）》修改情况的汇报

——2015年4月20日在第十二届全国人民代表大会常务委员会第十四次会议上

全国人大法律委员会副主任委员　李适时

全国人民代表大会常务委员会：

常委会第十二次会议对国家安全法（草案）进行了初次审议。会后，法制工作委员会将草案印发各省（区、市）、中央有关部门和单位等征求意见。法律委员会和法制工作委员会联合召开座谈会，听取部分全国人大代表和中央有关部门的意见，多次与中央国家安全委员会办公室共同研究。法律委员会于4月3日召开会议，根据常委会组成人员的审议意见和各方面意见，对草案进行了逐条审议。中央国家安全委员会办公室、国务院法制办公室的负责同志列席了会议。4月10日，法律委员会召开会议，再次进行审议。现将国家安全法（草案）主要问题的修改情况汇报如下：

一、草案第三条规定，“国家安全工作应当坚持总体国家安全观，走中国特色国家安全道路。”有些常委会组成人员、代表、部门和地方提出，总体国家安全观作为国家安全工作的指导思想非常重要，草案的表述过于概括，建议进一步细化，明确总体国家安全观的内涵。根据习近平总书记在中央国家安全委员会第一次会议上的重要讲话精神，并结合草案第十三条规定的有关内容，建议将草案第三条修改为："国家安全工作应当坚持总体国家安全观，以人民安全为宗旨，以政治安全为根本，以经济安全为基础，以军事、文化、社会安全为保障，以促进国际安全为依托，维护各领域国家安全，构建国家安全体系，走中国特色国家安全道路。"

二、草案第四章第二节规定了"国家安全战略"。有些常委会组成人员、部门和地方提出，国家安全战略是党和国家在一个时期维护国家安全的方针政策和目标任务，是维护国家安全的顶层设计，是管全局的，建议把制定国家安全战略的规定从第四章移至总则作出规定。法律委员会经研究，建议采纳这一意见，并进一步明确国家安全战略涉及的主要内容，规定："国家制定并不断完善国家安全战略，全面评估国际、国内安全形势，明确国家安全战略的指导方针、中长期目标、重点领域的国家安全政策、工作任务和措施。"

三、草案第二章规定了维护政治、国土、军事、经济等领域安全的任务。有些常委会组成人员、代表、部门和地方提出，除了草案规定的安全领域，还有一些安全领域也很重要，建议根据维护国家安全的需要，再增加一些重要领域的安全任务，同时建议对这一章规定的有关安全任务作进一步完善。法律委员会经研究，建议对第二章有关国家安全任务作如下修改：一是，将草案第十四条第二款禁止性规定之后规定的"巩固党的执政地位"的内容移前至第一款，将这一款修改为："国家坚持中国共产党的领导，维护中国特色社会主义制度，发展社会主义民主政治，保障人民当家作主的各项权利，强化权力运行制约和监督机制，健全社会主义法治，维护宪法法律权威”。二是，在经济安全中增加保障“关系国民经济命脉的重要行业和关键领域”、“重大基础设施”安全的规定。三是，增加金融安全一条，规定：“国家健全金融宏观审慎管理和金融风险防范、处置机制，加强金融基础设施和基础能力建设，防范发生系统性、区域性金融风险，防范和抵御国际金融风险的冲击”。四是，增加粮食安全一条，规定：“国家健全粮食安全保障体系，健全国家粮食安全预警制度，落实国家粮食储备责任，完善粮食流通体系和市场调控机制，保障粮食供给”。五是，在文化安全中增加“加强社会主义核心价值观教育和宣传”、“防范和抵御不良文化的渗透”的规定。六是，在网络与信息安全中增加国家“建设国家网络与信息安全保障体系，提升网络与信息安全保护能力”、“维护国家网络空间主权”的规定。此外，将草案第二十九条关于人民安全的规定移至本章第二条，突出维护国家安全“以人民安全为宗旨”。

四、草案第四章规定了国家安全战略，情报信息，风险预防、评估和预警，审查监管和危机管控等有关国家安全制度和机制。有些常委会组成人员、部门和地方建议，对各项国家安全制度机制的相关规定进一步整合细化。法律委员会经研究，建议对有关条文作如下修改：一是，将草案第四十条第二款关于建立国家安全工作督促检查机制的规定，与草案第四十六条关于建立国家安全战略实施执行情况的监督检查和评估机制的规定合并，并增加关于建立责任追究机制的内容，规定：“国家建立国家安全工作督促和责任追究机制，确保国家安全战略和重大部署贯彻落实”。二是，将草案第四十七条关于情报信息收集研判制度的规定，与草案第五十二条关于情报信息使用制度的规定合并，规定："国家健全统一归口、反应灵敏、准确高效、运转顺畅的情报信息收集、研判和使用制度，建立情报信息工作协调机制，实现情报信息的及时收集、准确研判、有效使用和共享"。三是，进一步明确并细化报告和发布处置国家安全危机信息的主体以及相关要求，将草案第六十五条第二款修改为："国家安全危机事件发生后，履行国家安全危机管控职责的有关机关，应当按照规定准确、及时报告，并依法将有关国家安全危机事件发生、发展、管控处置及善后情况统一发布。"

五、草案第六章第七十九条、第八十条、第八十一条分别对公民和组织的义务作了规定。有的常委委员提出，国家安全关乎国家核心利益，本法应重点强调公民和组织维护国家安全的义务，建议把有关义务的规定移到权利规定之前。法律委员会经研究，建议采纳这一意见，将相关条款的顺序作了调整。同时，在公民和组织维护国家安全的义务规定中增加"遵守国家法律法规关于国家安全的有关规定"，"不得有危害国家安全的行为"的内容。

此外，还对草案作了一些文字修改。

草案二次审议稿已按上述意见作了修改，法律委员会建议提请本次常委会会议继续审议。

草案二次审议稿和以上汇报是否妥当，请审议。

全国人民代表大会法律委员会关于《中华人民共和国国家安全法（草案）》审议结果的报告

——2015年6月24日在第十二届全国人民代表大会常务委员会第十五次会议上

全国人大法律委员会副主任委员　李适时

全国人民代表大会常务委员会：

常委会第十四次会议对国家安全法草案进行了二次审议。会后，法制工作委员会在中国人大网站上公布草案二次审议稿，向社会公开征求意见，就外层空间、国际海底区域和极地等新型领域国家安全问题召开会议进行专题论证。法律委员会、法制工作委员会还就草案有关问题与中共中央宣传部、中央网络安全和信息化领导小组办公室、外交部、国家发展和改革委员会、国家安全部、商务部、环境保护部、国务院法制办公室、中央军委法制局、总参谋部等方面反复沟通，听取意见，多次与中央国家安全委员会办公室共同研究。法律委员会于6月1日召开会议，根据常委会组成人员的审议意见和各方面意见，对草案进行了审议。中央国家安全委员会办公室、国务院法制办公室有关负责同志列席了会议。6月17日，法律委员会召开会议，再次进行了审议。法律委员会认为，按照总体国家安全观的要求，适应维护我国国家安全面临的新形势新任务，制定一部综合性、全局性、基础性的国家安全法，为中国特色社会主义建设事业顺利进行和国家长治久安提供坚实的法律制度保障，是十分必要的。草案经过两次审议修改，已经比较成熟。同时，提出以下主要修改意见：

一、草案二次审议稿第十九条对粮食安全作了规定。有的常委委员建议在这一条中增加保障粮食供给和质量安全的内容。考虑到保障粮食供给的关键和基础是立足国内，不断提高粮食综合生产能力，确保粮食产能，而且，国家粮食安全战略和农业法中已经作了明确，法律委员会经研究，建议在这一条中增加“保护和提高粮食综合生产能力”、保障粮食供给“和质量安全”的规定。

二、草案二次审议稿第二十一条对维护民族团结和祖国统一作了规定。有的常委委员提出，这一条中“维护民族地区社会安定和祖国统一”的表述不够准确。促进民族团结，防范和依法惩治民族分裂活动，维护社会安定和国家统一，不仅是对民族地区的要求，也是对全国各个地方的要求，建议作适当修改。法律委员会经研究，建议将草案这一句修改为“维护国家统一、民族团结和社会安定”。

三、草案二次审议稿第二十九条对核安全作了规定。有的常委委员提出，核安全既包括维护民用核安全，也包括军事核安全，建议对这一条的内容进一步界定和充实。经征求国家核安全局、国防科工局、中央军委法制局、总参谋部、总装备部的意见，并与中央国安办共同研究，法律委员会建议将这一条修改为：“国家坚持和平利用核能和核技术，防止核扩散，完善防扩散机制，加强对核设施、核材料、核活动和核废料处置的安全管理、监管和保护，加强核事故应急体系和应急能力建设，防止、控制和消除核事故对公民生命健康和生态环境的危害，不断增强有效应对和防范核威胁、核攻击的能力。”

四、一些常委委员、列席人员和部门提出，我国在太空、深海和极地这些“战略新疆域”有着现实和潜在的重大国家利益，也面临着安全威胁和挑战，应当将维护这些领域的安全任务纳入国家安全法。经同中央海权办、外交部等部门和有关专家专题研究论证，将上述领域安全任务在本法中作出原则规定是可以的，据此，法律委员会建议在草案中增加上述新型领域安全，规定：“国家坚持和平探索和利用外层空间、国际海底区域和极地，增强安全进出、科学考察、开发利用的能力，加强国际合作，维护我国在外层空间、国际海底区域和极地的活动、资产和其他利益的安全。”

五、有的常委委员提出，草案第二章规定了各领域的国家安全任务，为适应不断发展变化的情况，建议增加兜底条款。法律委员会经研究，赞成上述意见，建议增加一条，规定：“国家根据经济社会发展和国家发展利益的需要，不断完善维护国家安全的任务。”

六、草案二次审议稿第五十六条对国家安全审查监管制度作了规定。有的常委委员提出，这一条规定过于原则，建议细化。经征求国家发改委、商务部、国家安全部、国防科工局、中央军委法制局等军地有关部门的意见，考虑到国家安全审查主要针对涉外事项，对目前已有规定且实践中已开展审查工作的事项在本法中作出明确规定，为安全审查提供遵循和依据是必要的。据此，法律委员会建议将这一条修改为：“国家建立国家安全审查和监管的制度和机制，对影响或者可能影响国家安全的外商投资、特定物项和技术出口、网络信息技术产品和服务、涉及国家安全事项的建设项目，以及其他重大事项和活动，进行国家安全审查，有效预防和化解国家安全风险。”这里“其他重大事项和活动”作为兜底规定，可以为对其他有关国家安全事项进行审查提供依据。

七、有的常委会组成人员提出，草案二次审议稿对法律责任的规定比较笼统，操作性不强，建议单列“法律责任”一章；有的建议，应对国家机关工作人员不履行维护国家安全的责任和违法行为的法律责任作出规定。考虑到本法作为一部综合性、全局性、基础性的法律，涉及领域广泛，在本法中对违反国家安全的行为追究法律责任可以作出原则性规定，但具体的法律责任还需要通过其他法律来明确。比如，我国刑法、反间谍法等法律，都对相关违法犯罪行为追究法律责任作出了具体规定。据此，建议参照国防法在总则中对法律责任作原则规定的做法，在草案总则中规定：“国家机关工作人员在国家安全工作和涉及国家安全活动中，滥用职权、玩忽职守、徇私舞弊的，依法追究法律责任。”“任何个人和组织违反本法和有关法律，不履行维护国家安全义务或者从事危害国家安全活动的，依法追究法律责任。”

此外，还对草案二次审议稿作了一些文字修改，对有关条文的排序作了调整。

6月9日，法制工作委员会召开会议，邀请部分专家学者和中央有关部门就法律出台时机、法律实施的社会效果和影响等进行评估。总的评价是：国家安全法草案很好地贯彻落实了中央决策部署和总体国家安全观，坚持问题导向，坚持以政治安全为根本、以人民安全为宗旨，确立了国家安全的领导体制，明确了坚持总体国家安全观，走中国特色国家安全道路的指导原则，规定了维护国家安全各领域的任务、有关国家机构维护国家安全的职责、国家安全制度和保障措施以及公民、组织的义务和权利，等等。这些规定适应了当前国家安全的新形势新任务新要求，现在出台是必要的、适时的。出台国家安全法，将为维护国家安全工作提供法律制度保障，有利于加快构建国家安全体系和国家安全法律制度体系，有利于增强全民的国家安全意识，形成维护国家安全的整体合力，也将为在国际上开展安全交流对话提供法律依据和平台。有的与会人员还对草案提出了一些具体修改意见，法律委员会、法制工作委员会进行了认真研究。

草案三次审议稿已按上述意见作了修改，法律委员会建议提请本次常委会会议审议通过。

草案三次审议稿和以上报告是否妥当，请审议。

全国人民代表大会法律委员会关于《中华人民共和国国家安全法（草案三次审议稿）》修改意见的报告

——2015 年 6 月 30 日在第十二届全国人民
代表大会常务委员会第十五次会议上

全国人民代表大会常务委员会：

本次常委会会议于 6 月 25 日上午对国家安全法（草案三次审议稿）进行了分组审议。普遍认为，草案已经比较成熟，建议进一步修改后，提请本次会议通过。同时，有些常委会组成人员还提出了一些修改意见。法律委员会于 6 月 28 日下午召开会议，逐条研究常委会组成人员的审议意见，对草案进行了认真审议。中央国家安全委员会办公室、国务院法制办公室的负责同志列席了会议。法律委员会认为，草案是可行的，同时提出以下修改意见：

一、草案三次审议稿第十四条规定了设立全民国家安全教育日，同时规定“国家通过多种形式开展国家安全宣传教育活动”。有的常委委员提出，开展国家安全教育是一项经常性的工作，不是只在国家安全教育日这一天才做，建议对此作修改。法律委员会经研究，考虑到国家安全宣传教育问题在本法第七十六条中作了规定，据此建议将这一句移至第七十六条，修改为：

“国家加强国家安全新闻宣传和舆论引导，通过多种形式开展国家安全宣传教育活动，将国家安全教育纳入国民教育体系和公务员教育培训体系，增强全民国家安全意识。”

二、草案三次审议稿第十八条中规定了开展国际军事安全合作，实施维护国家安全的海外军事行动。有的常委会组成人员提出，随着国际安全合作的深化和国家利益的拓展，我国实施了包括参加联合国维和行动、国际灾难救援、海上护航等海外军事行动，为世界和平和国际安全作出了重大贡献，建议在此把这些海外军事行动具体列出来。也有的委员提出对这一表述可再作推敲。法律委员会经研究，并同中央国安办和军地有关部门沟通，建议将这一条中“实施维护国家安全的海外军事行动”修改为“实施联合国维和、国际救援、海上护航和维护国家海外利益的军事行动”。

三、草案三次审议稿第二十三条规定了文化安全。有的常委委员提出，社会主义核心价值观是凝聚全社会共识的思想道德基础，草案仅强调加强社会主义核心价值观的教育和宣传还不够，还应当强调积极践行，真正使之成为人们的精神追求和自觉行动。有的委员还对一些表述提出了修改意见。法律委员会经研究，建议将这一条修改为：“国家坚持社会主义先进文化前进方向，继承和弘扬中华民族优秀传统文化，培育和践行社会主义核心价值观，防范和抵制不良文化的影响，掌握意识形态领域主导权，增强文化整体实力和竞争力。”

四、草案三次审议稿第二十九条规定了社会安全。一些常委会组成人员提出，目前包括重大传染病疫情在内的公共卫生安全问题已经成为威胁国家安全的重要因素，建议在本法中作出明确规定。法律委员会经研究，建议将这一条中的“妥善处置各类影响国家安全和社会稳定的突发事件”修改为“妥善处置公共卫生、社会安全等影响国家安全和社会稳定的突发事件”。

五、草案三次审议稿第五十七条规定了国家安全风险预警制度。有的常委委员、全国人大代表和有的部门提出，对国家安全风险进行监测是及时、准确预警的前提和基础性工作，也是一项制度，建议对此予以明确。法律委员会经研究，建议在这一条“国家健全国家安全风险预警制度”中的“预警”前增加“监测”两个字。

六、草案三次审议稿第五十九条在国家安全审查事项中规定了“特定物项和技术出口”一项。有些常委会组成人员提出，对一些特定物项和技术的进口也应当进行国家安全审查；还有的委员提出，这里需要进行国家安全审查的技术通常都是对国家安全有影响的关键技术，建议将“特定物项和技术出口”改为“特定物项和关键技术”。法律委员会经研究，建议采纳这一意见。

此外，根据常委会组成人员的审议意见，还对草案三次审议稿作了一些文字修改。

草案建议表决稿已按上述意见作了修改，法律委员会建议本次常委会会议通过。

草案建议表决稿和以上报告是否妥当，请审议。

中华人民共和国国防法

（1997年3月14日第八届全国人民代表大会第五次会议通过　根据2009年8月27日第十一届全国人民代表大会常务委员会第十次会议《关于修改部分法律的决定》修正　2020年12月26日第十三届全国人民代表大会常务委员会第二十四次会议修订　2020年12月26日中华人民共和国主席令第67号公布　自2021年1月1日起施行）

目　录

第一章　总　　则

第一条　为了建设和巩固国防，保障改革开放和社会主义现代化建设的顺利进行，实现中华民族伟大复兴，根据宪法，制定本法。

第二条　国家为防备和抵抗侵略，制止武装颠覆和分裂，保卫国家主权、统一、领土完整、安全和发展利益所进行的军事活动，以及与军事有关的政治、经济、外交、科技、教育等方面的活动，适用本法。

第三条　国防是国家生存与发展的安全保障。

国家加强武装力量建设，加强边防、海防、空防和其他重大安全领域防卫建设，发展国防科研生产，普及全民国防教育，完善国防动员体系，实现国防现代化。

第四条　国防活动坚持以马克思列宁主义、毛泽东思想、邓小平理论、“三个代表”重要思想、科学发展观、习近平新时代中国特色社会主义思想为指导，贯彻习近平强军思想，坚持总体国家安全观，贯彻新时代军事战略方针，建设与我国国际地位相称、与国家安全和发展利益相适应的巩固国防和强大武装力量。

第五条　国家对国防活动实行统一的领导。

第六条　中华人民共和国奉行防御性国防政策，独立自主、自力更生地建设和巩固国防，实行积极防御，坚持全民国防。

国家坚持经济建设和国防建设协调、平衡、兼容发展，依法开展国防活动，加快国防和军队现代化，实现富国和强军相统一。

第七条　保卫祖国、抵抗侵略是中华人民共和国每一个公民的神圣职责。

中华人民共和国公民应当依法履行国防义务。

一切国家机关和武装力量、各政党和各人民团体、企业事业组织、社会组织和其他组织，都应当支持和依法参与国防建设，履行国防职责，完成国防任务。

第八条 国家和社会尊重、优待军人，保障军人的地位和合法权益，开展各种形式的拥军优属活动，让军人成为全社会尊崇的职业。

中国人民解放军和中国人民武装警察部队开展拥政爱民活动，巩固军政军民团结。

第九条 中华人民共和国积极推进国际军事交流与合作，维护世界和平，反对侵略扩张行为。

第十条 对在国防活动中作出贡献的组织和个人，依照有关法律、法规的规定给予表彰和奖励。

第十一条 任何组织和个人违反本法和有关法律，拒绝履行国防义务或者危害国防利益的，依法追究法律责任。

公职人员在国防活动中，滥用职权、玩忽职守、徇私舞弊的，依法追究法律责任。

第二章 国家机构的国防职权

第十二条 全国人民代表大会依照宪法规定，决定战争和和平的问题，并行使宪法规定的国防方面的其他职权。

全国人民代表大会常务委员会依照宪法规定，决定战争状态的宣布，决定全国总动员或者局部动员，并行使宪法规定的国防方面的其他职权。

第十三条 中华人民共和国主席根据全国人民代表大会的决定和全国人民代表大会常务委员会的决定，宣布战争状态，发布动员令，并行使宪法规定的国防方面的其他职权。

第十四条 国务院领导和管理国防建设事业，行使下列职权：

（一）编制国防建设的有关发展规划和计划；

（二）制定国防建设方面的有关政策和行政法规；

（三）领导和管理国防科研生产；

（四）管理国防经费和国防资产；

（五）领导和管理国民经济动员工作和人民防空、国防交通等方面的建设和组织实施工作；

（六）领导和管理拥军优属工作和退役军人保障工作；

（七）与中央军事委员会共同领导民兵的建设，征兵工作，边防、海防、空防和其他重大安全领域防卫的管理工作；

（八）法律规定的与国防建设事业有关的其他职权。

第十五条 中央军事委员会领导全国武装力量，行使下列职权：

（一）统一指挥全国武装力量；

（二）决定军事战略和武装力量的作战方针；

（三）领导和管理中国人民解放军、中国人民武装警察部队的建设，制定规划、计划并组织实施；

（四）向全国人民代表大会或者全国人民代表大会常务委员会提出议案；

（五）根据宪法和法律，制定军事法规，发布决定和命令；

（六）决定中国人民解放军、中国人民武装警察部队的体制和编制，规定中央军事委员会机关部门、战区、军兵种和中国人民武装警察部队等单位的任务和职责；

（七）依照法律、军事法规的规定，任免、培训、考核和奖惩武装力量成员；

（八）决定武装力量的武器装备体制，制定武器装备发展规划、计划，协同国务院领导和管理国防科研生产；

（九）会同国务院管理国防经费和国防资产；

（十）领导和管理人民武装动员、预备役工作；

（十一）组织开展国际军事交流与合作；

（十二）法律规定的其他职权。

第十六条 中央军事委员会实行主席负责制。

第十七条 国务院和中央军事委员会建立协调机制，解决国防事务的重大问题。

中央国家机关与中央军事委员会机关有关部门可以根据情况召开会议，协调解决有关国防事务的问题。

第十八条 地方各级人民代表大会和县级以上地方各级人民代表大会常务委员会在本行政区域内，保证有关国防事务的法律、法规的遵守和执行。

地方各级人民政府依照法律规定的权限，管理本行政区域内的征兵、民兵、国民经济动员、人民防空、国防交通、国防设施保护，以及退役军人保障和拥军优属等工作。

第十九条 地方各级人民政府和驻地军事机关根据需要召开军地联席会议，协调解决本行政区域内有关国防事务的问题。

军地联席会议由地方人民政府的负责人和驻地军事机关的负责人共同召集。军地联席会议的参加人员由会议召集人确定。

军地联席会议议定的事项，由地方人民政府和驻地军事机关根据各自职责和任务分工办理，重大事项应当分别向上级报告。

第三章 武装力量

第二十条 中华人民共和国的武装力量属于人民。它的任务是巩固国防，抵抗侵略，保卫祖国，保卫人民的和平劳动，参加国家建设事业，全心全意为人民服务。

第二十一条 中华人民共和国的武装力量受中国共产党领导。武装力量中的中国共产党组织依照中国共产党章程进行活动。

第二十二条 中华人民共和国的武装力量，由中国人民解放军、中国人民武装警察部队、民兵组成。

中国人民解放军由现役部队和预备役部队组成，在新时代的使命任务是为巩固中国共产党领导和社会主义制度，为捍卫国家主权、统一、领土完整，为维护国家海外利益，为促进世界和平与发展，提供战略支撑。现役部队是国家的常备军，主要担负防卫作战任务，按照规定执行非战争军事行动任务。预备役部队按照规定进行军事训练、执行防卫作战任务和非战争军事行动任务；根据国家发布的动员令，由中央军事委员会下达命令转为现役部队。

中国人民武装警察部队担负执勤、处置突发社会安全事件、防范和处置恐怖活动、海上维权执法、抢险救援和防卫作战以及中央军事委员会赋予的其他任务。

民兵在军事机关的指挥下，担负战备勤务、执行非战争军事行动任务和防卫作战任务。

第二十三条 中华人民共和国的武装力量必须遵守宪法和法律。

第二十四条 中华人民共和国武装力量建设坚持走中国特色强军之路，坚持政治建军、改革强军、科技强军、人才强军、依法治军，加强军事训练，开展政治工作，提高保障水平，全面推进军事理论、军队组织形态、军事人员和武器装备现代化，构建中国特色现代作战体系，全面提高战斗力，努力实现党在新时代的强军目标。

第二十五条 中华人民共和国武装力量的规模应当与保卫国家主权、安全、发展利益的需要相适应。

第二十六条 中华人民共和国的兵役分为现役和预备役。军人和预备役人员的服役制度由法律规定。

中国人民解放军、中国人民武装警察部队依照法律规定实行衔级制度。

第二十七条 中国人民解放军、中国人民武装警察部队在规定岗位实行文职人员制度。

第二十八条 中国人民解放军军旗、军徽是中国人民解放军的象征和标志。中国人民武装警察部队旗、徽是中国人民武装警察部队的象征和标志。

公民和组织应当尊重中国人民解放军军旗、军徽和中国人民武装警察部队旗、徽。

中国人民解放军军旗、军徽和中国人民武装警察部队旗、徽的图案、样式以及使用管理办法由中央军事委员会规定。

第二十九条 国家禁止任何组织或者个人非法建立武装组织，禁止非法武装活动，禁止冒充军人或者武装力量组织。

第四章 边防、海防、空防和其他重大安全领域防卫

第三十条 中华人民共和国的领陆、领水、领空神圣不可侵

犯。国家建设强大稳固的现代边防、海防和空防，采取有效的防卫和管理措施，保卫领陆、领水、领空的安全，维护国家海洋权益。

国家采取必要的措施，维护在太空、电磁、网络空间等其他重大安全领域的活动、资产和其他利益的安全。

第三十一条 中央军事委员会统一领导边防、海防、空防和其他重大安全领域的防卫工作。

中央国家机关、地方各级人民政府和有关军事机关，按照规定的职权范围，分工负责边防、海防、空防和其他重大安全领域的管理和防卫工作，共同维护国家的安全和利益。

第三十二条 国家根据边防、海防、空防和其他重大安全领域防卫的需要，加强防卫力量建设，建设作战、指挥、通信、测控、导航、防护、交通、保障等国防设施。各级人民政府和军事机关应当依照法律、法规的规定，保障国防设施的建设，保护国防设施的安全。

第五章　国防科研生产和军事采购

第三十三条 国家建立和完善国防科技工业体系，发展国防科研生产，为武装力量提供性能先进、质量可靠、配套完善、便于操作和维修的武器装备以及其他适用的军用物资，满足国防需要。

第三十四条 国防科技工业实行军民结合、平战结合、军品优先、创新驱动、自主可控的方针。

国家统筹规划国防科技工业建设，坚持国家主导、分工协作、专业配套、开放融合，保持规模适度、布局合理的国防科研生产能力。

第三十五条 国家充分利用全社会优势资源，促进国防科学技术进步，加快技术自主研发，发挥高新技术在武器装备发展中的先导作用，增加技术储备，完善国防知识产权制度，促进国防科技成果转化，推进科技资源共享和协同创新，提高国防科研能力和武器装备技术水平。

第三十六条 国家创造有利的环境和条件，加强国防科学技术人才培养，鼓励和吸引优秀人才进入国防科研生产领域，激发人才创新活力。

国防科学技术工作者应当受到全社会的尊重。国家逐步提高国防科学技术工作者的待遇，保护其合法权益。

第三十七条 国家依法实行军事采购制度，保障武装力量所需武器装备和物资、工程、服务的采购供应。

第三十八条 国家对国防科研生产实行统一领导和计划调控；注重发挥市场机制作用，推进国防科研生产和军事采购活动公平竞争。

国家为承担国防科研生产任务和接受军事采购的组织和个人依法提供必要的保障条件和优惠政策。地方各级人民政府应当依法对承担国防科研生产任务和接受军事采购的组织和个人给予协助和支持。

承担国防科研生产任务和接受军事采购的组织和个人应当保守秘密，及时高效完成任务，保证质量，提供相应的服务保障。

国家对供应武装力量的武器装备和物资、工程、服务，依法实行质量责任追究制度。

第六章　国防经费和国防资产

第三十九条　国家保障国防事业的必要经费。国防经费的增长应当与国防需求和国民经济发展水平相适应。

国防经费依法实行预算管理。

第四十条　国家为武装力量建设、国防科研生产和其他国防建设直接投入的资金、划拨使用的土地等资源，以及由此形成的用于国防目的的武器装备和设备设施、物资器材、技术成果等属于国防资产。

国防资产属于国家所有。

第四十一条　国家根据国防建设和经济建设的需要，确定国防资产的规模、结构和布局，调整和处分国防资产。

国防资产的管理机构和占有、使用单位，应当依法管理国防资产，充分发挥国防资产的效能。

第四十二条　国家保护国防资产不受侵害，保障国防资产的安全、完整和有效。

禁止任何组织或者个人破坏、损害和侵占国防资产。未经国务院、中央军事委员会或者国务院、中央军事委员会授权的机构批准，国防资产的占有、使用单位不得改变国防资产用于国防的目的。国防资产中的技术成果，在坚持国防优先、确保安全的前提下，可以根据国家有关规定用于其他用途。

国防资产的管理机构或者占有、使用单位对不再用于国防目的的国防资产，应当按照规定报批，依法改作其他用途或者进行处置。

第七章 国防教育

第四十三条 国家通过开展国防教育，使全体公民增强国防观念、强化忧患意识、掌握国防知识、提高国防技能、发扬爱国主义精神，依法履行国防义务。

普及和加强国防教育是全社会的共同责任。

第四十四条 国防教育贯彻全民参与、长期坚持、讲求实效的方针，实行经常教育与集中教育相结合、普及教育与重点教育相结合、理论教育与行为教育相结合的原则。

第四十五条 国防教育主管部门应当加强国防教育的组织管理，其他有关部门应当按照规定的职责做好国防教育工作。

军事机关应当支持有关机关和组织开展国防教育工作，依法提供有关便利条件。

一切国家机关和武装力量、各政党和各人民团体、企业事业组织、社会组织和其他组织，都应当组织本地区、本部门、本单位开展国防教育。

学校的国防教育是全民国防教育的基础。各级各类学校应当设置适当的国防教育课程，或者在有关课程中增加国防教育的内容。普通高等学校和高中阶段学校应当按照规定组织学生军事训练。

公职人员应当积极参加国防教育，提升国防素养，发挥在全民国防教育中的模范带头作用。

第四十六条 各级人民政府应当将国防教育纳入国民经济和社会发展计划，保障国防教育所需的经费。

第八章　国防动员和战争状态

第四十七条　中华人民共和国的主权、统一、领土完整、安全和发展利益遭受威胁时，国家依照宪法和法律规定，进行全国总动员或者局部动员。

第四十八条　国家将国防动员准备纳入国家总体发展规划和计划，完善国防动员体制，增强国防动员潜力，提高国防动员能力。

第四十九条　国家建立战略物资储备制度。战略物资储备应当规模适度、储存安全、调用方便、定期更换，保障战时的需要。

第五十条　国家国防动员领导机构、中央国家机关、中央军事委员会机关有关部门按照职责分工，组织国防动员准备和实施工作。

一切国家机关和武装力量、各政党和各人民团体、企业事业组织、社会组织、其他组织和公民，都必须依照法律规定完成国防动员准备工作；在国家发布动员令后，必须完成规定的国防动员任务。

第五十一条　国家根据国防动员需要，可以依法征收、征用组织和个人的设备设施、交通工具、场所和其他财产。

县级以上人民政府对被征收、征用者因征收、征用所造成的直接经济损失，按照国家有关规定给予公平、合理的补偿。

第五十二条　国家依照宪法规定宣布战争状态，采取各种措施集中人力、物力和财力，领导全体公民保卫祖国、抵抗侵略。

第九章　公民、组织的国防义务和权利

第五十三条　依照法律服兵役和参加民兵组织是中华人民共和国公民的光荣义务。

各级兵役机关和基层人民武装机构应当依法办理兵役工作，按照国务院和中央军事委员会的命令完成征兵任务，保证兵员质量。有关国家机关、人民团体、企业事业组织、社会组织和其他组织，应当依法完成民兵和预备役工作，协助完成征兵任务。

第五十四条　企业事业组织和个人承担国防科研生产任务或者接受军事采购，应当按照要求提供符合质量标准的武器装备或者物资、工程、服务。

企业事业组织和个人应当按照国家规定在与国防密切相关的建设项目中贯彻国防要求，依法保障国防建设和军事行动的需要。车站、港口、机场、道路等交通设施的管理、运营单位应当为军人和军用车辆、船舶的通行提供优先服务，按照规定给予优待。

第五十五条　公民应当接受国防教育。

公民和组织应当保护国防设施，不得破坏、危害国防设施。

公民和组织应当遵守保密规定，不得泄露国防方面的国家秘密，不得非法持有国防方面的秘密文件、资料和其他秘密物品。

第五十六条　公民和组织应当支持国防建设，为武装力量的军事训练、战备勤务、防卫作战、非战争军事行动等活动提供便利条件或者其他协助。

国家鼓励和支持符合条件的公民和企业投资国防事业，保障投资者的合法权益并依法给予政策优惠。

第五十七条 公民和组织有对国防建设提出建议的权利，有对危害国防利益的行为进行制止或者检举的权利。

第五十八条 民兵、预备役人员和其他公民依法参加军事训练，担负战备勤务、防卫作战、非战争军事行动等任务时，应当履行自己的职责和义务；国家和社会保障其享有相应的待遇，按照有关规定对其实行抚恤优待。

公民和组织因国防建设和军事活动在经济上受到直接损失的，可以依照国家有关规定获得补偿。

第十章 军人的义务和权益

第五十九条 军人必须忠于祖国，忠于中国共产党，履行职责，英勇战斗，不怕牺牲，捍卫祖国的安全、荣誉和利益。

第六十条 军人必须模范地遵守宪法和法律，遵守军事法规，执行命令，严守纪律。

第六十一条 军人应当发扬人民军队的优良传统，热爱人民，保护人民，积极参加社会主义现代化建设，完成抢险救灾等任务。

第六十二条 军人应当受到全社会的尊崇。

国家建立军人功勋荣誉表彰制度。

国家采取有效措施保护军人的荣誉、人格尊严，依照法律规定对军人的婚姻实行特别保护。

军人依法履行职责的行为受法律保护。

第六十三条 国家和社会优待军人。

国家建立与军事职业相适应、与国民经济发展相协调的军人待遇保障制度。

第六十四条 国家建立退役军人保障制度，妥善安置退役军人，维护退役军人的合法权益。

第六十五条 国家和社会抚恤优待残疾军人，对残疾军人的生活和医疗依法给予特别保障。

因战、因公致残或者致病的残疾军人退出现役后，县级以上人民政府应当及时接收安置，并保障其生活不低于当地的平均生活水平。

第六十六条 国家和社会优待军人家属，抚恤优待烈士家属和因公牺牲、病故军人的家属。

第十一章 对外军事关系

第六十七条 中华人民共和国坚持互相尊重主权和领土完整、互不侵犯、互不干涉内政、平等互利、和平共处五项原则，维护以联合国为核心的国际体系和以国际法为基础的国际秩序，坚持共同、综合、合作、可持续的安全观，推动构建人类命运共同体，独立自主地处理对外军事关系，开展军事交流与合作。

第六十八条 中华人民共和国遵循以联合国宪章宗旨和原则为基础的国际关系基本准则，依照国家有关法律运用武装力量，保护海外中国公民、组织、机构和设施的安全，参加联合国维和、国际救援、海上护航、联演联训、打击恐怖主义等活动，履行国际安全义务，维护国家海外利益。

第六十九条 中华人民共和国支持国际社会实施的有利于维护世界和地区和平、安全、稳定的与军事有关的活动，支持国际社会为公正合理地解决国际争端以及国际军备控制、裁军和防扩散所做的努力，参与安全领域多边对话谈判，推动制定普遍接受、公正合理的国际规则。

第七十条　中华人民共和国在对外军事关系中遵守同外国、国际组织缔结或者参加的有关条约和协定。

第十二章　附　则

第七十一条　本法所称军人，是指在中国人民解放军服现役的军官、军士、义务兵等人员。

本法关于军人的规定，适用于人民武装警察。

第七十二条　中华人民共和国特别行政区的防务，由特别行政区基本法和有关法律规定。

第七十三条　本法自 2021 年 1 月 1 日起施行。

中华人民共和国反间谍法

（2014 年 11 月 1 日第十二届全国人民代表大会常务委员会第十一次会议通过　2014 年 11 月 1 日中华人民共和国主席令第 16 号公布　自公布之日起施行）

目　录

第一章　总　　则

第一条　为了防范、制止和惩治间谍行为，维护国家安全，根据宪法，制定本法。

第二条　反间谍工作坚持中央统一领导，坚持公开工作与秘密工作相结合、专门工作与群众路线相结合、积极防御、依法惩治的原则。

第三条　国家安全机关是反间谍工作的主管机关。

公安、保密行政管理等其他有关部门和军队有关部门按照职责分工，密切配合，加强协调，依法做好有关工作。

第四条 中华人民共和国公民有维护国家的安全、荣誉和利益的义务，不得有危害国家的安全、荣誉和利益的行为。

一切国家机关和武装力量、各政党和各社会团体及各企业事业组织，都有防范、制止间谍行为，维护国家安全的义务。

国家安全机关在反间谍工作中必须依靠人民的支持，动员、组织人民防范、制止危害国家安全的间谍行为。

第五条 反间谍工作应当依法进行，尊重和保障人权，保障公民和组织的合法权益。

第六条 境外机构、组织、个人实施或者指使、资助他人实施的，或者境内机构、组织、个人与境外机构、组织、个人相勾结实施的危害中华人民共和国国家安全的间谍行为，都必须受到法律追究。

第七条 国家对支持、协助反间谍工作的组织和个人给予保护，对有重大贡献的给予奖励。

第二章　国家安全机关在反间谍工作中的职权

第八条 国家安全机关在反间谍工作中依法行使侦查、拘留、预审和执行逮捕以及法律规定的其他职权。

第九条 国家安全机关的工作人员依法执行任务时，依照规定出示相应证件，有权查验中国公民或者境外人员的身份证明，向有关组织和人员调查、询问有关情况。

第十条 国家安全机关的工作人员依法执行任务时，依照规定出示相应证件，可以进入有关场所、单位；根据国家有关规定，经过批准，出示相应证件，可以进入限制进入的有关地区、场所、单位，查阅或者调取有关的档案、资料、物品。

第十一条 国家安全机关的工作人员在依法执行紧急任务的情况下，经出示相应证件，可以优先乘坐公共交通工具，遇交通阻碍时，优先通行。

国家安全机关因反间谍工作需要，按照国家有关规定，可以优先使用或者依法征用机关、团体、企业事业组织和个人的交通工具、通信工具、场地和建筑物，必要时，可以设置相关工作场所和设备、设施，任务完成后应当及时归还或者恢复原状，并依照规定支付相应费用；造成损失的，应当补偿。

第十二条 国家安全机关因侦察间谍行为的需要，根据国家有关规定，经过严格的批准手续，可以采取技术侦察措施。

第十三条 国家安全机关因反间谍工作需要，可以依照规定查验有关组织和个人的电子通信工具、器材等设备、设施。查验中发现存在危害国家安全情形的，国家安全机关应当责令其整改；拒绝整改或者整改后仍不符合要求的，可以予以查封、扣押。

对依照前款规定查封、扣押的设备、设施，在危害国家安全的情形消除后，国家安全机关应当及时解除查封、扣押。

第十四条 国家安全机关因反间谍工作需要，根据国家有关规定，可以提请海关、边防等检查机关对有关人员和资料、器材免检。有关检查机关应当予以协助。

第十五条 国家安全机关对用于间谍行为的工具和其他财物，以及用于资助间谍行为的资金、场所、物资，经设区的市级以上国家安全机关负责人批准，可以依法查封、扣押、冻结。

第十六条 国家安全机关根据反间谍工作需要，可以会同有关部门制定反间谍技术防范标准，指导有关部门落实反间谍技术防范措施，对存在隐患的部门，经过严格的批准手续，可以进行反间谍技术防范检查和检测。

第十七条 国家安全机关及其工作人员在工作中，应当严格依法办事，不得超越职权、滥用职权，不得侵犯组织和个人的合法权益。

国家安全机关及其工作人员依法履行反间谍工作职责获取的组织和个人的信息、材料，只能用于反间谍工作。对属于国家秘密、商业秘密和个人隐私的，应当保密。

第十八条 国家安全机关工作人员依法执行职务受法律保护。

第三章 公民和组织的义务和权利

第十九条 机关、团体和其他组织应当对本单位的人员进行维护国家安全的教育，动员、组织本单位的人员防范、制止间谍行为。

第二十条 公民和组织应当为反间谍工作提供便利或者其他协助。

因协助反间谍工作，本人或者其近亲属的人身安全面临危险的，可以向国家安全机关请求予以保护。国家安全机关应当会同有关部门依法采取保护措施。

第二十一条 公民和组织发现间谍行为，应当及时向国家安全机关报告；向公安机关等其他国家机关、组织报告的，相关国家机关、组织应当立即移送国家安全机关处理。

第二十二条 在国家安全机关调查了解有关间谍行为的情况、收集有关证据时，有关组织和个人应当如实提供，不得拒绝。

第二十三条 任何公民和组织都应当保守所知悉的有关反间谍工作的国家秘密。

第二十四条 任何个人和组织都不得非法持有属于国家秘密的文件、资料和其他物品。

第二十五条 任何个人和组织都不得非法持有、使用间谍活动特殊需要的专用间谍器材。专用间谍器材由国务院国家安全主管部门依照国家有关规定确认。

第二十六条 任何个人和组织对国家安全机关及其工作人员超越职权、滥用职权和其他违法行为，都有权向上级国家安全机关或者有关部门检举、控告。受理检举、控告的国家安全机关或者有关部门应当及时查清事实，负责处理，并将处理结果及时告知检举人、控告人。

对协助国家安全机关工作或者依法检举、控告的个人和组织，任何个人和组织不得压制和打击报复。

第四章 法律责任

第二十七条 境外机构、组织、个人实施或者指使、资助他人实施，或者境内机构、组织、个人与境外机构、组织、个人相勾结实施间谍行为，构成犯罪的，依法追究刑事责任。

实施间谍行为，有自首或者立功表现的，可以从轻、减轻或者免除处罚；有重大立功表现的，给予奖励。

第二十八条 在境外受胁迫或者受诱骗参加敌对组织、间谍组织，从事危害中华人民共和国国家安全的活动，及时向中华人民共和国驻外机构如实说明情况，或者入境后直接或者通过所在单位及时向国家安全机关、公安机关如实说明情况，并有悔改表现的，可以不予追究。

第二十九条 明知他人有间谍犯罪行为，在国家安全机关向其调查有关情况、收集有关证据时，拒绝提供的，由其所在单位或者上级主管部门予以处分，或者由国家安全机关处十五日以下行政拘留；构成犯罪的，依法追究刑事责任。

第三十条 以暴力、威胁方法阻碍国家安全机关依法执行任务的，依法追究刑事责任。

故意阻碍国家安全机关依法执行任务，未使用暴力、威胁方法，造成严重后果的，依法追究刑事责任；情节较轻的，由国家安全机关处十五日以下行政拘留。

第三十一条 泄露有关反间谍工作的国家秘密的，由国家安全机关处十五日以下行政拘留；构成犯罪的，依法追究刑事责任。

第三十二条 对非法持有属于国家秘密的文件、资料和其他物品的，以及非法持有、使用专用间谍器材的，国家安全机关可以依法对其人身、物品、住处和其他有关的地方进行搜查；对其非法持有的属于国家秘密的文件、资料和其他物品，以及非法持有、使用的专用间谍器材予以没收。非法持有属于国家秘密的文件、资料和其他物品，构成犯罪的，依法追究刑事责任；尚不构成犯罪的，由国家安全机关予以警告或者处十五日以下行政拘留。

第三十三条 隐藏、转移、变卖、损毁国家安全机关依法查封、扣押、冻结的财物的，或者明知是间谍活动的涉案财物而窝藏、转移、收购、代为销售或者以其他方法掩饰、隐瞒的，由国家安全机关追回。构成犯罪的，依法追究刑事责任。

第三十四条 境外人员违反本法的，可以限期离境或者驱逐出境。

第三十五条 当事人对行政处罚决定、行政强制措施决定不服的，可以自接到决定书之日起六十日内，向作出决定的上一级机关申请复议；对复议决定不服的，可以自接到复议决定书之日起十五日内向人民法院提起诉讼。

第三十六条 国家安全机关对依照本法查封、扣押、冻结的财物，应当妥善保管，并按照下列情形分别处理：

（一）涉嫌犯罪的，依照刑事诉讼法的规定处理；

（二）尚不构成犯罪，有违法事实的，对依法应当没收的予以没收，依法应当销毁的予以销毁；

（三）没有违法事实的，或者与案件无关的，应当解除查封、扣押、冻结，并及时返还相关财物；造成损失的，应当依法赔偿。

国家安全机关没收的财物，一律上缴国库。

第三十七条 国家安全机关工作人员滥用职权、玩忽职守、徇私舞弊，构成犯罪的，或者有非法拘禁、刑讯逼供、暴力取证、违反规定泄露国家秘密、商业秘密和个人隐私等行为，构成犯罪的，依法追究刑事责任。

第五章　附　　则

第三十八条 本法所称间谍行为，是指下列行为：

（一）间谍组织及其代理人实施或者指使、资助他人实施，或者境内外机构、组织、个人与其相勾结实施的危害中华人民共和国国家安全的活动；

（二）参加间谍组织或者接受间谍组织及其代理人的任务的；

（三）间谍组织及其代理人以外的其他境外机构、组织、个人实施或者指使、资助他人实施，或者境内机构、组织、个人与其相勾结实施的窃取、刺探、收买或者非法提供国家秘密或者情报，或者策动、引诱、收买国家工作人员叛变的活动；

（四）为敌人指示攻击目标的；

（五）进行其他间谍活动的。

第三十九条 国家安全机关、公安机关依照法律、行政法规和国家有关规定，履行防范、制止和惩治间谍行为以外的其他危害国家安全行为的职责，适用本法的有关规定。

第四十条 本法自公布之日起施行。1993 年 2 月 22 日第七届全国人民代表大会常务委员会第三十次会议通过的《中华人民共和国国家安全法》同时废止。

中华人民共和国反恐怖主义法

（2015年12月27日第十二届全国人民代表大会常务委员会第十八次会议通过　根据2018年4月27日第十三届全国人民代表大会常务委员会第二次会议《关于修改〈中华人民共和国国境卫生检疫法〉等六部法律的决定》修正）

目　录

第一章　总　　则

第一条　为了防范和惩治恐怖活动，加强反恐怖主义工作，维护国家安全、公共安全和人民生命财产安全，根据宪法，制定本法。

第二条 国家反对一切形式的恐怖主义，依法取缔恐怖活动组织，对任何组织、策划、准备实施、实施恐怖活动，宣扬恐怖主义，煽动实施恐怖活动，组织、领导、参加恐怖活动组织，为恐怖活动提供帮助的，依法追究法律责任。

国家不向任何恐怖活动组织和人员作出妥协，不向任何恐怖活动人员提供庇护或者给予难民地位。

第三条 本法所称恐怖主义，是指通过暴力、破坏、恐吓等手段，制造社会恐慌、危害公共安全、侵犯人身财产，或者胁迫国家机关、国际组织，以实现其政治、意识形态等目的的主张和行为。

本法所称恐怖活动，是指恐怖主义性质的下列行为：

（一）组织、策划、准备实施、实施造成或者意图造成人员伤亡、重大财产损失、公共设施损坏、社会秩序混乱等严重社会危害的活动的；

（二）宣扬恐怖主义，煽动实施恐怖活动，或者非法持有宣扬恐怖主义的物品，强制他人在公共场所穿戴宣扬恐怖主义的服饰、标志的；

（三）组织、领导、参加恐怖活动组织的；

（四）为恐怖活动组织、恐怖活动人员、实施恐怖活动或者恐怖活动培训提供信息、资金、物资、劳务、技术、场所等支持、协助、便利的；

（五）其他恐怖活动。

本法所称恐怖活动组织，是指三人以上为实施恐怖活动而组成的犯罪组织。

本法所称恐怖活动人员，是指实施恐怖活动的人和恐怖活动组织的成员。

本法所称恐怖事件，是指正在发生或者已经发生的造成或者可能造成重大社会危害的恐怖活动。

第四条 国家将反恐怖主义纳入国家安全战略，综合施策，标本兼治，加强反恐怖主义的能力建设，运用政治、经济、法律、文化、教育、外交、军事等手段，开展反恐怖主义工作。

国家反对一切形式的以歪曲宗教教义或者其他方法煽动仇恨、煽动歧视、鼓吹暴力等极端主义，消除恐怖主义的思想基础。

第五条 反恐怖主义工作坚持专门工作与群众路线相结合，防范为主、惩防结合和先发制敌、保持主动的原则。

第六条 反恐怖主义工作应当依法进行，尊重和保障人权，维护公民和组织的合法权益。

在反恐怖主义工作中，应当尊重公民的宗教信仰自由和民族风俗习惯，禁止任何基于地域、民族、宗教等理由的歧视性做法。

第七条 国家设立反恐怖主义工作领导机构，统一领导和指挥全国反恐怖主义工作。

设区的市级以上地方人民政府设立反恐怖主义工作领导机构，县级人民政府根据需要设立反恐怖主义工作领导机构，在上级反恐怖主义工作领导机构的领导和指挥下，负责本地区反恐怖主义工作。

第八条 公安机关、国家安全机关和人民检察院、人民法院、司法行政机关以及其他有关国家机关，应当根据分工，实行工作责任制，依法做好反恐怖主义工作。

中国人民解放军、中国人民武装警察部队和民兵组织依照本法和其他有关法律、行政法规、军事法规以及国务院、中央军事委员会的命令，并根据反恐怖主义工作领导机构的部署，防范和处置恐怖活动。

有关部门应当建立联动配合机制，依靠、动员村民委员会、居民委员会、企业事业单位、社会组织，共同开展反恐怖主义工作。

第九条 任何单位和个人都有协助、配合有关部门开展反恐怖主义工作的义务，发现恐怖活动嫌疑或者恐怖活动嫌疑人员的，应当及时向公安机关或者有关部门报告。

第十条 对举报恐怖活动或者协助防范、制止恐怖活动有突出贡献的单位和个人，以及在反恐怖主义工作中作出其他突出贡献的单位和个人，按照国家有关规定给予表彰、奖励。

第十一条 对在中华人民共和国领域外对中华人民共和国国家、公民或者机构实施的恐怖活动犯罪，或者实施的中华人民共和国缔结、参加的国际条约所规定的恐怖活动犯罪，中华人民共和国行使刑事管辖权，依法追究刑事责任。

第二章 恐怖活动组织和人员的认定

第十二条 国家反恐怖主义工作领导机构根据本法第三条的规定，认定恐怖活动组织和人员，由国家反恐怖主义工作领导机构的办事机构予以公告。

第十三条 国务院公安部门、国家安全部门、外交部门和省级反恐怖主义工作领导机构对于需要认定恐怖活动组织和人员的，应当向国家反恐怖主义工作领导机构提出申请。

第十四条 金融机构和特定非金融机构对国家反恐怖主义工作领导机构的办事机构公告的恐怖活动组织和人员的资金或者其他资产，应当立即予以冻结，并按照规定及时向国务院公安部门、国家安全部门和反洗钱行政主管部门报告。

第十五条 被认定的恐怖活动组织和人员对认定不服的，可以通过国家反恐怖主义工作领导机构的办事机构申请复核。国家反恐怖主义工作领导机构应当及时进行复核，作出维持或者撤销认定的决定。复核决定为最终决定。

国家反恐怖主义工作领导机构作出撤销认定的决定的，由国家反恐怖主义工作领导机构的办事机构予以公告；资金、资产已被冻结的，应当解除冻结。

第十六条 根据刑事诉讼法的规定，有管辖权的中级以上人民法院在审判刑事案件的过程中，可以依法认定恐怖活动组织和人员。对于在判决生效后需要由国家反恐怖主义工作领导机构的办事机构予以公告的，适用本章的有关规定。

第三章　安全防范

第十七条 各级人民政府和有关部门应当组织开展反恐怖主义宣传教育，提高公民的反恐怖主义意识。

教育、人力资源行政主管部门和学校、有关职业培训机构应当将恐怖活动预防、应急知识纳入教育、教学、培训的内容。

新闻、广播、电视、文化、宗教、互联网等有关单位，应当有针对性地面向社会进行反恐怖主义宣传教育。

村民委员会、居民委员会应当协助人民政府以及有关部门，加强反恐怖主义宣传教育。

第十八条 电信业务经营者、互联网服务提供者应当为公安机关、国家安全机关依法进行防范、调查恐怖活动提供技术接口和解密等技术支持和协助。

第十九条 电信业务经营者、互联网服务提供者应当依照法律、行政法规规定，落实网络安全、信息内容监督制度和安全技术防范措施，防止含有恐怖主义、极端主义内容的信息传播；发现含有恐怖主义、极端主义内容的信息的，应当立即停止传输，保存相关记录，删除相关信息，并向公安机关或者有关部门报告。

网信、电信、公安、国家安全等主管部门对含有恐怖主义、极端主义内容的信息，应当按照职责分工，及时责令有关单位停止传输、删除相关信息，或者关闭相关网站、关停相关服务。有关单位应当立即执行，并保存相关记录，协助进行调查。对互联网上跨境传输的含有恐怖主义、极端主义内容的信息，电信主管部门应当采取技术措施，阻断传播。

第二十条 铁路、公路、水上、航空的货运和邮政、快递等物流运营单位应当实行安全查验制度，对客户身份进行查验，依照规定对运输、寄递物品进行安全检查或者开封验视。对禁止运输、寄递，存在重大安全隐患，或者客户拒绝安全查验的物品，不得运输、寄递。

前款规定的物流运营单位，应当实行运输、寄递客户身份、物品信息登记制度。

第二十一条 电信、互联网、金融、住宿、长途客运、机动车租赁等业务经营者、服务提供者，应当对客户身份进行查验。对身份不明或者拒绝身份查验的，不得提供服务。

第二十二条 生产和进口单位应当依照规定对枪支等武器、

弹药、管制器具、危险化学品、民用爆炸物品、核与放射物品作出电子追踪标识，对民用爆炸物品添加安检示踪标识物。

运输单位应当依照规定对运营中的危险化学品、民用爆炸物品、核与放射物品的运输工具通过定位系统实行监控。

有关单位应当依照规定对传染病病原体等物质实行严格的监督管理，严密防范传染病病原体等物质扩散或者流入非法渠道。

对管制器具、危险化学品、民用爆炸物品，国务院有关主管部门或者省级人民政府根据需要，在特定区域、特定时间，可以决定对生产、进出口、运输、销售、使用、报废实施管制，可以禁止使用现金、实物进行交易或者对交易活动作出其他限制。

第二十三条 发生枪支等武器、弹药、危险化学品、民用爆炸物品、核与放射物品、传染病病原体等物质被盗、被抢、丢失或者其他流失的情形，案发单位应当立即采取必要的控制措施，并立即向公安机关报告，同时依照规定向有关主管部门报告。公安机关接到报告后，应当及时开展调查。有关主管部门应当配合公安机关开展工作。

任何单位和个人不得非法制作、生产、储存、运输、进出口、销售、提供、购买、使用、持有、报废、销毁前款规定的物品。公安机关发现的，应当予以扣押；其他主管部门发现的，应当予以扣押，并立即通报公安机关；其他单位、个人发现的，应当立即向公安机关报告。

第二十四条 国务院反洗钱行政主管部门、国务院有关部门、机构依法对金融机构和特定非金融机构履行反恐怖主义融资义务的情况进行监督管理。

国务院反洗钱行政主管部门发现涉嫌恐怖主义融资的，可以依法进行调查，采取临时冻结措施。

第二十五条 审计、财政、税务等部门在依照法律、行政法规的规定对有关单位实施监督检查的过程中，发现资金流入流出涉嫌恐怖主义融资的，应当及时通报公安机关。

第二十六条 海关在对进出境人员携带现金和无记名有价证券实施监管的过程中，发现涉嫌恐怖主义融资的，应当立即通报国务院反洗钱行政主管部门和有管辖权的公安机关。

第二十七条 地方各级人民政府制定、组织实施城乡规划，应当符合反恐怖主义工作的需要。

地方各级人民政府应当根据需要，组织、督促有关建设单位在主要道路、交通枢纽、城市公共区域的重点部位，配备、安装公共安全视频图像信息系统等防范恐怖袭击的技防、物防设备、设施。

第二十八条 公安机关和有关部门对宣扬极端主义，利用极端主义危害公共安全、扰乱公共秩序、侵犯人身财产、妨害社会管理的，应当及时予以制止，依法追究法律责任。

公安机关发现极端主义活动的，应当责令立即停止，将有关人员强行带离现场并登记身份信息，对有关物品、资料予以收缴，对非法活动场所予以查封。

任何单位和个人发现宣扬极端主义的物品、资料、信息的，应当立即向公安机关报告。

第二十九条 对被教唆、胁迫、引诱参与恐怖活动、极端主义活动，或者参与恐怖活动、极端主义活动情节轻微，尚不构成犯罪的人员，公安机关应当组织有关部门、村民委员会、居民委员会、所在单位、就读学校、家庭和监护人对其进行帮教。

监狱、看守所、社区矫正机构应当加强对服刑的恐怖活动罪犯和极端主义罪犯的管理、教育、矫正等工作。监狱、看守所对恐怖活动罪犯和极端主义罪犯，根据教育改造和维护监管秩序的需要，可以与普通刑事罪犯混合关押，也可以个别关押。

第三十条 对恐怖活动罪犯和极端主义罪犯被判处徒刑以上刑罚的，监狱、看守所应当在刑满释放前根据其犯罪性质、情节和社会危害程度，服刑期间的表现，释放后对所居住社区的影响等进行社会危险性评估。进行社会危险性评估，应当听取有关基层组织和原办案机关的意见。经评估具有社会危险性的，监狱、看守所应当向罪犯服刑地的中级人民法院提出安置教育建议，并将建议书副本抄送同级人民检察院。

罪犯服刑地的中级人民法院对于确有社会危险性的，应当在罪犯刑满释放前作出责令其在刑满释放后接受安置教育的决定。决定书副本应当抄送同级人民检察院。被决定安置教育的人员对决定不服的，可以向上一级人民法院申请复议。

安置教育由省级人民政府组织实施。安置教育机构应当每年对被安置教育人员进行评估，对于确有悔改表现，不致再危害社会的，应当及时提出解除安置教育的意见，报决定安置教育的中级人民法院作出决定。被安置教育人员有权申请解除安置教育。

人民检察院对安置教育的决定和执行实行监督。

第三十一条 公安机关应当会同有关部门，将遭受恐怖袭击的可能性较大以及遭受恐怖袭击可能造成重大的人身伤亡、财产损失或者社会影响的单位、场所、活动、设施等确定为防范恐怖袭击的重点目标，报本级反恐怖主义工作领导机构备案。

第三十二条 重点目标的管理单位应当履行下列职责：

（一）制定防范和应对处置恐怖活动的预案、措施，定期进行培训和演练；

（二）建立反恐怖主义工作专项经费保障制度，配备、更新防范和处置设备、设施；

（三）指定相关机构或者落实责任人员，明确岗位职责；

（四）实行风险评估，实时监测安全威胁，完善内部安全管理；

（五）定期向公安机关和有关部门报告防范措施落实情况。

重点目标的管理单位应当根据城乡规划、相关标准和实际需要，对重点目标同步设计、同步建设、同步运行符合本法第二十七条规定的技防、物防设备、设施。

重点目标的管理单位应当建立公共安全视频图像信息系统值班监看、信息保存使用、运行维护等管理制度，保障相关系统正常运行。采集的视频图像信息保存期限不得少于九十日。

对重点目标以外的涉及公共安全的其他单位、场所、活动、设施，其主管部门和管理单位应当依照法律、行政法规规定，建立健全安全管理制度，落实安全责任。

第三十三条 重点目标的管理单位应当对重要岗位人员进行安全背景审查。对有不适合情形的人员，应当调整工作岗位，并将有关情况通报公安机关。

第三十四条 大型活动承办单位以及重点目标的管理单位应当依照规定，对进入大型活动场所、机场、火车站、码头、城市轨道交通站、公路长途客运站、口岸等重点目标的人员、物品和交通工具进行安全检查。发现违禁品和管制物品，应当予以扣留并立即向公安机关报告；发现涉嫌违法犯罪人员，应当立即向公安机关报告。

第三十五条 对航空器、列车、船舶、城市轨道车辆、公共电汽车等公共交通运输工具，营运单位应当依照规定配备安保人员和相应设备、设施，加强安全检查和保卫工作。

第三十六条 公安机关和有关部门应当掌握重点目标的基础信息和重要动态，指导、监督重点目标的管理单位履行防范恐怖袭击的各项职责。

公安机关、中国人民武装警察部队应当依照有关规定对重点目标进行警戒、巡逻、检查。

第三十七条 飞行管制、民用航空、公安等主管部门应当按照职责分工，加强空域、航空器和飞行活动管理，严密防范针对航空器或者利用飞行活动实施的恐怖活动。

第三十八条 各级人民政府和军事机关应当在重点国（边）境地段和口岸设置拦阻隔离网、视频图像采集和防越境报警设施。

公安机关和中国人民解放军应当严密组织国（边）境巡逻，依照规定对抵离国（边）境前沿、进出国（边）境管理区和国（边）境通道、口岸的人员、交通运输工具、物品，以及沿海沿边地区的船舶进行查验。

第三十九条 出入境证件签发机关、出入境边防检查机关对恐怖活动人员和恐怖活动嫌疑人员，有权决定不准其出境入境、不予签发出境入境证件或者宣布其出境入境证件作废。

第四十条 海关、出入境边防检查机关发现恐怖活动嫌疑人员或者涉嫌恐怖活动物品的，应当依法扣留，并立即移送公安机关或者国家安全机关。

第四十一条 国务院外交、公安、国家安全、发展改革、工业和信息化、商务、旅游等主管部门应当建立境外投资合作、旅游等安全风险评估制度，对中国在境外的公民以及驻外机构、设施、财产加强安全保护，防范和应对恐怖袭击。

第四十二条 驻外机构应当建立健全安全防范制度和应对处置预案，加强对有关人员、设施、财产的安全保护。

第四章 情报信息

第四十三条 国家反恐怖主义工作领导机构建立国家反恐怖主义情报中心，实行跨部门、跨地区情报信息工作机制，统筹反恐怖主义情报信息工作。

有关部门应当加强反恐怖主义情报信息搜集工作，对搜集的有关线索、人员、行动类情报信息，应当依照规定及时统一归口报送国家反恐怖主义情报中心。

地方反恐怖主义工作领导机构应当建立跨部门情报信息工作机制，组织开展反恐怖主义情报信息工作，对重要的情报信息，应当及时向上级反恐怖主义工作领导机构报告，对涉及其他地方的紧急情报信息，应当及时通报相关地方。

第四十四条 公安机关、国家安全机关和有关部门应当依靠群众，加强基层基础工作，建立基层情报信息工作力量，提高反恐怖主义情报信息工作能力。

第四十五条 公安机关、国家安全机关、军事机关在其职责范围内，因反恐怖主义情报信息工作的需要，根据国家有关规定，经过严格的批准手续，可以采取技术侦察措施。

依照前款规定获取的材料，只能用于反恐怖主义应对处置和对恐怖活动犯罪、极端主义犯罪的侦查、起诉和审判，不得用于其他用途。

第四十六条 有关部门对于在本法第三章规定的安全防范工

作中获取的信息，应当根据国家反恐怖主义情报中心的要求，及时提供。

第四十七条 国家反恐怖主义情报中心、地方反恐怖主义工作领导机构以及公安机关等有关部门应当对有关情报信息进行筛查、研判、核查、监控，认为有发生恐怖事件危险，需要采取相应的安全防范、应对处置措施的，应当及时通报有关部门和单位，并可以根据情况发出预警。有关部门和单位应当根据通报做好安全防范、应对处置工作。

第四十八条 反恐怖主义工作领导机构、有关部门和单位、个人应当对履行反恐怖主义工作职责、义务过程中知悉的国家秘密、商业秘密和个人隐私予以保密。

违反规定泄露国家秘密、商业秘密和个人隐私的，依法追究法律责任。

第五章　调　查

第四十九条 公安机关接到恐怖活动嫌疑的报告或者发现恐怖活动嫌疑，需要调查核实的，应当迅速进行调查。

第五十条 公安机关调查恐怖活动嫌疑，可以依照有关法律规定对嫌疑人员进行盘问、检查、传唤，可以提取或者采集肖像、指纹、虹膜图像等人体生物识别信息和血液、尿液、脱落细胞等生物样本，并留存其签名。

公安机关调查恐怖活动嫌疑，可以通知了解有关情况的人员到公安机关或者其他地点接受询问。

第五十一条 公安机关调查恐怖活动嫌疑，有权向有关单位和个人收集、调取相关信息和材料。有关单位和个人应当如实提供。

第五十二条 公安机关调查恐怖活动嫌疑，经县级以上公安机关负责人批准，可以查询嫌疑人员的存款、汇款、债券、股票、基金份额等财产，可以采取查封、扣押、冻结措施。查封、扣押、冻结的期限不得超过二个月，情况复杂的，可以经上一级公安机关负责人批准延长一个月。

第五十三条 公安机关调查恐怖活动嫌疑，经县级以上公安机关负责人批准，可以根据其危险程度，责令恐怖活动嫌疑人员遵守下列一项或者多项约束措施：

（一）未经公安机关批准不得离开所居住的市、县或者指定的处所；

（二）不得参加大型群众性活动或者从事特定的活动；

（三）未经公安机关批准不得乘坐公共交通工具或者进入特定的场所；

（四）不得与特定的人员会见或者通信；

（五）定期向公安机关报告活动情况；

（六）将护照等出入境证件、身份证件、驾驶证件交公安机关保存。

公安机关可以采取电子监控、不定期检查等方式对其遵守约束措施的情况进行监督。

采取前两款规定的约束措施的期限不得超过三个月。对不需要继续采取约束措施的，应当及时解除。

第五十四条 公安机关经调查，发现犯罪事实或者犯罪嫌疑人的，应当依照刑事诉讼法的规定立案侦查。本章规定的有关期限届满，公安机关未立案侦查的，应当解除有关措施。

第六章 应对处置

第五十五条 国家建立健全恐怖事件应对处置预案体系。

国家反恐怖主义工作领导机构应当针对恐怖事件的规律、特点和可能造成的社会危害，分级、分类制定国家应对处置预案，具体规定恐怖事件应对处置的组织指挥体系和恐怖事件安全防范、应对处置程序以及事后社会秩序恢复等内容。

有关部门、地方反恐怖主义工作领导机构应当制定相应的应对处置预案。

第五十六条 应对处置恐怖事件，各级反恐怖主义工作领导机构应当成立由有关部门参加的指挥机构，实行指挥长负责制。反恐怖主义工作领导机构负责人可以担任指挥长，也可以确定公安机关负责人或者反恐怖主义工作领导机构的其他成员单位负责人担任指挥长。

跨省、自治区、直辖市发生的恐怖事件或者特别重大恐怖事件的应对处置，由国家反恐怖主义工作领导机构负责指挥；在省、自治区、直辖市范围内发生的涉及多个行政区域的恐怖事件或者重大恐怖事件的应对处置，由省级反恐怖主义工作领导机构负责指挥。

第五十七条 恐怖事件发生后，发生地反恐怖主义工作领导机构应当立即启动恐怖事件应对处置预案，确定指挥长。有关部门和中国人民解放军、中国人民武装警察部队、民兵组织，按照反恐怖主义工作领导机构和指挥长的统一领导、指挥，协同开展打击、控制、救援、救护等现场应对处置工作。

上级反恐怖主义工作领导机构可以对应对处置工作进行指

导，必要时调动有关反恐怖主义力量进行支援。

需要进入紧急状态的，由全国人民代表大会常务委员会或者国务院依照宪法和其他有关法律规定的权限和程序决定。

第五十八条 发现恐怖事件或者疑似恐怖事件后，公安机关应当立即进行处置，并向反恐怖主义工作领导机构报告；中国人民解放军、中国人民武装警察部队发现正在实施恐怖活动的，应当立即予以控制并将案件及时移交公安机关。

反恐怖主义工作领导机构尚未确定指挥长的，由在场处置的公安机关职级最高的人员担任现场指挥员。公安机关未能到达现场的，由在场处置的中国人民解放军或者中国人民武装警察部队职级最高的人员担任现场指挥员。现场应对处置人员无论是否属于同一单位、系统，均应当服从现场指挥员的指挥。

指挥长确定后，现场指挥员应当向其请示、报告工作或者有关情况。

第五十九条 中华人民共和国在境外的机构、人员、重要设施遭受或者可能遭受恐怖袭击的，国务院外交、公安、国家安全、商务、金融、国有资产监督管理、旅游、交通运输等主管部门应当及时启动应对处置预案。国务院外交部门应当协调有关国家采取相应措施。

中华人民共和国在境外的机构、人员、重要设施遭受严重恐怖袭击后，经与有关国家协商同意，国家反恐怖主义工作领导机构可以组织外交、公安、国家安全等部门派出工作人员赴境外开展应对处置工作。

第六十条 应对处置恐怖事件，应当优先保护直接受到恐怖活动危害、威胁人员的人身安全。

第六十一条 恐怖事件发生后，负责应对处置的反恐怖主义工作领导机构可以决定由有关部门和单位采取下列一项或者多项应对处置措施：

（一）组织营救和救治受害人员，疏散、撤离并妥善安置受到威胁的人员以及采取其他救助措施；

（二）封锁现场和周边道路，查验现场人员的身份证件，在有关场所附近设置临时警戒线；

（三）在特定区域内实施空域、海（水）域管制，对特定区域内的交通运输工具进行检查；

（四）在特定区域内实施互联网、无线电、通讯管制；

（五）在特定区域内或者针对特定人员实施出境入境管制；

（六）禁止或者限制使用有关设备、设施，关闭或者限制使用有关场所，中止人员密集的活动或者可能导致危害扩大的生产经营活动；

（七）抢修被损坏的交通、电信、互联网、广播电视、供水、排水、供电、供气、供热等公共设施；

（八）组织志愿人员参加反恐怖主义救援工作，要求具有特定专长的人员提供服务；

（九）其他必要的应对处置措施。

采取前款第三项至第五项规定的应对处置措施，由省级以上反恐怖主义工作领导机构决定或者批准；采取前款第六项规定的应对处置措施，由设区的市级以上反恐怖主义工作领导机构决定。应对处置措施应当明确适用的时间和空间范围，并向社会公布。

第六十二条 人民警察、人民武装警察以及其他依法配备、携带武器的应对处置人员，对在现场持枪支、刀具等凶器或者使用其他危险方法，正在或者准备实施暴力行为的人员，经警告无效的，可以使用武器；紧急情况下或者警告后可能导致更为严重危害后果的，可以直接使用武器。

第六十三条 恐怖事件发生、发展和应对处置信息，由恐怖事件发生地的省级反恐怖主义工作领导机构统一发布；跨省、自治区、直辖市发生的恐怖事件，由指定的省级反恐怖主义工作领导机构统一发布。

任何单位和个人不得编造、传播虚假恐怖事件信息；不得报道、传播可能引起模仿的恐怖活动的实施细节；不得发布恐怖事件中残忍、不人道的场景；在恐怖事件的应对处置过程中，除新闻媒体经负责发布信息的反恐怖主义工作领导机构批准外，不得报道、传播现场应对处置的工作人员、人质身份信息和应对处置行动情况。

第六十四条 恐怖事件应对处置结束后，各级人民政府应当组织有关部门帮助受影响的单位和个人尽快恢复生活、生产，稳定受影响地区的社会秩序和公众情绪。

第六十五条 当地人民政府应当及时给予恐怖事件受害人员及其近亲属适当的救助，并向失去基本生活条件的受害人员及其近亲属及时提供基本生活保障。卫生、医疗保障等主管部门应当为恐怖事件受害人员及其近亲属提供心理、医疗等方面的援助。

第六十六条 公安机关应当及时对恐怖事件立案侦查，查明事件发生的原因、经过和结果，依法追究恐怖活动组织、人员的刑事责任。

第六十七条 反恐怖主义工作领导机构应当对恐怖事件的发生和应对处置工作进行全面分析、总结评估，提出防范和应对处置改进措施，向上一级反恐怖主义工作领导机构报告。

第七章　国 际 合 作

第六十八条　中华人民共和国根据缔结或者参加的国际条约，或者按照平等互惠原则，与其他国家、地区、国际组织开展反恐怖主义合作。

第六十九条　国务院有关部门根据国务院授权，代表中国政府与外国政府和有关国际组织开展反恐怖主义政策对话、情报信息交流、执法合作和国际资金监管合作。

在不违背我国法律的前提下，边境地区的县级以上地方人民政府及其主管部门，经国务院或者中央有关部门批准，可以与相邻国家或者地区开展反恐怖主义情报信息交流、执法合作和国际资金监管合作。

第七十条　涉及恐怖活动犯罪的刑事司法协助、引渡和被判刑人移管，依照有关法律规定执行。

第七十一条　经与有关国家达成协议，并报国务院批准，国务院公安部门、国家安全部门可以派员出境执行反恐怖主义任务。

中国人民解放军、中国人民武装警察部队派员出境执行反恐怖主义任务，由中央军事委员会批准。

第七十二条　通过反恐怖主义国际合作取得的材料可以在行政处罚、刑事诉讼中作为证据使用，但我方承诺不作为证据使用的除外。

第八章　保 障 措 施

第七十三条　国务院和县级以上地方各级人民政府应当按照

事权划分，将反恐怖主义工作经费分别列入同级财政预算。

国家对反恐怖主义重点地区给予必要的经费支持，对应对处置大规模恐怖事件给予经费保障。

第七十四条 公安机关、国家安全机关和有关部门，以及中国人民解放军、中国人民武装警察部队，应当依照法律规定的职责，建立反恐怖主义专业力量，加强专业训练，配备必要的反恐怖主义专业设备、设施。

县级、乡级人民政府根据需要，指导有关单位、村民委员会、居民委员会建立反恐怖主义工作力量、志愿者队伍，协助、配合有关部门开展反恐怖主义工作。

第七十五条 对因履行反恐怖主义工作职责或者协助、配合有关部门开展反恐怖主义工作导致伤残或者死亡的人员，按照国家有关规定给予相应的待遇。

第七十六条 因报告和制止恐怖活动，在恐怖活动犯罪案件中作证，或者从事反恐怖主义工作，本人或者其近亲属的人身安全面临危险的，经本人或者其近亲属提出申请，公安机关、有关部门应当采取下列一项或者多项保护措施：

（一）不公开真实姓名、住址和工作单位等个人信息；

（二）禁止特定的人接触被保护人员；

（三）对人身和住宅采取专门性保护措施；

（四）变更被保护人员的姓名，重新安排住所和工作单位；

（五）其他必要的保护措施。

公安机关、有关部门应当依照前款规定，采取不公开被保护单位的真实名称、地址，禁止特定的人接近被保护单位，对被保护单位办公、经营场所采取专门性保护措施，以及其他必要的保护措施。

第七十七条 国家鼓励、支持反恐怖主义科学研究和技术创新，开发和推广使用先进的反恐怖主义技术、设备。

第七十八条 公安机关、国家安全机关、中国人民解放军、中国人民武装警察部队因履行反恐怖主义职责的紧急需要，根据国家有关规定，可以征用单位和个人的财产。任务完成后应当及时归还或者恢复原状，并依照规定支付相应费用；造成损失的，应当补偿。

因开展反恐怖主义工作对有关单位和个人的合法权益造成损害的，应当依法给予赔偿、补偿。有关单位和个人有权依法请求赔偿、补偿。

第九章 法律责任

第七十九条 组织、策划、准备实施、实施恐怖活动，宣扬恐怖主义，煽动实施恐怖活动，非法持有宣扬恐怖主义的物品，强制他人在公共场所穿戴宣扬恐怖主义的服饰、标志，组织、领导、参加恐怖活动组织，为恐怖活动组织、恐怖活动人员、实施恐怖活动或者恐怖活动培训提供帮助的，依法追究刑事责任。

第八十条 参与下列活动之一，情节轻微，尚不构成犯罪的，由公安机关处十日以上十五日以下拘留，可以并处一万元以下罚款：

（一）宣扬恐怖主义、极端主义或者煽动实施恐怖活动、极端主义活动的；

（二）制作、传播、非法持有宣扬恐怖主义、极端主义的物品的；

（三）强制他人在公共场所穿戴宣扬恐怖主义、极端主义的服饰、标志的；

（四）为宣扬恐怖主义、极端主义或者实施恐怖主义、极端主义活动提供信息、资金、物资、劳务、技术、场所等支持、协助、便利的。

第八十一条 利用极端主义，实施下列行为之一，情节轻微，尚不构成犯罪的，由公安机关处五日以上十五日以下拘留，可以并处一万元以下罚款：

（一）强迫他人参加宗教活动，或者强迫他人向宗教活动场所、宗教教职人员提供财物或者劳务的；

（二）以恐吓、骚扰等方式驱赶其他民族或者有其他信仰的人员离开居住地的；

（三）以恐吓、骚扰等方式干涉他人与其他民族或者有其他信仰的人员交往、共同生活的；

（四）以恐吓、骚扰等方式干涉他人生活习俗、方式和生产经营的；

（五）阻碍国家机关工作人员依法执行职务的；

（六）歪曲、诋毁国家政策、法律、行政法规，煽动、教唆抵制人民政府依法管理的；

（七）煽动、胁迫群众损毁或者故意损毁居民身份证、户口簿等国家法定证件以及人民币的；

（八）煽动、胁迫他人以宗教仪式取代结婚、离婚登记的；

（九）煽动、胁迫未成年人不接受义务教育的；

（十）其他利用极端主义破坏国家法律制度实施的。

第八十二条 明知他人有恐怖活动犯罪、极端主义犯罪行为，窝藏、包庇，情节轻微，尚不构成犯罪的，或者在司法机关向其调查有关情况、收集有关证据时，拒绝提供的，由公安机关处十日以上十五日以下拘留，可以并处一万元以下罚款。

第八十三条 金融机构和特定非金融机构对国家反恐怖主义工作领导机构的办事机构公告的恐怖活动组织及恐怖活动人员的资金或者其他资产，未立即予以冻结的，由公安机关处二十万元以上五十万元以下罚款，并对直接负责的董事、高级管理人员和其他直接责任人员处十万元以下罚款；情节严重的，处五十万元以上罚款，并对直接负责的董事、高级管理人员和其他直接责任人员，处十万元以上五十万元以下罚款，可以并处五日以上十五日以下拘留。

第八十四条 电信业务经营者、互联网服务提供者有下列情形之一的，由主管部门处二十万元以上五十万元以下罚款，并对其直接负责的主管人员和其他直接责任人员处十万元以下罚款；情节严重的，处五十万元以上罚款，并对其直接负责的主管人员和其他直接责任人员，处十万元以上五十万元以下罚款，可以由公安机关对其直接负责的主管人员和其他直接责任人员，处五日以上十五日以下拘留：

（一）未依照规定为公安机关、国家安全机关依法进行防范、调查恐怖活动提供技术接口和解密等技术支持和协助的；

（二）未按照主管部门的要求，停止传输、删除含有恐怖主义、极端主义内容的信息，保存相关记录，关闭相关网站或者关停相关服务的；

（三）未落实网络安全、信息内容监督制度和安全技术防范措施，造成含有恐怖主义、极端主义内容的信息传播，情节严重的。

第八十五条 铁路、公路、水上、航空的货运和邮政、快递等物流运营单位有下列情形之一的，由主管部门处十万元以上五十万元以下罚款，并对其直接负责的主管人员和其他直接责任人员处十万元以下罚款：

（一）未实行安全查验制度，对客户身份进行查验，或者未依照规定对运输、寄递物品进行安全检查或者开封验视的；

（二）对禁止运输、寄递，存在重大安全隐患，或者客户拒绝安全查验的物品予以运输、寄递的；

（三）未实行运输、寄递客户身份、物品信息登记制度的。

第八十六条　电信、互联网、金融业务经营者、服务提供者未按规定对客户身份进行查验，或者对身份不明、拒绝身份查验的客户提供服务的，主管部门应当责令改正；拒不改正的，处二十万元以上五十万元以下罚款，并对其直接负责的主管人员和其他直接责任人员处十万元以下罚款；情节严重的，处五十万元以上罚款，并对其直接负责的主管人员和其他直接责任人员，处十万元以上五十万元以下罚款。

住宿、长途客运、机动车租赁等业务经营者、服务提供者有前款规定情形的，由主管部门处十万元以上五十万元以下罚款，并对其直接负责的主管人员和其他直接责任人员处十万元以下罚款。

第八十七条　违反本法规定，有下列情形之一的，由主管部门给予警告，并责令改正；拒不改正的，处十万元以下罚款，并对其直接负责的主管人员和其他直接责任人员处一万元以下罚款：

（一）未依照规定对枪支等武器、弹药、管制器具、危险化学品、民用爆炸物品、核与放射物品作出电子追踪标识，对民用爆炸物品添加安检示踪标识物的；

（二）未依照规定对运营中的危险化学品、民用爆炸物品、核与放射物品的运输工具通过定位系统实行监控的；

（三）未依照规定对传染病病原体等物质实行严格的监督管理，情节严重的；

（四）违反国务院有关主管部门或者省级人民政府对管制器具、危险化学品、民用爆炸物品决定的管制或者限制交易措施的。

第八十八条 防范恐怖袭击重点目标的管理、营运单位违反本法规定，有下列情形之一的，由公安机关给予警告，并责令改正；拒不改正的，处十万元以下罚款，并对其直接负责的主管人员和其他直接责任人员处一万元以下罚款：

（一）未制定防范和应对处置恐怖活动的预案、措施的；

（二）未建立反恐怖主义工作专项经费保障制度，或者未配备防范和处置设备、设施的；

（三）未落实工作机构或者责任人员的；

（四）未对重要岗位人员进行安全背景审查，或者未将有不适合情形的人员调整工作岗位的；

（五）对公共交通运输工具未依照规定配备安保人员和相应设备、设施的；

（六）未建立公共安全视频图像信息系统值班监看、信息保存使用、运行维护等管理制度的。

大型活动承办单位以及重点目标的管理单位未依照规定对进入大型活动场所、机场、火车站、码头、城市轨道交通站、公路长途客运站、口岸等重点目标的人员、物品和交通工具进行安全检查的，公安机关应当责令改正；拒不改正的，处十万元以下罚款，并对其直接负责的主管人员和其他直接责任人员处一万元以下罚款。

第八十九条 恐怖活动嫌疑人员违反公安机关责令其遵守的

约束措施的，由公安机关给予警告，并责令改正；拒不改正的，处五日以上十五日以下拘留。

第九十条 新闻媒体等单位编造、传播虚假恐怖事件信息，报道、传播可能引起模仿的恐怖活动的实施细节，发布恐怖事件中残忍、不人道的场景，或者未经批准，报道、传播现场应对处置的工作人员、人质身份信息和应对处置行动情况的，由公安机关处二十万元以下罚款，并对其直接负责的主管人员和其他直接责任人员，处五日以上十五日以下拘留，可以并处五万元以下罚款。

个人有前款规定行为的，由公安机关处五日以上十五日以下拘留，可以并处一万元以下罚款。

第九十一条 拒不配合有关部门开展反恐怖主义安全防范、情报信息、调查、应对处置工作的，由主管部门处二千元以下罚款；造成严重后果的，处五日以上十五日以下拘留，可以并处一万元以下罚款。

单位有前款规定行为的，由主管部门处五万元以下罚款；造成严重后果的，处十万元以下罚款；并对其直接负责的主管人员和其他直接责任人员依照前款规定处罚。

第九十二条 阻碍有关部门开展反恐怖主义工作的，由公安机关处五日以上十五日以下拘留，可以并处五万元以下罚款。

单位有前款规定行为的，由公安机关处二十万元以下罚款，并对其直接负责的主管人员和其他直接责任人员依照前款规定处罚。

阻碍人民警察、人民解放军、人民武装警察依法执行职务的，从重处罚。

第九十三条 单位违反本法规定，情节严重的，由主管部门责令停止从事相关业务、提供相关服务或者责令停产停业；造成严重后果的，吊销有关证照或者撤销登记。

第九十四条 反恐怖主义工作领导机构、有关部门的工作人员在反恐怖主义工作中滥用职权、玩忽职守、徇私舞弊，或者有违反规定泄露国家秘密、商业秘密和个人隐私等行为，构成犯罪的，依法追究刑事责任；尚不构成犯罪的，依法给予处分。

反恐怖主义工作领导机构、有关部门及其工作人员在反恐怖主义工作中滥用职权、玩忽职守、徇私舞弊或者有其他违法违纪行为的，任何单位和个人有权向有关部门检举、控告。有关部门接到检举、控告后，应当及时处理并回复检举、控告人。

第九十五条 对依照本法规定查封、扣押、冻结、扣留、收缴的物品、资金等，经审查发现与恐怖主义无关的，应当及时解除有关措施，予以退还。

第九十六条 有关单位和个人对依照本法作出的行政处罚和行政强制措施决定不服的，可以依法申请行政复议或者提起行政诉讼。

第十章 附 则

第九十七条 本法自2016年1月1日起施行。2011年10月29日第十一届全国人民代表大会常务委员会第二十三次会议通过的《全国人民代表大会常务委员会关于加强反恐怖工作有关问题的决定》同时废止。

图书在版编目（CIP）数据

中华人民共和国国家安全法解读／全国人大常委会法制工作委员会国家法室编著．—北京：中国法制出版社，2016.3（2023.4重印）

ISBN 978-7-5093-7293-7

Ⅰ.①中… Ⅱ.①全… Ⅲ.①国家安全法-法律解释-中国 Ⅳ.①D922.145

中国版本图书馆 CIP 数据核字（2016）第 041398 号

策划编辑：马　颖　　　责任编辑：马颖　侯鹏　　　封面设计：蒋　怡

中华人民共和国国家安全法解读

ZHONGHUA RENMIN GONGHEGUO GUOJIA ANQUANFA JIEDU

编著/全国人大常委会法制工作委员会国家法室

经销/新华书店

印刷/北京虎彩文化传播有限公司

开本/880 毫米×1230 毫米 32　　　印张／14.75　字数／296 千

版次/2016 年 3 月第 1 版　　　2023 年 4 月第 4 次印刷

中国法制出版社出版

书号 ISBN 978-7-5093-7293-7　　　定价：48.00 元

北京市西城区西便门西里甲 16 号西便门办公区

邮政编码：100053　　　传真：010-63141600

网址：http：//www.zgfzs.com　　　**编辑部电话：010-63141828**

市场营销部电话：010-63141612　　　**印务部电话：010-63141606**

（如有印装质量问题，请与本社印务部联系。）